2038
LES FUTURS DU MONDE

www.lesfutursdumonde.com

Photogravure : Sphinx
Imprimé par Clerc 18200 Saint-Amand-Montrond

ISBN 978-2-221-15780-0
N° éditeur : 55607/01
Dépôt légal : novembre 2016
Imprimé en France

Virginie Raisson

2038
LES FUTURS DU MONDE

ROBERT LAFFONT

« Le long jour décline ; la lune lente grimpe ; des fonds marins montent mille voix plaintives. Venez, mes amis, il n'est pas trop tard pour chercher un monde nouveau. »

James Joyce

Pour Barthélémy, Émile et Violette.

Puissent-ils grandir en restant libres.
Libres de penser.
Libres de peurs.
Libres d'inventer.

Saint-Léger-en-Yvelines, 11 septembre 2016.

INTRODUCTION

Ici, là, partout, des projets voient le jour. Un jardin partagé. Une monnaie locale pour s'entraider. Une école où l'on apprend à son rythme. Des voitures qui se conduisent toutes seules ou à plusieurs. Des cafés où l'on répare en même temps de vieilles machines et d'anciennes solidarités. Des crédits, tout petits, ici, qui permettent de lancer des projets, beaucoup plus grands, là-bas. Des cultures qui respectent les sols, les saisons et la santé des consommateurs. Des inventions collectives ouvertes à tous et gratuitement. Des ponts pour les hérissons. Des usines où les déchets se transforment en énergie. Des poissons qu'on laisse dans la mer et du pétrole qui reste dans le sous-sol.
Oui, partout, des initiatives sont lancées qui, du futur, laissent présager le meilleur.

En attendant l'avenir

Au même moment pourtant, le monde paraît encore si loin de son avenir, affecté par les soubresauts d'un ordre révolu, mais qui n'en finit pas d'expirer dans la violence et les inégalités. Jamais, depuis la fin de la guerre froide, Européens et Américains n'ont semblé autant mus par leurs peurs. La peur de manquer et la peur de changer. La peur des autres ou de ce qui « pourrait » arriver.

Assommés par une série d'attentats et par l'arrivée massive de demandeurs d'asile qui ne font que fuir un chez eux en guerre, de nombreux pays occidentaux se recroquevillent, jusqu'à reconstruire des murs et se laisser séduire par le populisme et la xénophobie.
Certes, les raisons de perdre pied, de ne plus y croire et d'aller chercher du sens au mauvais endroit ne manquent pas : mensonge et corruption au plus haut niveau des États, écarts de richesses record, déclassement social, stigmatisation religieuse, conflits identitaires…

Si l'on ajoute à cela qu'il est rabâché que nous sommes trop nombreux pour la planète, que la mondialisation est irréversible et qu'elle prévaut sur la décision des gouvernements comme sur la volonté des peuples, on pourrait même s'étonner que les

L'histoire se fabrique aussi à la convergence aléatoire d'évolutions inattendues.

moins de trente ans ne manifestent pas plus de désespérance, qu'ils ne nourrissent pas davantage de colère envers leurs aînés. Mettons-nous à leur place… Que peuvent-ils oser espérer en Europe si leurs sociétés vieillissantes et endettées s'obstinent à attendre le futur en s'arc-boutant sur ce qu'elles pourraient y perdre au lieu de se réjouir de ce qu'elles pourraient y gagner ? Si elles continuent de privilégier la sécurité et l'acquis plutôt que l'audace et la conquête ? Si elles cultivent la peur et la prudence plus volontiers que le désir et l'ouverture ? Que peut-on également attendre en Afrique si les modèles de développement financiarisés, mondialisés et mal ajustés à l'environnement subsaharien n'offrent pas aux jeunes générations de pouvoir inventer elles-mêmes leur avenir en même temps que celui de leur société ? Enfin, que pourraient encore vouloir tous ces enfants du siècle si on continue d'asséner que « le bonheur c'est d'avoir » au moment où, justement, les ressources qui s'épuisent annoncent des frustrations ?

Entravé par une désillusion politique de plus en plus partagée, le futur peine à convaincre que le renouveau gagne le monde. Qu'il peut dépasser le stade de l'initiative locale, volontaire et communautaire. Qu'il peut vaincre les inerties, les résistances. S'institutionnaliser au-delà d'un village ou d'un quartier. Essaimer sur d'autres terres que celles, exemplaires, des pays nordiques.

Compter avec l'imprévisible

Revient alors l'envie d'explorer ces possibles et de parcourir, dans un même récit, le monde, sa complexité, son intelligence, son économie, ses aspirations, mais aussi ses hésitations et ses blocages. S'impose aussi le besoin de prendre un peu de champ avant que le futur nous engage sans qu'on ait eu le temps d'y consentir. De cartographier le présent, non pas pour prévoir l'avenir, mais pour le permettre. Car la seule chose que l'on sache de lui avec certitude, c'est qu'il ne se déroulera pas comme on l'imagine aujourd'hui : de la chute du mur de Berlin à Internet, et du réchauffement climatique à la révolution mobile en Afrique, les exemples ne manquent pas d'événements, de phénomènes et autres ruptures technologiques qui, vingt ans plus tôt, restaient imprévisibles.

Bien heureusement, l'Histoire se fabrique aussi à la convergence aléatoire, et parfois soudaine, d'évolutions inattendues. Qui, par exemple, aurait gagé il y a seulement cinq ans que l'électricité fabriquée à partir d'énergie renouvelable pourrait devenir compétitive aussi vite ? Pas les investisseurs, nombreux, qui ont opté pour les huiles de schiste et les gaz de roche-mère plutôt que pour l'éolien et le solaire. Pas plus les algorithmes des grandes fermes de données américaines qui, pour prédire le futur, ne considèrent des hommes que leur rationalité et leurs habitudes sans prendre en compte leur volition, leurs émotions ou leur capacité de changement.

Justement… puisque l'on sait déjà que le futur construira sa propre histoire en s'écartant de nos modèles, projections et prédictions, pourquoi se lancer dans un nouveau récit des Futurs du Monde ?

Radiographier les possibles

Plusieurs mobiles animent l'envie de sonder l'avenir et ce qu'il nous offre. Le premier est politique et s'appuie sur un constat : celui des limites des pratiques démocratiques occidentales face aux urgences planétaires. De la France aux États-Unis, de la Hongrie à l'Australie, chaque scrutin est l'occasion d'une véritable chasse aux voix qui conduit à désigner le mauvais adversaire pour mieux stigmatiser les ennemis utiles. Sur ce point, l'étude comparée de la mortalité due au terrorisme islamiste d'un côté, à la pollution, à la circulation routière ou à la mauvaise alimentation de l'autre est édifiante, invitant à hiérarchiser les grands enjeux de société loin des émotions médiatiques et des surenchères électoralistes.

Un second constat s'impose aussitôt : la gouvernance mondiale et ses systèmes de décision ne sont plus ajustés aux défis que l'avenir somme de relever sans attendre. Instaurés au lendemain de la Seconde Guerre mondiale et à peine amendés depuis, ces systèmes ne tiennent pas compte des changements qui, depuis vingt ans, ont pourtant profondément restructuré le système-monde en créant de nouvelles zones grises et en déplaçant les lieux de décision : urbanisation, répartition démographique, mondialisation économique, financiarisation globale, migrations, nouvelles technologies. À travers quelques exemples tels que la pêche ou la régulation d'Internet, il s'agit aussi de souligner les risques auxquels cette carence de représentativité peut exposer l'humanité, bientôt confrontée à des enjeux éthiques particulièrement critiques comme ceux soulevés par l'intelligence artificielle, la génétique, les biotechnologies et les neurosciences.

Face aux hésitations de cet « entre-deux ères » de l'Histoire, qui amplifie la tension entre l'infini besoin de ressources de la croissance et les limites physiques de la biosphère, les raretés inventoriées dans ce livre pressent les hommes de choisir une vision du monde pour y engager leur futur. Cet ouvrage s'inscrit dans la tradition humaniste, il en partage l'esprit et la philosophie, centrés sur la connaissance, la conscience, l'éthique, la responsabilité

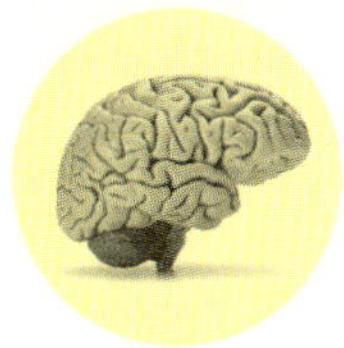

La pensée n'est jamais aussi fertile que lorsqu'elle s'écarte des conventions.

et le libre arbitre. Au panthéon des valeurs et des aspirations que ce livre veut aussi promouvoir, celle du progrès procède de la coexistence harmonieuse et durable des hommes entre eux, mais aussi avec leur environnement. Or, dans cette perspective, il ressort que la technologie ne suffira pas à concilier lontemps l'humanité et la biosphère.
Le progrès exige désormais de faire évoluer en même temps nos échelles de décision et d'action, nos mix énergétiques, nos rythmes et modes de vie, notre modèle économique, nos géographies mentales et, finalement, certains fondements de la civilisation industrielle qui organise le monde aujourd'hui encore.

Justement, plusieurs propositions ont émergé ces dernières années qui viennent enrichir cette réflexion sur le progrès et le changement : l'économie collaborative ou du partage, les monnaies locales et la *blockchain*, la fin du travail et la mise en place du revenu de base universel. Qu'on les considère innovants et prometteurs ou qu'on les juge utopiques, imparfaits voire pervertis, qu'ils procèdent de l'anarchisme, du libéralisme, de l'écologie ou du communautarisme, ces nouveaux modes de production, de redistribution, d'usage et d'échange confirment en tout cas que, même sans l'impulsion des cercles politiques institués, le futur s'essaie, se rêve, se débat, se cherche et s'invente, entre contraintes globales et élan local, en dépit de nombreuses forces d'inertie et de résistance.

Plus que jamais, transmettre

Finalement, ce livre répond aussi, voire avant tout, à un besoin très personnel de poser un regard lucide et confiant sur la vie que traverseront mes enfants. C'est pourquoi, au lieu de la prudence et de la sécurité invoquées partout, sans cesse et à tout propos, j'espère leur faire partager avec ce récit de possibles le goût du risque, la saveur de l'audace, l'appétit de ce que l'on ne connaît pas encore, le plaisir d'agir, mais aussi le doute constructif et la résilience nécessaire pour pouvoir changer de futur et refaire le monde comme leur existence, plusieurs fois s'ils le désirent. Un monde que, par ailleurs, ils devront partager avec 10 milliards d'autres, voire davantage, et quelque 7,8 millions d'espèces animales. C'est en y pensant, et en m'en réjouissant, que m'est venue l'envie de faire cohabiter les espèces, dans le livre comme dans le monde réel. Pour leur rappeler que la pensée n'est jamais aussi libre, fertile et innovante que lorsqu'elle se détache des conventions, renonce aux habitudes et résiste aux normes, il fallait que je m'en défasse d'abord.

Collaboratif, fragmenté, connecté, individualiste, solidaire, matérialiste, local, global, libre, surveillé, capitaliste, communautaire, numérique, créatif, artificiel, polarisé ou en réseau… le futur sera. Puisse ce livre susciter le désir de l'embrasser et de le construire avec l'enthousiasme que l'on doit aux plus jeunes.

« L'un des privilèges de la vieillesse, c'est d'avoir, outre son âge, tous les âges. »

Victor Hugo

partie 01

D'UN MILLIARD À L'AUTRE

CHAPITRE 01

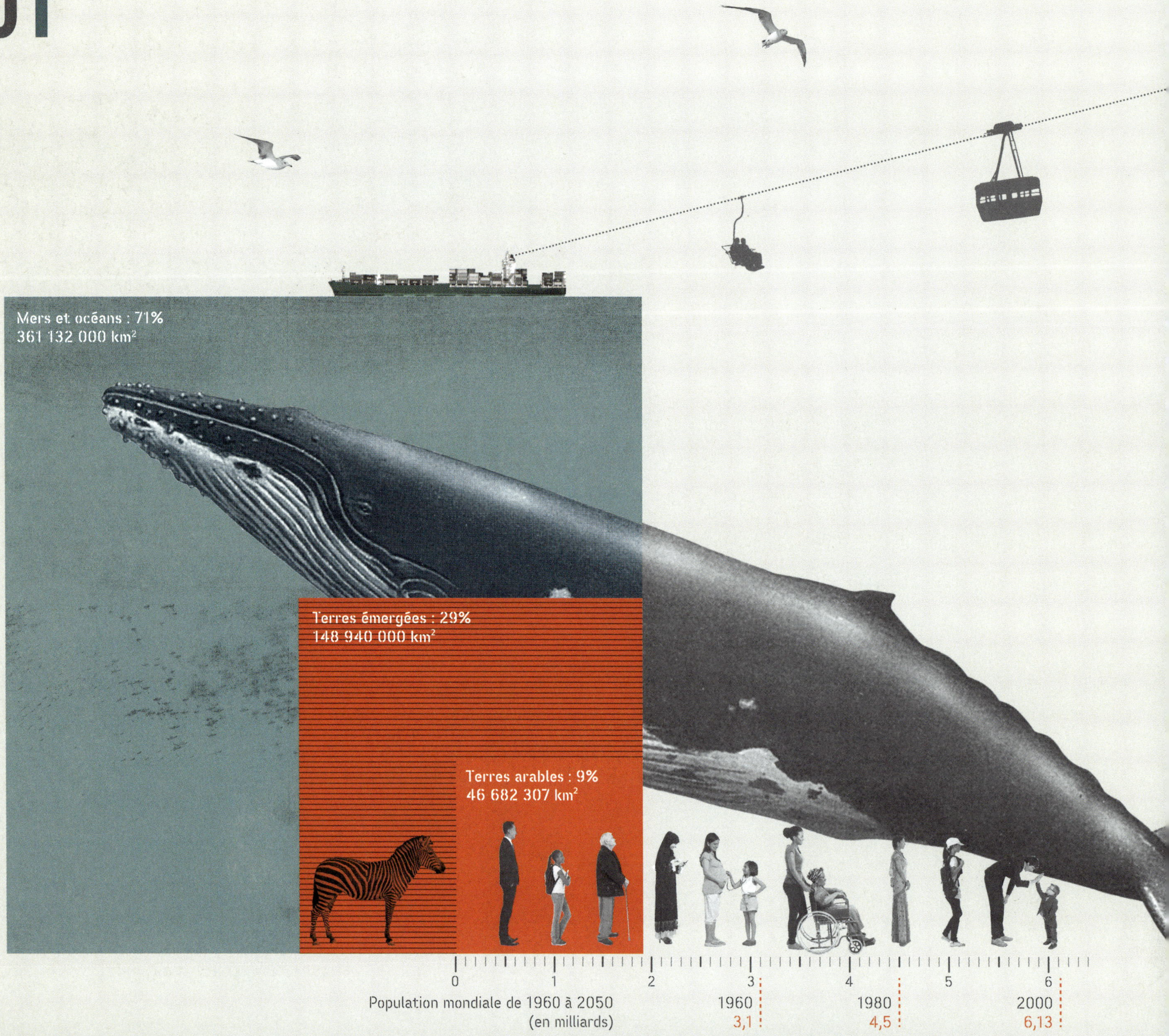

FIG. 001
POPULATION MONDIALE ET RÉPARTITION DE LA SURFACE TERRESTRE

UNE PLANÈTE ET DES HOMMES

Qu'on la considère comme un défi lancé à la planète ou comme une menace pour l'humanité, la croissance démographique hante désormais tous les couloirs qui mènent à l'avenir du monde. Il n'est plus aujourd'hui de débat sur le futur qui ne soit pas ouvert par des chiffres de la natalité en Afrique ou par l'essor de la population en Inde.
Si on y songe pourtant... À quoi servirait-il de calculer combien nous serons en 2050 si les réserves de notre planète étaient infinies ou si nous disposions, dans l'espace, d'une terre de secours ?
En réalité, la question du nombre des hommes masque celle – centrale et critique – du partage de la planète, c'est-à-dire de l'espace disponible et des ressources nécessaires pour répondre aux besoins de sa population.

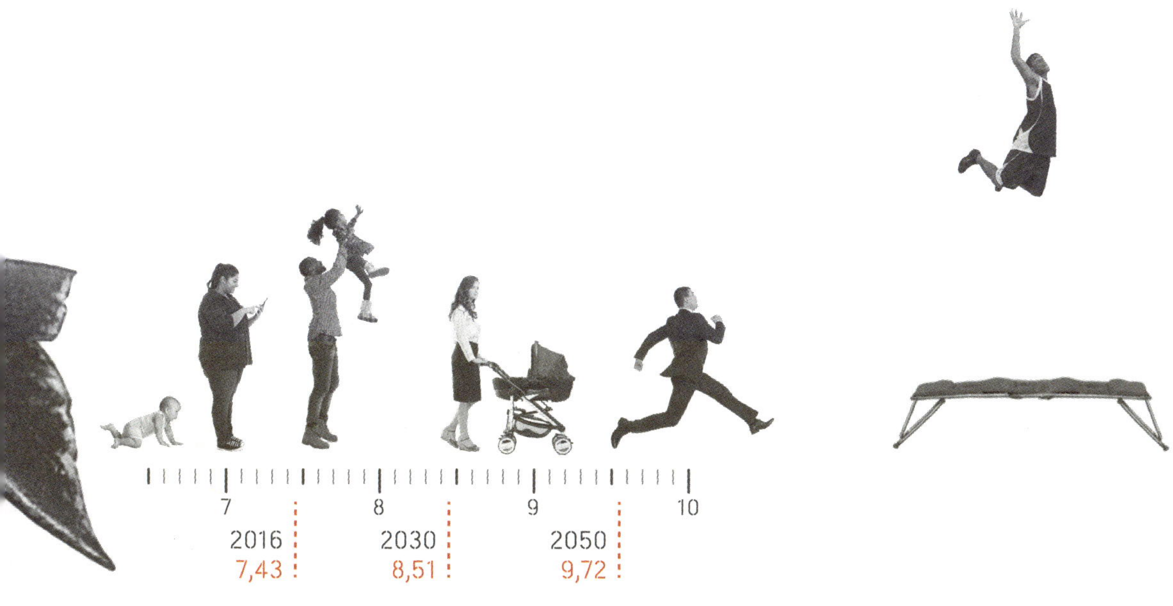

Depuis que l'épuisement des ressources naturelles et les changements climatiques s'accélèrent, les appels à la décroissance démographique se multiplient, laissant entendre qu'une baisse de la population permettrait de rétablir l'équilibre entre la biosphère et l'humanité. Or pour ramener la population mondiale à 6 milliards de personnes avant la fin du siècle, il faudrait pouvoir faire en sorte qu'à mesure que les personnes décèdent, elles ne soient plus remplacées dans la population mondiale. À l'aune des phénomènes d'inertie démographique et des dynamiques de natalité dans certaines régions du monde, le scénario est bien improbable.

↗ La croissance décroissante

Il est plusieurs façons d'appréhender la croissance démographique. La plus fréquente consiste à comparer le nombre des hommes dans le temps. Ainsi, on peut repérer qu'il a fallu 50 000 ans pour que l'humanité atteigne 2,5 milliards d'individus en 1950, mais seulement 40 années pour atteindre 5 milliards de personnes en 1990. Vingt cinq années furent ensuite nécessaires pour passer à 7,5 milliards d'hommes alors qu'il en aura fallu au moins 35 avant que la population mondiale recense 10 milliards d'habitants. Rapportés à l'année, les chiffres nuancent aussitôt cette apparente accélération, car après avoir doublé, du début des années 1950 à la fin des années 1980, en passant de quelque 47 millions à 93 millions d'individus supplémentaires par an, la croissance annuelle du nombre des hommes est revenue à 76 millions de personnes à la fin des années 1990. Une tendance discontinue puisque aujourd'hui elle dépasse à peine 80 millions de personnes, évoquant une nouvelle inversion de dynamique.

Au contraire, le taux de croissance démographique calculé à l'échelle mondiale affiche une baisse dans la plupart des régions. Si la croissance démographique annuelle mondiale s'élevait en effet à 1,8 % en 1950 et encore à 1,5 % en 1990, on calcule qu'elle est aujourd'hui inférieure à 1,2 % et qu'elle pourrait passer en dessous du seuil de 1 % d'ici à 2038, voire 0,5 % avant 2050. Entre-temps, le vieillissement de générations plus nombreuses que celles qui leur succèdent devrait porter le nombre de décès à la hausse et corriger ainsi l'impact du taux de natalité encore relativement élevé dans certaines régions.

↗ La fécondité rebelle

À longévité stable et en écartant l'éventualité d'une pandémie de grippe particulièrement létale, c'est l'indice de fécondité qui constituera la principale variable de la croissance de la population mondiale. Or si l'on prévoit la convergence à terme du nombre d'enfants par femme à l'échelle du monde, trois scénarios pourraient s'imposer avant d'y parvenir. Pour déterminer les variantes basse, haute et médiane, on tient compte de multiples facteurs tels que le recul de l'âge du mariage, la liberté des femmes de choisir leur nombre d'enfants, la progression de l'individualisme, l'émergence de nouveaux comportements de couple et de sexualité, le niveau d'éducation des filles et l'allongement du temps d'études, le chômage des jeunes, la faiblesse des salaires, le coût du logement ou encore la mise en place de politiques familiales. À la lueur de l'incertitude de ces évolutions, on mesure la vanité de vouloir modifier durablement des taux de fécondité afin qu'ils changent eux-mêmes le cours de l'Histoire, que ce soit pour augmenter le solde démographique naturel* dans les pays riches, ou pour réduire le taux de natalité là où il reste élevé. À ces déterminants vient s'ajouter un autre paramètre qui fait varier les récits économiques des transitions démographiques d'une région à l'autre. Si l'Asie et l'Amérique latine ont déjà pu tirer profit de la baisse de la charge économique des jeunes pour investir dans les infrastructures et les appareils productifs, les niveaux de fécondité en Afrique subsaharienne n'y laissent pas entrevoir les mêmes perspectives. Dans ces pays, la baisse de la natalité exigerait un changement du comportement reproductif de populations qui, en majorité, vivent sans espoir de pouvoir inverser le cours de l'histoire familiale, en ayant peu d'enfants pour investir dans leur éducation. Autrement dit, à moins de lancer un plan d'aide et d'investissement massif à destination de l'Afrique subsaharienne, il est peu probable que le siècle retienne le scénario bas des Nations unies.

Pour contenir la population mondiale à 8,3 milliards en 2050 avant de la ramener à 6,8 milliards d'habitants en 2100, la variante basse exigerait de pouvoir réduire la fécondité moyenne mondiale de 60 % et de réduire le nombre moyen d'enfants par femme de 2,5 en 2010 à 1,5 à la fin du siècle !

Dans les pays les moins avancés en d'Afrique centrale et d'Afrique de l'Ouest, la variante médiane ne paraît guère plus réaliste en prévoyant une chute de la fécondité de 6,75 enfants en moyenne par femme en 2010 à 2,87 en 2050. À défaut d'un niveau élevé de scolarisation des filles, d'emplois rémunérés pour les femmes, de moyens de contraception facilement accessibles et de filet social pour la prise en charge des personnes âgées, il est en effet probable que les couples continuent d'aspirer à une descendance nombreuse pour consolider des économies familiales fragilisées par le chômage, la précarité urbaine et les effets du réchauffement climatique.

Finalement, si de multiples raisons conduisent à espérer que la population mondiale achève sa transition démographique au plus vite, il apparaît pourtant que la mise en place de mesures de planification des naissances n'apporterait pas les effets économiques et écologiques recherchés. Aujourd'hui, toutes les hypothèses raisonnables indiquent que le déclin de la population mondiale n'est envisageable qu'à l'horizon du siècle, et que les efforts pour préserver les écosystèmes planétaires devront donc emprunter d'autres voies.

FIG. 002
TROIS SCÉNARIOS DE CROISSANCE POUR LA POPULATION MONDIALE, de 2015 à 2050

Scénario haut · Scénario médian · Scénario bas

(en milliards)
11
10
9
8
7
2015
2020
2025
2030
2035
2040
2045
2050
7,35
7,83
7,76
7,69
8,32
8,14
7,96
8,82
8,5
8,18
9,31
8,84
8,37
9,79
9,16
8,53
10,29
9,45
8,65
10,8
9,73
8,71

FIG. 003
RÉPARTITION DE LA POPULATION MONDIALE
PAR RÉGION, en 2050

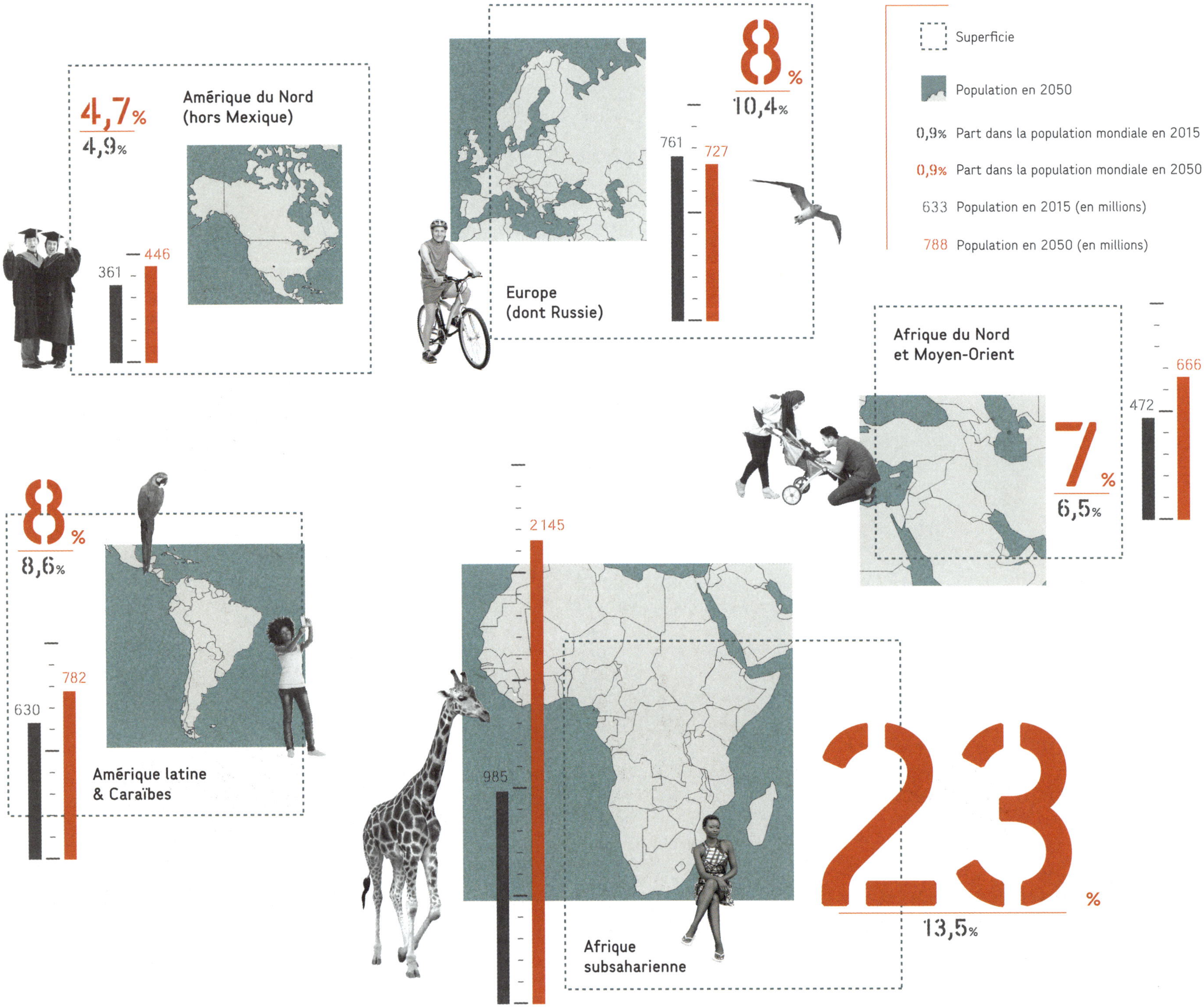

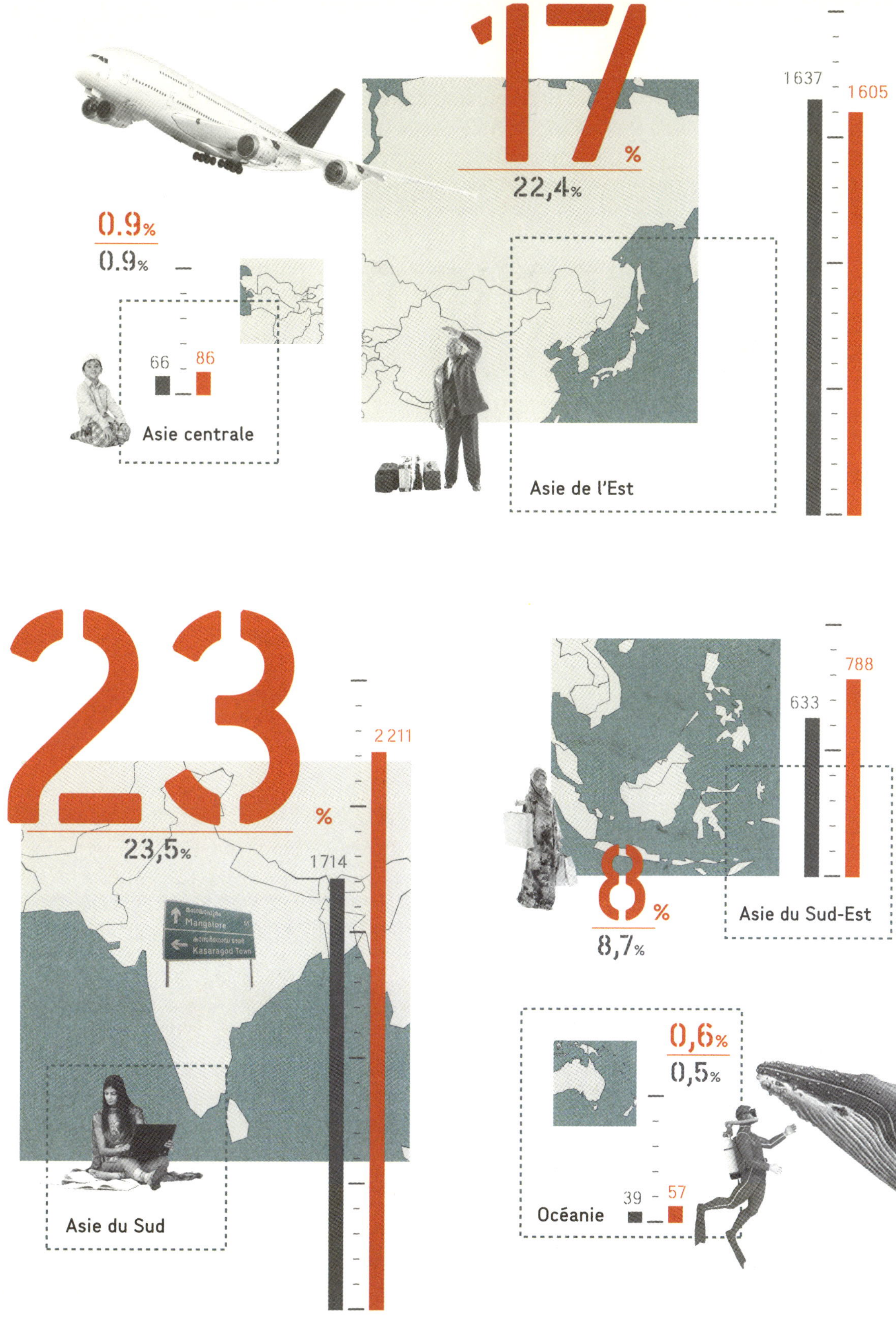

↗ L'Afrique sous la contrainte

Comme elles reposent sur des comportements humains, les prévisions démographiques ne formulent que des hypothèses. Or plusieurs enjeux particulièrement critiques à l'échelle des territoires en dépendent, en termes agricoles, de production d'énergie, de gestion des déchets ou d'accès aux ressources naturelles.

À des niveaux géographiques moindres, il retourne aussi de la cohésion des sociétés, tant sur le plan générationnel et politique que dans les rapports de voisinage.

Tandis que le nombre d'Européens a été multiplié par 1,4 depuis 1950 par exemple, et que leur part dans la population mondiale est passée de 21,7 % à 10,7 %, celle des Africains a progressé de 9,1 % à 14,9 % et leur nombre a été multiplié par 4,5. Ici, on peut donc évoquer une inversion totale des rapports démographiques, qui laisse présager des dynamiques migratoires importantes.

Au même moment, à l'échelle de la seule Afrique, l'écart d'un scénario à l'autre atteint 300 millions de personnes. Rapporté au développement économique du continent, le décalage est aussi politiquement critique que socialement explosif. Car les enjeux soulevés par la croissance démographique en Afrique sont ceux de l'accès à l'éducation, à la santé et à des conditions de vie salubres et décentes, alors que le continent est en voie d'urbanisation. De la même façon, à l'échelle des pays, plus la croissance démographique sera forte, plus elle exigera d'allouer les dividendes de la croissance économique aux besoins vitaux de la population supplémentaire, au détriment d'autres investissements de l'État pour le développement. Au Nigeria, une étude a ainsi révélé que le passage du scénario médian au scénario bas permettrait d'augmenter le PIB de près de 6 % en 20 ans, et de 12 % sur 50 ans !

CHAPITRE 02

C'est en 2015 que, pour la première fois, une communauté de la tribu des Mashco Piro est entrée en contact avec le reste de l'humanité, à la frontière entre le Brésil et le Pérou. En rejoignant la population mondiale, la petite cohorte amérindienne est venue s'ajouter aux traders londoniens et aux paysans du Baloutchistan avec lesquels elle ne partage pourtant ni règles, ni croyances, ni mode de vie, ni aucun élément de langage. En s'appuyant sur ce constat, on peut s'interroger sur le concept même de population mondiale et sur l'intérêt de calculer combien de personnes elle rassemblera en 2050.

NUMERUS CLAUSUS

Depuis l'Antiquité, les hommes ont éprouvé le besoin de connaître leur nombre total. De nos jours en Europe, ils savent même souvent plus volontiers combien il y a d'hommes sur la Terre que dans leur propre ville. Quant au calcul de la population mondiale à l'horizon 2050 ou 2100, il laisse supposer qu'il pourrait exister un seuil au-delà duquel le nombre des hommes ne serait plus supportable pour la planète. Or si elle était validée, cette hypothèse imposerait de qualifier la population surnuméraire et de déterminer par quels moyens et selon quels critères on pourrait ramener la population mondiale à un niveau acceptable.

↗ La surpopulation perçue

Si l'on s'en tient au scénario médian des Nations unies, l'humanité comptera 9,725 milliards de personnes en 2050, soit presque quatre fois plus qu'en 1950. Impressionnant, voire anxiogène, le chiffre n'en reste pas moins aussi insaisissable que le concept même de population mondiale. Pour en donner une mesure perceptible, il conviendrait de pouvoir rassembler tous les hommes en un même lieu. Ainsi réunie, en laissant à chacun 1 m² pour s'asseoir et respirer, l'humanité occuperait 9 725 km², soit un territoire plus petit que celui du Liban. Une superfic0ie à peine repérable à l'échelle du globe et qui ne permet donc pas d'accréditer la perception répandue de surpopulation mondiale.

Depuis Thomas R. Malthus, l'idée d'un trop-plein planétaire renvoie d'abord à la capacité du monde de nourrir tous ses habitants. Quand on y prête attention, on s'aperçoit par exemple que tous les articles traitant de l'alimentation ou de l'agriculture en 2050 commencent par cette même formule ou presque : « En 2050, le monde comptera 2 milliards de bouches supplémentaires à nourrir. » Ainsi posée, l'équation sous-entend qu'il pourrait ne pas y avoir assez de ressources alimentaires pour tous et qu'il existerait bien une population maximum en termes agricoles. C'est ce qu'avait déjà avancé le plus célèbre des pasteurs anglais à l'aube de XIXe siècle, peu de temps avant que l'apparition des engrais chimiques libère la productivité* des terres de leurs limites naturelles. C'est aussi ce qu'on redoutait dans les années 1970 face à la croissance démographique en Inde, avant que la révolution verte vienne y infléchir les déficits agricoles. Et c'est encore ce que l'on a invoqué en 2008 lors des émeutes de la faim, bien que la production et les stocks agricoles aient réfuté, depuis, l'idée qu'il ait pu s'agir d'une question de ressources disponibles.

Pour leur part, les chiffres évoquent encore une autre histoire puisque, depuis 1980, on estime que la production agricole a progressé de 92 % alors que la population mondiale, elle, n'a augmenté que de 55 %.

FIG. 004
SURFACE AGRICOLE NÉCESSAIRE À L'ALIMENTATION D'UN INDIVIDU DE 70 KG PENDANT 1 AN (en m²)

Viande de bœuf
Lentilles
Lait de vache
Riz
Blé
Spiruline (micro-algue)
Soja
116 Apport énergétique (en kcal / 100 g)
9 Apport protéique (en g / 100 g)

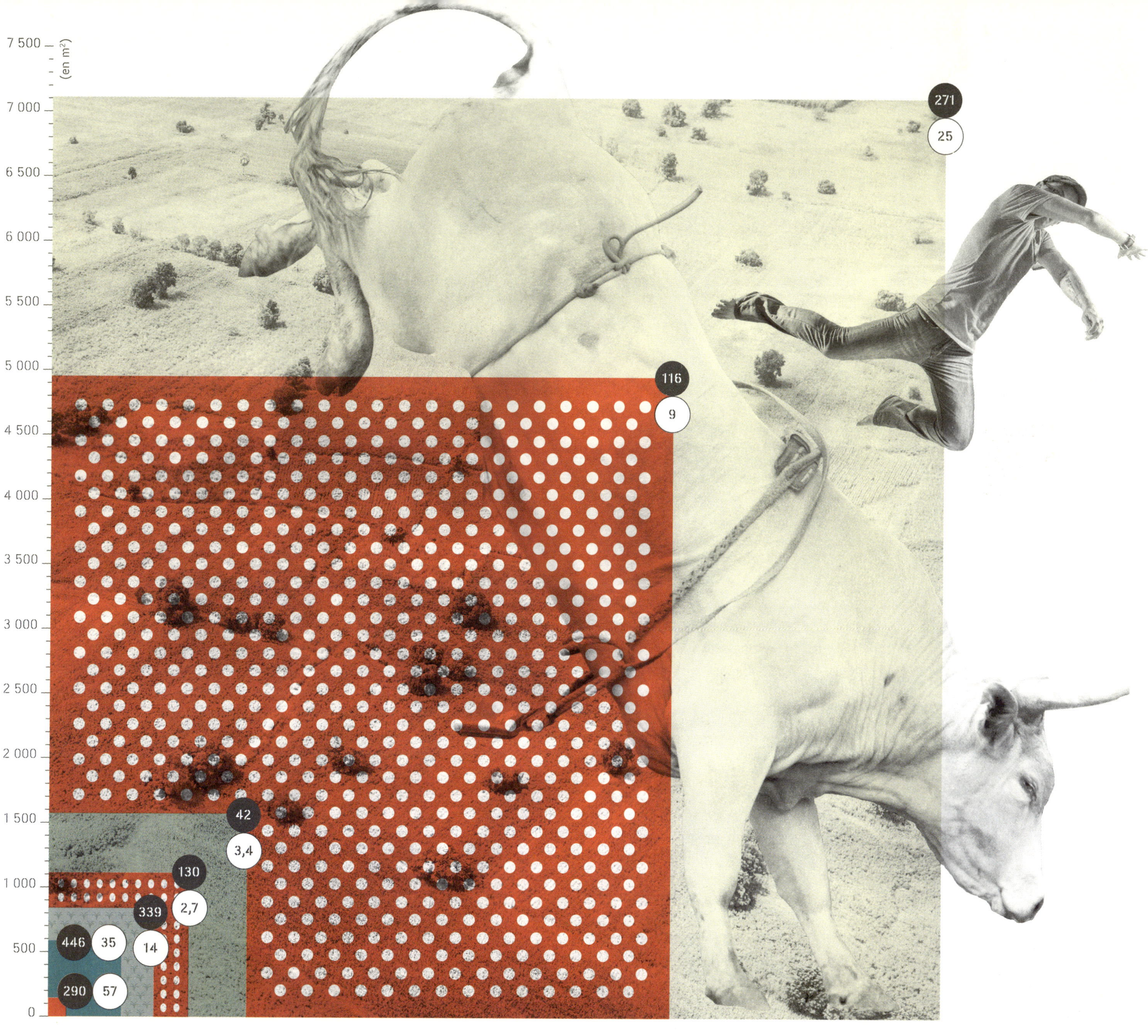
(en m²)
7 500
7 000
6 500
6 000
5 500
5 000
4 500
4 000
3 500
3 000
2 500
2 000
1 500
1 000
500
0
271
25
116
9
42
3,4
130
2,7
339
14
446
35
290
57

POULET AU CURRY

SAUCISSE GRILLÉE

En théorie, la ration alimentaire disponible par individu aurait donc dû s'accroître de 21 %. Pourtant, les études indiquent que le nombre moyen de calories consommées par personne n'a progressé que de 12 % sur cette période. Car il faut tenir compte des pertes enregistrées lors des récoltes et du transport, et surtout des effets d'une consommation mondiale accrue de produits carnés. Sachant que sur les 1 000 calories de graines données à une poule ou un cochon d'élevage, leur métabolisme en absorbe les trois quarts sans les restituer, sachant aussi que la viande se conserve moins bien et moins longtemps que les céréales, on prend la mesure du gaspillage induit par la consommation de produits carnés. Surtout, on comprend que le nombre de personnes que la terre peut nourrir dépend moins de variables démographiques que de régime alimentaire. Que chacun décide ainsi de consommer seulement 2,5 % de calories d'origine animale comme au Bangladesh, et la production agricole mondiale actuelle permettrait déjà de répondre aux besoins alimentaires de 11,5 milliards d'habitants. En revanche, que l'humanité entière opte pour le régime des Européens ou des Américains en consommant 40 % à 45 % de produits animaux en moyenne, alors la production agricole actuelle ne suffirait pas à nourrir 4 milliards d'habitants.

Pourtant, à la faveur de la hausse des revenus dans les pays émergents, de la libéralisation des échanges et de la globalisation des stratégies commerciales de l'industrie agroalimentaire, l'occidentalisation planétaire des modèles alimentaires progresse rapidement. Aujourd'hui déjà, la moitié de la production céréalière mondiale est consacrée à la production de steaks et autres cuisses de poulet. La demande augmente même si vite qu'elle a converti le plus vaste pays végétarien de la planète, l'Inde, en premier exportateur mondial de viande bovine. Face au risque de rupture, l'avenir impose d'examiner les options disponibles pour ne pas exposer l'humanité au risque de pénurie.

↗ Le choix des abstinences

Sur le papier, et comme le suggère aussi un puissant courant de pensée occidental, la première méthode pour éviter que la population mondiale déborde consisterait à limiter les naissances. Dans cette perspective, on peut convoquer l'exemple de la Chine dont la politique de l'enfant unique a justement été conçue au début des années 1960, après que la grande famine des années noires (1959-1961) eut entraîné la mort de près de 30 millions de personnes. Cependant, il faut

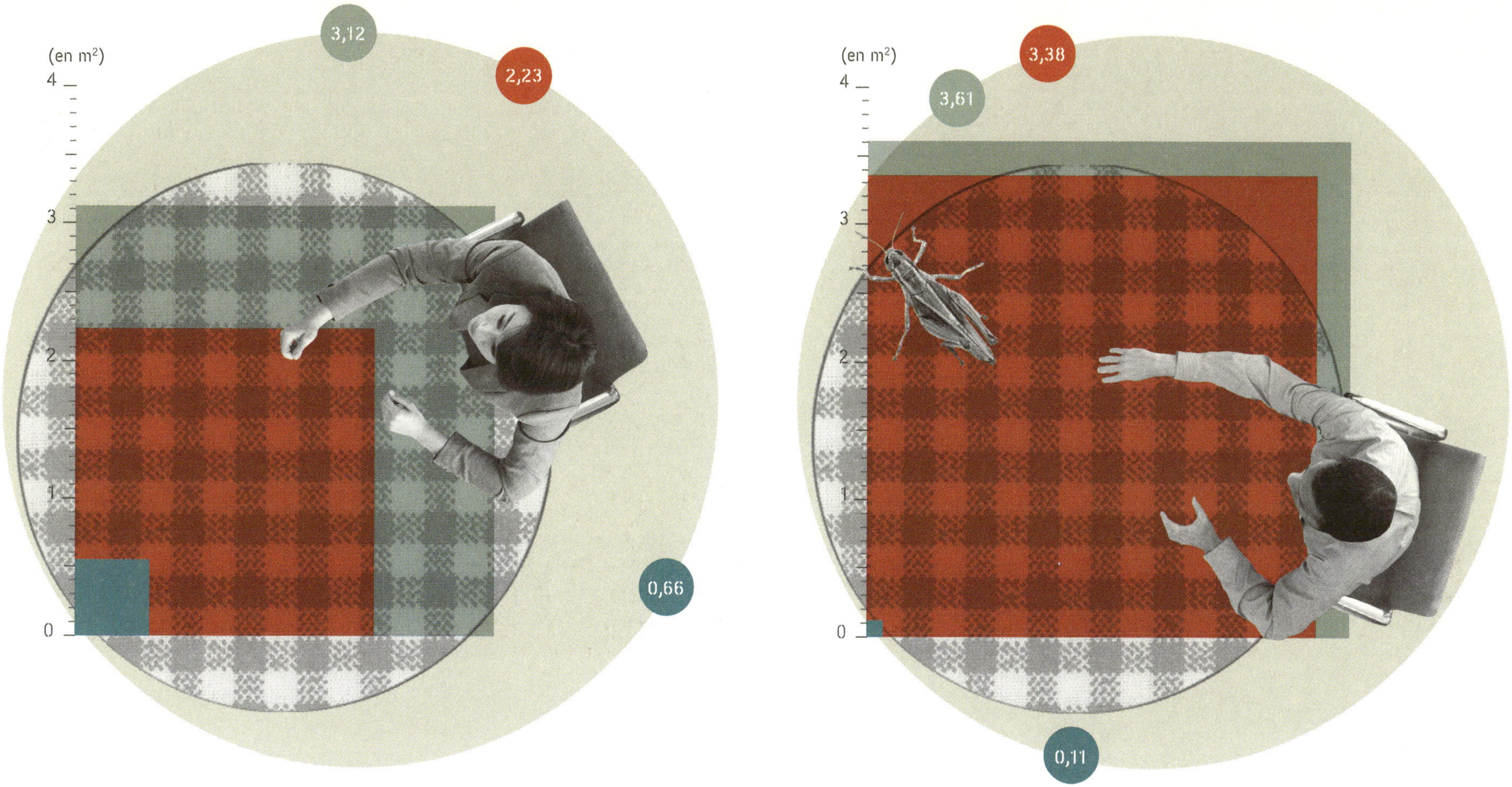

RÔTI DE PORC

HAMBURGER

aussitôt compléter ce rappel historique en évoquant la brutalité de l'infanticide que cette politique a entraîné, ainsi que le vieillissement actuel de la société chinoise. Compte tenu de la répartition mondiale de la natalité, on peut également douter de l'efficacité de la coercition démographique pour préserver la disponibilité des ressources agricoles. Pour que la mesure ait une portée significative en effet, il faudrait qu'elle soit menée en priorité là où l'on consomme le plus de protéines animales. Or il s'agit précisément des pays où la natalité* est la plus faible, en Europe et en Amérique du Nord. À l'inverse, les régions où l'on enregistre les taux de natalité* les plus élevés sont aussi celles où l'on consomme le moins de viande, en Afrique subsaharienne et en Asie du Sud.

La deuxième option consisterait alors à convertir les Européens et les Américains à des régimes plus végétariens pour pouvoir inviter ensuite les jeunes classes moyennes mondiales à contraindre leur appétit naissant pour les produits d'origine animale. Une solution doublement vertueuse puisqu'elle permettrait également de ralentir la progression des pathologies liées à la surconsommation de lipides comme l'obésité et les maladies cardiovasculaires. Cependant, que l'on considère la prohibition de l'alcool, les campagnes de sécurité routière, le covoiturage* ou la lutte contre le tabac, on vérifie chaque fois que les mesures visant à modifier durablement les comportements individuels n'ont d'efficacité que limitée, sauf à mettre en place une répression difficilement applicable à la consommation de viande ! En revanche, il est probable qu'une hausse record, soudaine et durable du prix de la viande pourrait convaincre une majorité de personnes de constater

FIG. 005
SURFACE NÉCESSAIRE
À LA PRODUCTION DE PLATS
À BASE DE VIANDE (par personne)

Surface nécessaire totale

Surface nécessaire à la viande

Surface nécessaire au soja

3,61 3,38 0,11 Surface en m²

que l'on peut vivre tout aussi bien et plutôt plus longtemps en s'abstenant d'en manger tous les jours. Les Japonais qui, en moyenne, consomment deux à trois fois moins de protéines animales que les Européens le vérifient déjà depuis longtemps, sans d'ailleurs que leur démographie ait de lien avec leur culture alimentaire. Un troisième scénario suggère de consacrer davantage d'efforts pour réduire le gaspillage. Une option d'autant plus pertinente que celui-ci augmente encore plus vite que les revenus et la population. En Europe par exemple, entre les restaurants, les détaillants et les ménages, chaque habitant jette en moyenne 175 kg de biens comestibles par an. En même temps, la maîtrise des pertes exigerait aussi de repenser les règles de réassortiment de la grande distribution pour ne plus retirer de produits comestibles des rayons, et même les jeter, au seul motif qu'on ne peut pas interrompre les flux d'approvisionnement.

Invoqué à l'excès, le calcul de la population mondiale expose à un contresens écologiquement risqué.

À l'échelle des marchés agricoles, on a également pu constater depuis le début du millénaire que l'arrivée de nouveaux acteurs financiers, l'ajustement des technologies de l'information au service du trading et la dérégulation des marchés à terme ont favorisé ensemble la volatilité des prix agricoles, au point de provoquer des mouvements de forte inflation des prix de produits de première nécessité. Par conséquent, on pourrait aussi décider de se concentrer sur l'accès aux ressources agricoles pour agir sur tout ce qui l'entrave. Si on peut alors espérer que la mise en place d'un dispositif régulateur et d'un système de stocks aide à contenir la volatilité des cours et à limiter les phénomènes de spéculation, il convient cependant de se mobiliser aussi pour augmenter la production.
Pour cela, l'efficacité conseille de se concentrer sur l'amélioration des rendements agricoles, que ce soit grâce à la recherche agronomique ou à l'investissement dans les pays où les rendements agricoles sont encore extrêmement faibles. Au vu de la productivité des terres en Afrique subsaharienne par exemple, la marge de gain y serait importante, à condition toutefois d'y transférer assez de fonds, de savoir-faire et de technologies pour y multiplier par 1 000 la production. À condition aussi de renoncer à détourner les terres ou à les gagner sur la forêt primaire pour fabriquer de l'énergie à base de sucre, de soja ou d'huile de palme.

↗ Compter les hommes… ou pas

Sur le plan agricole ou alimentaire, le nombre des hommes en 2050 ne dit donc finalement que bien peu de choses du futur. Invoqué à l'excès, le calcul de la population mondiale expose même au contresens méthodologique risqué sur le plan écologique. Car loin de projeter une réalité concrète, il homogénéise des besoins que l'avenir appelle justement à ne pas confondre si l'on veut ajuster la production agricole aux capacités de la biosphère*, et ne pas risquer non plus de sacrifier l'environnement des Mashco Piro sur l'autel du mode de vie des traders de Londres. En d'autres termes, loin de renvoyer à une quelconque situation démographique ou agricole, la surpopulation exprime avant tout un rapport de force économique qui oppose les besoins de tous à la demande de quelques-uns.

Plus globalement, dire que la planète est trop peuplée dans un contexte de compétition économique pour les ressources conduit à occulter que, pour l'essentiel, leurs prélèvements en Amazonie, en Afrique et en Asie du Sud-Est sont orientés vers la consommation des pays de l'OCDE*, y compris quand les matières premières sont transformées en Chine ou au Mexique. In fine, c'est aussi reporter la responsabilité de l'épuisement écologique planétaire sur le régime démographique des pays en développement dont les populations sont justement les principales victimes.

Par conséquent, s'il est certainement souhaitable que la transition démographique* globale s'achève le plus rapidement possible pour que chacun puisse aspirer à jouir de conditions de vie acceptables, il n'est pas plus réaliste de vouloir maîtriser les comportements reproductifs à l'échelle mondiale qu'il n'est légitime d'interdire aux populations des pays émergents d'accéder au mode de vie des pays de l'OCDE. Compte tenu de l'inertie des phénomènes démographiques, il paraît même vain de vouloir infléchir la natalité dans les 25 prochaines années. Par conséquent, au lieu du calcul de la population, ce sont bien les modes de vie et les modèles économiques qui offrent les outils les plus efficaces pour permettre de nourrir les bouches supplémentaires dans les prochaines décennies.

FIG. 006
CONSOMMATION ANNUELLE
DE VOLAILLE EN CHINE ET EN INDE,
en 2000 et 2030

Consommation en 2000

Augmentation due à la croissance démographique

Augmentation due au changement de mode de vie

Augmentation due aux deux

2000 1,05 Population en 2000

2030 1,53 Population en 2030

1,1 Consommation totale en 2000 (en mégatonnes)

10,7 Consommation totale en 2030 (en mégatonnes)

CHAPITRE 03

Si le territoire désigne l'aire qui permet à une population d'assurer sa survie, alors la planète est celui de l'humanité. Pourtant, tandis que les besoins du monde continuent de croître avec la population, la superficie des océans et des terres émergées, elle, n'est pas extensible. Aussitôt, la difficulté apparaît des choix qui vont s'imposer pour le partage, l'utilisation et l'exploitation des territoires.

LA MUTATION DES TERRITOIRES

FIG. 007
POPULATIONS, TERRITOIRES ET RESSOURCES EN EAU PAR PAYS, en 2015 et 2050

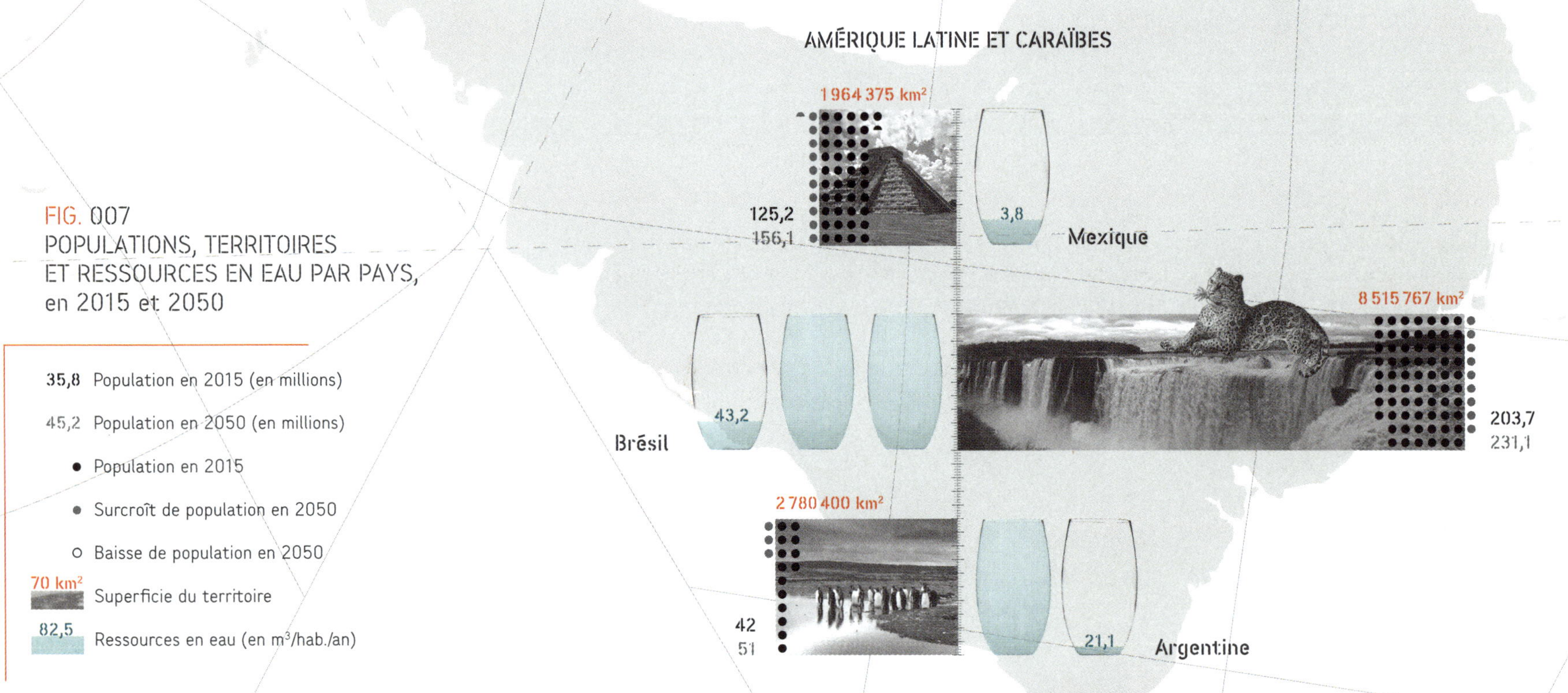

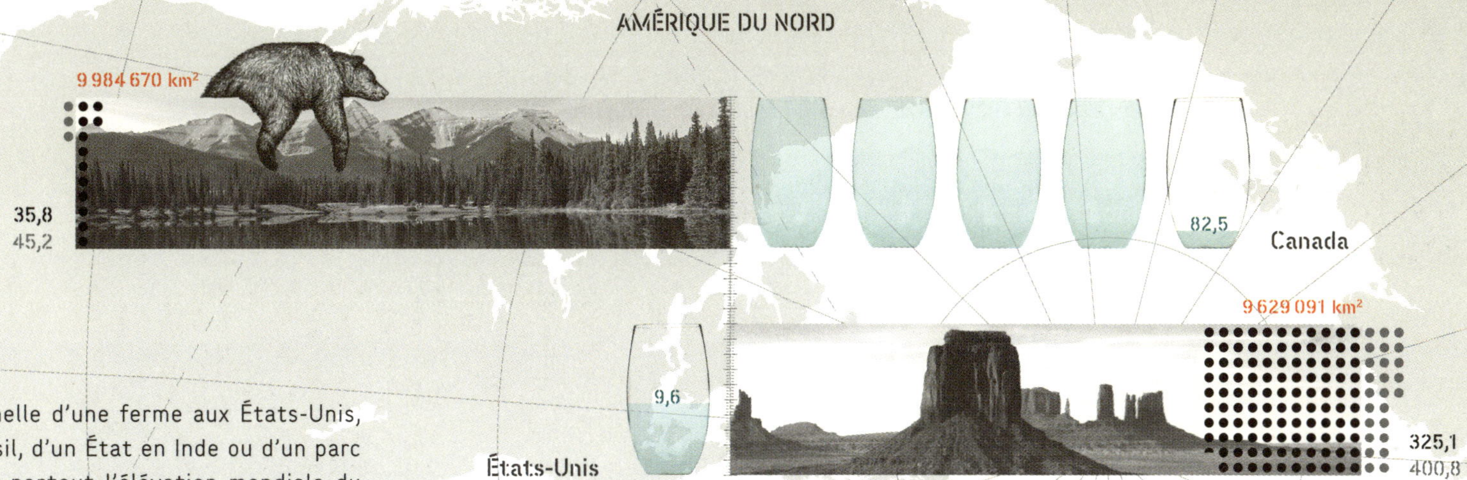

Que ce soit à l'échelle d'une ferme aux États-Unis, d'une forêt au Brésil, d'un État en Inde ou d'un parc naturel en Europe, partout l'élévation mondiale du niveau de vie moyen, l'urbanisation, la standardisation des modes de vie et la mutation des régimes alimentaires rebattent la vocation et la valeur économique des territoires, même ceux réputés stériles sur le plan agricole.

↗ Les nouvelles fertilités

Tandis que les manuels de géographie ont toujours laissé les déserts à l'écart des « espaces utiles », voici que ces zones sont désormais convertibles en champs de fraises ou de tulipes ! À la faveur des progrès technologiques qui permettent de reconstituer sous serre un climat tropical ou océanique en toute région, au prix aussi d'investissements colossaux pour dessaler l'eau saumâtre prélevée en profondeur, même les terres arides d'Égypte ou du Qatar peuvent aujourd'hui approvisionner l'Europe en tomates pendant l'hiver, et les marchés de la péninsule Arabique en fleurs coupées.

À leur tour, le reg marocain, le désert de Gobi et celui des Mojaves aux États-Unis sont devenus des zones de culture extensive, non pas de primeurs, mais d'énergie. Sachant que chaque kilomètre carré de Sahara reçoit l'équivalent de 1,5 million de barils de pétrole par an en énergie solaire, on peut s'interroger sur la valeur future de ces territoires. Car à mesure que fermes photovoltaïques et centrales thermiques s'y développeront, elles modifieront les cartes économiques et politiques des régions concernées.

Ainsi, appréciée à l'aune de la mondialisation et de la croissance démographique, la valeur réelle des territoires se détache de celle que leur avaient attribuée l'Histoire, les cultures et les traditions. À l'image des terres ancestrales des Nenets en Russie, des Inuits au Canada ou des Papous en Indonésie, c'est l'économie mondiale qui, désormais, assigne aux territoires leur vocation et qui en donne la valeur foncière ou stratégique. On peut penser au territoire des populations d'orangs-outangs ou de tigres d'Asie, peu à peu converti en plantations de palmiers à huile ; à celui des tribus amérindiennes d'Amazonie, expropriées par le front du soja et de l'élevage bovin ; au territoire des abeilles et des hirondelles qui recule avec l'agriculture chimiquement intensive ; à celui de la ruralité européenne ou chinoise, lentement grignoté par l'habitat périurbain ; aux terres de la paysannerie birmane, à la fois désœuvrée et délogée par la spéculation foncière ; au territoire du caribou d'Alaska, confisqué par l'exploitation minière et agroforestière ; à celui des Tibétains, trop riche en eau et en minerais pour rester tibétain ; etc.

Désormais, qu'importe les origines d'un territoire, ses écosystèmes, sa mémoire historique ou son découpage ethnolinguistique : c'est la satisfaction d'une humanité insatiable et toujours plus nombreuse qui prévaut, dans un modèle économique où consommation et production doivent s'entraîner mutuellement pour soutenir la croissance.

À cette vision utilitariste qui désacralise les territoires la géopolitique oppose pourtant encore les conflits qui divisent Azerbaïdjanais et Arméniens, Russes et Ukrainiens, Chinois et Taiwanais, Éthiopiens et Érythréens, Marocains et Algériens. Car bien qu'ils ne soient pas tous de même intensité, ces différends rappellent que les territoires n'ont perdu ni leur dimension collective ni leur valeur identitaire. Cependant, la progression mondiale des concessions de terres fertiles entre les États, même en conflit, indique à son tour qu'au fil du temps et de la croissance des besoins, le commerce et la matérialité des territoires pourraient continuer de prendre le pas sur la construction symbolique du monde et de ses frontières.

Dans les pays anciennement industrialisés et urbanisés comme dans les pays émergents, l'obsession accrue de compétitivité* détourne la prospective des politiques publiques de planification et d'aménagement, au bénéfice d'intérêts économiques et d'acteurs privés. À ce sujet et parmi d'autres exemples, la conversion de terres agricoles américaines pour l'exploitation de gaz de roche-mère dit « de schiste » donne leur mesure aux risques soulevés par la marchandisation des territoires.

↗ Dilemmes et arbitrages

Lorsqu'il doit décider s'il vend ses terres aux compagnies énergétiques, le fermier américain arbitre sans le savoir entre trois grands défis planétaires : les besoins en céréales qui augmentent avec la population et la consommation de viande ; la demande en sucre, céréales secondaires et graines oléagineuses destinés aux biocarburants ; les besoins en produits énergétiques bon marché, abondants, transportables et stockables, pour soutenir la hausse continue de la consommation électrique.
En réalité, indifférent à des enjeux mondiaux qui le dépassent, le fermier américain fait reposer sa décision sur un calcul simple et légitime qui consiste à rapporter l'incertitude du prix et du volume des récoltes céréalières annuelles aux sommes d'argent parfois considérables que les compagnies pétrolières s'engagent à lui verser pour exploiter le gaz dit « de schiste ».
Or en changeant d'échelle de temps et de territoire, on mesure qu'en réalité ce calcul agit comme un leurre. Car en ne prenant pas en compte les bons éléments pour définir la valeur durable des terres agricoles, il conduit à stériliser des terres agricoles au moment où, justement, la croissance de la demande alimentaire leur promet une revalorisation durable. C'est d'ailleurs ce qu'ont bien repéré les fonds d'investissement qui s'intéressent de plus en plus aux valeurs agricoles. Au contraire, la production de gaz, elle, restera soumise aux aléas de la croissance des pays émergents, au prix du baril, aux gains en efficacité énergétique, aux investissements dans des énergies durables, aux évolutions technologiques, aux engagements climatiques à venir, etc.
Que la décision des fermiers américains soit remise à d'autres instances et deux nouveaux scénarios se présentent.
Dans un premier, la valeur – fixée par décision politique – aux services écosystémiques* rendus par les terres arables serait si élevée qu'elle découragerait la conversion des cultures ou des forêts en champs

39,6 Population en 2015 (en millions)
497 Population en 2050 (en millions)
• Population en 2015
• Surcroît de population en 2050
○ Baisse de population en 2050
70 km² Superficie du territoire
82,5 Ressources en eau (en m³/hab./an)

énergétiques. Cependant, ce scénario ne pourrait devenir opérant que sur la durée et à grande échelle comme l'a rappelé l'expérience innovante, prometteuse et néanmoins avortée du parc de Yasuni en Équateur. Considérant que la biodiversité exceptionnelle de ce morceau de territoire situé en Amazonie était un bien commun mondial plus essentiel à l'humanité que les revenus du pétrole contenu dans son sous-sol, le président équatorien avait obtenu de la communauté internationale en 2007 puis du programme des Nations unies pour le développement (PNUD*) en 2010 qu'ils s'engagent à verser au petit pays une somme de 3,6 milliards de dollars en compensation de son renoncement et du non-rejet dans l'atmosphère de 400 millions de tonnes de CO_2. Six années et 13 millions de dollars plus tard, on apprenait que les 900 millions de barils des champs pétroliers d'Ishpingo, de Tambococha et de Tiputini allaient finalement être exploités. Encore non estimable dans le système économique actuel, la valeur écologique et patrimoniale du territoire de quelque 696 variétés d'oiseaux, 2 274 d'arbres, 382 de poissons, 169 de mammifères, 121 de reptiles et de dizaines de milliers d'espèces d'insectes vivants sur ce bout d'Amazonie aura donc finalement été jugée inférieure à la valeur immédiate, épuisable, mais tangible des ressources du sous-sol.

Dans un second et improbable scénario, l'État fédéral américain changerait le droit foncier pour dessaisir les propriétaires de leur possibilité d'exploiter le sous-sol des terres qu'ils possèdent. Car contrairement à la plupart des pays dans le monde, les propriétaires américains, eux, ont le droit d'exploiter les sols en profondeur. Ainsi, ils se trouvent de facto projetés aménageurs du territoire états-unien, avec les effets dévastateurs de la fracturation hydraulique* et de l'exploitation des gaz de roche-mère sur la transformation du paysage, la qualité de l'eau, les évolutions climatiques, les écosystèmes, la santé, la production agricole, et même la politique extérieure américaine.

Dans tous les cas, il apparaît donc que les rapports de force, conflits d'usage et intérêts contradictoires continueront de s'exprimer sur les territoires. C'est pourquoi la pression économique et démographique qui s'accroît sur les terres et les sols invite à décider qui doit trancher entre la protection des espèces et la demande alimentaire. Entre la nécessité de produire de l'énergie propre et celle de préserver les écosystèmes locaux. Ou entre des États mitoyens opposés dans la gestion d'un aquifère partagé. À la lueur des conflits environnementaux qui se multiplient, la réponse à ces questions devient critique, suggérant par exemple de créer une instance d'arbitrage internationale souveraine, contraignante et indépendante.

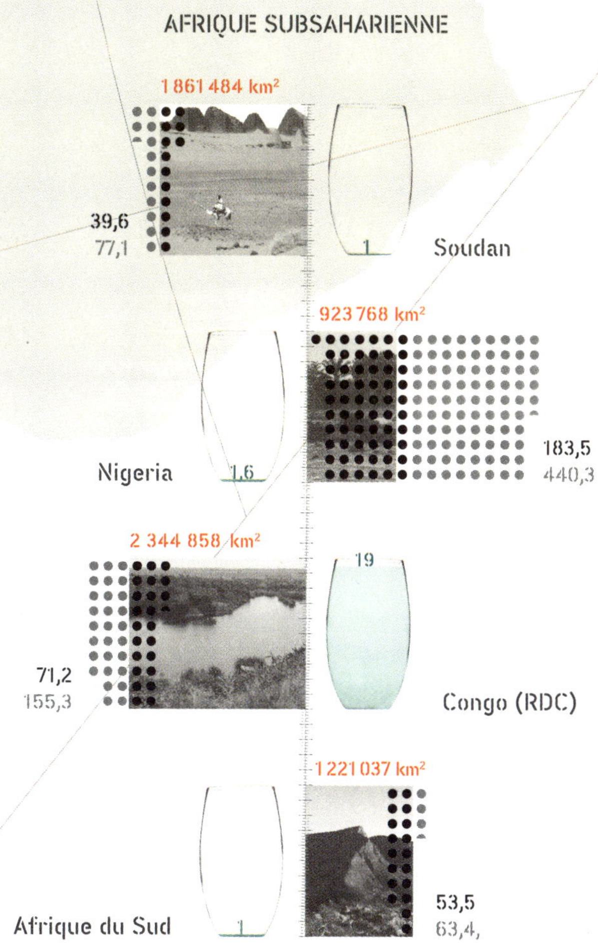

AFRIQUE DU NORD ET MOYEN-ORIENT

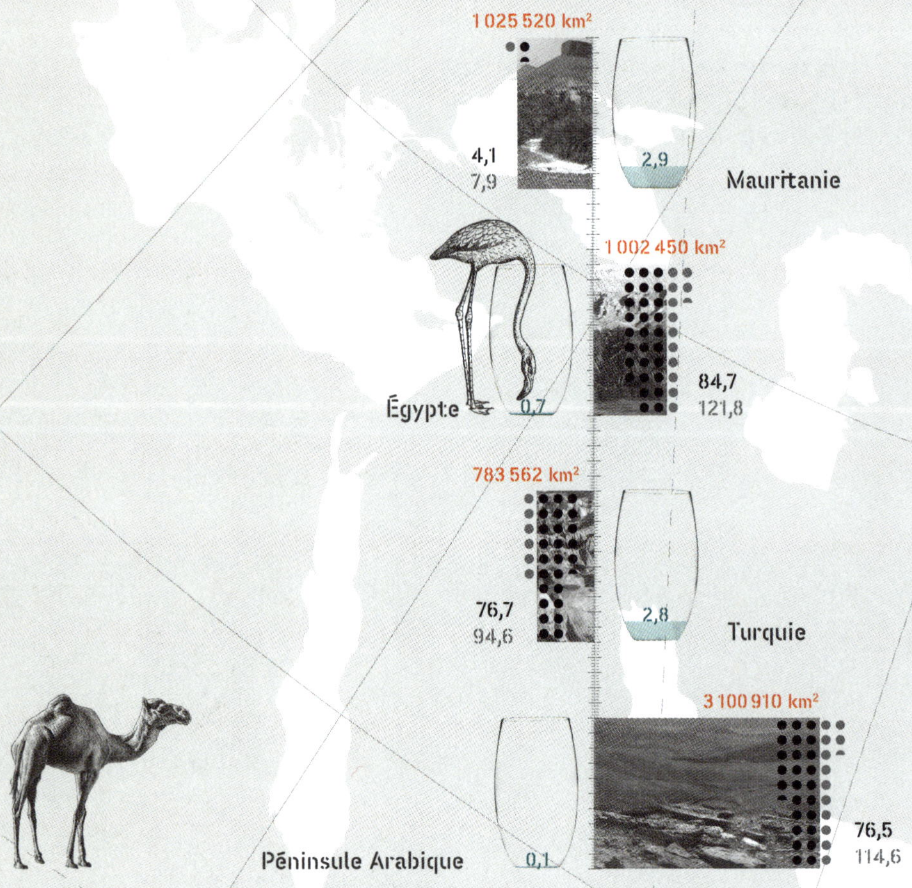

4,1 Population en 2015 (en millions)

7,9 Population en 2050 (en millions)

● Population en 2015

● Surcroît de population en 2050

○ Baisse de population en 2050

70 km² Superficie du territoire

82,5 Ressources en eau (en m³/hab./an)

↗ Changement de destin

Poussée par la croissance démographique et par l'urbanisation, l'artificialisation des terres* progresse partout dans le monde, tandis que se multiplient les inondations et les glissements de terrain. À leur tour, la salinisation, l'érosion et le dégel des sols, mais aussi la désertification, la déforestation et l'immersion des territoires en accélèrent la mutation physique, au point de modifier bientôt le sort de populations nombreuses et, avec elles, la position de plusieurs États sur la scène internationale.

Moins que la croissance démographique, c'est d'abord l'étalement des villes qui accélère l'artificialisation des terres. Dans les pays du Nord par exemple, où l'urbanisation des populations est déjà très avancée, la facilitation de l'accès à la propriété combinée à la spéculation foncière dans les centres-villes continue de stimuler le développement de zones périurbaines au détriment des surfaces agricoles. Une tendance dont les effets — parfois mortels — se démultiplient sur les territoires : mitage des paysages, enclavement et parcellisation des terres, conflits de voisinage et d'usage, raréfaction des terres agricoles, recul des espèces sauvages, et enfin catastrophes dites « naturelles » en cas de fortes intempéries.

Ailleurs, l'altération des territoires que provoquent les activités humaines modifie le destin de peuples entiers. Au Groenland et au Nunavut (Canada) par exemple, c'est la fonte de la banquise qui vient substituer aux terres de chasse des Inuits des zones d'exploration minière et surtout de nouvelles voies maritimes stratégiques pour le commerce mondial (passages du Nord-Ouest et du Nord-Est). Ainsi, alors qu'ils ont toujours été tenus à l'écart des affaires du monde par les glaces et la distance, voilà les peuples et territoires arctiques bientôt portés au cœur des relations internationales.

En Sibérie, le dégel du pergélisol fait espérer que la culture du blé gagnera progressivement les terres boréales de la Russie. Or au même moment, la désertification au nord de la Chine pousse de nombreux paysans vers l'Extrême-Orient russe, une région dépeuplée où se concentrent la plupart des ressources naturelles, minérales, forestières et agricoles. On estime ainsi que chaque Russe dispose d'une superficie de terres arables huit à dix fois plus étendue que celle d'un Chinois. En sens inverse, on sait que populations et investissements manquent à la Russie pour tirer profit de ce morceau de son territoire. En s'appuyant sur ce constat, on pourrait imaginer que les deux gouvernements s'emparent du déséquilibre de part et d'autre de la frontière pour rénover leurs relations bilatérales. Entre autres mesures, ils pourraient mettre en place une gestion commune de leurs territoires limitrophes pour y mutualiser leurs intérêts et y organiser leurs complémentarités. Cependant, avant qu'un tel scénario devienne possible, les deux régimes devront renoncer à la vision qu'ils entretiennent de

Désormais, le territoire d'un consommateur, c'est le monde.

leurs territoires, nationaliste, identitaire, et donc très peu propice à l'innovation politique.
À son tour, l'immersion prévisible des grands deltas fertiles et très peuplés du Nil, du Gange ou du Mékong élargit les questions liées au sort des peuples dont les territoires vont changer d'histoire, dans des pays où la paysannerie constitue encore une part importante de la société : quel territoire offrira-t-on aux populations rurales chassées de leurs terres par les effets de la croissance économique et industrielle sur le climat ? Peut-on concevoir de compenser l'inégalité entre les agriculteurs du Nord et ceux du Sud face au recul des terres arables grâce à un nouveau partage des ressources agricoles des régions moins touchées ?
Dans l'océan Pacifique, la disparition programmée d'îles et d'atolls soulève pour sa part la question de l'octroi du statut officiel de réfugiés aux peuples dépossédés de leurs territoires par les dérèglements climatiques ou par la dégradation continue de la biosphère. Celle aussi de la possibilité pour des États comme Kiribati ou Tonga de se maintenir off shore, quand leurs territoires nationaux auront été rayés de la carte.
Sommés de répondre à mesure que les échéances approchent, les États continuent pourtant de se retrancher derrière leurs frontières, leurs économies et autres intérêts nationaux. De sommets mondiaux en conférences internationales, ils soulignent les limites de la gouvernance onusienne et sa difficulté à s'adapter aux évolutions de la morphologie du monde, à mesure que les territoires se trouvent agrégés par la mondialisation, le commerce, le climat, les pollutions, les réseaux financiers, les NTIC, les migrations, les mégalopoles, etc.

Confrontés aux égoïsmes nationaux et à l'absence de conscience planétaire, expropriés par le dérèglement des écosystèmes ou par les intérêts économiques qui les dépassent, villageois et paysans sans terre viennent alors peu à peu gonfler les populations urbaines, en Chine, au Mali ou en Inde. En attendant que les États consentent à repenser et à redistribuer la gouvernance mondiale qu'ils monopolisent en contresens de l'Histoire, ils contribuent ainsi eux aussi au réaménagement des territoires et à l'artificialisation anarchique des terres. Installés dans des quartiers informels ou trop vite construits, ils poussent les villes à s'emparer des terres arables et deviennent à leur tour et malgré eux acteurs d'un scénario de futur à haut risque de désordres en tout genre.

↗ Dépasser la schizophrénie

À l'interface entre la biosphère, les hommes et leurs besoins, le gouvernement des territoires se trouve pressé par des intérêts contradictoires : ceux des marchés mondialisés, ceux des besoins des classes moyennes et ceux des générations futures. Sauf à renoncer à la stabilité du monde et à délaisser l'avenir des plus jeunes, il paraît très improbable que l'innovation technologique et le contrôle des naissances se substituent à la nécessité de mettre en œuvre de nouveaux modèles économiques et politiques.
Sans attendre le futur, la dégradation des territoires qui progresse avec la surconsommation de la biosphère expose l'humanité à toutes sortes de carences. Pourtant, alors même qu'agronomes et ingénieurs alertent le monde sur les prochaines pénuries d'eau, de terre ou de métaux, les centres commerciaux qui essaiment partout sur la planète célèbrent la profusion des ressources, qu'ils invitent à consommer à toute heure et sans compter. De la même façon, si les quinquagénaires européens se rappellent que les oranges mûrissent à Noël et les fraises en mai, la libéralisation des échanges*, les progrès de la grande distribution et le développement des cultures sous serre pourraient faire accroire aux enfants que les mangues poussent à Genève, les bananes à Reykjavik et les avocats à Berlin. Autrement dit, qu'un consommateur vive à Paris, Sao Paulo ou Montréal, désormais, son territoire, c'est le monde, son comptoir Internet, et ses stocks une caverne inépuisable comme le laisse penser le nom évocateur de la deuxième plus grande plateforme mondiale d'achat en ligne : Alibaba ! Il faut dire que dans l'économie de marché, l'abondance constitue une condition sine qua non à la poursuite de la croissance qui, par exemple, préfère la hausse des ventes automobiles à l'aménagement de réseaux pour les mobilités douces*.
De la même façon, ce sont désormais les cours mondiaux des matières premières qui fixent chaque année l'allocation des terres à la production de pain, de viande ou de biocarburants et non plus la nature des sols et du climat, les savoir-faire agricoles ou même l'accès du plus grand nombre à l'alimentation. Ainsi établi, le système devient inévitablement prédateur de ressources. Car si l'abandon des cultures de céréales sèches au profit de cultures par immersion constitue une aberration hydrique et agricole en zone aride par exemple, le marché mondial des matières premières agricoles, lui, ne s'embarrasse pas de telles considérations et fixe les cours en fonction de la demande et des marchés à terme. Et que l'eau prélevée pour cultiver du riz devienne rare et manque aux futures générations concerne moins les paysans que la possibilité d'élever leurs revenus pour envoyer leurs enfants à l'école. De la même façon, si les mouvements écologistes des pays riches – et moins peuplés – privilégient facilement des logiques conservatoires des territoires pour préserver la biosphère, de nombreux pays émergents, eux, doivent faire face à l'élévation rapide de leur population et

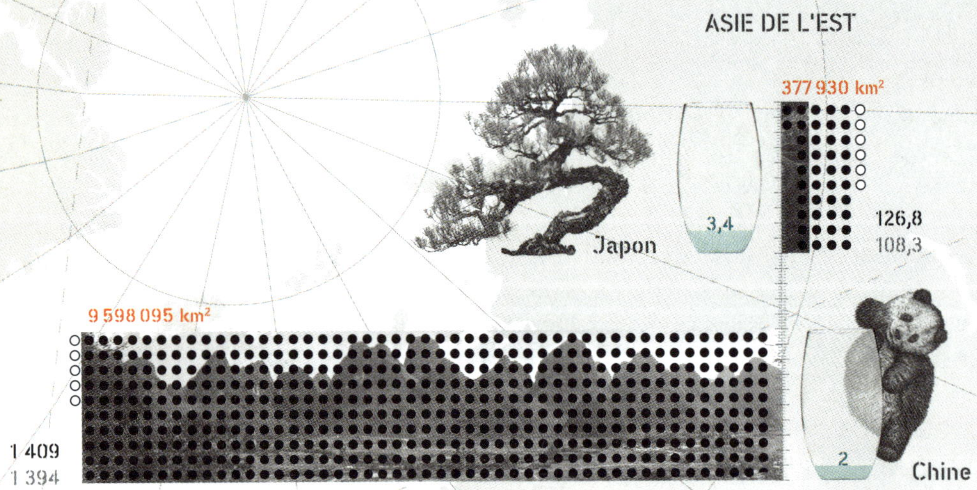

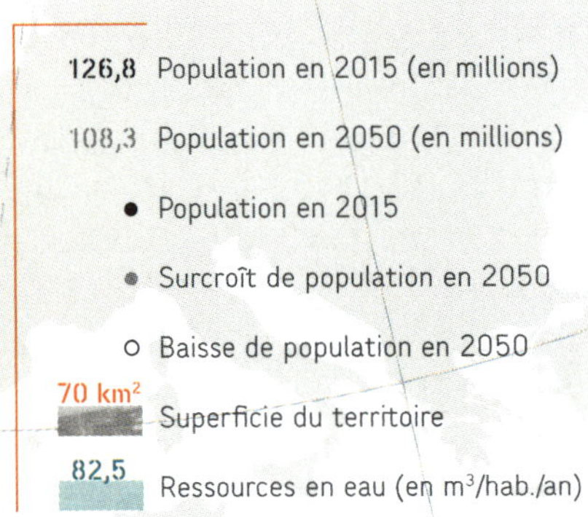

à l'impératif social et politique de satisfaire les aspirations matérielles de leurs jeunes classes moyennes. Autrement dit, à l'heure de la mondialisation économique des territoires, la satisfaction du consommateur précède la décision citoyenne, enfermant peu à peu l'humanité dans un piège schizophrène. Comment arbitrer en effet entre la demande énergétique d'aujourd'hui et les besoins alimentaires de demain ? Comment concilier l'intérêt urgent des agriculteurs et celui, durable, de l'humanité ? Et comment permettre à chacun de participer à une décision locale qui engage l'humanité entière ?

Très tôt, les pays de l'Union européenne ont choisi de déléguer une part de leur souveraineté afin de mettre en œuvre une politique agricole commune (PAC) chargée de défendre ensemble l'intérêt de l'UE, celui de ses ressortissants et celui de ses membres. Contestée, dénoncée, questionnable et critiquable, la PAC demeure néanmoins à ce jour le seul outil de gestion territoriale partagée avec le Fonds européen pour le développement des régions. Lancé en 1962, cet outil qui reste pionnier mériterait même d'être davantage défendu et reproduit ailleurs. Pour autant, sa pertinence et sa légitimité exigeraient aussi qu'il soit revisité dans une approche plus écosystémique et prospective, c'est-à-dire à la fois agricole, agronomique, économique, écologique et sociale.

Dans le reste du monde, le multilatéralisme peine à progresser sur le front des territoires et des ressources. Si la COP 21 a permis de conclure que le réchauffement climatique est l'affaire de tous et qu'il impose notamment de ralentir la déforestation ou de réduire la circulation automobile à l'échelle mondiale, il reste néanmoins inconcevable que la communauté internationale interfère dans les choix brésiliens de développement de l'Amazonie ou qu'elle ait le moindre droit de regard sur les schémas de transports des pays de l'Union européenne.

En Afrique, la contradiction prend encore d'autres ressorts avec l'acquisition par des sociétés ou des États étrangers de terres arables situées dans des pays souffrant de stress hydrique, de pénuries agricoles ou de crises alimentaires. Pour mesurer la portée du phénomène, il suffit de projeter un scénario dans lequel des fonds souverains chinois investis en France, en Ukraine, en Australie, en Argentine et

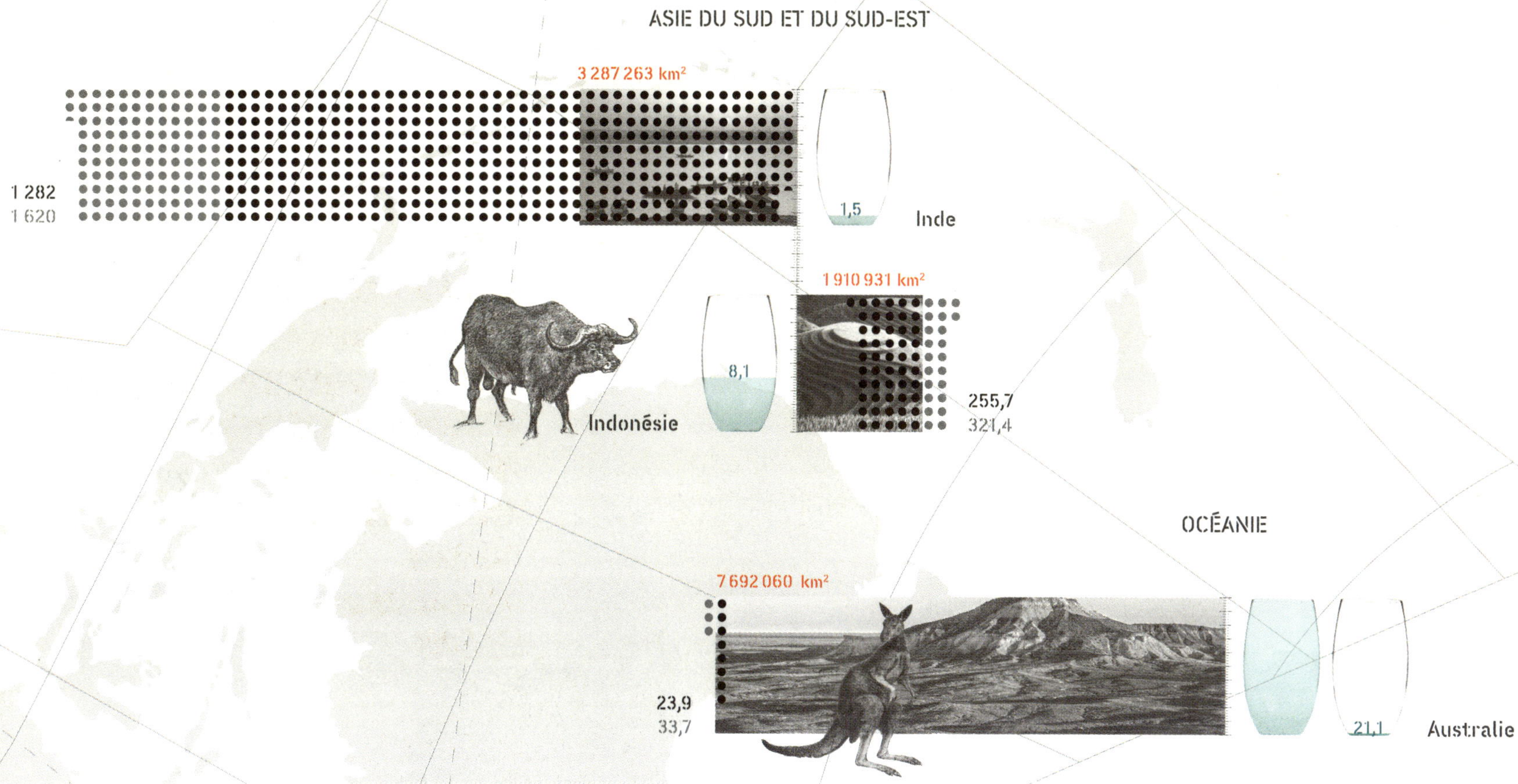

dans le Midwest américain permettent à Pékin de réserver la production de ces régions céréalières pour satisfaire sa demande intérieure. Il est probable qu'en s'amplifiant, la captation pour le marché chinois de ces récoltes céréalières « hors sol » finirait par se répercuter au plan mondial en provoquant un mouvement d'inflation des prix. Comment imagine-t-on alors que les citoyens des pays concernés réagiraient face à cette mainmise étrangère sur la production de leurs territoires nationaux ?

Cependant, on sait aussi que nombre de terres africaines ne pourront devenir productives ou tout simplement cultivables qu'à la condition que d'importants investissements étrangers permettent de les aménager, de les irriguer, de les mécaniser, de les fertiliser et d'y transférer les savoir-faire agricoles. On sait aussi que d'année en année, l'impact des désordres climatiques impose de prévoir et de financer la résilience* des territoires pour limiter les effets de leur dégradation sur les populations. Une situation critique qui appellerait donc la mise en place de règles internationales, voire d'un fonds mondial chargé de mettre en œuvre ces efforts ou de les coordonner. Car, en attendant, les acteurs étrangers ont le champ si libre qu'ils peuvent acquérir et exploiter de vastes morceaux de territoires nationaux en vertu d'accords bilatéraux d'une grande opacité. Certains vont même jusqu'à prévoir l'expropriation des exploitants et de leurs familles, en faisant peser le risque de transmettre à leurs descendants des motifs de revanches à prendre, éventuellement par la violence.

Finalement, quel que soit le scénario que l'on retienne, il ne ressort pas d'autre voie pour aménager le futur des territoires que de repenser nos modèles économiques et de gouvernance à l'échelle mondiale. Et pendant que l'intérêt des générations à venir suggère d'intégrer la valeur des écosystèmes et de leur entretien dans le prix des matières premières, celui des jeunes générations invite à introduire de nouvelles formes de citoyenneté pour accrocher aux territoires les responsabilités locales et globales qu'ils engagent ensemble.

CHAPITRE 04

SENECTUS UNIVERSORUM

Confronté à la finitude terrestre et à l'épuisement de ses ressources, le monde continue de centrer son attention sur la croissance démographique mondiale. En réalité pourtant, le XXIe siècle sera bien davantage marqué par le vieillissement de l'humanité qui s'est amorcé avec le millénaire. Alors que les sociétés manquent encore de vision sur les très nombreux enjeux politiques, économiques, sociaux et même culturels que soulèvera le redéploiement des générations dans la pyramide des âges, son accélération prochaine suggère même qu'il pourrait constituer un enjeu tout aussi majeur pour les sociétés que celui des ressources.

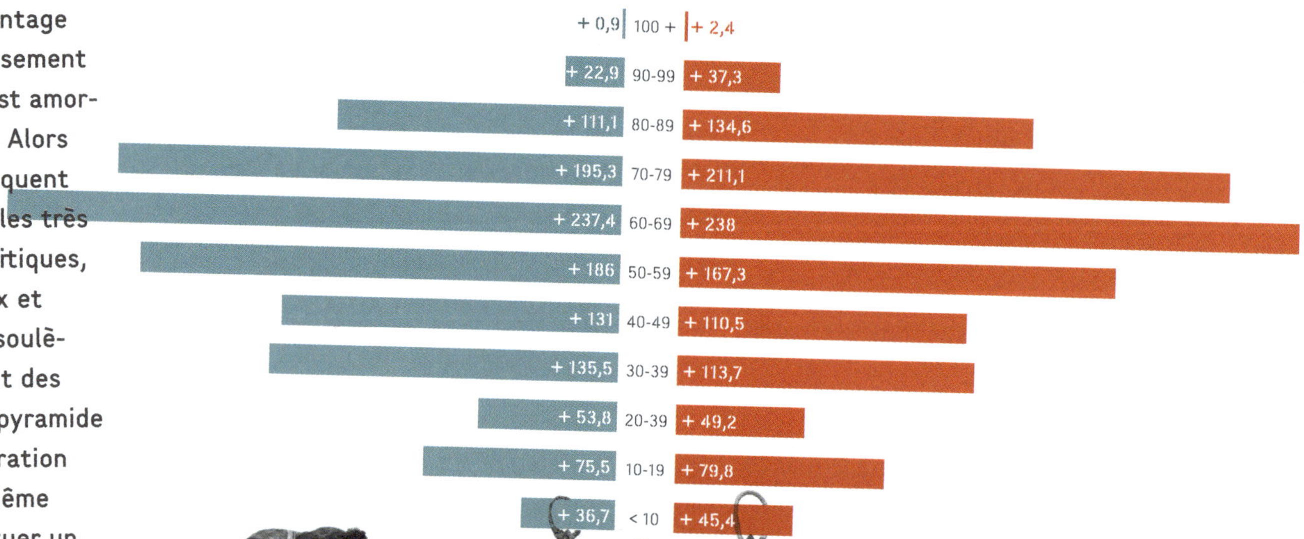

FIG. 008
ÉVOLUTION DE LA POPULATION MONDIALE PAR TRANCHE D'ÂGE, entre 2015 et 2050

+ 2,4 Nombre de femmes supplémentaires (en millions)

+ 0,9 Nombre d'hommes supplémentaires (en millions)

Tandis qu'en 1960 l'indice de fécondité* mondial s'élevait à 4 enfants en moyenne par femme, il ne dépasse guère 2,5 enfants aujourd'hui. Au vu des projections des Nations unies, il devrait encore glisser vers 2,25 enfants par femme en 2050 avant d'atteindre le seuil de renouvellement des générations – 2,1 enfants par femme – en 2070. Cependant, cette baisse de la fécondité étant assortie d'une chute de la mortalité, l'essor de la population mondiale se poursuit. Autrement dit, en dépit d'une baisse du taux de croissance annuel moyen de 2 % en 1970 à moins de 1,2 % en 2015, la population mondiale va continuer de connaître un excédent naturel pour le siècle à venir. Ce qui signifie aussi que, désormais, la croissance de la population mondiale renvoie moins à la natalité qu'à l'allongement de l'espérance de vie* et au phénomène d'inertie propre aux évolutions démographiques. C'est aussi ce que traduit le vieillissement de l'humanité.

Pour la première fois, la plupart des quinquagénaires auront des parents vivants.

↗ L'autre croissance démographique

Voilà à présent une dizaine d'années que le monde est entré dans l'ère de son vieillissement. Par ce terme, on désigne l'augmentation de la part des personnes plus âgées dans l'effectif global. Historiquement inédite, cette tendance procède aujourd'hui de trois phénomènes : le vieillissement des générations nombreuses d'après-guerre en Chine et dans les pays industrialisés ; la progression de l'espérance de vie à la naissance de 47 ans en 1950 à 77 ans en 2050 ; le déclin rapide de la natalité qui accompagne l'achèvement de la transition démographique* dans la plupart des pays d'Asie et d'Amérique latine.
Déjà, en 2016, on recense près de 600 millions de personnes âgées de 65 ans et plus dans le monde, soit un douzième de la population globale. Cependant, à la faveur d'un taux de croissance annuel moyen de 2,6 %, le nombre de seniors devrait atteindre 1,5 milliard d'individus en 2050, soit presque un sixième de la population globale. Soit aussi une hausse de 900 millions d'individus alors que sur la même période les jeunes de moins de 20 ans, eux, n'augmenteront que de 200 millions de personnes. Avec une croissance moyenne annuelle de 0,6 %, les générations dites « en âge de travailler » (20-64 ans) progresseront pour leur part d'environ 1 milliard de personnes. Quant aux personnes âgées de 80 ans et plus, leur nombre devrait tripler d'ici à 2050, grâce à un taux de croissance annuelle moyenne record supérieur à 3 %. En passant de 125 à 434 millions de personnes en 2050, les personnes âgées constitueront même virtuellement le troisième pays le plus peuplé au monde devant le Nigeria et les États-Unis ! Ainsi, pour la première fois dans l'Histoire, la plupart des quadragénaires voire des quinquagénaires auront des parents vivants.

↗ Inégalités de vieillissement

Toutes les régions du monde seront touchées par le phénomène de vieillissement, quoique à des moments et des rythmes différents. À l'horizon 2050 par exemple, les personnes âgées de plus de 65 ans approcheront ou dépasseront 20 % de la population dans la plupart des régions du monde. Cependant, elles n'atteindront pas 6 % de la population africaine. Et tandis qu'en 2050 l'âge médian* atteindra 46 ans sur le Vieux Continent, il ne dépassera pas 24 ans en Afrique subsaharienne.
En sens inverse, quand le vieillissement s'essoufflera en Europe vers 2060, il continuera de progresser dans les pays en développement ou émergents, fût-ce pour une période moins longue, car s'il a fallu plus d'un demi-siècle avant que la part de la population européenne âgée de 65 ans et plus double en

Une pyramide en trompe-l'œil

Quand, au lieu de répartir toute une population par classe d'âge en 2050, une pyramide des âges ne représente que la population supplémentaire par rapport à 2015, elle permet de souligner le vieillissement accéléré de l'humanité. On repère ainsi plus facilement qu'à la place de jeunes générations nombreuses, ce sont les populations âgées de 50 à 80 ans qui augmentent le plus, faisant passer l'âge médian de 30 ans en 2015 à 36 ans en 2050. Résultat : alors que l'âge médian était de 22 ans dans les années 1970, il approche désormais 30 ans et pourrait atteindre 36 ans en 2050.

passant de 9 % à 18 %, il faudra tout au plus 25 ans à des pays comme le Brésil et la Chine pour réaliser la même progression d'ici à 2040.

En plus de distinguer les habitants des pays riches et les autres, le vieillissement opère des distinctions de genre : en moyenne dans le monde, les femmes vivent encore 6 à 8 ans de plus que les hommes. Toutefois, l'écart pourrait peu à peu se réduire partout à mesure que la croissance des classes moyennes et l'urbanisation exposent une plus grande part des femmes au tabagisme, à la sédentarité, aux déséquilibres alimentaires, à l'alcool, ainsi qu'à la pollution et à diverses substances toxiques.

Dans les pays en développement, la problématique du vieillissement expose les sociétés à des situations encore inconnues. En Asie et en Afrique par exemple, le nombre de personnes âgées ayant perdu leur autonomie devrait être multiplié par 4 d'ici à 2050. De santé fragile et peu à peu privées de mobilité, un grand nombre de ces personnes demanderont à leur communauté et à leurs familles de les assister dans la vie quotidienne voire leur prodiguer des soins. Or avec l'urbanisation globale et les difficultés attendues des jeunes pour trouver un emploi dans les sociétés à forte croissance démographique, il sera de moins en moins aisé pour les jeunes adultes citadins de prendre leurs parents en charge, parfois même leurs grands-parents. Le risque d'isolement, de précarisation et de misère sociale des personnes plus âgées se trouve donc particulièrement élevé dans les pays en développement où il pourrait être encore exacerbé par les catastrophes naturelles, les effets des dérèglements climatiques, mais aussi l'absence de couverture sociale publique. Plus au nord, l'inversion de la pyramide des âges promet aussi d'avoir de multiples impacts sur les modèles économiques, politiques et sociaux des sociétés industrielles. En même temps, elle interroge sur la place des anciens et de la mort dans des sociétés de plus en plus fragmentées.

De New York à Paris, décéder avant 85 ans, c'est mourir avant l'âge.

↗ Le déni de l'Occident

À mesure que l'espérance de vie progresse, il est frappant de constater que dans les sociétés occidentales, les questions liées au vieillissement ne sont plus abordées qu'à propos du financement des retraites et de la santé. Alors que les statistiques démographiques annoncent que l'âge médian en 2030 s'élèvera à 43,5 ans au Canada, 48,6 ans en Allemagne et 47,5 ans en Corée, magazines, espaces publicitaires et séries télévisées continuent de célébrer le culte de la jeunesse et de la performance physique. À la faveur de techniques « anti-âge » et de substances antioxydantes très largement disponibles, il est ainsi enjoint à chacun d'effacer le moindre signe de vieillissement. Parallèlement, Internet et les réseaux en tous genres supplantent les canaux traditionnels de transmission et désacralisent les savoirs des aînés. Désormais, la mort elle-même est écartée des sociétés européennes et américaines. Voilà longtemps par exemple que l'on délègue à des auxiliaires de vie et des soignants hospitaliers le soin d'accompagner les vieillards, tandis qu'il devient exceptionnel de veiller les défunts.

Pour mesurer l'impact de la morbidité*, les études de santé publique parlent quant à elle d'« années de vie perdues » et de « décès prématurés ». Finalement, depuis que la médecine impose de prolonger la vie à tout prix et que la recherche scientifique s'est fixé pour objectif de repousser voire supprimer les limites de la longévité, la mort s'apparente à un accident quasiment inacceptable. De New York à Paris, décéder avant 85 ans, c'est mourir avant l'âge. Sauf à choisir la mort quand on l'estime souhaitable.

Dans certains pays, la légalisation de l'euthanasie pour les personnes en fin de vie et autres malades incurables soulève la question de la place des personnes très âgées au sein des familles et dans la société, ainsi que du lien symbolique entre les générations. Tandis que les progrès sanitaires prolongent la vie de plus en plus de vieillards, mais que les inégalités économiques menacent d'en laisser un nombre croissant en souffrance, l'euthanasie pourrait en effet consister à offrir d'abréger leur agonie pour leur épargner ainsi douleurs et solitude. Bien qu'elle soit destinée à soulager des personnes proches de la mort, l'euthanasie représenterait alors le premier consentement social implicite à l'idée que la vieillesse serait inutile dès lors qu'elle n'est plus en bonne santé.

Finalement, tandis que les perspectives démographiques, la transition épidémiologique et les systèmes sociaux somment les sociétés occidentales de trouver des réponses aux enjeux du vieillissement qui les transforme, elles peinent à se départir des tabous et autres non-dits qui entravent le débat. À la place, elles cultivent un déni collectif du processus pour lui préférer le fantasme de la jeunesse éternelle voire de l'immortalité.

Une nouvelle ère démographique

Qu'il s'agisse de sa croissance ou de son vieillissement, les évolutions de la population mondiale ramènent toutes au phénomène de transition démographique* au cours duquel une population donnée passe d'un régime de natalité et de mortalité élevées à un régime où, après avoir chuté, mortalité et natalité s'équilibrent vers le bas. Or si l'on va devoir attendre la fin du siècle avant que la transition mondiale s'achève et que la population se stabilise, on observe déjà que la croissance démographique de l'humanité s'essouffle et que son vieillissement a commencé.

FIG. 009
TRANSITION DÉMOGRAPHIQUE MONDIALE, à l'horizon 2100

Première phase de la transition (schéma théorique)
Taux de natalité (‰) Taux de mortalité (‰)
Taux de croissance démographique (%)

Seconde phase de la transition (données réelles)
Taux de natalité (‰) Taux de mortalité (‰)
Taux de croissance démographique (%)

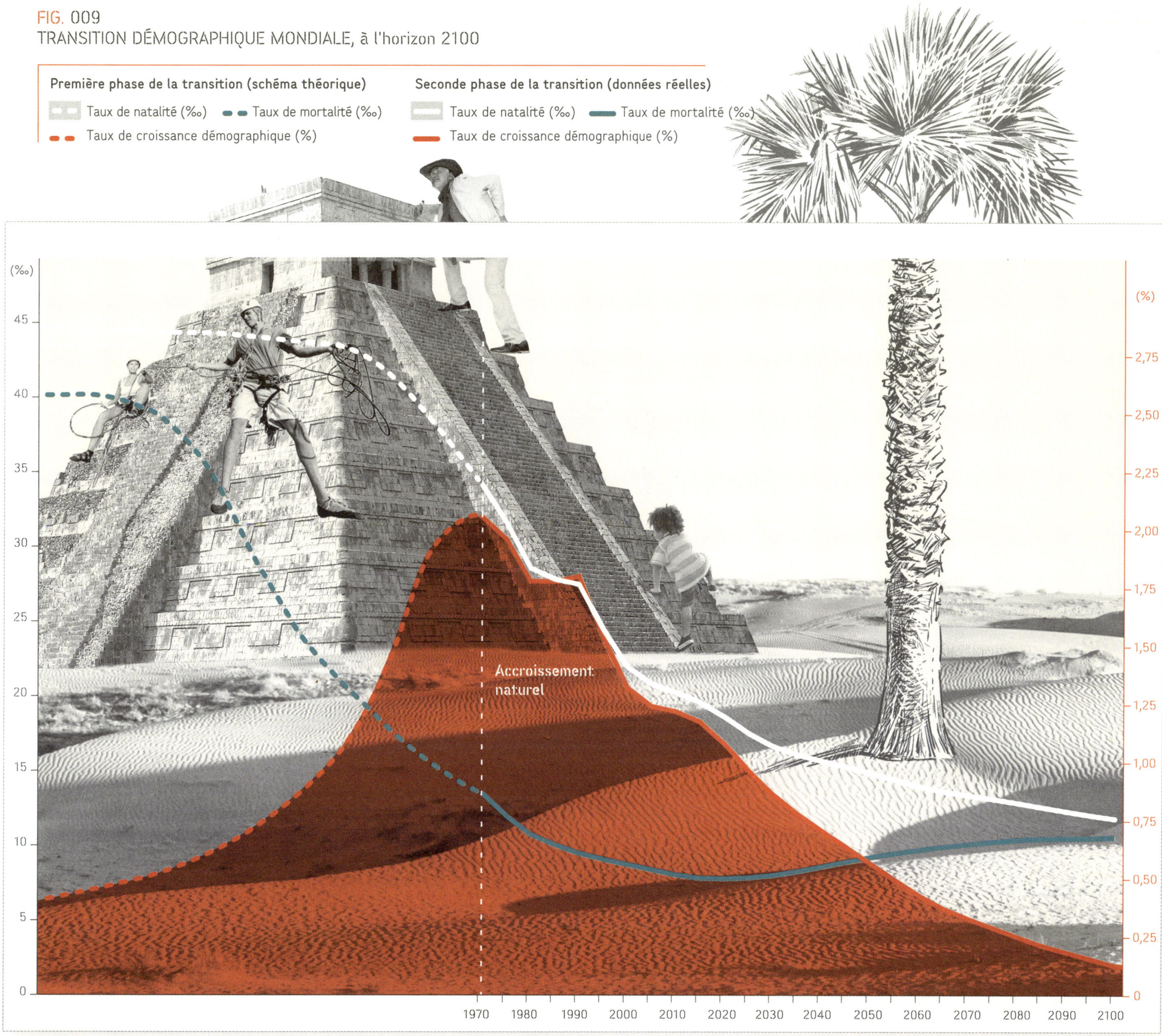

CHAPITRE 05

LE CIEL PEUT ATTENDRE

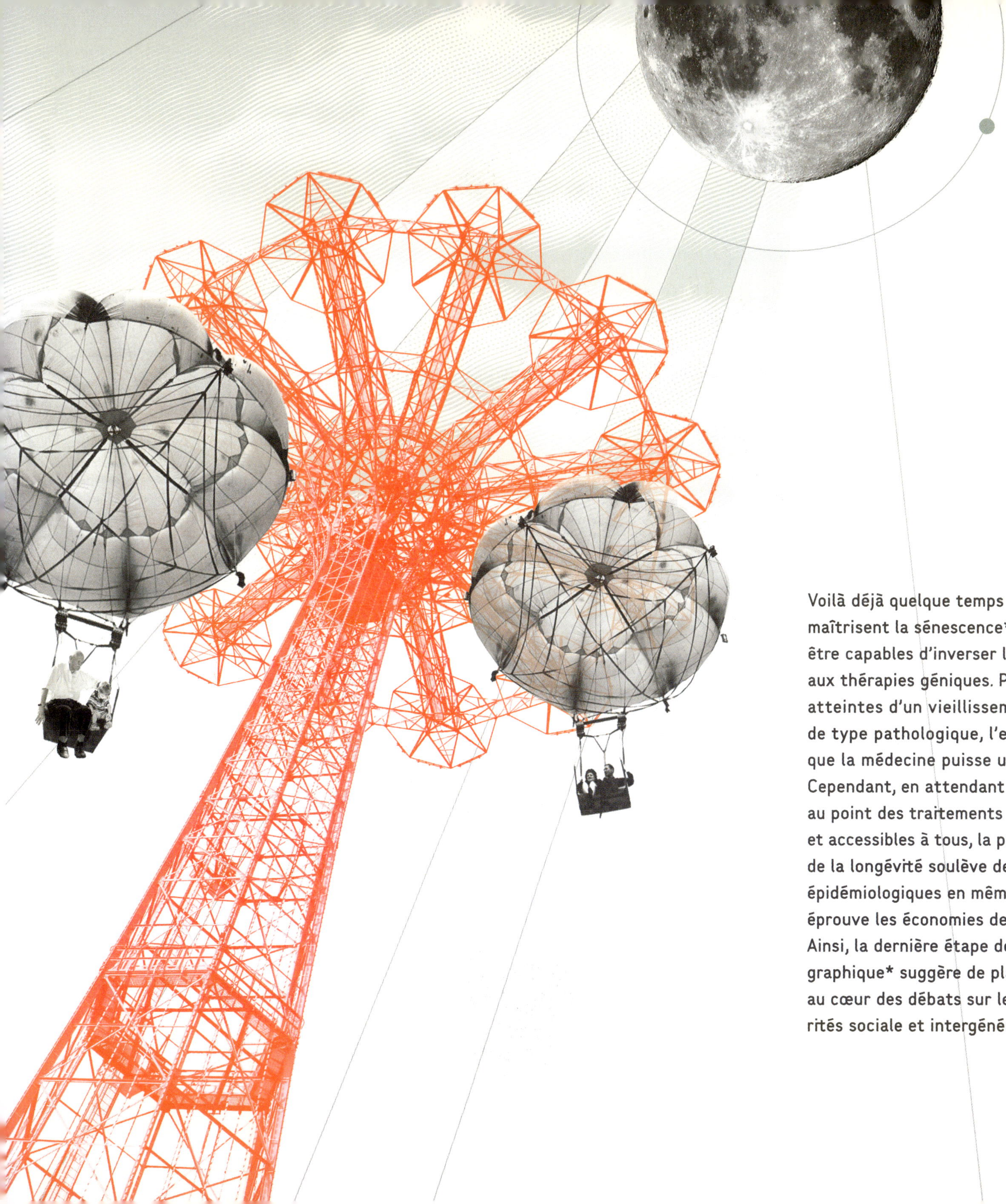

Voilà déjà quelque temps que les biologistes maîtrisent la sénescence* cellulaire, jusqu'à être capables d'inverser le processus grâce aux thérapies géniques. Pour les personnes atteintes d'un vieillissement précoce de type pathologique, l'espoir est grand que la médecine puisse un jour les soulager. Cependant, en attendant que l'on mette au point des traitements de jouvence fiables et accessibles à tous, la progression mondiale de la longévité soulève de nouveaux enjeux épidémiologiques en même temps qu'elle éprouve les économies des pays vieillissants. Ainsi, la dernière étape de la transition démographique* suggère de placer le vieillissement au cœur des débats sur le futur des solidarités sociale et intergénérationnelle.

Alors que la lutte contre la mortalité infantile et les maladies contagieuses a marqué le XXe siècle sur le champ de la santé et de la longévité, le XXIe siècle devrait mener au moins cinq batailles de front : celle des épidémies virales, qui restent difficiles à prévoir ; celle des effets de la pollution et des dégradations de l'environnement pour lesquels les études de santé publique manquent encore de recul ; celle des maladies émergentes ou qui réapparaissent avec la mutation des agents pathogènes et la résistance aux antibiotiques ; celle des inégalités économiques et sociales, pour éviter qu'elles infléchissent l'impact des progrès de la science sur la santé ; celle enfin de la morbidité* liée à l'âge, à mesure que les hommes sont de plus en plus nombreux à vieillir de plus en plus longtemps.

↗ La nouvelle ère épidémiologique

À l'échelle de l'individu, la vitesse des dégradations fonctionnelles de l'organisme lors du vieillissement est d'abord liée au comportement et au niveau d'exposition à certains risques tels que la consommation de tabac ou d'alcool, un mauvais régime alimentaire, le manque d'exercice physique et le contact avec des substances toxiques. À l'échelle d'une population, le vieillissement dépasse largement le seul phénomène démographique pour constituer un marqueur épidémiologique sensible de la transition des modes de vie et des inégalités économiques. En même temps, il vient amplifier la prévalence* croissante des maladies non transmissibles (MNT*) telles que maladies cardiaques, accidents vasculaires cérébraux, diabète, cancers, dépression et maladies respiratoires. Globalement, avec le vieillissement et la mutation des modes de vie, on prévoit que les MNT entraîneront près de trois quarts des décès dans le monde en 2030, soit 52 millions de morts au lieu de 40 millions environ en 2015. Comme les systèmes publics de santé des pays les plus pauvres ne permettront pas de prendre en charge les traitements thérapeutiques coûteux et les suivis médicaux au long cours exigés pour soigner les personnes atteintes de maladies chroniques*, la transition épidémiologique* pourrait même y être à la fois particulièrement létale.

La deuxième contribution du vieillissement à la transition épidémiologique est l'augmentation de la multimorbidité, c'est-à-dire la conjonction de plusieurs maladies chroniques chez un même sujet. Parmi les pathologies les plus fréquemment combinées, on retient l'arthrite, les troubles de l'humeur ou anxiété, l'asthme, le diabète de type 2, les cardiopathies, les maladies pulmonaires obstructives chroniques, les cancers, les accidents vasculaires cérébraux et, à partir d'un certain âge, les démences* neurodégénératives. En même temps qu'elle progresse avec l'âge, surtout au-delà de 80 ans, la multimorbidité accroît aussi le risque d'interactions des maladies entre elles et avec les traitements. Dans les pays à revenus élevés ou intermédiaires, on estime que la moitié des sujets âgés souffre déjà de multimorbidité. En Chine par exemple, elle touche 50 % des personnes âgées de 70 ans et plus. Parallèlement, on observe qu'au sein d'une même population, elle apparaît 10 à 15 ans plus tôt dans les milieux défavorisés et qu'elle y est aussi beaucoup plus fréquente : 45 % des personnes issues des classes les moins favorisées en sont affectées contre 35 % parmi les plus aisées.

De la même façon, on découvre aujourd'hui que les démences et autres maladies dégénératives* distinguent les classes économiques et sociales d'un même pays. Les travaux sur la maladie d'Alzheimer suggèrent ainsi que dans un tiers des cas, elle serait attribuable à des facteurs de risque évitables : activité intellectuelle et cérébrale moindre ; mode de vie inadapté (nutrition, activité physique) ; risques cardiovasculaires (alcool, tabac) et risques psychologiques (anxiété, dépression). En même temps, la prévalence accrue des maladies dégénératives* telles que les démences constitue le signe du vieillissement avancé d'une population, car, statistiquement, les maladies neurodégénératives affectent surtout les personnes âgées. Ainsi, dans les pays développés, la maladie d'Alzheimer qui serait à l'origine de 60 % à 70 % des cas de démence touche déjà environ 5 % des personnes âgées de 65 ans et plus, mais 30 % des sujets âgés de 85 ans et plus. Encore marginales il y a quelques décennies, les maladies neurodégénératives constituent désormais l'une des causes principales de handicap et de dépendance parmi les personnes âgées des pays riches. Enfin, si elles affectent davantage les populations des pays à revenus élevés, on compte qu'avec le vieillissement des pays émergents et en développement, la prévalence des pathologies neurodégénératives y progressera rapidement : alors qu'on recense 47,5 millions de personnes atteintes de démence dans le monde en 2015, on estime que plus de 640 millions de nouveaux cas seront diagnostiqués d'ici à 2050, dont une majorité dans les pays en voie de développement.

↗ Des dépenses astronomiques

Comme elles affectent davantage les populations les plus âgées, les MNT, les maladies dégénératives et la multimorbidité exigent une adaptation constante des politiques publiques au fil du vieillissement. Car les systèmes de santé devront intégrer en même temps la transition épidémiologique, les risques sanitaires qui évoluent avec l'environnement, l'accompagnement médical de personnes âgées toujours plus nombreuses,

Dans un même pays, les types de démences distinguent les classes économiques et sociales.

et leur recours aux soins qui s'élève avec l'âge. Aussitôt, la question est posée du recouvrement de cette prise en charge, du financement de la recherche diagnostique et thérapeutique, de l'aménagement des infrastructures, et de l'ajustement des personnels soignants à la nouvelle donne épidémio-démographique. En Europe par exemple, les projections les plus fréquentes retiennent que les dépenses publiques de soins doubleront d'ici à 2060. En même temps, elles relèvent plusieurs variations possibles. L'apparition éventuelle de nouvelles thérapies efficaces mais coûteuses pourrait ainsi aggraver le niveau de dépenses. De la même façon, une progression accélérée des démences ou de l'obésité viendrait creuser l'écart entre l'espérance de vie et l'espérance de vie en bonne santé. Toutefois, ce qui est vrai dans un sens l'est aussi dans l'autre... Autrement dit, les scénarios de dépenses à l'horizon 2050 restent très aléatoires alors que la rénovation des systèmes de santé et de protection sociale, elle, n'attendra pas de pouvoir vérifier quelles hypothèses prévaudront. Dans cette incertitude, mais aussi au regard des connaissances épidémiologiques qui s'affinent, il ressort que la prévention restera une approche durablement optimale sur le plan économique, médical et épidémiologique, a fortiori dans les pays où les systèmes de santé sont plus fragiles.

↗ Le devoir civique de santé

En s'appuyant sur ce postulat, on peut imaginer un premier scénario qui préfigure l'émergence d'un nouveau système de santé et qui, en même temps, reformule le contrat social*. Dans ce scénario, l'effort principal est porté sur la promotion de modes de vie sains : tandis que la recherche utilise plus largement les Big Data* pour repérer les facteurs et contextes pathogènes, l'éducation publique à la santé et le sport sont promus dès le plus jeune âge dans le cadre de l'institution scolaire, jusqu'aux âges avancés de la vie à la faveur de l'engagement financier des organismes d'assurances. À leur tour, les nouvelles technologies assistent les individus pour qu'ils réduisent leurs comportements morbifiques dans le cadre d'un nouveau dispositif de solidarité : en échange de la surveillance des personnes, de leur mode de vie et de ce qu'elles consomment (alcool, tabac, graisses, sucres...), celles-ci continuent de bénéficier de la prise en charge de leurs soins, à condition aussi de respecter les règles d'hygiène de vie recommandées par les autorités sanitaires. Sur le plan législatif et normatif enfin, un dispositif réglementaire et de contrôle plus contraignant est adopté qui pénalise les comportements à risque, mais aussi l'usage de substances et de matériaux toxiques dans la production industrielle et agricole. Dans ce cadre par exemple, l'utilisation de produits locaux issus de l'agriculture biologique devient obligatoire dans la restauration collective en même temps que sont adoptées des règles drastiques pour limiter les émissions de particules fines*.

Finalement, promu par les autorités mondiales de la santé, le principe de précaution sanitaire s'impose même comme un devoir universel. Théoriquement très efficace pour lutter contre les MNT, réduire les effets de vieillissement sur la santé et, par conséquent aussi, le coût des traitements, ce nouveau scénario soulève aussitôt plusieurs questions auxquelles le débat public devra tenter de répondre : celles, par exemple, du consentement, de la protection de la vie privée et de la confidentialité des données personnelles ; celle de la résilience* des comportements ; celle de la répartition des responsabilités entre l'État, les assurances privées et les individus ; celle enfin des fondements de la solidarité sociale des membres d'une même société. Cependant, le futur pourrait préférer d'autres scénarios. Dans un contexte de libéralisation du marché toujours plus avancée et d'individualisation encore accrue grâce aux nouvelles technologies, il est possible d'imaginer que les gouvernements redéfinissent le champ du service public et confient plus de prérogatives à l'industrie privée de la santé. Dans cette perspective, il reviendrait aux entreprises de reformuler les solidarités en fonction du niveau des cotisations, de l'âge des personnes ou de la gravité de leur état. Désormais clients autant que patients, les citoyens pourraient ainsi disposer d'un ensemble de produits et de services pour gérer leur santé de façon autonome.

Pour autant, en plus d'exposer les populations les plus modestes à la ségrégation sanitaire et d'abroger le principe d'égalité des droits dans les faits sinon dans les textes, cette orientation soulève plusieurs enjeux critiques : face aux risques épidémiques par exemple, quelle articulation entre les autorités sanitaires des États et les acteurs privés de la santé ? Quel partage de l'information aussi, dès lors qu'elle est détenue par des entreprises ? Quel risque de délocalisation des soins et de spécialisation médicale des infrastructures de santé de pays tiers au service des clientèles aisées, en fonction de la compétitivité* des services soignants ? Enfin, compte tenu de la variabilité des pathologies avec l'environnement et le niveau de développement, quelle probabilité que la recherche délaisse davantage encore les « maladies de pauvres » pour se concentrer sur les seuls marchés lucratifs, au bénéfice non plus de la santé, mais du revenu de ses nouveaux actionnaires ? Tandis que, dans l'opinion, le vieillissement reste largement confiné à un phénomène démographique, ses conséquences sanitaires et sociales reformulent donc en réalité plusieurs enjeux critiques pour la construction du futur, tels que le rôle de l'État, la cohésion des sociétés, la place sociale de la technologie, les responsabilités de la recherche, le civisme sanitaire, la liberté de choisir son mode de vie, le moment de la mort, et enfin, en amont, le modèle de solidarité économique et sociale entre les générations.

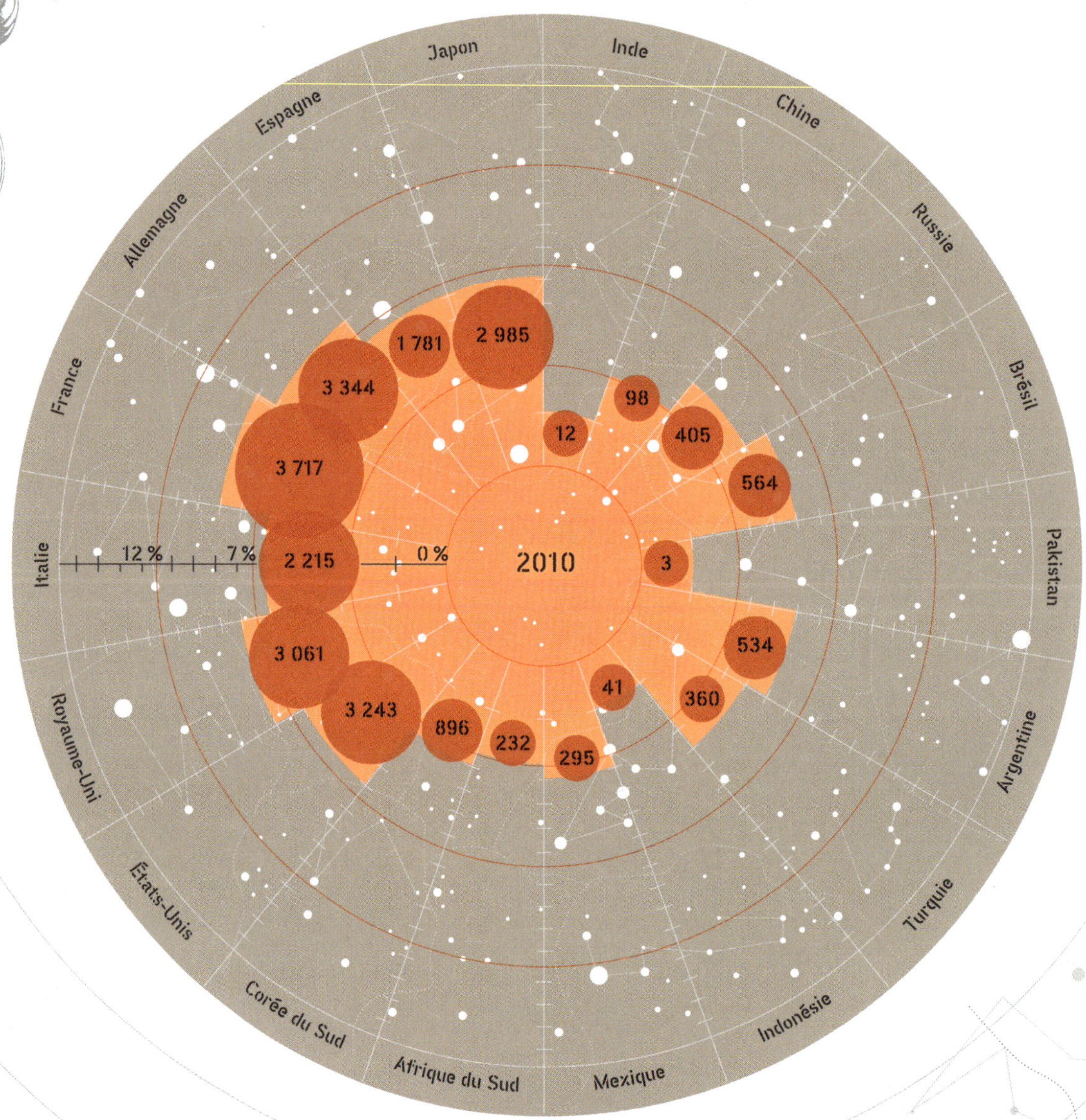

FIG. 010
DÉPENSES PUBLIQUES DE SANTÉ, en 2010 et 2050

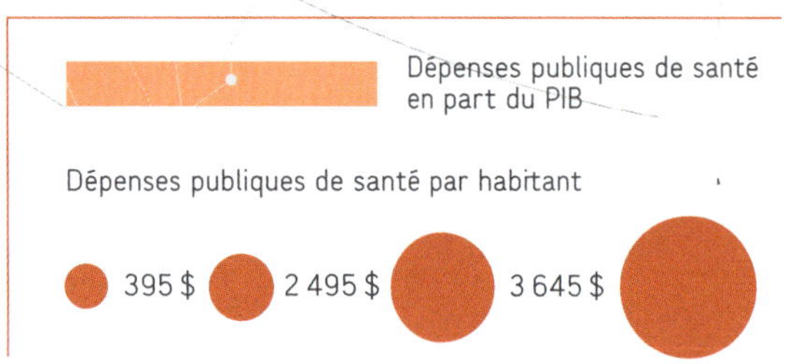

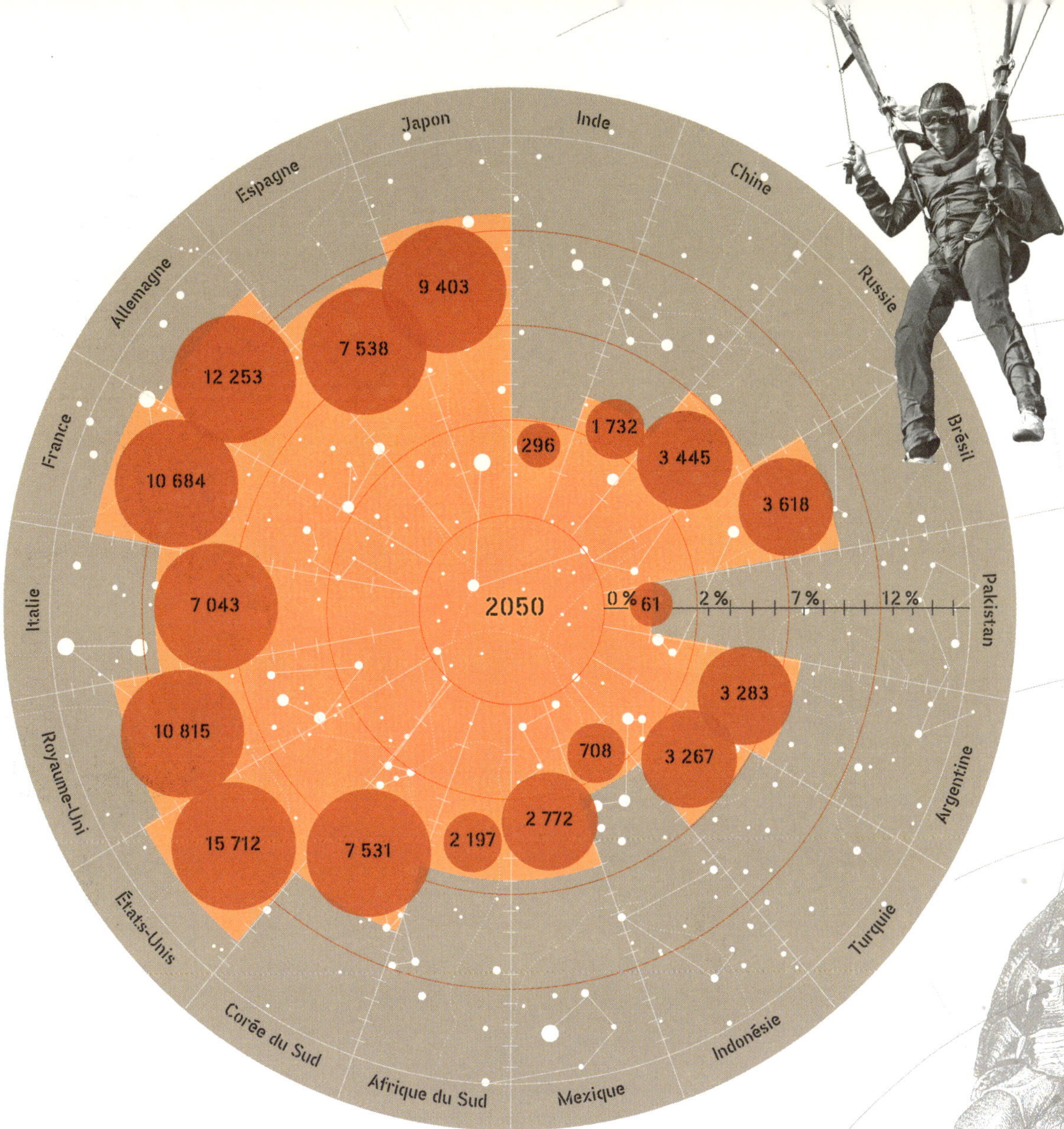

↗ L'indication de dépendance

Au sein d'une population donnée, le taux de dépendance vieillesse rapporte le nombre de personnes âgées à 100 personnes en âge de travailler. Avec l'âge médian*, on l'utilise pour mesurer le vieillissement d'une population. Dans le monde par exemple, on comptait 15 seniors pour 100 actifs en 2015, mais seulement 4 pour 100 en Afrique subsaharienne. Dans les pays industrialisés, le ratio devrait passer de 29,1 % en moyenne en 2016 à 50,4 % en 2050. Dans certains pays, il pourrait même approcher les deux tiers de la population : 68,6 % en Italie, 61,7 % en Espagne et 61,4 % en Allemagne. Au Japon, le ratio déjà très élevé de 50 % devrait atteindre 74,2 % en 2050 ! Et si le processus est moins avancé dans les pays émergents, il devrait y être aussi plus rapide. En Thaïlande, près d'un tiers de la population aura plus de 64 ans en 2050, soit plus de 18 millions de personnes. Au Brésil, la population âgée passera de 16 millions en 2015 à 54 millions en 2050, soit 22,7 % de la population totale. Comme il mesure implicitement l'effort de solidarité que les actifs devront consentir pour prendre en charge le reste de la population, l'indicateur de dépendance est couramment utilisé pour l'élaboration des politiques publiques. Cependant, en ramenant la charge d'une partie de la population aux dépens de l'autre au seul critère de l'âge, l'indicateur trouve ses limites dès qu'il est appliqué à une population très jeune telle que celle de l'Afrique subsaharienne, ou très âgée telle que celles de l'Europe et du Japon. Encore précoce, le vieillissement du monde appelle donc à élaborer de nouveaux indices qui donnent un meilleur éclairage des impacts du vieillissement sur des systèmes de solidarité intergénérationnelle par ailleurs très diversement affectés d'un pays et d'une culture à l'autre.

Quoique le phénomène de vieillissement n'épargne aucune région du monde, les sociétés restent très diversement préparées et sensibilisées aux conséquences de cette dynamique démographique. Dans les pays où la prise en charge des personnes âgées revient encore à la famille comme dans la plupart des pays en développement ou émergents, la pression exercée sur les générations intermédiaires pourrait devenir critique. En Chine par exemple, l'effet de la politique de l'enfant unique fera bientôt peser sur chaque couple la responsabilité économique de quatre parents. Dans les pays riches, où des dispositifs publics répartissent le financement des pensions sur l'ensemble de la population, la pression s'exercera davantage sur le budget des États et la fiscalité du travail. En plus d'exposer les pensionnés à une contraction de leurs allocations, c'est donc toute la population active qui pourrait voir son niveau de vie diminuer.

Par conséquent, si l'on s'en tient à l'indicateur de dépendance démographique, le vieillissement annoncerait le probable appauvrissement des populations des pays riches tandis que, dans les pays émergents, il menacerait de faire imploser l'équilibre social. Si l'on ajoute que le contrat social des économies mondialisées repose implicitement sur l'amélioration du niveau de vie des populations, on pourrait donc redouter que le vieillissement déstabilise bientôt de nombreuses sociétés dans le monde. Ainsi posée, l'équation économique du vieillissement inspire invariablement quatre types de mesures publiques possibles.

1. **L'allongement de la période de travail au cours d'une vie.** Déjà, en Espagne, au Japon ou en Allemagne, on prévoit de reporter l'âge légal du départ à la retraite au-delà de 65 ans pour modifier, même provisoirement, le rapport de dépendance démographique.

2. **La hausse de la contribution de l'ensemble de la population à la vie économique du pays**, par exemple en facilitant la combinaison de l'activité professionnelle et de la vie familiale des femmes pour les inciter à travailler. De la même façon, les mesures d'encouragement au vieillissement actif des seniors doivent leur permettre de diversifier leurs sources de revenus. Surtout qu'en plus d'alléger les budgets publics, on constate qu'une activité même limitée réduit les risques de précarisation et d'isolement des personnes âgées, notamment des femmes, plus facilement exposées à la détérioration de leur état de santé et de leur situation économique.

3. **La diminution du coût de certaines prestations**, comme la prise en charge des maladies de longue durée, grâce à la mise en place de politiques de prévention systématiques des maladies non transmissibles et dégénératives.

4. **Le recours à la migration de travail** pour étendre la main-d'œuvre, accroître le volume des prélèvements de solidarité tout en comblant certains besoins du marché du travail.

↗ Face au vide

Pour la première fois en 2015, le solde démographique naturel* de l'Union européenne a été négatif. Autrement dit, sans l'apport des migrants, la population européenne aurait diminué, à l'instar de celle du Japon qui a reculé de 1 million de personnes entre 2010 et 2015. D'ailleurs, comme elle attire vers les pays d'accueil des populations plutôt jeunes, l'immigration a laissé croire un temps qu'elle permettrait de rétablir un certain équilibre intergénérationnel. Depuis, des calculs de l'UE ont montré que pour maintenir le rapport entre les personnes âgées et les personnes actives en Europe d'ici à 2050, le continent devrait accueillir presque autant de migrants qu'il compte d'habitants. En d'autres termes, il n'est pas de scénario raisonnable qui laisse penser que l'Europe pourrait retrouver les taux de dépendance*

FIG. 011
NOMBRE DE PERSONNES AGÉES
DE 65 ANS ET PLUS, en 2016 et en 2050

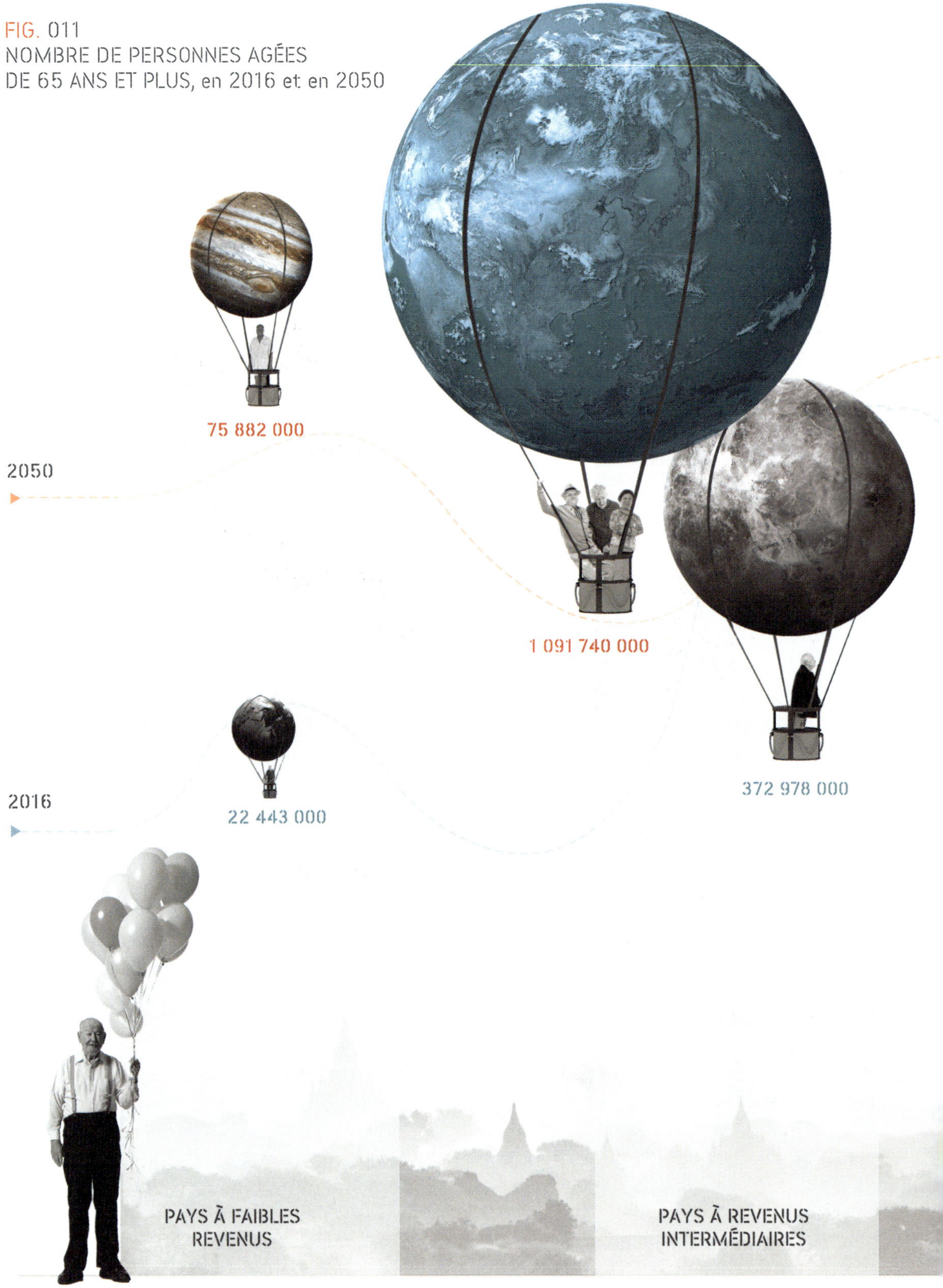

sur lesquels elle avait fondé ses systèmes sociaux par répartition dans les années 1950. Pourtant, sans aller jusqu'au remplacement de générations manquantes, on a quand même constaté depuis les années 2000 que dans les pays européens les plus touchés par le vieillissement tels que l'Italie et l'Allemagne, les migrations ont permis de ralentir le vieillissement. Au contraire le Japon, dont la politique migratoire est plus restrictive, a enregistré un vieillissement démographique plus rapide. D'autres calculs indiquent aussi que si elle interrompait les flux migratoires, l'Europe pourrait perdre 16 % de sa population d'ici à 2060 en même temps qu'elle connaîtrait une augmentation de la part de la population âgée de 65 ans et plus pouvant aller jusqu'à 33 %. Dans ce scénario de fermeture, même les pays à fécondité relativement élevée tels que le Royaume-Uni et la France verraient leur population diminuer avant 2060.

Pour la première fois en 2015, le solde démographique naturel de l'Union européenne a été négatif.

Au-delà du simple ratio démographique et de la contribution sociale des travailleurs d'origine étrangère, de nombreuses études académiques, de l'OCDE et des Nations unies ont déjà souligné l'impact positif de l'immigration sur le vieillissement des sociétés. Dans plusieurs pays européens par exemple, l'accompagnement des personnes âgées dans leur vie quotidienne repose essentiellement sur l'emploi de personnel immigré qui remplace dans cette fonction les femmes européennes, depuis que celles-ci ont intégré massivement le marché du travail. Plus largement, qu'il s'agisse d'hôtellerie, de restauration, de gardiennage, de construction, de travaux agricoles, de soignants, de comptables ou d'ingénieurs informatiques, désormais ce sont des secteurs entiers de l'économie des pays de l'OCDE qui reposent sur la main-d'œuvre étrangère. Pourtant, en dépit des recommandations de nombreux experts ou des grandes entreprises, les pays développés – Canada excepté – préfèrent afficher une politique de fermeture pour rassurer des opinions publiques de plus en plus hostiles aux migrants, mais aussi pour contenir, en vain, l'essor des mouvements populistes et xénophobes.

↗ La voie de l'Est

Particulièrement fermé aux travailleurs étrangers, le Japon, lui, a choisi une autre voie pour faire face au problème de la dépendance. Laboratoire mondial du vieillissement, il développe depuis déjà plusieurs années une véritable stratégie pour lutter contre les effets de son déclin démographique sur son dynamisme économique. Contrairement aux cultures occidentales qui valorisent le retrait de la vie active en promettant aux seniors une seconde existence consacrée aux loisirs, la société japonaise, elle, considère que conserver une activité professionnelle permet de se maintenir en bonne santé physique tout en évitant l'isolement social. Au total, le pays compte ainsi 12 millions de travailleurs de plus de 60 ans, soit 20 % de la main-d'œuvre totale du Japon. De la même façon, au lieu de maisons de retraite, peu développées au Japon, on privilégie l'autonomie des personnes à leur domicile par la mise en place de service de conciergerie, de livraison à domicile, de systèmes de surveillance et d'accompagnement, etc. Parallèlement, le pays concentre une large part de son budget à la recherche et au développement dont il concentre les efforts sur la lutte contre le vieillissement : robotique, domotique*, médicaments... Même le crédit personnel ne connaît guère de restrictions liées à l'âge, offrant de pouvoir faire des projets, d'acquérir un bien ou de consommer jusqu'à un âge avancé. Cependant, si l'espérance de vie en bonne santé record de la population japonaise (73,5 ans) plaide

en faveur de la stratégie nippone, elle ne suffit pas à masquer l'effet induit de retardement à mesure que le nombre de personnes très âgées augmente et que le taux de natalité continue de diminuer. C'est d'ailleurs la raison pour laquelle fin 2015, le gouvernement a choisi d'attaquer la question du renouvellement de la population en proposant une série de mesures pour stimuler le taux de natalité*, y compris sur le plan fiscal. S'il est trop tôt pour connaître l'efficacité démographique de ces nouvelles dispositions dans une société aussi élitiste et concurrentielle que le Japon, on peut néanmoins déjà souligner la contradiction à vouloir encourager les naissances alors que dans le même temps on accroît le temps de travail et on promeut l'emploi des femmes pour pallier le déficit de main-d'œuvre. Finalement, à moins que les autorités décident d'assumer l'implosion démographique du pays et donc aussi celle de son système de retraite, on ne peut exclure que le scénario migratoire s'impose aussi au Japon, invitant, mais sans le dire, des populations chinoises à remplacer, à moindre coût, les générations manquantes de travailleurs nationaux.

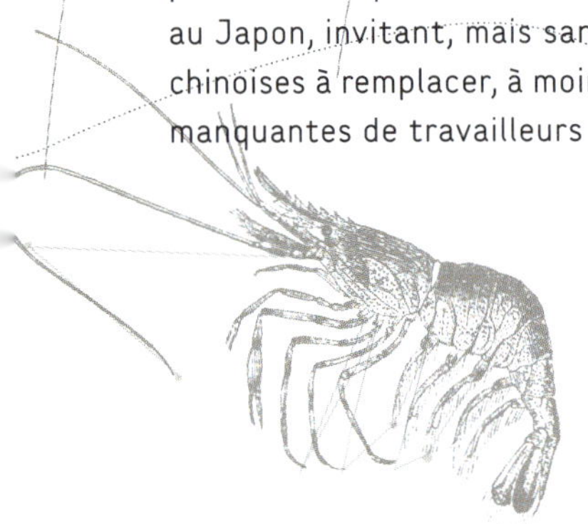

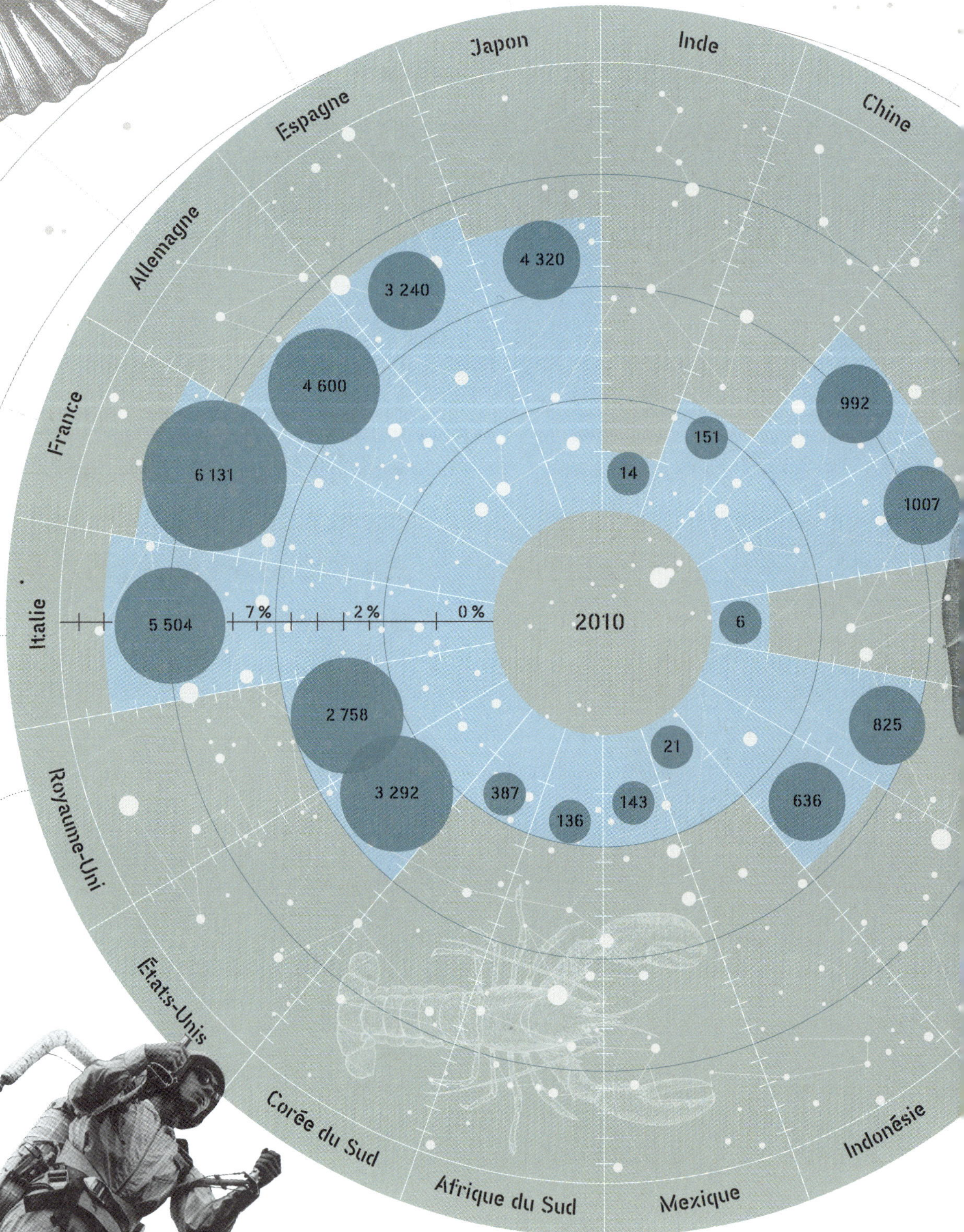

FIG. 012
DÉPENSES PUBLIQUES POUR LES RETRAITES, en 2010 et 2050

Dépenses publiques pour les retraites, en part du PIB

Dépenses publiques pour les retraites par habitant

445 $ 3 267 $ 6 047 $

Russie
Brésil
Pakistan
Argentine

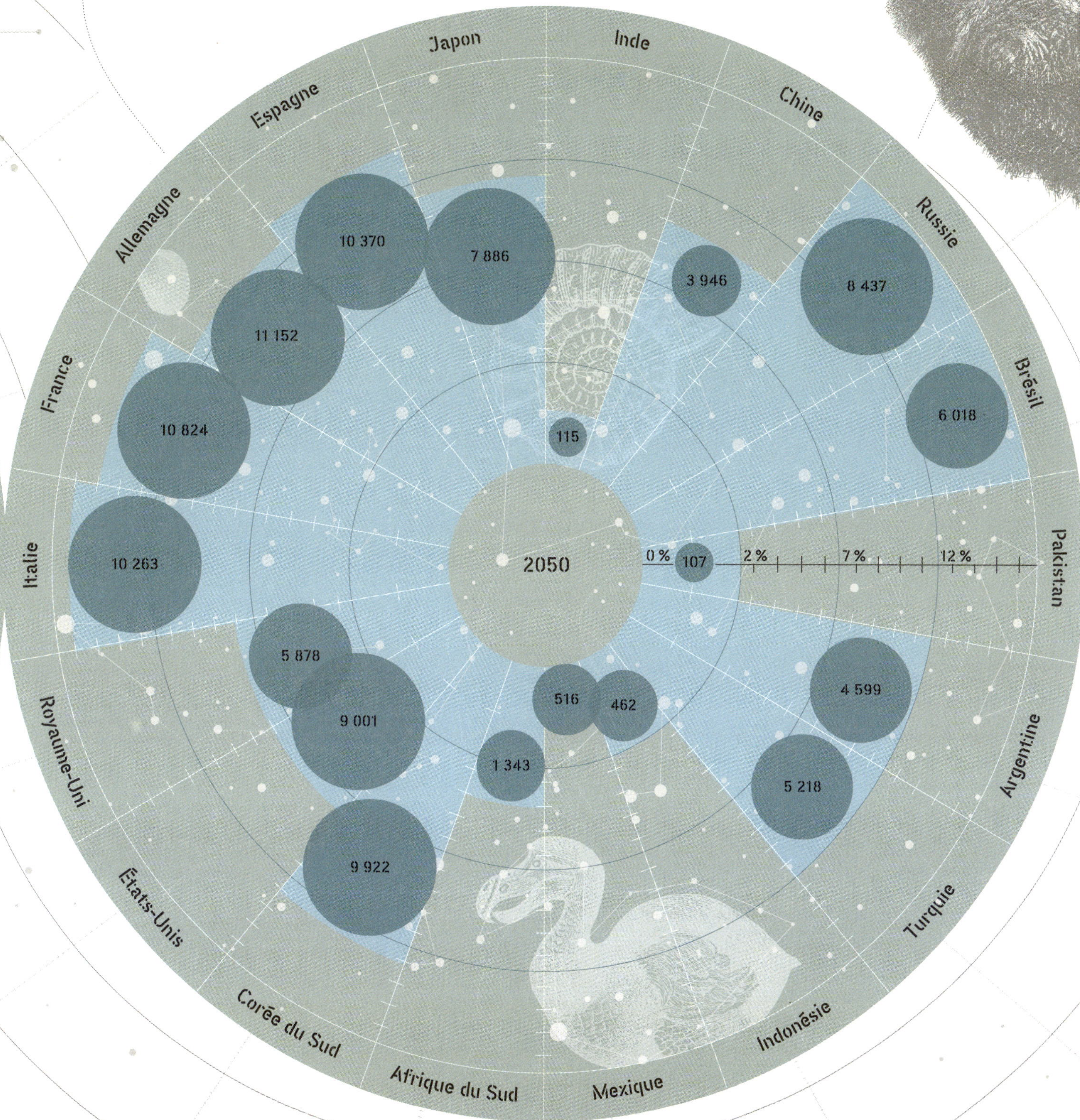
Japon
Inde
Chine
Russie
Brésil
Pakistan
Argentine
Turquie
Indonésie
Mexique
Afrique du Sud
Corée du Sud
États-Unis
Royaume-Uni
Italie
France
Allemagne
Espagne
2050
0 %
2 %
7 %
12 %
10 370
7 886
3 946
8 437
11 152
6 018
10 824
115
10 263
107
5 878
9 001
516
462
4 599
1 343
5 218
9 922

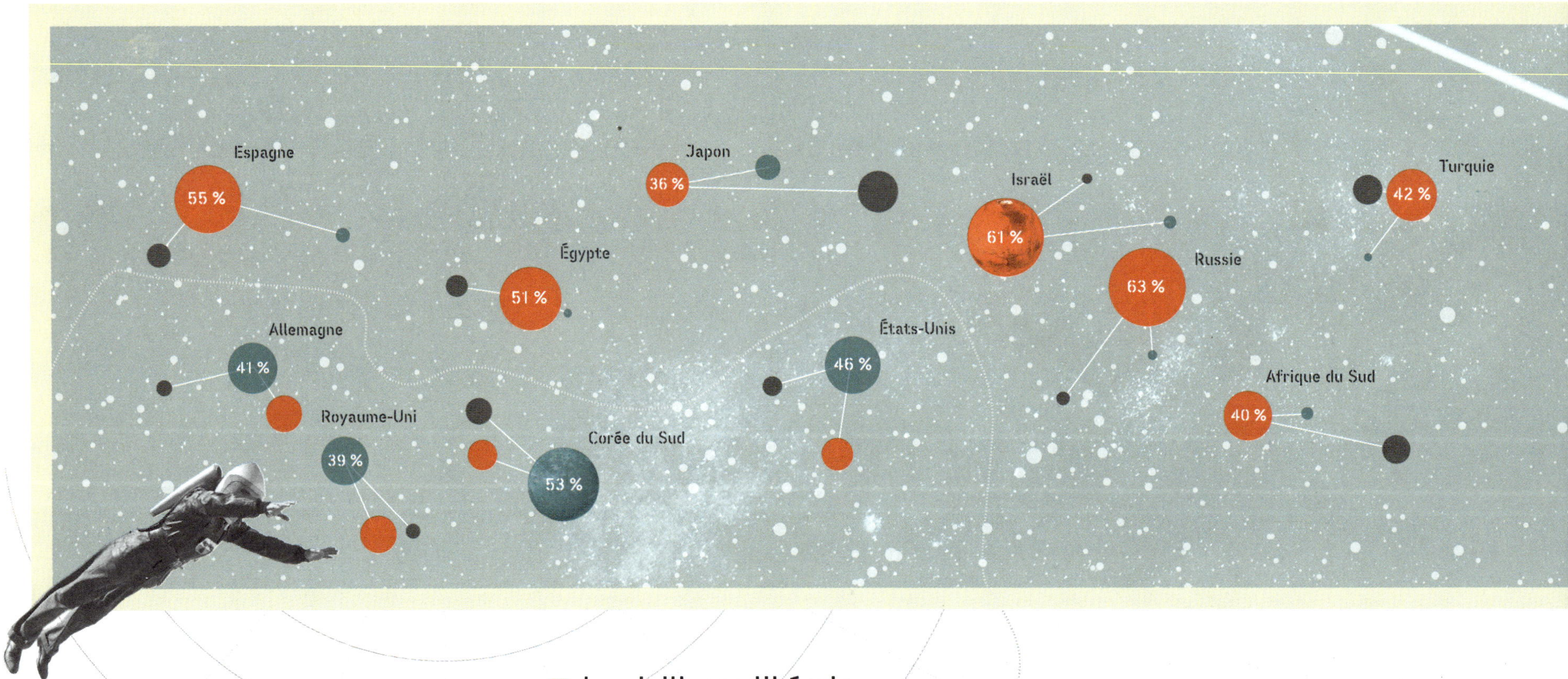

FIG. 013
D'APRÈS VOUS, QUI DEVRAIT PRENDRE EN CHARGE LES PERSONNES ÂGÉES ?

Elles-mêmes
L'État
Leurs familles

La vieillesse libérale

Pour préserver la protection sociale dans les pays où le vieillissement l'expose à la faillite, de nouveaux modèles de couverture sociale rénovent à leur tour le concept de solidarité. Loin de remettre en cause les systèmes d'assurance maladie et de retraite, certains courants de pensée suggèrent de remplacer toutes les couvertures sociales existantes (hormis celle destinée à prendre en charge certains handicaps et les affections de longue durée) par le versement mensuel d'une allocation unique, inconditionnelle et universelle en échange de la responsabilité laissée à chacun de choisir et de gérer sa couverture sociale des risques. Si par exemple un individu choisit d'être le seul gestionnaire de ses dépenses de soins, il lui revient d'en maîtriser le montant en ajustant ses choix de vie pour prévenir la maladie et rationaliser sa consommation médicale. De la même façon, en décidant à l'avance l'âge auquel il prendra sa retraite, un individu pourrait choisir d'épargner son revenu social unique pour bénéficier, le moment venu, d'une couverture sociale satisfaisante, sans risque de diminution de ses allocations. Autrement dit, au lieu de la solidarité conditionnelle des systèmes d'assurance privée par capitalisation, le système de revenu social unique et universel consisterait à nantir la solidarité sociale par la responsabilité de chacun de choisir les risques qu'il veut couvrir, pour lui-même et à ses frais.
Quoique l'idée fasse son chemin dans plusieurs pays et qu'elle traverse les courants politiques, l'idée se heurte encore à de nombreuses résistances, à commencer par le poids de plusieurs décennies d'habitudes, la force des inerties institutionnelles et surtout la difficulté pour passer d'un système à l'autre. Comme la protection sociale obéit à des logiques systémiques dont les effets se prolongent sur de très longues périodes, sa révolution exigerait en effet de faire coexister deux systèmes différents, le temps que le premier disparaisse.

Le vieillissement amorti

Enfin, pour ouvrir le débat sur les relations intergénérationnelles et ne plus confiner le vieillissement dans le seul cadre de la dépendance des personnes

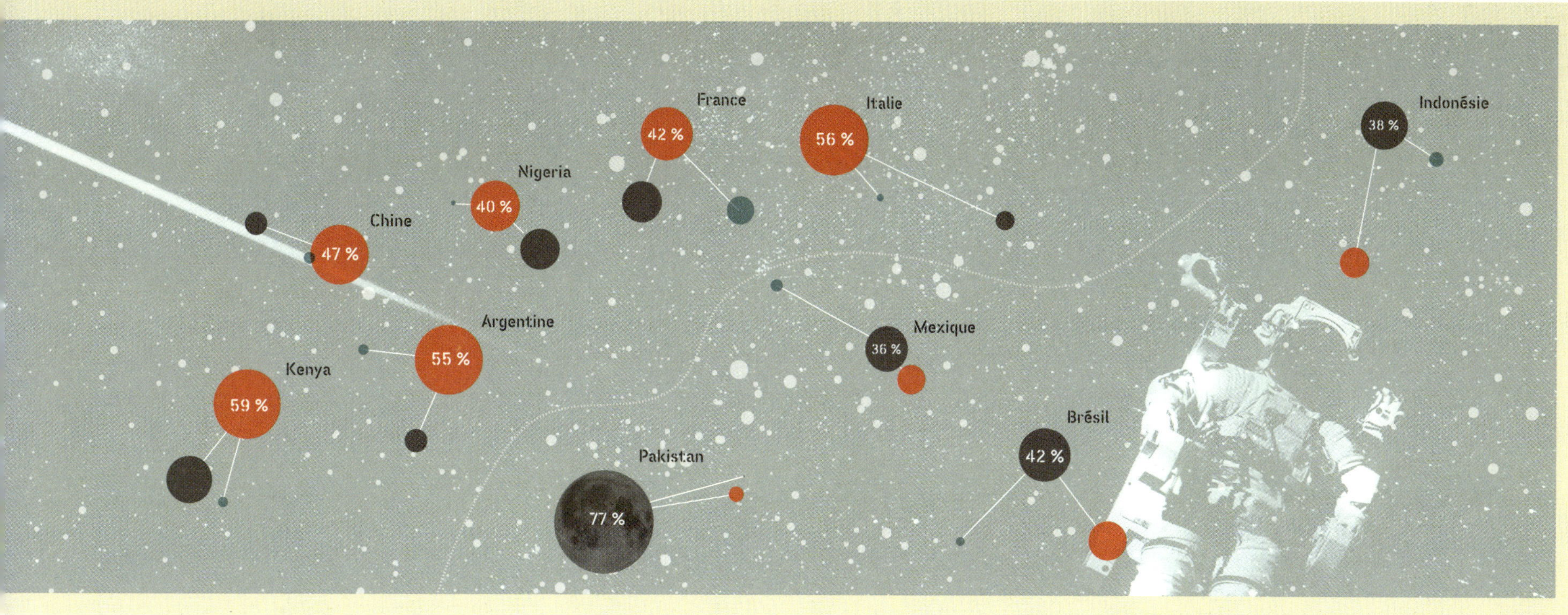

âgées, la *silver economy* (économie des cheveux gris) offre plusieurs pistes de réflexion. Au départ, celle-ci s'intéresse à trois champs d'opportunités principaux : la prévention des risques liés au vieillissement de l'individu ; l'accompagnement de la perte d'autonomie des personnes ; l'adaptation des sociétés à l'augmentation de populations âgées. Pour appréhender les opportunités, la *silver economy* considère l'ensemble des contributions des seniors : bénévolat, retraite active, mentorat, consommation de services, épargne, investissements. Ainsi, elle révèle que la dépendance des seniors participe en réalité pleinement au processus de redistribution économique en même temps qu'elle est un moteur pour l'innovation technologique et la recherche scientifique.

En plus de constituer la première génération à être plus riche que la précédente et probablement aussi que la suivante à âge égal, les baby-boomers* affichent en effet un niveau de vie plus élevé que celui des moins de 50 ans et détiennent par ailleurs une épargne record. Pour ceux qui s'en saisiront, ils offrent donc un marché de niche avantageux. Déjà, plusieurs secteurs se trouvent portés par la demande accrue de confort, d'ergonomie, de sécurité et de surveillance des seniors : habitat, équipements urbains, domotique, robotique, électronique, électroménager, informatique, physique du bâtiment, télécommunications ou encore services à la personne. Que l'on songe à la demande de téléassistance, de télésurveillance ou de télémédecine qui s'accroît avec le vieillissement de générations nombreuses : elle devrait constituer un marché de 5,6 milliards en 2017 au lieu de 407 millions de dollars en 2013. Comme les nouveaux retraités quittent leur emploi en relative bonne santé, ils sont aussi des acteurs décisifs de la demande de bien-être, de loisirs et de tourisme. Soins de santé, résidences spécialisées, produits anti-âge, université du troisième âge, services financiers et autres produits de proximité : pour tous ces secteurs, les seniors représentent une source de croissance d'autant plus critique que les baby-boomers sont nombreux. On calcule qu'aux États-Unis par exemple les plus de 55 ans contrôlent déjà près de 70 % de l'ensemble du revenu disponible, tandis qu'en France ils pourraient absorber deux tiers de l'augmentation totale de la consommation entre 2015 et 2030. De ce point de vue, il serait donc vain d'apprécier la charge budgétaire des pensions et autres aides sociales versées aux aînés sans faire de péréquation avec les dividendes économiques de leurs besoins et de leur consommation.

En même temps, il serait aussi erroné d'agréger une classe d'âge en un groupe homogène alors qu'elle est le miroir de sociétés marquées par des écarts de revenus importants. Autrement dit, l'adaptation de l'offre commerciale et technologique pour capter les marchés émergents du vieillissement menace aussi d'exclure plusieurs sous-groupes de personnes âgées en situation d'insécurité économique et sociale. À terme, les coûts de certaines technologies pourraient même creuser l'écart entre les personnes les plus aisées et celles plus exposées sur le plan matériel, familial ou amical. C'est pourquoi il est primordial que l'approche du vieillissement par le développement des marchés ne se fasse pas aux dépens de l'équité de traitement entre les seniors par l'adoption de mesures qui les corrigent, tant à l'échelle d'un même pays qu'à celle des pays entre eux.

CHAPITRE 06

DÉMOCRATIE EN FIN DE VIE ?

Tandis que s'élève l'âge médian des personnes en âge de voter, les démocraties occidentales enregistrent une progression de l'abstention des jeunes. Ainsi, à mesure que l'électeur moyen dépasse la cinquantaine, le risque émerge d'un possible déficit démocratique et d'une marginalisation des jeunes dans le processus qui doit conduire à choisir le futur. À terme, c'est le cœur même des institutions que ce déséquilibre intergénérationnel expose à l'obsolescence.

Au fil du temps, l'âge de la majorité électorale dans les démocraties n'a cessé de baisser. De 30 ans ou plus au XIXe siècle, il est passé à 21 ans puis à 18 ans dans la plupart des régimes représentatifs, et même à 16 ans en Autriche, en Écosse et au Brésil. Pourtant, le constat est le même dans tous les pays de l'OCDE, hormis ceux où le vote est obligatoire comme en Belgique ou en Australie : le taux d'abstention des jeunes, plus élevé que celui des catégories plus âgées, continue de progresser. On sait ainsi que 80 % à 90 % des jeunes qui s'abstiennent aux deux premiers scrutins auxquels ils pourraient participer deviennent des abstentionnistes chroniques. Or au même moment, la population des 60 ans et plus qui, justement, est la plus active sur le plan électoral augmente avec le vieillissement des générations nombreuses d'après-guerre.

↗ Obsolescence programmée

Plus que l'âge moyen de la population, c'est l'âge médian* du corps électoral actif qui détermine le centre de gravité de la participation citoyenne d'un pays. Pour le calculer, on retire de la population totale les individus n'ayant pas l'âge de voter, les étrangers dépourvus de droit de vote, les non-inscrits et les abstentionnistes. Ainsi, on calcule qu'en 2050, l'âge médian des votants sera de 53 ans au Royaume-Uni et aux États-Unis, 55 ans en Allemagne, 56 ans en France et en Italie, 57 ans en Espagne et même supérieur à 60 ans en Suisse.

Si l'on ne peut pas établir de corrélation parfaite entre le vieillissement des votants et les orientations politiques d'un pays, les candidats savent que pour se faire élire, ils ont intérêt à formuler des projets qui ciblent les intérêts de l'électeur médian. À leur tour, les études de tendances révèlent que lorsqu'il s'agit de se prononcer sur des arbitrages publics, les électeurs privilégient les intérêts de leur catégorie d'âge. On parle alors de « sociotropisme » pour évoquer l'égoïsme politique générationnel, et même de « gérontocratie » pour désigner le risque dans les démocraties vieillissantes de choisir l'avenir en fonction des intérêts de ceux qui représentent le passé. Entre autres exemples, on peut évoquer le conservatisme moderne des baby-boomers* européens qui persistent de défendre un modèle d'État-providence dont les fondements économiques n'ont pourtant pas survécu à la mondialisation et au changement de structure démographique. À continuer de formuler des promesses électorales qui laissent accroire le contraire sans assumer l'inéluctabilité du changement de modèle, la classe politique écarte de la vie démocratique tous les acteurs qui travaillent déjà à la transition… en dehors des cadres et débats institutionnels.

Sans minorer le tropisme générationnel des votants, plusieurs facteurs viennent cependant modérer le poids des électeurs plus âgés dans l'évolution des politiques publiques. Déjà, les visions idéologiques des seniors ne sont pas homogènes. Avec l'allongement de la cohorte des personnes âgées, cette génération compte même plusieurs catégories d'électeurs. Ainsi, on observe qu'avec l'arrivée des baby-boomers au troisième âge, la part du suffrage féminin tend à progresser dans le vote des seniors. Au contraire, la catégorie des personnes âgées de 85 ans et plus, en forte progression, enregistre des taux d'abstention quasi absolus. Par ailleurs, l'âge ne détourne pas catégoriquement l'intérêt des aînés pour les jeunes générations, surtout quand ils sont eux-mêmes grands-parents. Enfin, on constate à l'occasion des votes sanctions que, le plus souvent, les électeurs font prévaloir l'intérêt du pays sur leurs intérêts personnels. La question étant alors celle des critères d'appréciation qui divergent avec l'expérience.

FIG. 014
POPULATION MONDIALE PAR TRANCHE D'ÂGE ET RATIOS DE DÉPENDANCE* POUR 100 ACTIFS, en 2000 et 2050

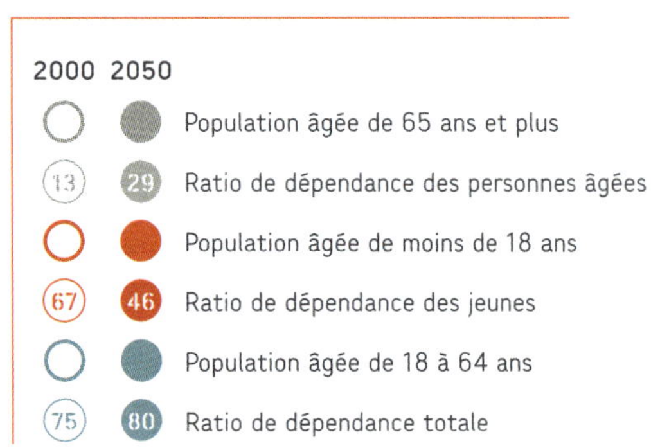

↗ Le péril vieux

Tandis que les jeunes seront plus sensibles aux engagements en faveur de l'emploi, l'éducation et la recherche, les plus âgés attacheront davantage d'importance aux questions de santé, de sécurité et à la prise en charge de la vieillesse. Or au vu des arbitrages qui s'imposeront pour réduire les dépenses publiques dans les prochaines décennies, la défense des acquis sociaux des retraités pourrait donc peu à peu cristalliser les débats autour de l'équité des solidarités intergénérationnelles. Pour répondre aux attentes de leurs électeurs, les politiques pourraient chercher à réduire la pression économique sur les systèmes de retraites et de santé. Comme ils savent également qu'une hausse des cotisations pourrait générer des tensions sociales critiques, leur marge de manœuvre risque de devenir de plus en plus étroite pour réduire le train de vie des États. Un scénario émerge alors où, pour faire des économies budgétaires tout en maintenant leur niveau de prestations sociales, les pays développés choisissent de privatiser la culture, l'éducation supérieure ou la recherche. Et pas seulement…

Sous la pression de leurs électeurs, les gouvernements européens pourraient aussi réduire les ressources allouées à la défense et aux affaires militaires. Déjà, avec la fin de la guerre froide, les pays de l'UE ont diminué leur budget global de défense de 281 milliards d'euros constants en 2005 à 255 milliards en 2015. À son tour, l'échec ressenti des interventions armées en Afghanistan, en Irak et en Libye a alimenté une hostilité de plus en plus marquée des opinions publiques aux dépenses et engagements militaires. Et si le risque terroriste a récemment tiré à la hausse le budget de défense de quelques pays européens, la perte de confiance qu'il a entraînée à l'égard de l'UE en même temps que la crise dite « des migrants » ont de nouveau éloigné la perspective d'une communautarisation des efforts de sécurité et de défense des pays européens, et donc aussi celle de la mutualisation de leurs dépenses militaires. Finalement, à défaut de mesure tangible de l'efficacité de la dissuasion exercée par leurs forces armées dans le champ de la sécurité globale, le recentrage des électeurs vieillissants sur leurs préoccupations sociales pourrait encore amplifier le repli relatif de l'Europe sur la scène internationale.

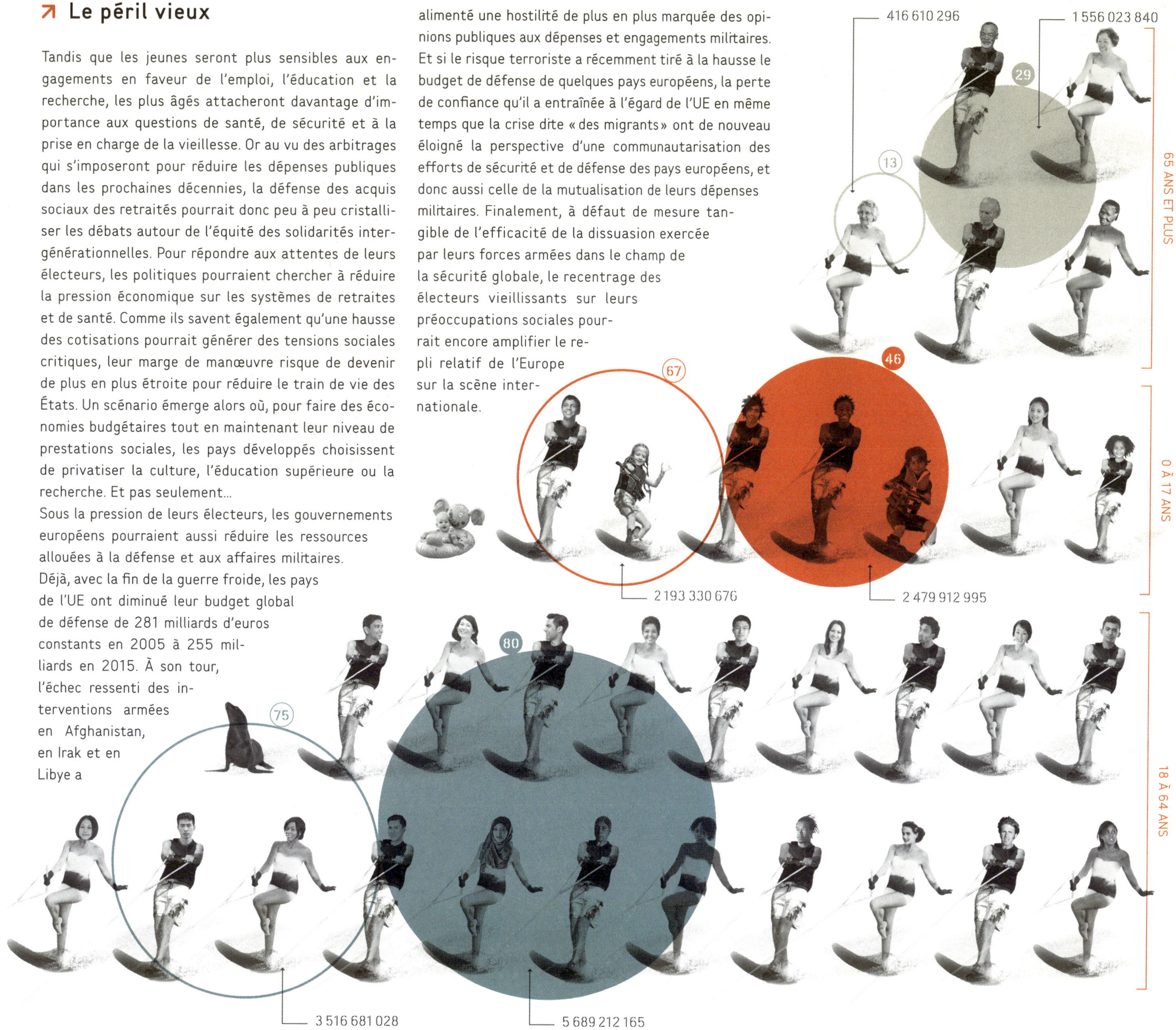

CHAPITRE 07

LES PIONNIERS DU MILLÉNAIRE

En 2030…

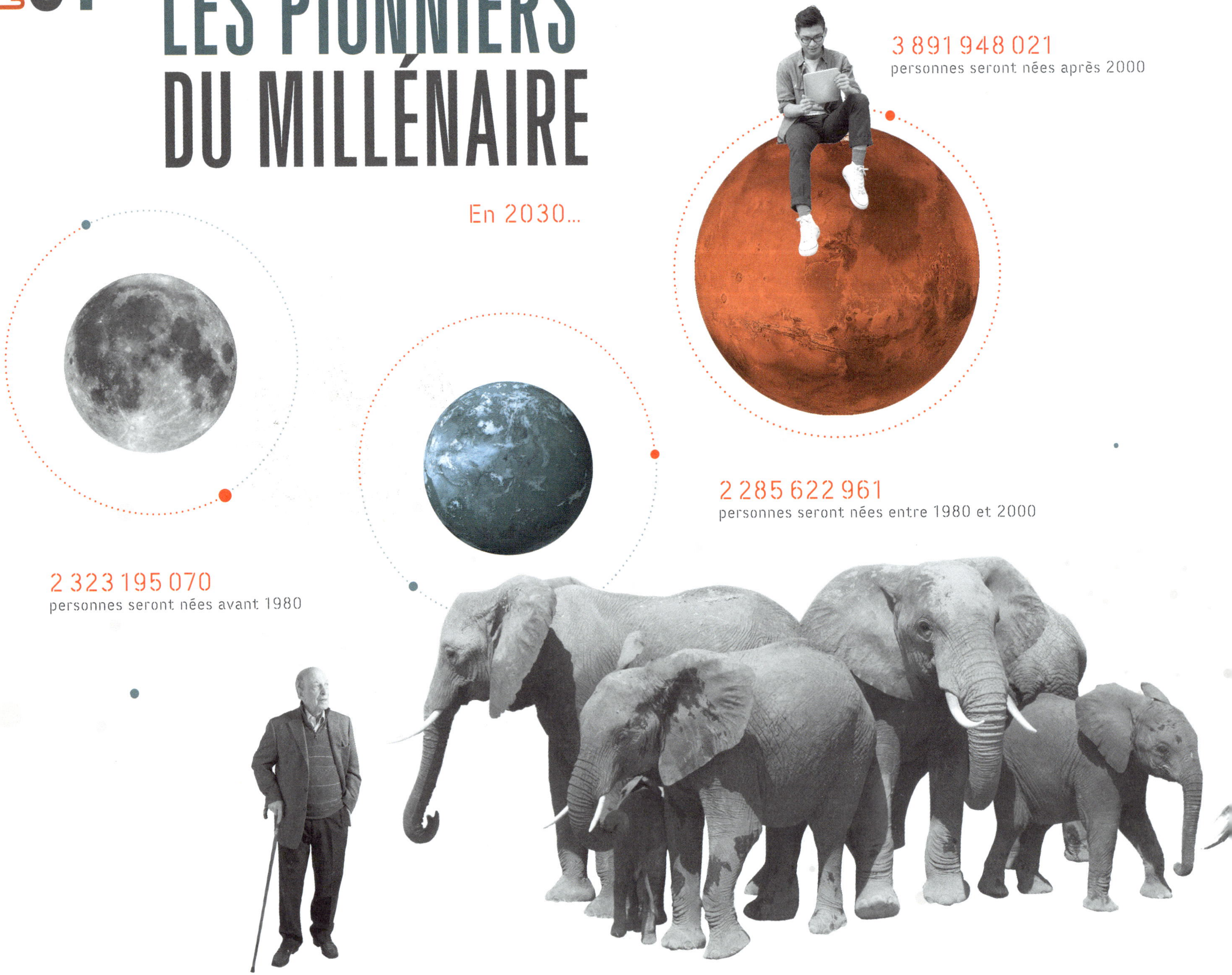

À chaque génération une identité et des références propres. Si le travail est au cœur du système de valeurs des baby-boomers* par exemple, la génération X (1965-1980) y ajoute une inclination nouvelle pour les technologies de l'information.
La génération dite «Y» ou «digitale» des enfants nés entre 1980 et 1999 est celle des jeunes connectés par leurs pouces, à l'information comme à leurs amis.
Enfin, pionniers d'une civilisation naissante, les enfants de la génération Z, nés après l'an 2000, sont ceux des écrans mobiles et tactiles qu'ils manipulent avant même de savoir parler. Sans en avoir conscience, ces enfants sont les éclaireurs du futur où, en grandissant, ils feront basculer leurs sociétés.

FIG. 015
RÉPARTITION DE LA POPULATION MONDIALE PAR ANNÉE DE NAISSANCE, en 2030

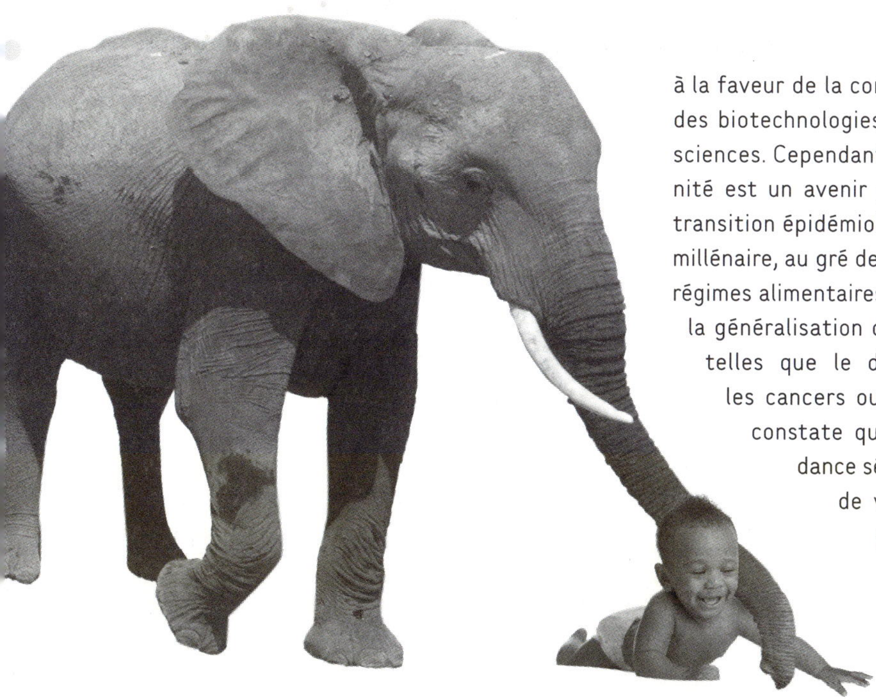

Bien avant qu'il advienne, le futur se prépare à la fois dans les politiques publiques de long terme, mais aussi à l'école et dans le cadre de vie de ceux qui le mettront en œuvre. Pour permettre aux jeunes générations de se saisir de la transition qui engage leur avenir, il revient à ceux qui gouvernent de comprendre ce qui façonne les pensées, visions et représentations de leurs successeurs pour accompagner leurs élans et éviter les fractures intergénérationnelles.

↗ Héritiers de l'incertitude

Moins exposés que leurs aînés aux tuberculose, rougeole, poliomyélite et hépatite, on dit des moins de 30 ans qu'ils pourraient vivre bien au-delà d'un siècle,

Les moins de 30 ans seraient les premiers spécimens d'une nouvelle étape de l'évolution humaine.

à la faveur de la convergence des nanotechnologies*, des biotechnologies, de l'informatique et des neurosciences. Cependant, en attendant de savoir si l'éternité est un avenir possible, ils devront traverser la transition épidémiologique* qui s'est amorcée avec le millénaire, au gré de la mutation des modes de vie, des régimes alimentaires et de l'environnement. Déjà, avec la généralisation de pathologies non transmissibles telles que le diabète, l'obésité, la dépression, les cancers ou les maladies endocriniennes, on constate que, pour la première fois, la tendance séculaire à l'allongement de la durée de vie marque le pas dans quelques pays développés comme la France et les États-Unis.

Sans mémoire de la guerre froide ni souvenir de la victoire du « monde libre », les moins de 30 ans ne partagent pas non plus les obsessions idéologiques de leurs aînés. Avec la chute du mur de Berlin, ils ont changé d'ennemi. Le leur est intime, quotidien, terroriste. Infiltré, fanatique et mondial, il peut justifier à leurs yeux de renoncer à certains de leurs droits de naissance comme celui à la vie privée. Autrement dit, aux exigences de liberté de leurs parents, les Y et Z des pays développés et émergents répondent par leur demande de sécurité.
Il faut dire que contrairement aux deux générations qui les précèdent, les plus jeunes grandissent dans une incertitude vertigineuse. En plus des effets probables et non mesurables de la dégradation de la biosphère, ils s'attendent à connaître plusieurs ruptures technologiques au cours de leur vie. En même temps, un grand nombre d'entre eux verront disparaître le métier exercé par leurs parents alors que, dans 60 % des cas, le leur n'existe pas encore. Or, à l'exception des plus jeunes, les enfants du millénaire sont déjà sur les bancs de l'école qui, justement, est chargée de les préparer à l'avenir.
Sur ce plan d'ailleurs, l'écart avec leurs aînés n'est pas moins grand : au lieu de 3 ans d'enseignement en moyenne en 1950, une personne de plus de 15 ans en reçoit au moins 8 en 2016, et même 11 ans dans les pays développés. En dépit de cette progression, les nouveaux diplômés peinent pourtant à rejoindre l'activité économique par l'emploi. En Inde par exemple, 15 % des jeunes ne sont ni étudiants, ni employés, ni en formation. Et 6 diplômés sur 10 n'ont pas les compétences recherchées par les entreprises. Dans les pays de l'OCDE*, depuis leur arrivée sur le marché du travail, les jeunes de la génération Y ont connu la crise économique mondiale, la précarisation des contrats d'emploi et le phénomène d'ubérisation* qui substitue au schéma d'emploi de l'entreprise la mise en contact direct en ligne entre les clients et les professionnels individuels.
À leur tour, les médias aiment à évoquer la mutation des moins de 30 ans : ils seraient en effet les premiers spécimens d'une nouvelle étape de l'évolution humaine. À force d'utiliser les technologies mobiles et numériques, ils disposeraient de capacités cérébrales augmentées. En dépit d'une aptitude moindre

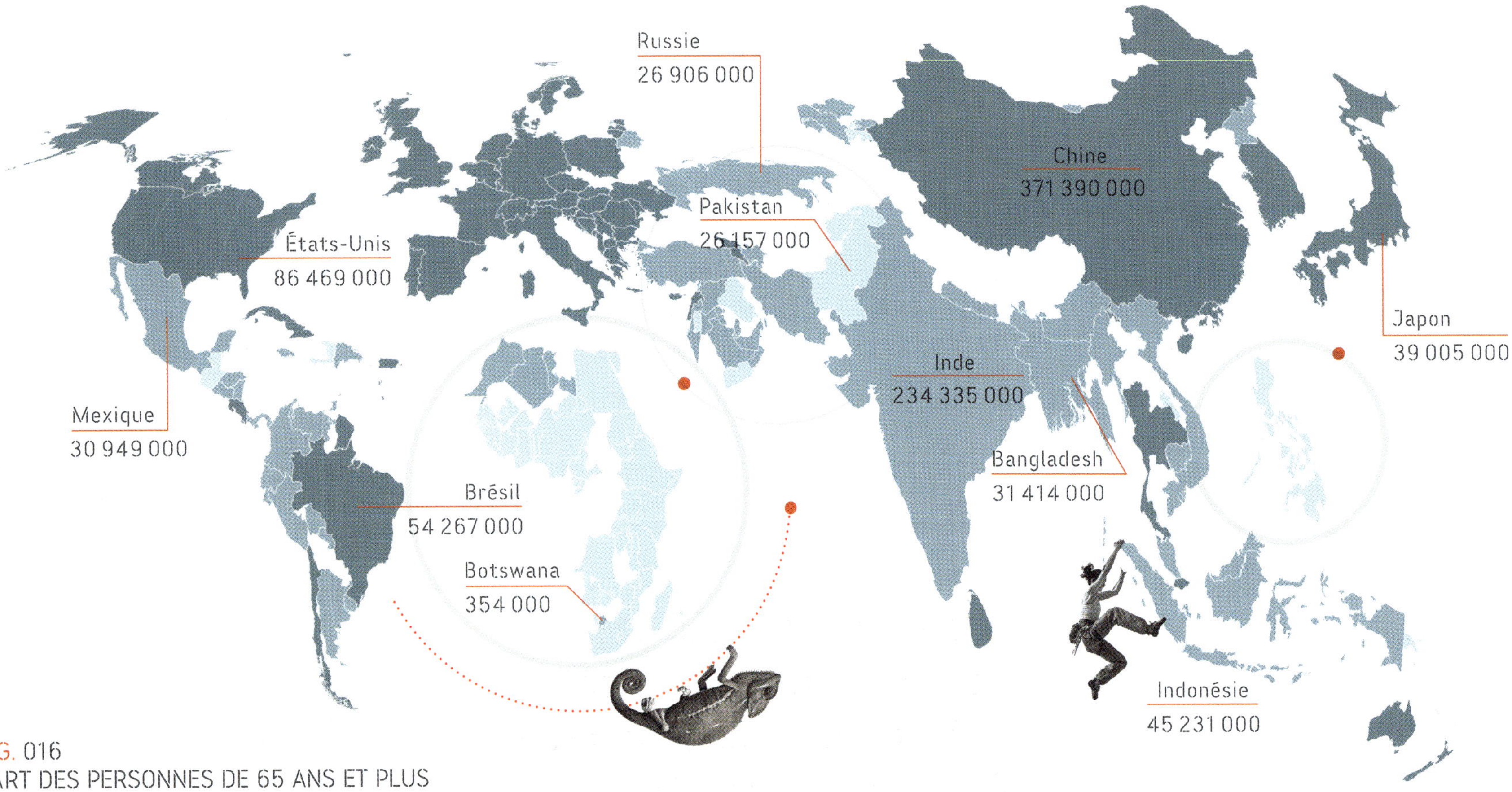

FIG. 016
PART DES PERSONNES DE 65 ANS ET PLUS DANS LA POPULATION TOTALE, en 2050

30 949 000 **Population de 65 ans et plus**

10 % 22 %

Des cartes à géométrie variable

Fondés sur le principe de l'anamorphose, ces deux planisphères modifient la taille réelle des pays en fonction du nombre de personnes âgées de 65 ans et plus (fig. 016) et du nombre de personnes de moins de 50 ans (fig. 017). Cette technique permet de repérer non seulement les dynamiques pour chaque pays mais aussi de les comparer à la tendance générale.

à la concentration et d'un besoin constaté d'avoir des réponses ou récompenses immédiates, on leur prête aussi de plus grandes facilités pour traiter des informations en parallèle plutôt que de manière séquentielle. Ainsi, ils seraient mieux disposés au travail complexe et multitâche. Enfin, comme ils seront déchargés de la nécessité de mémoriser des informations comme l'orthographe ou les règles de calcul, on prévoit aussi qu'ils auront de meilleures dispositions pour la créativité. Cependant, bien que l'impact des nouvelles technologies sur les mécanismes cognitifs soit scientifiquement documenté et valide l'existence d'une génération digitale, d'autres déterminants agissent à leur tour. À taux d'équipement* égal par exemple, les savoir-faire et pratiques numériques restent à la fois moins étendus et moins éclectiques dans les milieux populaires. Autrement dit, la fracture numérique* procède moins d'une rupture générationnelle que de divisions sociales et culturelles qu'elle contribue à creuser.

↗ Transitionnistes*

Confrontés au recul de l'emploi et à la dégradation environnementale, marqués par la numérisation de leur mode de vie, les enfants de la mondialisation ont également fini par échapper aux cadres politiques traditionnels qu'ils délaissent en même temps que les urnes et les partis. À la dernière élection présidentielle américaine de 2012, par exemple, seuls 45 % des moins de 35 ans ont pris part au vote contre 72 % des personnes âgées de plus de 65 ans.
Si leur attachement à la démocratie n'est pas moindre que celui des générations précédentes, les moins de 30 ans, ceux qu'on appelle les « milleniums* », sont toutefois moins préoccupés par le multipartisme* ou la liberté de la presse que par l'accès à Internet. Car c'est là que, ensemble et en réseau, ils sont de plus en plus nombreux à reformuler les schémas de société

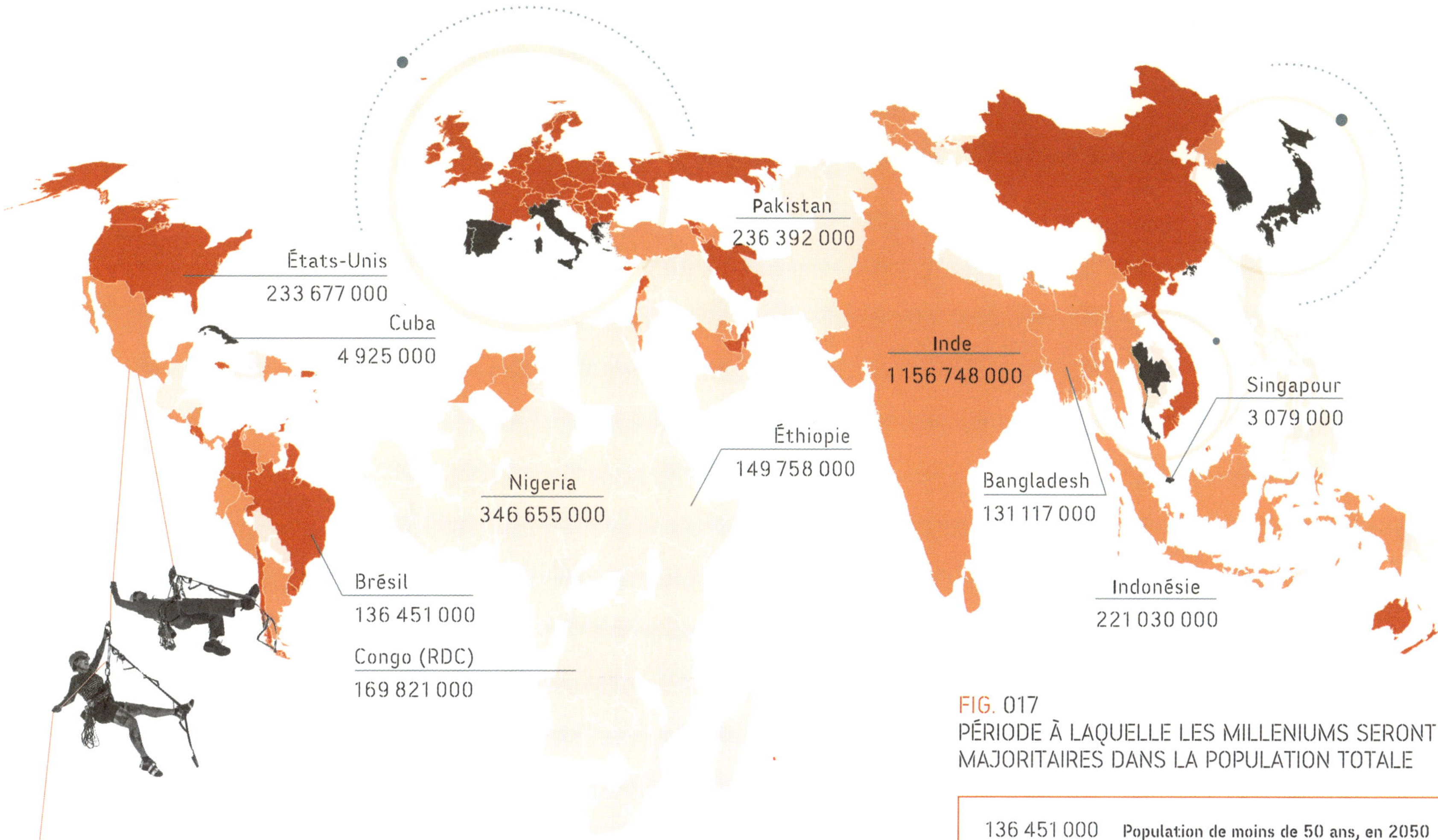

FIG. 017
PÉRIODE À LAQUELLE LES MILLENIUMS SERONT MAJORITAIRES DANS LA POPULATION TOTALE

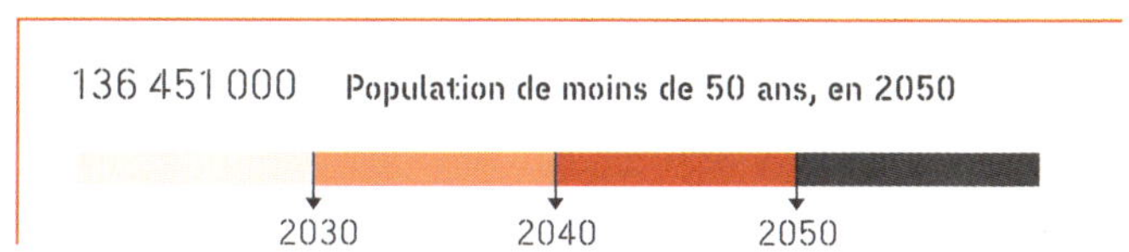

et bientôt le contrat social*. Après avoir désacralisé les savoirs et ceux qui les incarnent à la faveur d'un accès permanent à 3 000 ans de connaissances sur Internet, ils défont désormais les hiérarchies et les frontières. Dévoués à leurs idéaux, ils partagent leurs révoltes et leurs aspirations en ligne et avec leurs pairs du monde entier. Insurgés à Tunis, Istanbul et au Caire, indignés à Athènes et Barcelone, insoumis à New York, Tel-Aviv et Kuala Lumpur, debout la nuit à Paris, ils donnent une nouvelle figure à l'idéalisme et à l'activisme. Moins assidus lors des manifestations et des mouvements de grève, ils préfèrent occuper les places publiques pour indiquer leur envie d'autre chose. Moins confiants aussi dans les systèmes de représentation traditionnels, ils pétitionnent plus volontiers qu'ils ne délèguent leur désir de changement par le vote. Enfin, moins adeptes de la pensée subversive que les générations occidentales du XXe siècle, ils sont de plus en plus nombreux à cultiver la bienveillance et la pleine conscience qu'ils ont empruntées aux philosophies asiatiques.

Ainsi, pendant qu'on assiste à l'agonie de systèmes politiques obsolètes, intrinsèquement incapables de relever les défis de la transition globale, de nouvelles propositions pointent partout dans le monde. D'ambition plus volontiers locale qu'universelle et d'inspiration plus pragmatique qu'idéologique, elles sont, peut-être, les signaux faibles d'un changement fort à venir.

« Le futur est déjà là, mais il est inégalement réparti. »

William Gibson

partie 02

LE GRAND BASCULEMENT

CHAPITRE 08

AU BONHEUR DES CLASSES MOYENNES

On prévoit qu'en 2030, près de 5 milliards de personnes appartiendront à la classe moyenne, soit presque un triplement en 20 ans. Provoqué par la croissance des revenus, ce véritable tsunami économique, social et sociétal emporte tout : les traditions, les modes de vie, les solidarités, les écosystèmes, les causes politiques, les aspirations collectives. Or en déconstruisant le monde d'avant, il souligne l'urgence d'inventer pour le futur un nouveau récit et pour l'humanité un nouveau projet humainement équitable, qui réconcilie la finitude de la planète et les désirs des classes moyennes.

FIG. 018
LA PAUVRETÉ DANS LE MONDE, de 1990 à 2015

Part de la population mondiale vivant dans l'extrême pauvreté

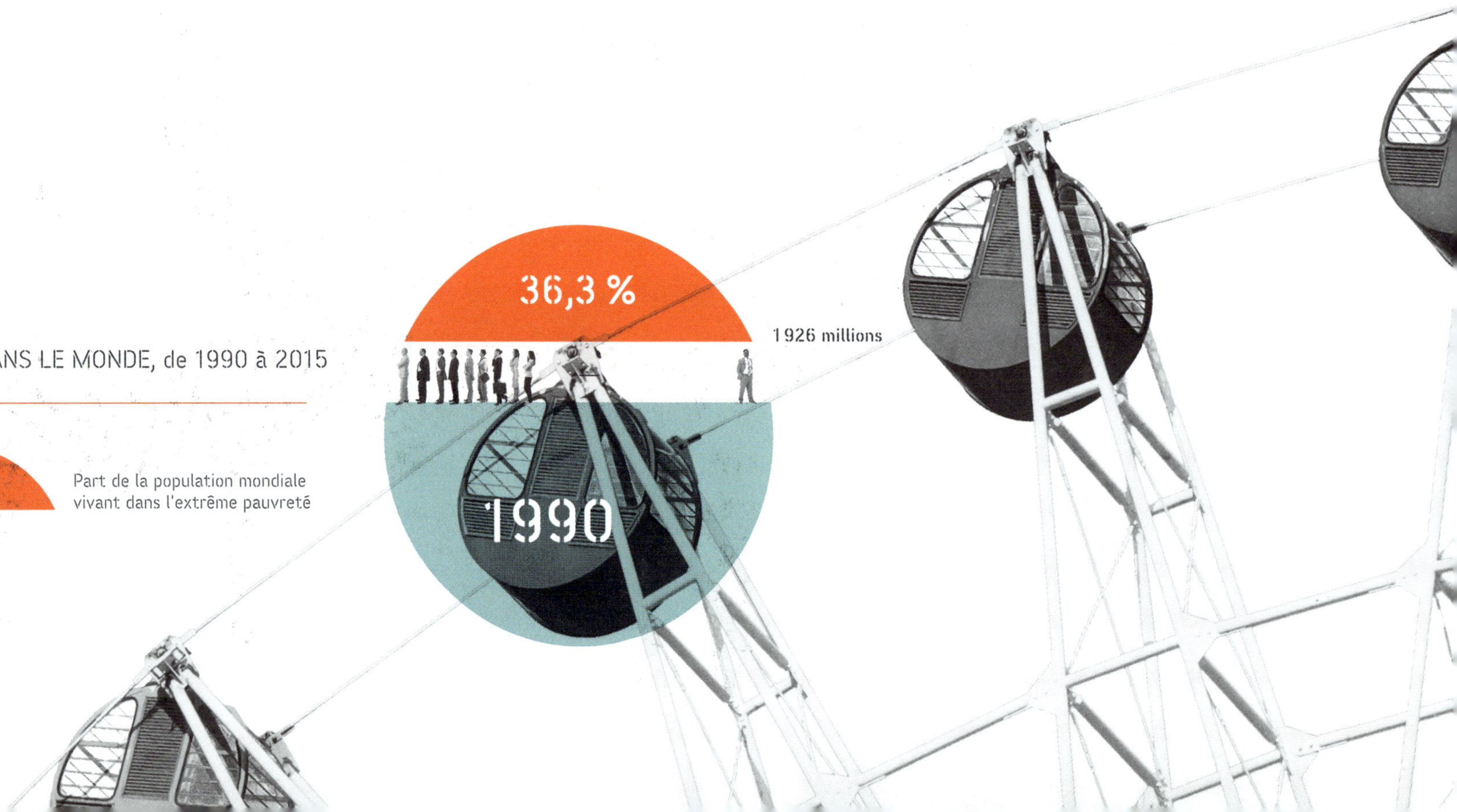

C'est au XIXᵉ siècle que commence l'histoire des classes moyennes, quand la révolution industrielle* améliore le niveau de vie des Européens et des Américains. Plus tard, elle s'accélère avec le décollage économique des Trente Glorieuses*, avant de prendre un nouvel élan, quand la mondialisation économique s'impose à la fin du XXᵉ siècle. Depuis, la moyennisation* mondiale suit plusieurs directions. La première est géographique, à mesure que la prospérité des ménages essaime dans les pays émergents. La deuxième renvoie à l'accélération du processus : si plus de 150 ans ont été nécessaires pour doubler le revenu moyen* de 10 millions de Britanniques, il en fallut à peine plus de 50 pour les Américains, 30 pour les Japonais et seulement 12 pour 1 milliard de Chinois. La troisième, justement, renvoie à l'intensification du phénomène dans les pays émergents. Finalement, les classes moyennes qui rassemblaient à peine 0,1 % de la population mondiale en 1900 et 13 % en 1950 en réunissent 27 % de nos jours. En fonction de la définition qu'on leur donne, elles pourraient même devenir majoritaires avant 2025.

↗ Ni riche ni pauvre

Aujourd'hui plus que jamais, l'expression de « classe moyenne » renvoie d'abord à un niveau de vie. En l'absence de définition consensuelle, l'OCDE* considère qu'elle désigne les populations de revenus intermédiaires, compris entre 10 et 100 dollars par jour en parité de pouvoir d'achat*. En dépit du risque d'agréger des situations très hétérogènes, cette large discrétisation* a pour intérêt de prendre en compte les évolutions économiques dans les pays en développement, tout en distinguant les personnes dont les revenus dépassent le seuil de pauvreté*, mais sans permettre d'épargner. On parle donc ici d'individus dont le statut social repose sur des revenus plutôt stables, tirés d'une activité régulière. Ils sont fonctionnaires, ouvriers, petits commerçants, artisans, employés dans les services et l'industrie, du public comme du privé. Ils disposent d'un toit, d'un deux-roues ou d'une voiture, mangent à leur faim et peuvent se permettre de consacrer une part de leurs revenus aux loisirs, à l'éducation de leurs enfants, à leur bien-être ou à leur confort matériel. Ainsi, contrairement aux populations plus déshéritées, les membres de la classe moyenne se distinguent aussi par leur capacité de se projeter dans le futur, surtout dans les pays émergents.

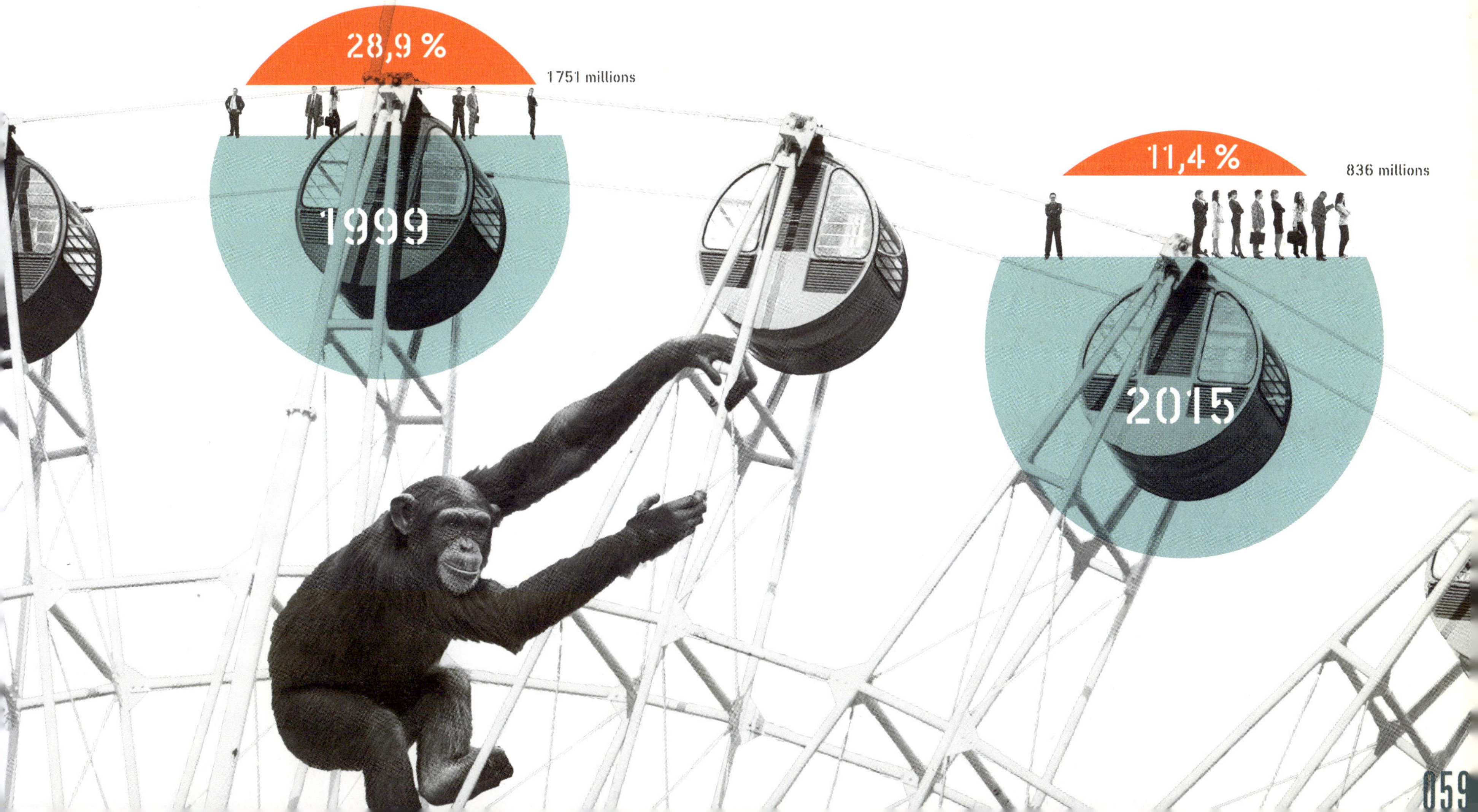

↗ À l'Est, le soleil se lève

Les chiffres sont sans équivoque quant au basculement géoéconomique mondial en cours. Si aujourd'hui les classes moyennes rassemblent seulement 27 % de la population mondiale, dont environ la moitié dans les pays du Nord, on calcule qu'elles en réuniront 42 % en 2020 et 59 % en 2030. Autrement dit, pour la première fois de son histoire, la plus grande partie de l'humanité vivra bientôt hors de la zone de pauvreté. Signe de la fin de l'ère industrielle qui fit les beaux jours de l'Occident, l'Asie rassemblera alors 66 % des classes moyennes du monde, tandis que la part de l'Europe passera de 36 % à 14 % sur la même période. Déjà, en Inde et en Chine, l'avenir ne se départ plus de celui de ces couches intermédiaires* dont la prospérité est le gage de la stabilité politique, de la puissance économique et même du retour des deux géants asiatiques dans le concert des nations. À Pékin et à Mumbai, on se prend même à rêver au moment du dépassement, quand enfin l'Inde et la Chine relégueront ensemble l'arrogance occidentale à l'Histoire. Moins avancés dans le processus, mais appliqués à suivre le modèle, des pays tels que le Vietnam, l'Indonésie et l'Éthiopie profitent à leur tour d'une fenêtre démographique* avantageuse pour exporter vers le reste du monde des produits bon marché, assemblés dans les usines en périphérie des grandes villes. Comme les dirigeants de ces États, les institutions internationales font également le pari de l'envol des classes moyennes, là où la croissance économique annuelle devrait se maintenir au-delà de 3 % ces 10 prochaines années : en Chine, au Vietnam, en Thaïlande, en Indonésie, en Malaisie, aux Philippines, au Bangladesh, en Inde, au Pakistan, en Égypte, en Turquie, en Afrique du Sud, en Colombie et au Mexique. Pour la plupart en effet, ces pays réunissent plusieurs marqueurs déterminants : la stabilité institutionnelle croissante, la réduction de la dette, l'urbanisation, l'intégration progressive à la mondialisation et la possibilité d'améliorer leur productivité* grâce à l'éducation et à l'usage des technologies mobiles. Ainsi, en dépit du recul de la croissance des marchés émergents de 5 % en moyenne au cours des 35 dernières années à 3 % au cours des 35 prochaines, le volume de l'économie mondiale pourrait tripler d'ici à 2050 et, avec lui, la moyennisation de l'humanité.

Depuis 30 ans, la libéralisation des échanges a contribué à démocratiser la consommation des produits manufacturés.

↗ Avoir pour être

Parmi les éléments qui caractérisent la classe moyenne, l'accès à la consommation est certainement aussi déterminant que le seul niveau de revenus. Si des mouvements apparaissent dans les pays développés qui défendent l'idée que la vie vaut d'être vécue même sans accumuler des biens matériels, ailleurs la mondialisation et la moyennisation renvoient toujours en priorité à un accès élargi aux biens et aux services, dont les populations se trouvaient privées auparavant : véhicule, réfrigérateur, téléphones mobiles, habillement, soins capillaires, électroménager, ameublement, grande distribution, parcs d'attractions, voyages…

Depuis 30 ans, plusieurs facteurs ont contribué à démocratiser la consommation des produits manufacturés, en commençant par la libéralisation des échanges*. Grâce à l'abaissement des barrières douanières, les pays émergents ont pu écouler sur le marché mondial des produits très abordables, et asseoir ainsi leur développement sur la constitution de rentes d'exportation. Le second facteur illustre ce qui précède et porte le nom d'un seul pays, la Chine, autrement baptisée « atelier du monde ». Jouets, vêtements, électronique… à la faveur d'une main-d'œuvre abondante et compétitive, puis de l'entrée du pays à l'OMC* en 2001, il n'est plus de secteur qui échappe aux usines chinoises. Désormais, les produits *made in China* sont devenus consubstantiels à la vie des ménages de la classe moyenne en Europe, aux États-Unis ou au Canada. Dans ce dernier pays par exemple, on a observé que les prix de l'électroménager ont baissé de 20 % entre 1992 et 2006, tandis que sur la même période la position de la Chine comme fournisseur dans ce secteur passait de 2 % à 17 %. Depuis, d'autres pays ont rejoint la liste des clients du géant exportateur, en particulier dans les pays en développement. En offrant aux habitants de Dakar ou de Vientiane d'accéder au « confort de la vie moderne », les produits chinois ont donc joué aussi un rôle majeur pour la constitution des classes moyennes dans les pays en développement.

Comme elle est à la fois l'amont et l'aval de la moyennisation du monde, la consommation devrait continuer de progresser avec elle. C'est pourquoi on prévoit que de 2009 à 2030, les dépenses totales des classes moyennes passeront de 21 000 milliards à 56 000 milliards de dollars. À la faveur du rattrapage progressif du niveau de vie européen par les Chinois, la seule consommation en Asie sera multipliée par 6, invitant les populations à explorer de nouveaux champs de prodigalité tels que les sorties au restaurant, les voyages, les équipements du foyer, l'éducation privée, le bien-être…

FIG. 019
RÉPARTITION DE LA CONSOMMATION DES CLASSES MOYENNES PAR RÉGION, de 1965 à 2030

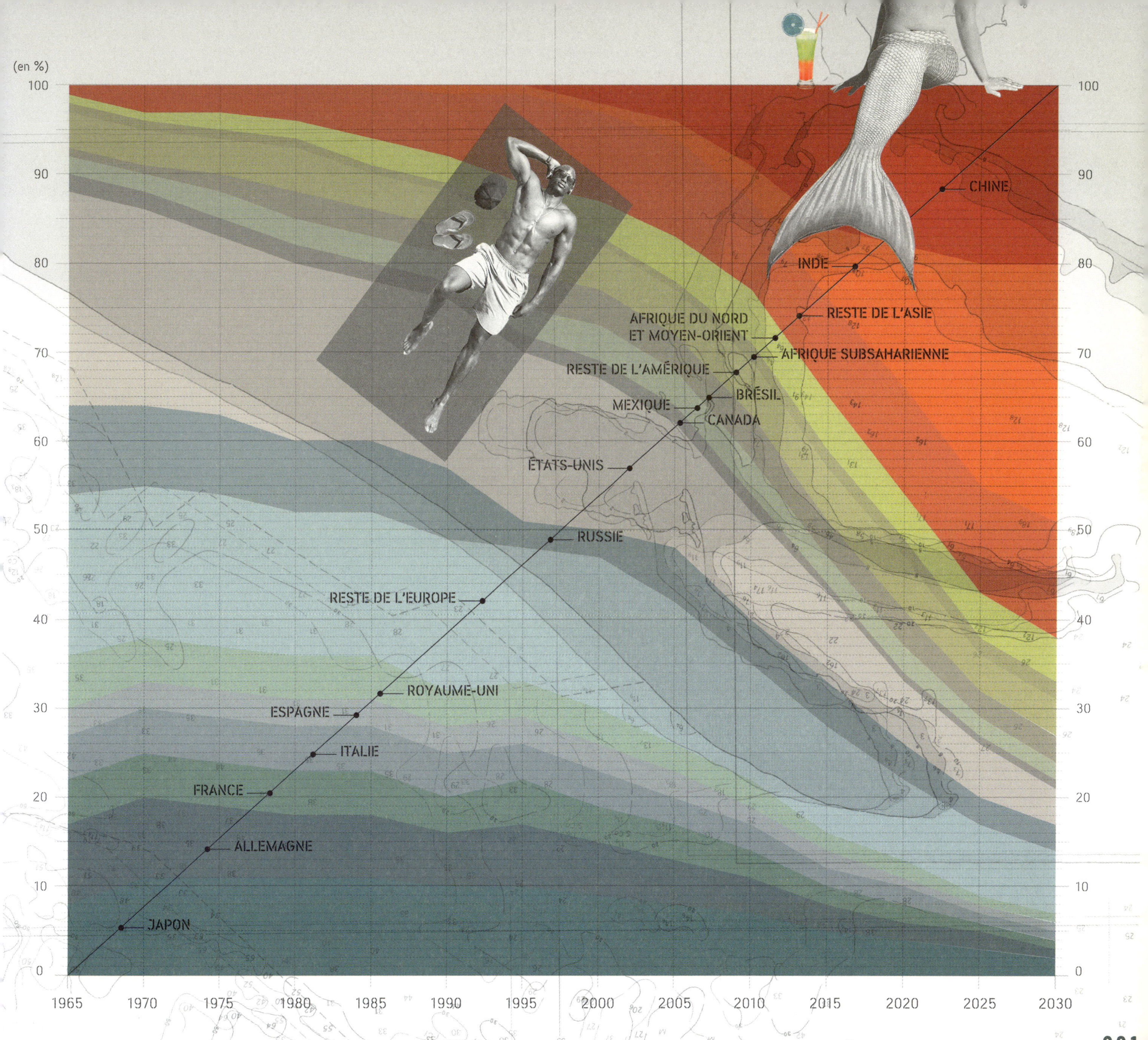
(en %)
100
90
80
70
60
50
40
30
20
10
0
1965
1970
1975
1980
1985
1990
1995
2000
2005
2010
2015
2020
2025
2030
CHINE
INDE
RESTE DE L'ASIE
AFRIQUE DU NORD
ET MOYEN-ORIENT
AFRIQUE SUBSAHARIENNE
RESTE DE L'AMÉRIQUE
BRÉSIL
MEXIQUE
CANADA
ÉTATS-UNIS
RUSSIE
RESTE DE L'EUROPE
ROYAUME-UNI
ESPAGNE
ITALIE
FRANCE
ALLEMAGNE
JAPON

La vie moyennisée

Avec l'élévation des revenus et l'accès aux produits manufacturés, l'uniformisation des modes de vie constitue le troisième étai de la consolidation des classes moyennes. À l'origine, cette homogénéisation participe de l'urbanisation en Amérique du Nord, puis en Europe et désormais dans les pays en développement. Du Brésil à l'Afrique du Sud, et de la Turquie à la Malaisie, c'est dans les villes que bat aujourd'hui le cœur des nouvelles classes moyennes, au détriment des zones rurales où les réseaux peinent à s'étendre et, avec eux, le développement. Tandis que la pauvreté recule dans la plupart des régions du monde, elle isole en revanche de plus en plus les populations tenues à l'écart par la distance ou l'absence de redistribution au Nordeste brésilien, au Sahel, mais aussi en Europe depuis que les inégalités fragilisent les classes intermédiaires. En Inde et en Chine, les citadins gagnent en moyenne trois fois plus que leurs compatriotes ruraux. De la même façon, les villes de plus de 200 000 habitants – qui ne rassemblent que 38 % de la population mondiale – produisent environ 70 % du PIB global. Surtout, elles fabriquent la plus grande part des nouvelles classes moyennes.

Depuis une quinzaine d'années, à mesure que les anciens ruraux ont rompu avec leurs traditions et que les nouveaux citadins ont commencé à partager partout les mêmes transports, les mêmes rythmes, les mêmes publicités ou encore les mêmes séries à la télévision, les villes mondiales ont fini par « normer » les modes de vie intermédiaires en faisant la part de plus en plus belle aux grandes marques. Dans son étude annuelle, le World Value Survey parle ainsi d'une dynamique culturelle qui anime une majorité de régions depuis 20 ans, conduisant les populations à se rapprocher de « valeurs rationnelles » et d'« expressions personnelles » au détriment des valeurs traditionnelles.

Si elle devait avoir un emblème, la mondialisation des classes moyennes choisirait sans doute le logo de McDonald. Avec l'arrivée de l'enseigne au Brésil (1979), en Chine (1990) et même en Inde (1996), la marque américaine a généralisé la stratégie dite « glocale* » des firmes multinationales : en s'appuyant sur les habitudes régionales, il s'agit d'initier les populations à de nouvelles habitudes, pour qu'elles remplacent peu à peu les traditions locales et créent ainsi le marché des couches-culottes ou du café en Chine, du chocolat au Japon, des tongs brésiliennes en Asie, et même des nuggets de poulet au pays de la vache sacrée. Finalement, comme il convertit les classes moyennes à un régime plus carné, plus gras et plus sucré, l'essor de la restauration rapide est devenu, avec la grande distribution et les produits alimentaires transformés, un vecteur privilégié de la transition épidémiologique*. Autrefois caractéristiques des pays riches, les maladies cardiovasculaires, les cancers et les diabètes constituent aujourd'hui la première cause de mortalité des classes moyennes, notamment dans les pays émergents où elles affectent beaucoup plus de personnes que le sida, la tuberculose ou le paludisme.

Parmi les vecteurs d'uniformisation mondiale des goûts, Internet et les réseaux sociaux occupent également une place centrale. Peu importe que, pour leurs achats en ligne, les Européens utilisent Amazon, les Chinois Alibaba, les Indiens Flipkart et les Nigérians Jumia : si les langues changent d'un site à l'autre, les produits phares, eux, restent les mêmes. De Tokyo à Buenos Aires et de Copenhague à Lahore, on rêve d'avoir les mêmes Jordan (chaussures de sport), le même iPhone, et le même George Clooney pour servir son Nespresso. Quant aux stars de cette culture moyenne homogénéisée, elles sont indifféremment coréennes (Psy), japonaises (Pokemon) ou américaines (*Star Wars*), et séduisent au même moment et en quelques clics les jeunes de Shanghai, d'Istanbul et de Mexico. Ainsi, depuis que les classes moyennes fréquentent partout les mêmes aérogares, rames de métro, *shopping centers*, supermarchés, lobbies d'hôtel et boutiques franchisées, ce sont aussi toutes ces expériences partagées qui donnent leur statut étalon aux classes moyennes. Finalement, l'exotisme ne se trouve plus au-delà des frontières, mais au-delà de sa classe sociale. Une aventure d'ailleurs que les nouveaux arrivés dans la prospérité redoutent tellement qu'ils lui sacrifient une part de leur liberté.

FIG. 020
ÉVOLUTION DU NOMBRE DE TOURISTES ENTRANTS PAR RÉGION, de 1950 à 2030

- Afrique
- Moyen-Orient
- Asie et Pacifique
- Amérique
- Europe

(en millions)
1800
1600
1400
1200
1000
800
600
400
200
0
1950
1960
1970
1980
1990
2000
2010
2020
2030

↗ La prospérité dans l'ordre

Quand, dans les années 1980, le libéralisme économique devient le modèle universel de référence, on attend de lui qu'il ouvre, partout, la voie à la démocratie puis à la « fin de l'Histoire ». Partout, on prévoit que les droits de l'homme et la libéralisation des mœurs progressent avec la mondialisation des images, sous l'impulsion aussi de classes moyennes plus éduquées et mieux informées. Porté par la victoire du « monde libre », on ne doute pas qu'avec le soutien des Occidentaux, les sociétés civiles parviendront à imposer le pluralisme politique dans les pays où des dictatures résistent encore. Très vite d'ailleurs, la Corée et Taiwan viennent vérifier le paradigme occidental. Alors qu'au début des années 1980 les deux pays sont encore dirigés par des régimes autoritaires, ils ne tardent pas à engager leur transition politique vers le multipartisme* et la démocratie libérale*.

Aussi, quand une génération plus tard la Chine ou les pays arabes se moyennisent à leur tour, on attend que l'alchimie opère de nouveau. On croit en discerner de nouveaux signes au printemps 2011, quand en Tunisie, en Égypte, en Libye et au Yémen la population civile défait ses dictateurs. Pourtant, l'illusion ne dure pas, imposant de reconnaître qu'un niveau de vie satisfaisant et la perception d'une vie meilleure ne suffisent pas à transplanter la démocratie. En Thaïlande, en Turquie, aux Philippines, en Russie ou en Hongrie, on renoue avec des formes autoritaires du pouvoir en prenant appui sur des classes moyennes plus préoccupées par le maintien de l'ordre social que par le respect de la liberté de la presse et des droits de l'homme. En Chine, où les mouvements de protestation sont pourtant quotidiens, rien ne laisse présager non plus que le Parti communiste sera disposé à engager des réformes d'ouverture. Au contraire, il persiste à faire valoir que la stabilité politique est le gage de la prospérité économique à laquelle les classes moyennes aspirent. Tel est le contrat social des pays émergents dont le modèle évoque celui de Singapour : un État autoritaire, mais éclairé, qui impose ses réformes par le haut à une population multiculturelle, consentante, prospère et satisfaite de son sort. Même la vieille démocratie indienne semble avoir succombé à la tentation de l'ordre en portant au pouvoir un homme fort, capable de « faire arriver les trains à l'heure » et de rassembler le peuple indien grâce au patriotisme. Pour leur part, les classes moyennes brésiliennes ont fait entendre au gouvernement que l'inflexion de leur prospérité avait rompu le contrat tacite de l'ordre politique et social brésilien. Comme elles ont le sentiment d'avoir consenti des sacrifices importants pour accéder à leur niveau de vie, les jeunes classes moyennes supportent en effet plutôt mieux l'usage de méthodes expéditives pour rétablir l'ordre ou lutter contre la corruption que

FIG. 021
RÉPARTITION DE LA RICHESSE MONDIALE
PAR RÉGION ET PAR DÉCILE*, en 2015

Répartition régionale de la richesse détenue par les 1 % les plus riches

- 46,5 % Amérique du Nord
- 1,4 % Amérique latine
- 31,4 % Europe
- 0,4 % Afrique
- 3,9 % Chine
- 0,5 % Inde
- 15,8 % Reste de l'Asie et Océanie

le fait de ne pas pouvoir jouir de leur nouveau « statut ». Ainsi, l'Occident désavoué mesure avec inquiétude que ses valeurs démocratiques et droits-de-l'hommistes ne voyagent pas en conteneur. Au contraire, elles offrent à quelques pays émergents l'occasion d'une revanche politique, peut-être même historique.

↗ Le soleil décline… à l'Ouest

Comme les classes moyennes se reconnaissent à leur niveau de revenus, leur consommation, leur mode de vie et leur aversion à la perte, il convient, pour considérer leur futur, d'envisager en même temps plusieurs scénarios, sur l'économie mondiale, les ressources naturelles et les inégalités.
Matérialiste et triomphante dans les années 1950, engagée révolutionnaire 20 ans plus tard, la classe moyenne occidentale a constitué pendant plus de 5 décennies le moteur de la croissance américaine, le pilier de l'État-providence en Europe et le vecteur de la conversion mondiale au libéralisme. Depuis quelques années, voilà qu'elle vacille sous le souffle de la révolution numérique, de l'ubérisation* de l'emploi et de la robotisation du travail. Peu à peu, une société duale s'instaure, qui oppose une population minoritaire, de centre-ville, très connectée, aisée, voire très riche, à celle de classes moyennes dévalorisées, reléguées de plus en plus loin à la périphérie sociale, économique et politique. Si elle est encore majoritaire en Europe et en Amérique du Nord, cette population ni pauvre ni riche semble pourtant promise à l'affaissement : déclin du travail salarié au profit d'emplois flexibles, voire précaires, automation* des emplois industriels et des services, paupérisation suburbaine au profit d'archipels métropolitains plus attractifs (qualité de vie, infrastructures de transports de santé, de loisirs, etc.). Pour l'économiste Joseph Stiglitz, il s'agit en réalité d'une crise globale du capitalisme qui s'est accélérée avec le krach financier de 2008, et qui depuis a fait place à la récession. En dollars constants, le salaire d'un employé américain à plein temps serait revenu à son niveau de 1973 tandis que les bas salaires auraient retrouvé leur niveau de 1955 ! Plus largement, Stiglitz compte qu'entre 2005 et 2014, deux tiers des foyers des pays industrialisés ont vu leurs revenus stagner ou diminuer. Pour le prix Nobel d'économie, la crise est même si marquée aux États-Unis qu'elle se traduit déjà par le recul de l'espérance de vie* à la naissance dans certains groupes de la population américaine. Ainsi, la mondialisation aurait atteint ses limites depuis que les pays développés n'auraient plus d'avantage économique à tirer du processus. Au contraire, en égalisant le niveau des salaires des emplois moyennement ou non quali-

fiés et en désindustrialisant l'Europe, elle expose les couches intermédiaires des pays du Nord au déclassement. Or comme celles-ci représentent encore plus de la moitié de la consommation mondiale, leur repli pourrait à son tour fragiliser l'ascension et la consolidation des classes moyennes dans les pays en développement.

↗ Quand la Chine tousse

Avec l'essoufflement économique des puissances industrielles importatrices et en attendant que les marchés intérieurs indiens et surtout chinois prennent le relais, les nouveaux pays émergents pourraient peu à peu se trouver privés de débouchés pour leurs exportations. Déjà, en 2015, la croissance du revenu par habitant en Afrique subsaharienne, en Afrique du Nord, au Moyen-Orient et en Amérique latine a été inférieure à 1 %.
Parallèlement, la robotisation progressive de nombreuses tâches industrielles vient aussi réduire leur marge démographique de compétitivité. De la même façon, la progression des classes moyennes dans les pays « émergés » comme la Chine et le Brésil se trouve ralentie. À mesure que de nouveaux tigres asiatiques et autres jeunes léopards africains réaliseront les mêmes économies d'échelle* et gains de productivité* qu'eux 20 ans plus tôt, ils pourraient même se trouver dans une situation délicate. D'un côté, la progression du pouvoir d'achat de leurs classes moyennes est indispensable à leur stabilité politique et à la consolidation de leur marché intérieur. De l'autre, la baisse de leurs rentes d'exportation les prive d'une manne socialement précieuse au moment où, justement, les inégalités de revenus s'amplifient. De ce point de vue, la récession du Brésil et de la Russie, la stagnation de l'Afrique du Sud et la baisse du taux de croissance chinois sont plutôt de mauvais augure. Surtout que la tertiarisation* — en cours — de leurs économies ne leur permet pas encore d'être assez compétitifs dans les secteurs à forte valeur ajoutée pour pouvoir compenser la baisse de l'emploi industriel. Parallèlement, l'hypothèse d'un retour à certaines formes de protectionnisme* semble se préciser avec l'affaiblissement progressif de l'OMC, l'émergence d'autres formes d'accords économiques comme le TTIP* ainsi que par la circonstance du vote nationaliste et anticommunautaire dans les pays européens. Aussi, les classes intermédiaires pourraient avoir encore à patienter de nombreuses décennies avant de rattraper le niveau de vie des économies développées tandis que leurs dirigeants devront savoir en gérer les conséquences.
Résumé et à peine simplifié, le modèle sur lequel reposent ensemble la croissance économique, le développement des classes moyennes et le contrat social des pays émergents peut être ainsi formulé : pour fabriquer de l'emploi, la production exige de convertir toute élévation du revenu des ménages en consommation supplémentaire. Or à mesure que la production s'élève, le prélèvement de ressources naturelles augmente aussi.

↗ La biosphère* fatigue

Au vu de l'amélioration accélérée du niveau de vie de plus de 1 milliard d'individus ces 15 dernières années et toutes choses étant égales par ailleurs, l'efficacité mécanique du modèle paraît imparable. Sauf que depuis les années 1970, on a pu mesurer que, justement, les choses ne sont plus égales par ailleurs. Au contraire, elles diminuent. Avec le doublement des classes moyennes entre 1990 et 2010, l'extraction mondiale de matières premières est déjà passée de 40 milliards à près de 75 milliards de tonnes. Dans le détail, il s'agit surtout de métaux (183 % de hausse entre 1980 et 2013), d'énergies fossiles (82 % de hausse), et de minéraux industriels et de construction (240 % de hausse). Dans le futur, les scénarios tendanciels prévoient que l'extraction des ressources franchira la barre des 100 milliards de tonnes d'ici à 2030, soit une hausse supplémentaire de 30 %. Si l'on considère la période allant de 1980 à 2013, on constate aussi que la part des ressources renouvelables dans ces prélèvements est passée de 39 % à 27 % du total, indiquant en arrière-plan qu'aujourd'hui près des trois quarts des ressources que nous consommons sont détruits, sauf à pouvoir les recycler intégralement. Par conséquent, tant qu'elle reposera principalement sur la transformation de matières premières minérales et fossiles, la croissance restera dépendante des réserves et donc aussi de leur finitude. De la même façon, on constate que la hausse de plus de 60 % de l'exploitation de la biomasse* depuis 30 ans affaiblit les services écosystémiques qu'elle rend à la population mondiale, en l'exposant à toutes sortes de pénuries, d'eau, de terres arables, de fruits... Ainsi le monde se trouve-t-il pris au piège des désirs qu'il a fabriqués pour les classes moyennes, obligé de produire pour consommer, et de consommer pour produire. Vient alors aussi le temps des effets prédateurs de l'emballement de la croissance, de la mondialisation du mode de vie occidental et de son régime alimentaire : déforestation, pollution, érosion des sols, acidification des océans, baisse des aquifères, dérèglements climatiques... À moyen et long terme, les jeunes générations devront donc faire face à trois nécessités : gérer les externalités écologiques ou sociales d'une croissance révolue, faire face aux frustrations des classes avant qu'elles ébranlent la stabilité du monde, découpler la croissance économique et la consommation de matières premières, la prospérité et le prélèvement de ressources. En attendant, la durabilité de la consommation dépendra des progrès de l'intensité matérielle de la croissance, c'est-à-dire la quantité de ressources nécessaire pour produire une unité de richesse. De ce point de vue, l'innovation technologique et la recherche scientifique jouent un rôle déterminant, imposant de leur consacrer une part importante du PIB. C'est le pari que relèvent déjà la Corée, Israël, la Finlande, la Suède, le Japon et le Danemark qui consacrent au moins 3 % de leur PIB à la recherche et développement. Soucieuse de faire monter son économie en gamme, la Chine dont les dépenses en R et D représentent 20 % du total mondial est déjà le deuxième investisseur dans l'innovation, après les États-Unis et devant l'ensemble des pays européens réunis. Entre 1980 et 2000, l'intensité matérielle globale qui indique la quantité de matières premières consommées par dollar produit a baissé de presque 20 %, indiquant un léger découplage entre croissance et extraction. Depuis cependant, elle est de nouveau à la hausse, retrouvant en 2013 son niveau de 1980. Sur cette période, on retient aussi que le PIB global a augmenté de 150 %, l'extraction des ressources de 130 % et la population mondiale de 75 % seulement. Plus que jamais donc, l'économie et la démographie divergent, comme l'entrevoyait déjà Thorstein Veblen à la fin du XIXe siècle. Dans son ouvrage *Théorie de la classe de loisir*, l'économiste et sociologue américain analysait en effet que le désir d'imitation des modes de vie des plus fortunés par la classe moyenne pourrait conduire à une épidémie culturelle de dégradations environnementales.

FIG. 022
PRODUCTION, CONSOMMATION, ÉMISSIONS DE CO_2 ET POPULATION MONDIALES, de 1970 à 2050 (base 100 en 1970)

Cependant, à cette « consommation ostentatoire », on doit associer un autre facteur : la montée des inégalités. Pour des organisations comme la Banque mondiale, la tendance expose en effet les petites prospérités, (c'est-à-dire des foyers à peine sortis de la pauvreté, mais dont les revenus instables les maintiennent dans la précarité), à un possible déclassement et l'environnement à des dégradations supplémentaires.

↗ Les inégalités augmentent

Comme le concept de classe moyenne, l'analyse des inégalités évolue avec les indicateurs. Pour certains, la moyennisation accélérée des 30 dernières années est le résultat d'un mieux-être global et d'un recul des inégalités. Pour l'ONU par exemple, la pauvreté absolue* (moins de 2 dollars par jour) est effectivement sur le déclin, au point qu'elle pourrait être éradiquée d'ici à 2030. La tendance globale étant par ailleurs au rattrapage des pays développés par les pays émergents pour la création de richesses, on assisterait bien à la baisse des inégalités mondiales.

Les inégalités constituent la première menace à la stabilité et à la prospérité mondiales.

Pour d'autres, la moyennisation est plutôt le fruit d'une augmentation des petites prospérités. En ce sens, elle marquerait donc au contraire un renforcement des inégalités. Si en termes absolus les pauvres sont moins pauvres qu'auparavant, la hausse plus rapide encore des revenus des plus riches les maintient en effet dans une pauvreté relative* importante, et par ailleurs en progression. Dans son rapport de 2016, Oxfam* calcule ainsi qu'entre 2010 et 2014, la richesse totale des 1 % les plus riches est passée de 1 300 milliards à 1 900 milliards de dollars, soit une hausse plus rapide que celle des revenus totaux de la moitié la plus pauvre de la population mondiale. Désormais, 80 milliardaires disposent à eux seuls d'une fortune équivalant à celle de 3,5 milliards de personnes réunies. Parallèlement, on assiste au processus dit « d'égalisation de la rémunération des facteurs » : la frange supérieure des revenus est comparable d'un pays à l'autre, qu'il soit riche ou en développement. Une dynamique qui avantage déjà les personnes les plus qualifiées à l'échelle internationale et que Thomas Piketty attribue au fait que, partout, le rendement du capital est supérieur au taux de croissance de l'économie. Pour le chercheur universitaire, à partir du moment où le capital se reproduit plus vite que la production, il entraîne une hausse mécanique des inégalités au détriment des personnes qui sont dépourvues de patrimoine, à commencer par les classes moyennes intermédiaires et inférieures. À partir de là, on peut penser que si elles continuent à se creuser, les inégalités renforceront le besoin de rattrapage économique. Et, avec lui, celui d'une croissance industrielle rapide dont on connaît les impacts possibles sur l'environnement de pays déjà vulnérabilisés. Au premier rang des victimes d'un processus qui se précise au sein des pays émergents, on retrouve les foyers les plus modestes et ceux de petite prospérité. Or comme la pauvreté accélère à son tour les dégradations environnementales, elle infligerait aux pays en développement et à leurs populations une dangereuse double peine.

Au même moment, les pays émergents ont du mal à consolider leurs classes moyennes et à mettre en œuvre des systèmes de fiscalité efficaces et cohérents pour redistribuer la richesse nationale. Parallèlement, aux États-Unis ou en Espagne, les écarts de revenus marquent l'effritement de la cohésion sociale et de tout ce qui en dépend. Plusieurs indicateurs, par exemple, évoquent l'érosion progressive des politiques de redistribution et des systèmes de solidarité que le vieillissement de la population menace de fragiliser davantage encore. À son tour, un rapport de l'OCDE évoque le risque qu'en augmentant, les écarts de revenus se traduisent par le ralentissement de la croissance. Selon l'organisation économique, le creusement des inégalités entre 1990 et 2010 aurait coûté plus de 10 points de croissance au Mexique et à la Nouvelle-Zélande, près de 9 points au Royaume-Uni, à la Finlande et à la Norvège, et environ 6 à 7 points aux États-Unis, à l'Italie et à la Suède. De la même façon, le rapport calcule qu'une aggravation des inégalités de 3 points de l'indice de Gini* – soit la moyenne des pays de l'OCDE pour les 20 dernières années – pourrait faire perdre 8 % de PIB sur 25 ans. C'est la raison pour laquelle le Forum mondial réuni à Davos en 2015 déclarait que les inégalités constituent la première menace à la stabilité et à la prospérité mondiales.

FIG. 023
ÉVOLUTION DES INÉGALITÉS DANS LE MONDE, de 1880 à 2030 (selon l'indice de Theil*)

- Inégalités dans les pays
- Inégalités entre les pays
- Inégalités mondiales
- 48,7 % Part des richesses détenues par les 1 % les plus riches

1880
1900
1920
1940
1960
1980
2000
2020
2030
0,9
0,8
0,7
0,6
0,5
0,4
0,3
0,2
0,1
0

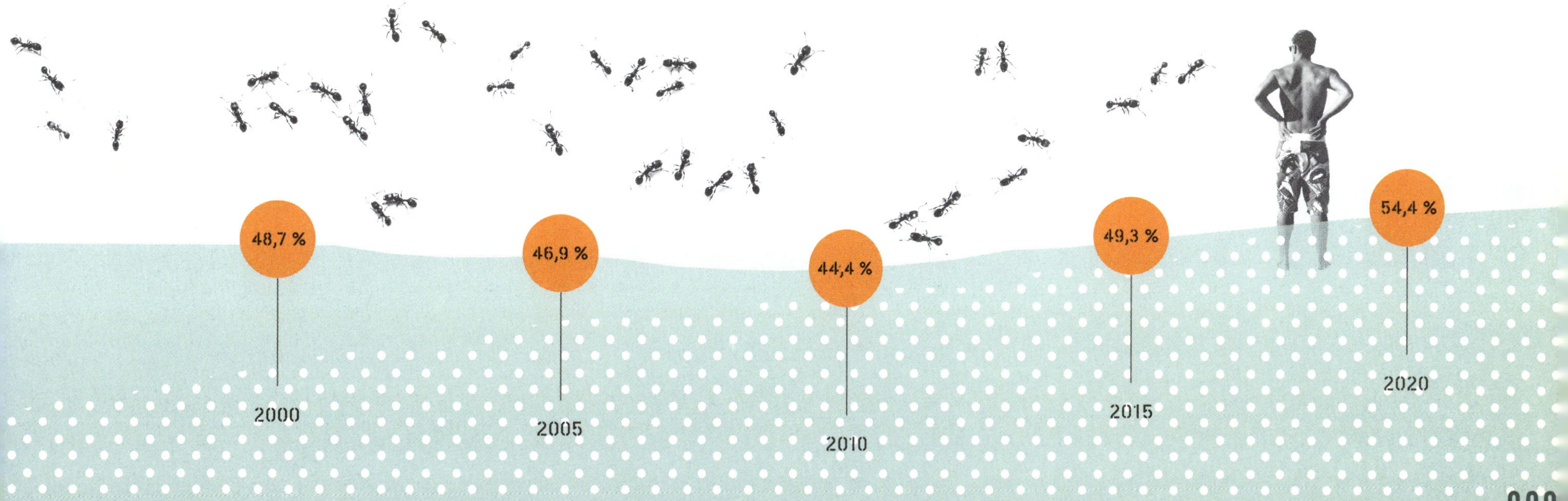
48,7 %
2000
46,9 %
2005
44,4 %
2010
49,3 %
2015
54,4 %
2020

↗ La colère qui vient

Comme elle constitue le socle de la croissance socio-économique, la consolidation des classes moyennes joue un rôle majeur pour le développement, mais aussi pour la qualité des institutions politiques, car l'intégrité des pratiques augmente avec les revenus et le niveau moyen d'éducation. En sens inverse, la précarisation des classes intermédiaires a pour effet de ralentir les niveaux de consommation, de saper la cohésion sociale et de fragiliser la démocratie. Or c'est à ce scénario que les pays riches sont à présent eux aussi confrontés. Bousculés simultanément par les effets de la mondialisation sur leur compétitivité, par leur vieillissement démographique et par la contestation croissante de principes qu'ils voulaient universels, les pays occidentaux semblent même, depuis quelques années, gouvernés par le mal-être de leurs classes moyennes : manque de confiance, perte de repères, peur de l'avenir, crispation religieuse, défiance électorale, atomisation clientéliste, repli. Tandis qu'une génération plus tôt on dansait sur un mur effondré pour célébrer la réconciliation du monde avec lui-même, voilà qu'aujourd'hui on cloisonne populations et territoires à grand renfort d'identitarisme* et de barbelés.

Quand on les interroge ou quand elles votent, les classes moyennes européennes et américaines marquent aussi une hostilité de plus en plus forte à la mondialisation. Depuis la crise de 2008, le sentiment s'est en effet largement répandu selon lequel le processus de globalisation économique aurait surtout profité aux populations des pays émergents, aux banques et à quelques ploutocrates*. Ainsi, on tient volontiers la Chine pour responsable du chômage et du réchauffement climatique. Et ce qui importe désormais, au-delà de savoir si son pouvoir d'achat est maintenu, c'est de vérifier si celui des autres ne progresse pas encore plus vite, ou à son propre détriment. Animé par la frustration sociale et le ressentiment politique, on oublie volontiers les chiffres, les faits ou encore que la fumée des usines chinoises émane surtout de l'insatiabilité des classes moyennes occidentales à consommer « plus pour moins cher ».

En soulignant les inégalités, la crise des *subprimes** en 2008 aux États-Unis puis celle de la dette en Europe de 2010 à 2013 ont transgressé le contrat social qui liait les classes moyennes à leurs dirigeants. C'est pourquoi on ne peut exclure que si les écarts de revenus devaient continuer à se creuser dans le futur, ils pousseraient à la révolte ceux, de plus en plus nombreux, qui ont le sentiment d'être spoliés par les migrants, la mondialisation, l'élite économique ou leurs dirigeants. Sur ce point, le Brésil et le Royaume-Uni ont donné le ton en 2016. Si l'on ajoute à cela qu'il est dit partout que la Terre s'épuise, que les hommes y seraient trop nombreux, mais aussi que la mondialisation est irré-

FIG. 024
COMMENT LES RICHESSES SONT-ELLES RÉPARTIES AUX ÉTATS-UNIS, en 2012 ?

- Quintile le plus pauvre
- Quatrième quintile
- Troisième quintile
- Deuxième quintile
- Quintile le plus riche

versible et qu'elle prévaut à la fois sur la décision des États et sur la volonté des peuples, on peut s'étonner que les sociétés ne produisent pas déjà davantage de violences contestataires. À moins qu'il s'agisse d'une question de temps ? Car l'Histoire n'a cessé de le montrer : les revanches à prendre se fabriquent 20 ans plus tôt. Avec Stefan Zweig, l'auteur du *Monde d'hier*, elle rappelle aussi que de nombreux signaux qui s'allument ici et là font écho aux événements qui ont précédé la Première Guerre mondiale, la crise de 1929 et, sur certains points, la Seconde Guerre mondiale : crise économique durable, récession et système financier hors sol ; écarts de revenus et fracture sociale record ; intelligentsia dépréciée, montée des populismes, nationalismes et xénophobies ; politiques sécuritaires, recul des droits de l'homme et des libertés ; affaiblissement du multilatéralisme à la faveur du bilatéralisme et des jeux d'alliances. En Europe, ce sont même 60 ans d'intégration qui se trouvent aujourd'hui remis en cause par le doute des sociétés qui la composent.
Pourtant, comparaison n'est pas raison, car d'autres lectures de la transition des classes moyennes existent, que le tropisme des médias pour les mauvaises nouvelles et l'événementiel écarte volontiers des unes. Au désœuvrement de sociétés désabusées et au désaveu de la classe politique de la part des populations, des réponses sont apportées, qui présagent, peut-être, un scénario alternatif à la déflagration et à la violence sociales.
Que l'on partage ou non leurs aspirations, des mouvements tels que Podemos, les Indignés, Occupy Wall Street ou Nuit debout expriment en tout cas la détermination de leurs adhérents à réenchanter l'avenir plus qu'une quelconque résignation politique. Encore très minoritaires à l'échelle des classes moyennes mondiales, ils incarnent cependant un élan plus vaste et de plus en plus visible en Europe et dans certains États américains : celui des transitionnistes*.
Si leur diversité culturelle et leur parcimonie politique limitent encore leur convergence vers un dispositif d'action partagé et un processus de changement global, ils partagent déjà une aspiration sincère au changement et une volonté d'en devenir les défricheurs. La force d'être jeunes et de ne rien avoir à perdre du futur incertain, leur niveau moyen d'éducation et de responsabilité, cette charge d'utopie enfin donnent à chacun d'eux la confiance et l'énergie pour tenter de subvertir le système économique mondial grâce à une multitude d'initiatives d'échelle limitée. Agriculture de proximité, entreprises solidaires, mobilités douces, énergies renouvelables, monnaies locales, recyclage : à force d'essaimer leurs expériences, les mouvements transitionnistes ont déjà converti toute une part des sociétés occidentales à l'économie circulaire*, à la sobriété énergétique*, aux produits biologiques, à l'écoresponsabilité, au recul de l'automobile en ville et, désormais, à celui de la consommation de viande. Sans chercher à le démontrer, ils rappellent avec le passé que les révolutions ont toujours procédé de minorités conscientes et agissantes.
Consommateurs mais responsables, ils amènent ainsi progressivement les groupes industriels à s'emparer de leurs exigences écologiques dans le secteur du bâtiment, de l'hygiène, de la cosmétique, de l'agriculture, de l'investissement, de la distribution, du transport… Usagers intransigeants, ils sont aussi de plus en plus volontiers cogestionnaires des territoires où ils vivent. Pour cela, ils préfèrent décliner ensemble des initiatives collectives locales et agir en réseau plutôt que de déléguer leur mobilisation par les urnes que, d'ailleurs, ils désertent un peu plus à chaque scrutin. À la faveur de leur organisation en réseau, ils conceptualisent leurs intérêts communs, que catalyse leur besoin de vivre et de consommer autrement. Peu prosélytes et davantage tournés vers leurs homologues éparpillés dans le monde que concernés par la guerre et la pauvreté, ils ajustent le dialogue social et l'action politique à leur individualisme, à leur désir de bienveillance et à la conscience qu'ils ont de faire le bien.

Une méfiance réciproque

Suspectés d'angélisme et de naïveté par une partie de la classe politique pour laquelle ils représentent parfois une nuisance à l'ordre public et à l'État de droit, ils suscitent davantage de bienveillance dans la société civile et sur les réseaux sociaux. Car ils rencontrent le besoin diffus de renouveau qui gagne les sociétés industrialisées. Sont-ils alors les Petit Poucet d'une métamorphose en gestation ou des apôtres camouflés de la décroissance ? Incarnent-ils une initiative occidentale de niche ou un modèle précurseur à vocation mondiale ? Proposent-ils une réforme ajustée aux pays scandinaves ou une opportunité pour l'Afrique de sauter des étapes ? Au vu de l'urgence climatique et de la frustration sociale qui vient, la réponse pourrait être critique, exigeant en même temps de théoriser les pratiques qu'ils proposent et d'éprouver la possibilité de les mettre à l'échelle pour déterminer ce qu'elles permettent. Uber et AirBnB n'ont d'ailleurs pas attendu pour le faire.
La prospective, elle, peine à éclairer la réponse. Car en plus de manquer de recul, elle ne dispose pas d'indicateurs ajustés au nouveau modèle ni d'outil qui permette d'évaluer les impacts réels ou possibles des mesures qu'il met en œuvre. Si, en effet, il s'agit de changer de paradigme, que doit-on mesurer pour rapporter le progrès et le développement durables ? Le bien-être, la cohésion sociale, la préservation écosystémique, le niveau d'accès aux communs*, le taux de partage, la résilience* ?
Sans attendre que la recherche parvienne à formaliser le modèle économique et sociétal des transitionnistes, ceux-là montrent en tout cas déjà plusieurs voies possibles de rénovation du contrat social*, appuyées sur une restructuration décentralisée des sociétés : action locale, responsabilité collaborative, gouvernance participative, pragmatisme économique, liberté d'initiative, économie d'usage*, éducation décentralisée, généralisation du principe de subsidiarité*, équité intergénérationnelle*, nouveaux indicateurs économiques, redistribution du travail, revenu de base inconditionnel*… Surtout, ils ont le mérite d'être des acteurs confiants, agissants et indépendants, et l'audace de montrer aux classes moyennes qu'il existe d'autres chemins vers la vie meilleure.

CHAPITRE 09

PREMIÈRE DE LA CLASSE

Depuis 1980, l'histoire du «miracle chinois» est celle de tous les superlatifs. Après avoir surpassé les économies européennes et japonaise, voilà que la Chine est en passe de devenir la première puissance économique mondiale, devant les États-Unis.
Depuis quelques années pourtant, les Chinois sont entrés dans une zone de turbulences. De plain-pied dans la société de consommation et porté par les aspirations matérielles de classes moyennes pléthoriques, leur avenir repose à présent sur la résilience* incertaine d'une société dont le régime politique est sclérosé, la croissance perd du souffle et l'air ultra-pollué devient irrespirable.

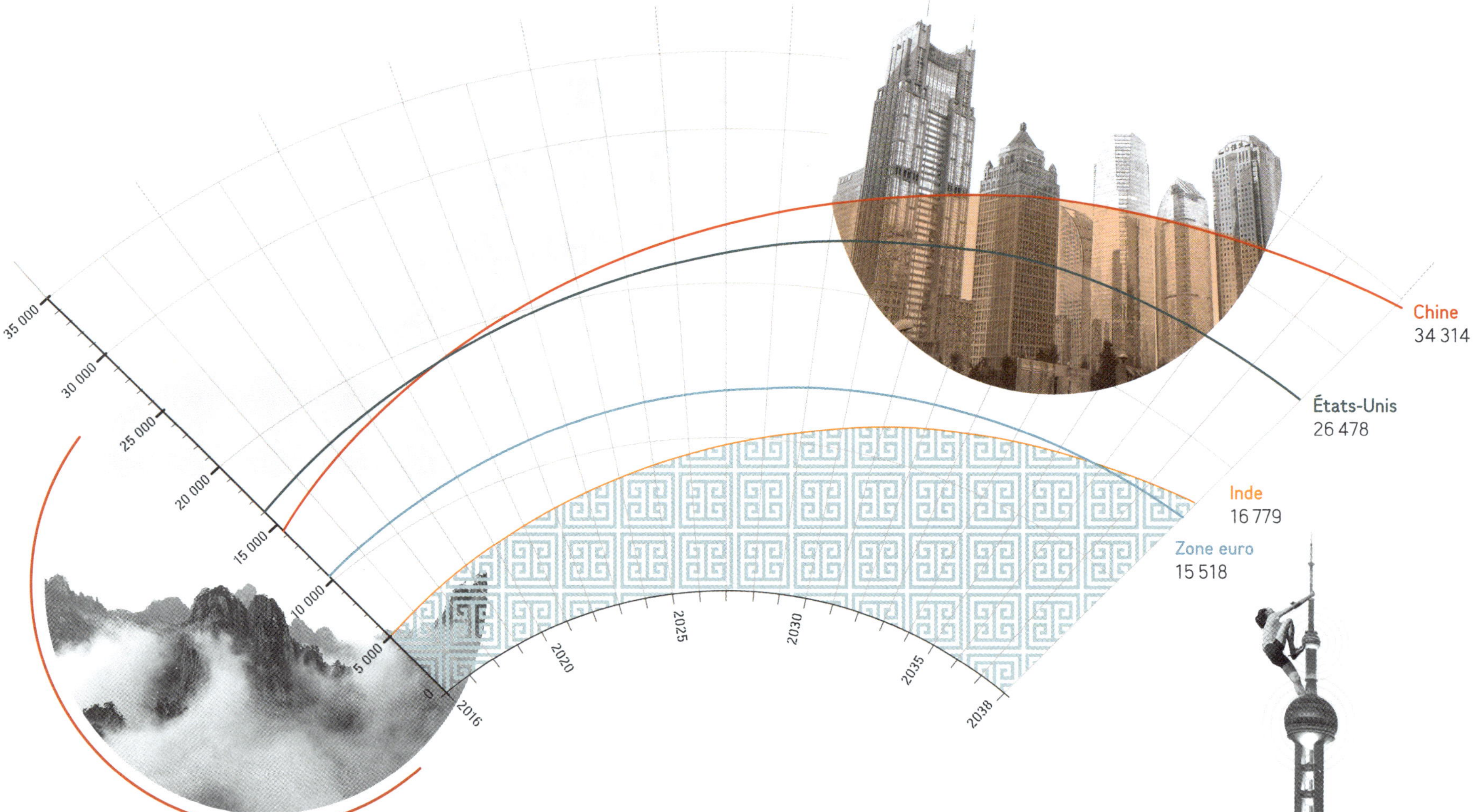

FIG. 025
ÉVOLUTION DU PRODUIT INTÉRIEUR BRUT*, de 2016 à 2038
(en milliards de dollars de parité de pouvoir d'achat* de 2010)

Les Occidentaux l'oublient souvent, mais la Chine a dominé l'ordre économique et démographique mondial de longs siècles durant. Déjà, voilà plus de 1 000 ans que le pays regroupe entre un cinquième et un tiers de la population mondiale. En même temps, on estime qu'aux alentours de l'an 1000, l'empire du Milieu produisait un cinquième de la richesse globale, un quart au moment de la Renaissance, et même plus du tiers au seuil de la révolution industrielle*. C'est alors que l'incapacité chinoise à répondre aux défis économiques lancés par l'Occident a entraîné le pays vers un recul économique de 2 siècles, jusqu'à réduire sa part à environ 5 % du PIB mondial à la fin des années 1970.

↗ La nouvelle histoire

C'est en décembre 1978 que la Chine décide de retrouver son rang millénaire, quand son nouveau timonier, Deng Xiaoping, entreprend de moderniser le pays grâce à un vaste mouvement de réformes. Deux ans à peine après la mort de Mao Zedong, la Chine s'ouvre progressivement à l'économie de marché, tout en restant sous la direction d'un État directif et omniprésent. Pour donner la mesure du décollage économique qui s'ensuit, on peut rappeler qu'en 1980, la richesse produite par un Chinois était près de deux fois moindre que celle d'un Indien et quinze fois moindre que celle d'un Brésilien. Trente-cinq ans plus tard, un Chinois est en moyenne deux fois plus riche qu'un Indien et légèrement plus riche qu'un Brésilien. À l'échelle du pays, les chiffres ne donnent pas moins le vertige : pendant que le PIB de la France est multiplié par 2,3 au cours des 35 dernières années et celui de l'Argentine par 3,4, le PIB de la Chine, lui, est multiplié par 30 à la faveur d'une croissance moyenne proche de 10 % par an sur toute la période. Résultat : la Chine qui, en 1980, était deux fois moins riche que la France et à peine plus que l'Argentine est à présent cinq fois plus riche que la première et vingt-cinq fois plus que la seconde. Hissée au deuxième rang économique mondial derrière les États-Unis, elle devrait même les surpasser vers 2025.

À cette prospérité retrouvée correspond cependant une dépendance historiquement inédite : aujourd'hui, le pays absorbe à lui seul près de la moitié de la consommation mondiale de ciment, d'aluminium, de nickel, de cuivre et d'acier ; parallèlement, il est aussi le plus gros acquéreur de terres arables à l'étranger et le plus grand consommateur de fertilisants. Dépendante sur le plan énergétique depuis 1997 et premier pays émetteur de CO_2 par habitant, la Chine est pourtant aussi le premier investisseur dans les énergies renouvelables puisque avec 100 milliards de dollars elle dépense plus que l'Europe, les États-Unis et l'Inde réunis. Montrée du doigt pour ses centrales thermiques au charbon, elle est ainsi en bonne voie de tenir ses engagements internationaux : grâce à la plus forte croissance en capacité électrique installée* à base d'énergie renouvelable (éolien, solaire, hydraulique) et à la fermeture progressive de ses usines électriques au charbon, la part de l'énergie propre dans la production chinoise devrait progresser de 15 % en 2020 à 20 % en 2030.

Les records chinois n'ont de sens qu'à la lueur de leurs impacts sociaux.

Interminable, la liste des records chinois n'a de sens et d'intérêt que si l'on en mesure les impacts sociaux, politiques et même culturels... Alors qu'en 1981 près de 90 % de la population vivait avec moins de 2 dollars par jour, on compte qu'en 2016 la moitié des citadins chinois gagnent chaque année entre 9 000 dollars, pour un ouvrier qualifié à Shanghai, et 16 000 dollars par an, pour un ingénieur. À l'échelle du pays, on calcule aussi que la moitié de la population chinoise a rejoint la classe moyenne, c'est-à-dire qu'elle dispose de revenus suffisants pour en consacrer une partie aux loisirs, à l'éducation ou à son confort matériel.

En même temps, l'avenir du pays continue d'être façonné par d'autres phénomènes au long cours tels que l'urbanisation. Quand elle a lieu en Chine, celle-ci devient rapidement la plus grande migration de l'histoire humaine, amenant désormais une majorité de Chinois à vivre en ville (55 % d'urbains en 2015 au lieu de 20 % en 1980). Depuis 20 ans, ce déplacement massif de populations vers les villes-usines chinoises a même introduit dans la société une nouvelle classe sociale de paysans-ouvriers, migrants de l'intérieur : les *mingong*. À marche forcée et pour des revenus misérables, ils ont industrialisé le pays, transformé sa façade littorale et même bousculé l'ordre du monde en réinsérant la Chine aux premières loges de la puissance mondiale.

Grâce à cette réserve de main-d'œuvre abondante et bon marché, la Chine a également réaménagé son territoire autour de trois grands pôles économiques : celui du delta de la rivière des Perles au sud (Hong Kong, Canton, Shenzhen) ; celui du delta du Yangzi avec Shanghai et Nankin au centre ; celui du Bohai au nord, autour de Pékin et Tianjin. Nouvelle ossature de l'économie chinoise et face visible de l'émergence du grand dragon, ces trois régions qui représentant à peine plus d'un dixième du territoire abritent près de 50 % de la population, 60 % du PIB, 83 % des investissements directs étrangers et 89 % des exportations. À elles trois, les villes de Shanghai, Pékin et Tianjin sont aussi peuplées que la France ou la Thaïlande et affichent des PIB par habitant comparables à ceux de certaines régions d'Europe occidentale. Quant à la pyramide des âges chinoise, elle raconte déjà l'épuisement de cette manne de travailleurs dociles et bon marché : tandis que les artisans du miracle chinois, nombreux, vieilliront bientôt et vite, la chute de la fécondité depuis les années 1980, suivie d'une baisse de la natalité, réduira rapidement les stocks de main-d'œuvre chinoise.

↗ La nouvelle révolution culturelle

L'espace d'une génération, la Chine rurale et pauvre est donc devenue un pays urbain de classes moyennes. À l'échelle mondiale, on calcule que le revenu par personne a triplé entre 1990 et 2014. Or sur le même intervalle, celui de la Chine a été multiplié par 14 ! Quelque 675 millions de Chinois, soit la moitié de la population, vivent avec des revenus annuels comparables à ceux d'un Européen moyen, soit entre 11 000 et 43 000 dollars de parité de pouvoir d'achat (PPA). Autrement formulé, la classe moyenne qui rassemblait seulement 5 millions de foyers en l'an 2000 en compte aujourd'hui 225 millions et sans doute 300 millions en 2020. Sous son impulsion, la modernisation devrait gagner l'intérieur du pays dans les prochaines décennies et porter

l'essor économique de villes comme Chengdu, Wuhan, Xi'an et Chongqing.

Cependant, la transformation de la Chine est loin d'être achevée. Au contraire, elle vient de commencer une nouvelle page depuis que les classes moyennes délaissent les métiers industriels pour leur préférer les services, qui emploient déjà un tiers de la population active et qui représenteront bientôt 60 % du PIB national. Jadis incarné sous les traits d'un riziculteur du Yunnan puis ceux d'un ouvrier de Foxconn à Shenzhen, le nouvel idéal-type chinois renvoie maintenant à l'image d'un jeune entrepreneur en nouvelles technologies dont la start-up est elle-même emblématique à la fois de la réussite et du futur de la Chine. Dans l'empire du Milieu rénové, les héros ressemblent à ceux du rêve américain, mais portent des noms bien chinois : Jack Ma, PDG d'Alibaba, premier revendeur mondial devant Walmart ; Han Han, le blogueur aux 600 millions de pages lues ; Yao Ming, nouvelle star chinoise de la NBA, la ligue américaine de basket.

À cette prospérité retrouvée correspond une dépendance inédite.

À son tour, la mutation générationnelle est un paramètre décisif de l'avenir de la Chine. En 2016, la moitié de la population chinoise est née après la politique de l'enfant unique et n'a pas connu le monde de Mao. Et si les événements de la place Tian'anmen hantent encore le régime de Pékin, plus du tiers (37 %) de la population chinoise est pourtant née après le mouvement de contestation. Biberonnés aux taux de croissance à deux chiffres, les nouveaux enfants de la Chine qui constituent le cœur de la classe moyenne ont grandi loin des rizières et du foyer de leurs ancêtres, dans les gratte-ciel de villes champignons multimillionnaires. En 25 ans à peine, ils ont troqué le vélo de leurs parents pour les embouteillages et les masques antipollution. Sans mémoire de la collectivisation, du Grand Bond en avant et de la misère des années maoïstes, ils ont hérité de leurs aînés non pas cette part de l'Histoire, mais son contre-pied, compétitif, matérialiste et hyperindividualiste. Désormais, c'est un véritable fossé culturel qui sépare les jeunes Chinois urbains de leurs parents quinquagénaires. Distants des rites traditionnels, ils aspirent à l'hédonisme et à la libéralisation des mœurs. Ainsi, pendant que leurs parents continuent de cultiver des valeurs spirituelles et familiales ancestrales, les jeunes Chinois conduisent leur propre révolution culturelle… Déjà, on compte cinq fois plus de divorces aujourd'hui qu'en 1980. On enregistre aussi que 40 % des couples ne sont pas mariés. À son tour, la part des foyers plurigénérationnels ne cesse de se réduire, passant de 60 % en l'an 2000 à la moitié aujourd'hui. Résultat : la taille d'un foyer chinois moyen est passée de plus de 5 personnes en 1960 à moins de 3 aujourd'hui, les personnes vivant seules étant pour leur part de plus en plus nombreuses (60 millions en 2015).

↗ Le bonheur, c'est d'avoir

Parmi toutes les ruptures que la Chine consomme aujourd'hui avec son histoire, l'appétit matériel de ses classes moyennes est peut-être la plus visible. Avec la baisse constatée des exportations de produits manufacturés ou assemblés en Chine, ce consumérisme pourrait aussi devenir le plus indispensable des leviers. Car en consolidant le marché intérieur il pourrait offrir son second souffle à la croissance chinoise.

Si l'on s'en tient aux seuls chiffres des 5 prochaines années, la croissance de la consommation chinoise sera équivalente aux dépenses annuelles de tous les ménages allemands. Tirée par les moins de 35 ans, cette demande émergente substitue progressivement aux « quatre ronds » convoités par leurs parents (vélo, machine à coudre, machine à laver et montre-bracelet) les « trois électriques » (téléphone, réfrigérateur, téléviseur). Avides de viande de bœuf, mais aussi peu à peu de vin et de chocolat, les classes moyenne et supérieure chinoises affectionnent aussi les smartphones, les SUV (petits 4 x 4) allemands et même les cafés Starbucks ! D'année en année et de mode en mode, ce sont toutes les ressources naturelles de la planète que leur consommation engage. Ainsi, quand les jeunes Chinois troquent les anneaux de jade pour 3 des bagues de fiançailles en diamant, le marché mondial se trouve aussitôt exposé à la raréfaction accélérée de la pierre précieuse. Pour l'industrie automobile mondiale en revanche, la demande chinoise conserve des airs d'eldorado : alors que le pays ne comptait encore que 20 millions de véhicules particuliers en 2000, il détient aujourd'hui plus de voitures que les États-Unis et l'UE réunis. En 2020, son parc automobile devrait même avoir multiplié par 2 celui de 2011 tout en restant bien en deçà du niveau d'équipement européen ou américain. Dans le secteur des loisirs et du tourisme, la Chine aime les contes de fées et Disney le lui rend bien en ouvrant son plus grand parc mondial à Shanghai en juin 2016. Il faut dire que la classe moyenne chinoise est devenue une aubaine prometteuse : déjà 120 millions de visiteurs à l'étranger en 2015 et quelque 220 millions attendus en 2025. Surtout, les Chinois sont des touristes plutôt prodigues, au point de dépenser 215 milliards de dollars en 2015, soit deux fois plus que les Américains.

Pourtant, contrairement aux Étatsuniens, les ménages chinois ne prélèvent qu'une faible part des revenus du pays : alors qu'aux États-Unis la consommation des ménages atteint 68 % du PIB, elle ne dépassait pas 37 % du PIB chinois en 2014. Une retenue qui laisse à l'État chinois une immense capacité d'investissement pour financer ses projets d'infrastructures… Ainsi, le pays qui détient déjà le premier réseau mondial de trains à grande vitesse (10 000 km) prévoit d'en construire autant d'ici à 2020. Parallèlement, près de 3 000 km de lignes de métro sont en construction, soit un quart des chantiers de métro dans le monde. Des centaines de villes nouvelles sont en projet pour accueillir près de 250 millions de personnes dans les 10 prochaines années. On pourrait encore évoquer les futurs aéroports, autoroutes et zones portuaires et égrener chaque fois quelques nouveaux chiffres record… Car jamais aucun pays avant la Chine n'avait atteint un tel niveau d'investissement ni dans autant de secteurs. En même temps, jamais aucun pays n'avait possédé le volume de l'épargne chinoise ni connu l'histoire qui l'a portée à ce niveau.

Avec la réforme économique et la fin du tout-État, les Chinois se sont trouvés brutalement exposés aux vicissitudes de l'économie de marché et à la privatisation totale ou partielle de services jusque-là collectifs ou gratuits. Déjà marqués par des décennies de pauvreté et des épisodes de famine, les Chinois, même jeunes, ont alors eu rapidement un réflexe d'épargne destiné à financer leurs dépenses de santé, à préparer leurs re-

FIG. 026
RÉPARTITION DES MÉNAGES
DE LA CLASSE MOYENNE CHINOISE
PAR PROVINCE, en 2015 et 2020

2015

Part des foyers de la classe moyenne dans le nombre total de foyers urbains

30 % 40 % 50 % 60 %

2020

Répartition de certaines villes chinoises par niveau de PIB urbain en 2020 (en milliards de dollars)

3,3	18	140	
Gongzhuling	Yulin	Chengdu	Pékin
Linfen	Ziyang	Wuhan	Shanghai
Liuan	Leshan	Chongqing	Guangzhou
Meishan	Yongzhou	Foshan	Shenzhen
Zhaotong			

FIG. 027
RÉPARTITION DES FOYERS URBAINS CHINOIS PAR NIVEAU DE REVENUS, de 2010 à 2025

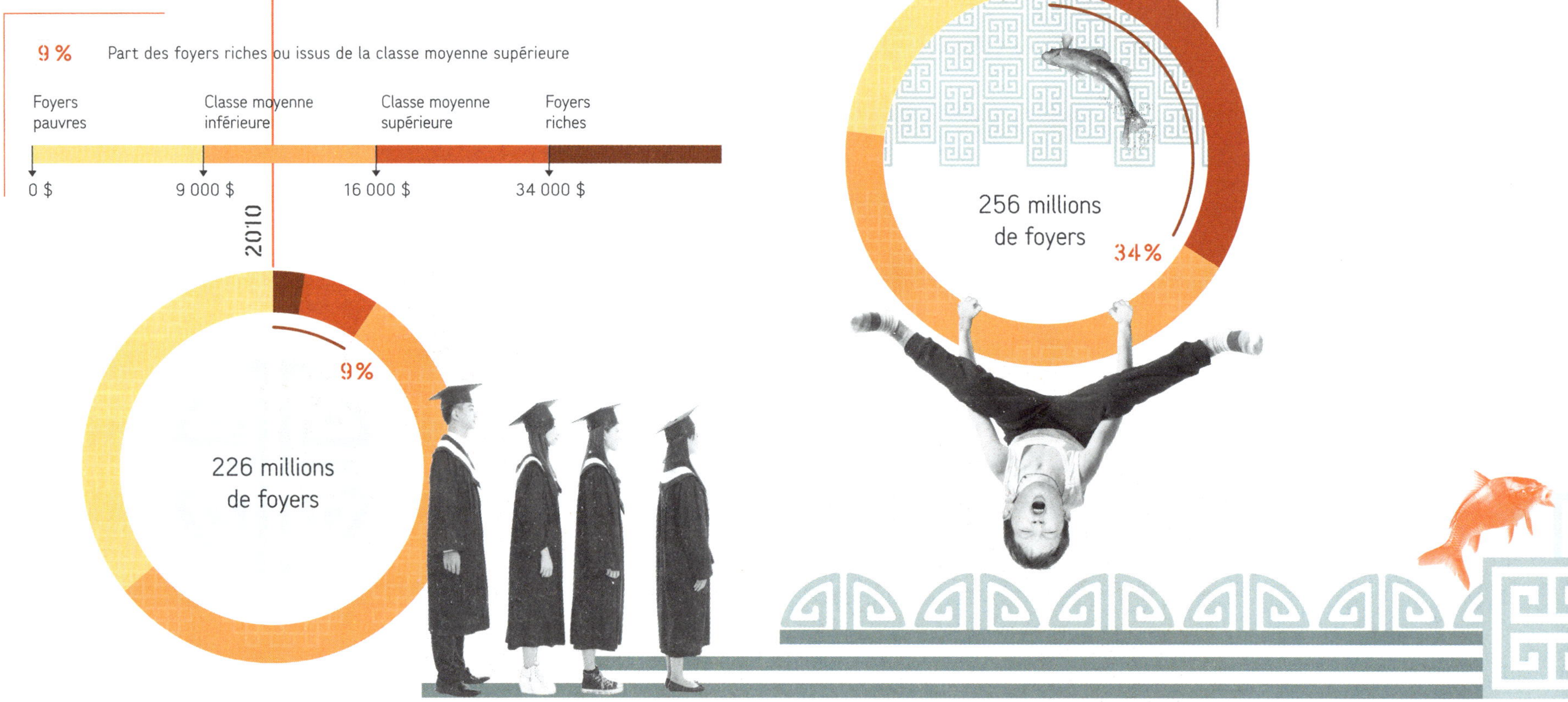

traites et à payer les études de leurs enfants. Résultat : l'épargne des ménages chinois représente aujourd'hui la moitié de l'épargne nationale qui, elle-même, compte pour la moitié du total mondial. Au-delà de sa fonction de protection sociale, l'épargne des Chinois vise aussi à améliorer le sort de leur descendance, d'autant plus choyée que, le plus souvent, elle restera limitée à un seul enfant. Actée en octobre 2015, la fin de la politique de l'enfant unique ne devrait en effet pas avoir d'impact majeur sur la fécondité des femmes : en plus des contraintes économiques et matérielles accrues qui pèsent sur les ménages urbains, la préférence est désormais ancrée pour des familles rétrécies. Par conséquent, au pays de Confucius et de l'enfant unique, l'éducation restera reine.

↗ L'ambition du savoir

Déjà, les Chinois qui le peuvent dépensent sans compter pour la réussite académique et professionnelle de leur progéniture : un couple dépense en moyenne plus de 3 000 euros par an pour élever son enfant jusqu'à 18 ans. Ultra-valorisées, la performance scolaire et la course au titre universitaire se traduisent déjà par l'essor spectaculaire de l'enseignement supérieur à l'échelle du pays. Au lieu de 1 % de jeunes Chinois inscrits à l'université en 1980, on en recense aujourd'hui plus de 30 %, soit environ 35 millions d'étudiants, onze fois plus qu'au moment de Tian'anmen. À son tour, la part de diplômés chinois dans le monde devrait passer de 18 % à 29 % du total dès 2020. La Chine réunira alors à elle seule 200 millions de titulaires d'un diplôme supérieur. Or en plus de ce bond quantitatif, le classement PISA* de l'OCDE* relève que le niveau éducatif chinois a également fortement progressé. Tout comme les élèves de Shanghai dominent désormais le classement international, 21 universités chinoises ont déjà rejoint les 100 meilleures au monde. En même temps, de plus en plus de parents envoient leurs enfants loin des frontières du pays. Avec 500 000 étudiants à l'étranger, la Chine produit aujourd'hui la plus forte cohorte d'étudiants internationaux (devant les Indiens), consolidant une diaspora déjà très importante. Bien souvent, les étudiants chinois choisissent en effet de ne pas retourner chez eux, préférant continuer leur vie active dans le pays hôte. Depuis 2000, plus de 1 million de Chinois ont même choisi de prendre une nationalité étrangère. Conscient de la situation et résolu à freiner l'exil des cadres et des cerveaux, Pékin multi-

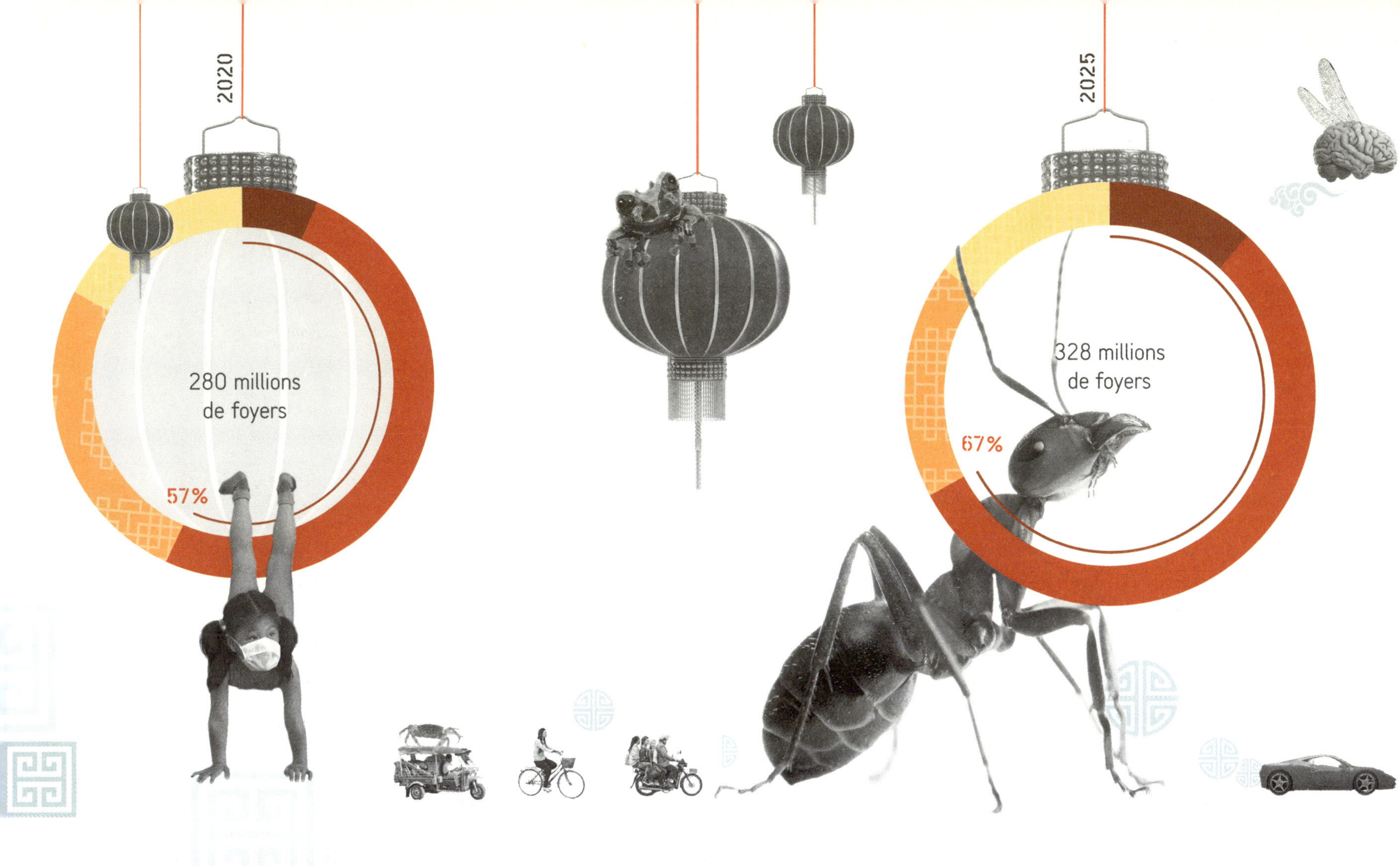

plie les incitations au retour, notamment sous la forme d'aides financières et de salaires attractifs. Surtout, elle positionne la Chine comme un nouveau pôle mondial de la recherche. Le pays consacre plus de 2 % de son PIB à la recherche et développement, soit davantage que l'Europe entière en parité de pouvoir d'achat. Résultat : en 10 ans seulement, la Chine est passée de 13 % à 20 % de la production mondiale d'articles scientifiques. Parmi les programmes les plus spectaculaires, on peut citer le plus grand centre de communication quantique entre Pékin à Shanghai, un détecteur de matière noire, un observatoire souterrain de neutrinos ou encore le synchrotron de Shanghai.
Économie, mode et cadre de vie, alimentation, éducation, recherche… Finalement, rien ne semble pouvoir résister à la métamorphose chinoise. Mais si Pékin aime à afficher cette face visible de sa réussite, elle ne suffit pourtant pas à masquer des zones d'ombre qui, en arrière-plan, structurent aussi le futur de la Chine et l'avenir de sa population.

↗ Ombres chinoises

Des effets de la politique économique chinoise depuis 35 ans, la réduction de la pauvreté est sans doute le plus impressionnant : bien que la population du pays ait augmenté de 400 millions de personnes entre 1990 et 2015, la part des Chinois vivant sous le seuil « international » de pauvreté a été ramenée de 67 % à 6,4 % sur la même période. Pourtant, rapporté en valeur absolue, le pourcentage prend une autre portée puisque 80 millions de personnes restent touchées par la pauvreté dans le pays. Celle-ci paraît même d'autant plus choquante qu'à l'instar d'autres pays émergents, elle coexiste avec une extrême richesse qui, elle, ne connaît aucune limite, pas même fiscale. Jadis exemplaire pour ses moindres écarts de richesse, la Chine mondialisée devient donc à son tour un pays à fortes inégalités… De 0,26 en 1985, le coefficient de Gini* y est passé à 0,39 en 2000 puis à 0,41 en 2008. Effet secondaire d'une croissance fulgurante, cette poussée des inégalités renvoie au moins autant à la géographie de l'ouverture qu'aux lois de décentralisation. Tandis que la première tenait les régions rurales et de l'ouest à l'écart des investissements, les secondes les ont appauvries quand Pékin a abandonné le système de péréquation nationale qui permettait de redistribuer les dividendes de la croissance sur tout le

FIG. 028
ÉVOLUTION DE LA POPULATION
ET DE LA RICHESSE CHINOISES,
de 2005 à 2050 (base 100 en 2005)

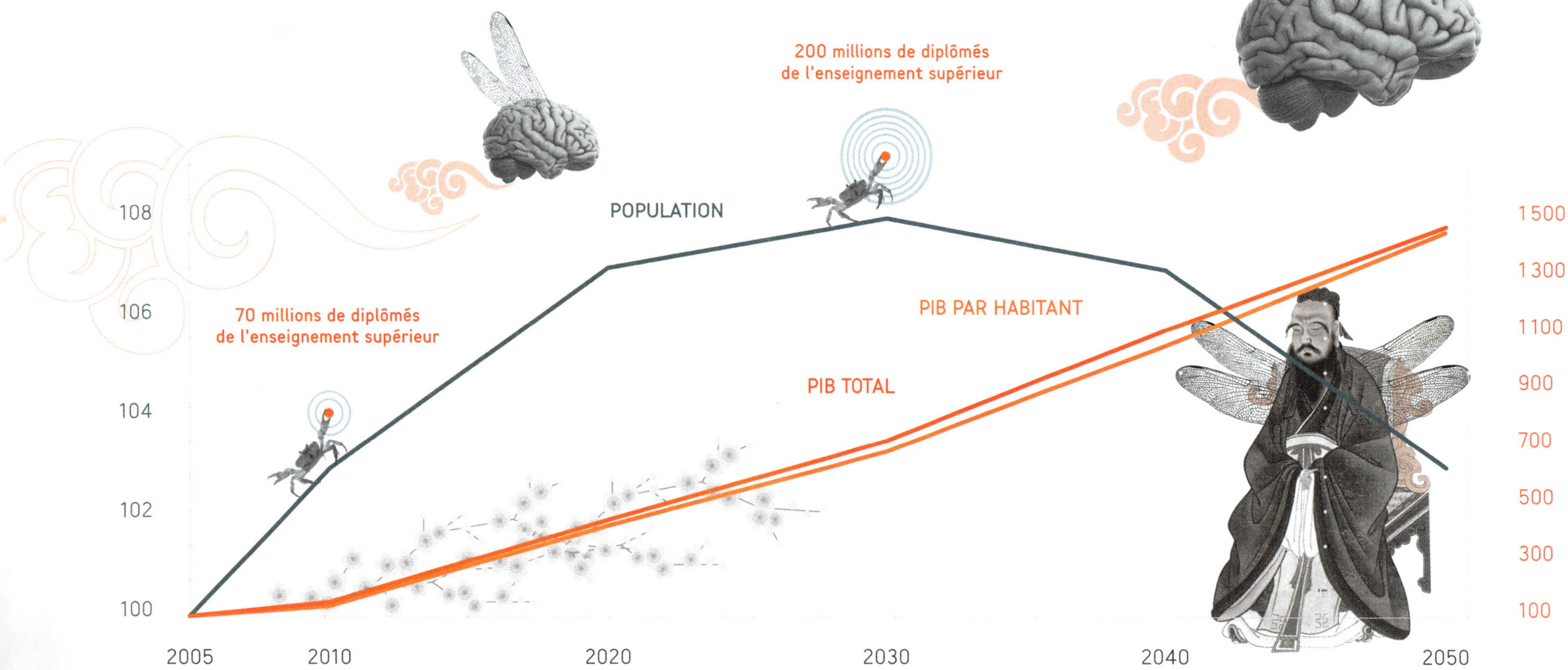

territoire. Sans emploi ni ressources, des dizaines de millions de personnes ont alors choisi l'exode vers le grand est du pays, littoral et industriel. On estime qu'ils sont déjà près de 240 millions à avoir rejoint les rangs du prolétariat urbain, un nombre équivalent au tiers des déplacés dans le monde et égal au total des migrants internationaux. Parmi ces migrants chinois, près de la moitié sont considérés comme des clandestins, tenus à l'écart des systèmes de soins et d'éducation des grandes villes par un système de passeport intérieur (*hukou*) qui distingue les résidents autorisés des illégaux. Dépourvus de droits sociaux et maintenus dans la précarité, ces citoyens chinois de deuxième classe sont pourtant les premiers artisans du « rêve chinois ». Laissés pour compte du « grand bond dehors », parqués à l'extérieur des villes, ils constituent en effet la pierre angulaire de la compétitivité* chinoise. Du moins provisoirement. Car avec l'automation industrielle*, la tertiarisation* de l'économie et l'abandon prochain de l'industrie d'assemblage au profit des produits à haute intensité technologique, l'avenir économique du pays menace déjà de sacrifier ces populations flottantes et corvéables sur l'autel de sa modernisation.

Avec les inégalités, la dégradation de l'environnement constitue l'autre grand dommage collatéral de la révolution économique chinoise. Pics aigus et répétés de pollution aux particules fines*, explosion épidémique des cancers et des maladies respiratoires, rivières souillées par des carcasses d'animaux, mais aussi peintures toxiques dans les produits de grande consommation, lait à la mélamine, choux au formol, vin frelaté, nouilles cancérigènes : les deux chiffres de la croissance chinoise renvoient aussi à la démesure des scandales écologiques et sanitaires qui se répètent dans le pays. Quand on les interroge sur ce sujet, 83 % des Chinois décrivent la pollution comme un « gros problème » et 47 % comme un « très gros problème » au lieu de 36 % et 31 % en 2008. De la même façon, 38 % se disent préoccupés par la qualité des produits alimentaires au lieu de 12 % en 2008. Dans son étude, le Pew Reseach Center révèle aussi que parmi les personnes interrogées, les plus sensibles à ces questions sont les jeunes, les urbains et les membres des classes moyennes à hauts revenus, c'est-à-dire les principaux bénéficiaires du miracle chinois. Pour le régime et son avenir, l'ambiguïté est aussi décisive qu'elle est délicate. Car si Pékin veut éviter que la colère écologique se mue en contestation politique, le pays doit pouvoir rapidement adopter un modèle de développement moins carboné et plus responsable. Cependant, une désindustrialisation trop rapide exposerait le pays à des destructions d'emplois en masse et, ce faisant, à une situation sociale explosive.

Si l'on peut donc redouter les effets du repli de la croissance chinoise, d'autres scénarios y voient au contraire une excellente raison d'accélérer la reconversion de l'économie chinoise et de contourner d'autres écueils prévisibles. Le premier, souvent évoqué, renvoie au vieillissement accéléré de la population. Car en fermant la fenêtre démographique* du pays, il pourrait aussi sérieusement en affaiblir la compétitivité : à morbidité* constante, les personnes âgées de 65 ans et plus enregistreront une hausse de plus de 250 % entre 2015 et 2050 tandis que la population active, elle, marquera une baisse de 20 %. Pour préserver l'efficacité de son outil industriel et la détacher de sa dépendance démographique, Pékin s'est donc fixé pour objectif d'imposer au pays une production économique moins intensive en travail.

En même temps, le nouveau système devra accroître le volume d'emplois qualifiés et très qualifiés pour absorber des cohortes pléthoriques de jeunes diplômés ambitieux. Privés de perspectives et d'emplois à leur mesure, ils sont déjà de plus en plus nombreux à choisir l'exil. Car pour ceux qui souhaitent construire leur carrière en Chine, le parcours vers la réussite est plus incertain, soumis aux aléas d'un système qui récompense davantage la proximité avec le parti-État que les qualités professionnelles. Désormais, ils sont des millions à avoir rejoint la « tribu des fourmis » aux périphéries des grandes villes où, loin des rêves formulés pour eux par leurs parents, ils occupent des emplois mal rémunérés et vivent dans la promiscuité de barres d'immeubles construits trop vite. On parle aussi de la « génération boomerang » pour indiquer qu'ils sont très nombreux à retourner vivre chez leurs parents, faute d'emplois ou de revenus suffisants. Là encore, la marge de manœuvre est étroite pour le régime de Pékin. Car il doit éviter de laisser monter la frustration d'une jeune génération plus érudite que les cadres du parti, tout en contrôlant la pression en faveur de la libéralisation politique du régime, au risque sinon d'en être la première cible.

↗ La démocratie confucéenne

Si les Occidentaux aiment à penser que les opposants au régime de Pékin sont des acteurs de la libéralisation politique du pays, les jeunes Chinois de la classe moyenne, eux, manifestent en réalité plus d'attachement à leur train de vie qu'au système démocratique. Leur aspiration politique reste par ailleurs largement orientée par les leçons de civisme et de patriotisme qu'ils ont reçues à l'école en même temps qu'on leur enseignait les mathématiques et la calligraphie. Leur rébellion paraît même d'autant plus théorique que leurs parents n'ont pas oublié le contrat social implicite passé avec le régime au lendemain de Tian'anmen, engageant le parti à mener la population chinoise vers la prospérité en échange de son désengagement politique. Dans cette perspective, il serait donc imprudent de décliner un scénario de prochaine démocratisation de la Chine appuyé sur les exemples coréens et taiwanais.

Aucun pays avant la Chine n'avait atteint un tel niveau d'investissement dans autant de secteurs.

Les Chinois sont de plus en plus nombreux à exprimer leur colère face aux excès d'un développement trop rapide et aux abus des potentats locaux qui gèrent le pays. En 2010, on a ainsi recensé plus de 180 000 manifestations. Certaines ont été médiatisées, à l'instar du mécontentement lié à la pollution de l'air, aux scandales alimentaires ou à la sécurité ferroviaire. D'autres l'ont moins été, comme les mouvements en réaction à la fermeture d'usines pour restructuration ou à la construction d'un incinérateur en plein centre-ville. On se souvient aussi du mouvement des petits porteurs ruinés par les montages de Ponzi* de banques vautours en faillite. Ou celui demandant de limoger les « princes rouges » et autres apparatchiks qui construisent des villes fantômes à la lisière du désert, envoient leurs enfants étudier en Australie et placent leur argent au Panama. Si elles ne remettent pas encore en cause la tutelle du parti sur la société, les classes moyennes chinoises expriment donc ainsi une lassitude croissante, et le désir d'un système plus juste et qui rende des comptes. Mais pas seulement…

Avant tout, le Comité central chinois devra convaincre les membres des classes moyennes, surtout les plus jeunes et les plus diplômés, que la rénovation de l'économie, le renouvellement du personnel politique, la reconversion de l'appareil industriel et l'amélioration du système énergétique vont leur permettre d'échapper aux différentes menaces qui pèsent sur leur niveau de vie, hypothèquent leur bien-être et entravent leurs ambitions : corruption, pollutions, bulles spéculatives, chômage, emplois sous-qualifiés, pénuries d'eau, etc.

Ensuite, le Parti communiste chinois devra formuler tôt ou tard un nouveau récit pour justifier son maintien au pouvoir, au-delà de la seule préservation des joies de la consommation et de la propriété. Un récit qui porte aussi assez de promesses pour ne pas laisser grandir l'amertume de jeunes entrepreneurs qualifiés face aux fortunes amassées par les proches du parti et à l'arrogance de leur progéniture qui s'exhibe en Ferrari ou en Porsche Cayenne.

La levée de la censure constitue certainement le troisième défi que Pékin devra relever pour la stabilité du pays. Si le régime a réussi jusque-là à contrôler l'information disponible sur Internet grâce à son armée de censeurs, le succès des réseaux sociaux fragilise déjà l'efficacité du Great Firewall of China, la Grande Muraille pare-feu. L'information circulant plus rapidement sur Weibo (le Twitter chinois) et WeChat que sur les sites traditionnels, il devient en effet techniquement de plus en plus difficile et coûteux de bloquer le passage aux informations qui disconviennent au régime. En outre, à l'heure où l'innovation se fabrique et se partage en ligne, le maintien de filtres pourrait devenir préjudiciable à l'économie chinoise, à l'imagination de ses élites intellectuelles et à la diffusion du progrès dans les classes moyennes.

Enfin, Pékin devra aussi résoudre le problème du manque de sens et de valeurs du projet chinois. Car si l'amélioration des conditions de vie et le retour de la Chine à son rang de puissance mondiale ont pu un temps suffire à combler le vide laissé par l'abandon de la lutte des

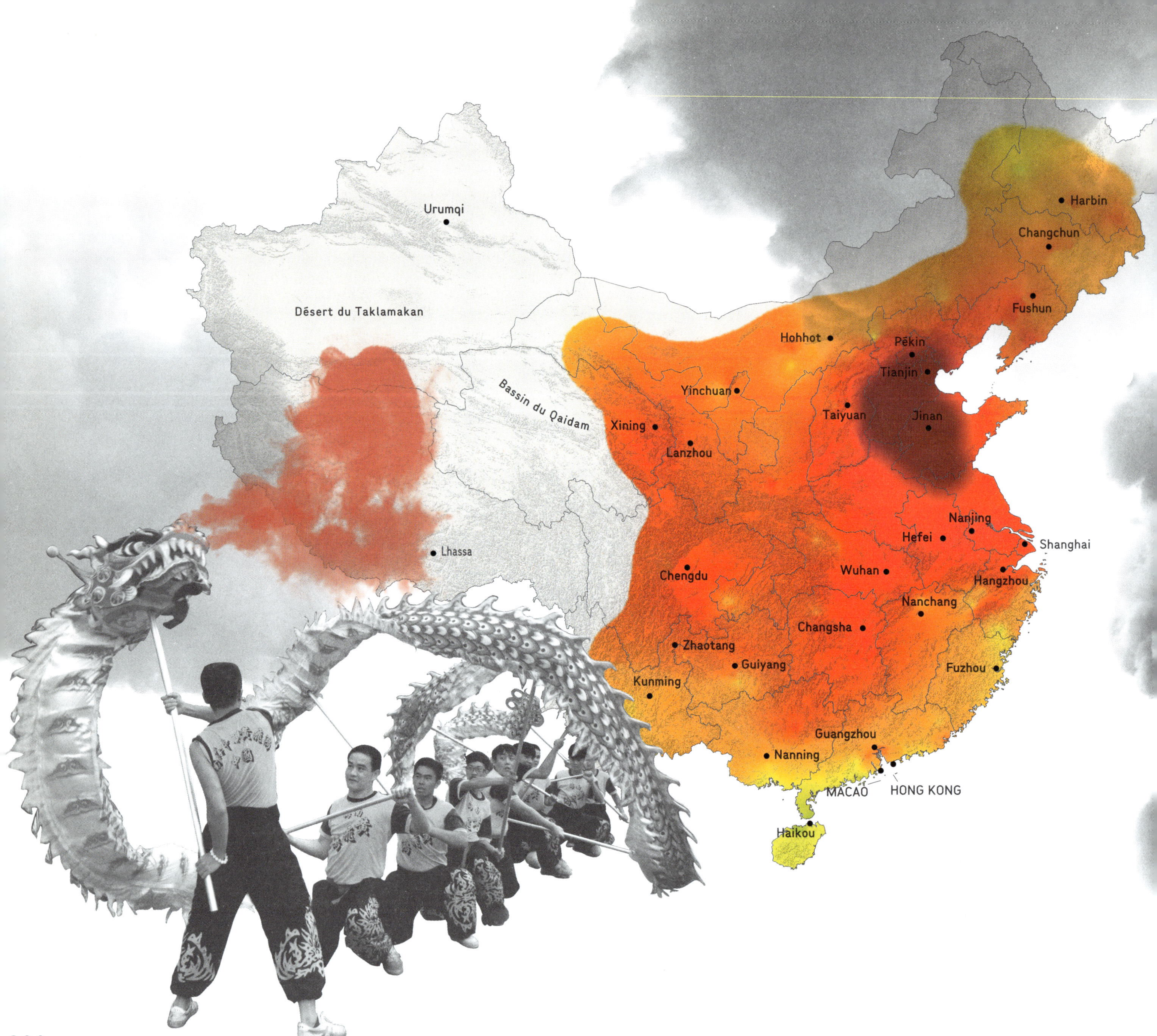
Urumqi
Désert du Taklamakan
Bassin du Qaidam
Lhassa
Harbin
Changchun
Fushun
Hohhot
Pékin
Tianjin
Yinchuan
Taiyuan
Jinan
Xining
Lanzhou
Nanjing
Hefei
Shanghai
Chengdu
Wuhan
Hangzhou
Nanchang
Changsha
Zhaotang
Guiyang
Fuzhou
Kunming
Guangzhou
Nanning
MACAO
HONG KONG
Haikou

FIG. 029
NIVEAUX DE POLLUTION MOYENS RELEVÉS EN CHINE, en 2015

Concentration de l'air en particules fines (en µg/m3)
20 40 60 80 100 120 140
1 2 3 4 5 6
Pollution de l'air (en équivalent cigarettes par jour)

Qualité de l'air
Bonne — Moyenne — Mauvaise pour les personnes sensibles — Mauvaise

Données non disponibles

500 km N

classes et du collectivisme, on sent aujourd'hui monter dans la société chinoise une demande spirituelle de plus en plus marquée. Exacerbée par la médiatisation d'événements témoins de l'individualisme forcené et de la perte de civisme, la crise morale du pays ramène les Chinois en grand nombre vers le mouvement Falun Gong, le bouddhisme et le christianisme. Alors qu'ils n'étaient que quelques millions de clandestins en 1980, on estime aujourd'hui à 67 millions le nombre d'adeptes du christianisme, dont le statut dégradant de « religion étrangère » n'a pas été levé par l'État. À son tour, l'explosion du bouddhisme au sein des classes moyennes met Pékin tout aussi mal à l'aise, car elle a fini par placer des millions de Hans chinois sous l'influence du dalaï-lama, ennemi tibétain historique du régime. C'est donc pour contrer la progression de ces cultes dans la société chinoise, la recentrer autour de valeurs nationales historiques et y restaurer de la cohésion sociale que le parti a finalement choisi de réhabiliter l'autre adversaire héréditaire de la révolution communiste : le confucianisme.

Le Comité central devra formuler un nouveau récit pour justifier son maintien au pouvoir.

Les autorités récupèrent ainsi à leur profit une tendance qui leur échappait. Porté par la société civile et académique, le regain d'intérêt pour la doctrine confucéenne gagne peu à peu toute la Chine. Au lieu des pédagogies actives qui rencontrent un succès croissant en Occident, les Chinois, eux, sont de plus en plus nombreux à vouloir éveiller l'esprit de leurs enfants et cultiver leurs vertus dans le cadre de projets pédagogiques confucéens. Parfois associé au fondamentalisme musulman dans son acception antioccidentale ou aux mouvements intégristes pour le conservatisme de leurs valeurs, le néoconfucianisme ne procède pourtant pas vraiment d'un rejet réactionnaire des mœurs libérales. En revanche, il désigne bien une détermination à ne pas suivre le modèle démocratique. Favorables à une réforme constitutionnelle et à une plus grande liberté d'expression, les réformateurs d'inspiration confucéenne contestent le suffrage universel comme mécanisme de désignation des dirigeants du pays et la compétition électorale qu'il engage entre les candidats. Si chacun est capable de devenir moralement exemplaire, l'aptitude à la vision et au jugement politiques, elle, varie d'un individu à l'autre. Pour les néoconfucéens, il revient donc au système institutionnel de repérer – par des concours équitables – les personnalités qui sont à la fois qualifiées, vertueuses et clairvoyantes, puis de les désigner aux postes dirigeants du pays. Ainsi, contrairement aux décideurs démocratiquement élus qui privilégient leurs seuls électeurs au détriment des autres, les individus sélectionnés auront la liberté et le devoir de prendre en compte l'intérêt de tous et des générations futures. Pour les néoconfucéens, cette proposition alternative présente aussi l'avantage de contourner l'autre écueil de la démocratie...

Pour bien fonctionner, celle-ci exigerait en effet que tous les électeurs soient eux-mêmes suffisamment sages et cultivés pour prendre part à des votes d'importance nationale et de portée internationale. Or les exemples ne manquent pas, aux États-Unis ou en Europe, qui montrent que lors d'un scrutin, l'irrationalité des votants prévaut facilement sur leur lucidité politique ou économique. Aujourd'hui, ils révèlent même que la démocratie ne protège finalement ni du populisme ni de l'autoritarisme.

Si ce dernier scénario peut paraître fantaisiste à l'aune des dispositions actuelles du régime pour l'ouverture politique, il a le mérite d'indiquer que le régime chinois n'est pas dans l'impasse. Au contraire, face au risque social que les analystes retiennent volontiers comme futur possible de la Chine, Pékin dispose de modèles d'ouverture alternatifs et endogènes qui pourraient peut-être lui permettre de relever le défi des classes moyennes. Ce scénario présente également l'intérêt de sortir d'une lecture occidentale souvent binaire de l'avenir du système politique chinois, et pour laquelle la démocratie serait le seul remède à l'autoritarisme. Au moment où l'épuisement des ressources et du modèle de développement occidental souligne justement les limites des pratiques occidentales de la démocratie, les Chinois pourraient ouvrir de nouvelles voies.

CHAPITRE 10

QUAND L'AFRIQUE S'ÉVEILLERA

Depuis quelques années, acteurs de téléphonie mobile, fonds d'investissements et exploitants d'énergie partagent le même désir : l'essor de la classe moyenne africaine qu'ils observent comme le prochain eldorado de la mondialisation. À moins que l'Afrique leur impose d'emprunter d'autres voies, d'explorer d'autres modèles, et de s'appuyer sur d'autres élans, à la faveur d'une personnalité économique et d'une résilience* sociale aussi originales que créatives.

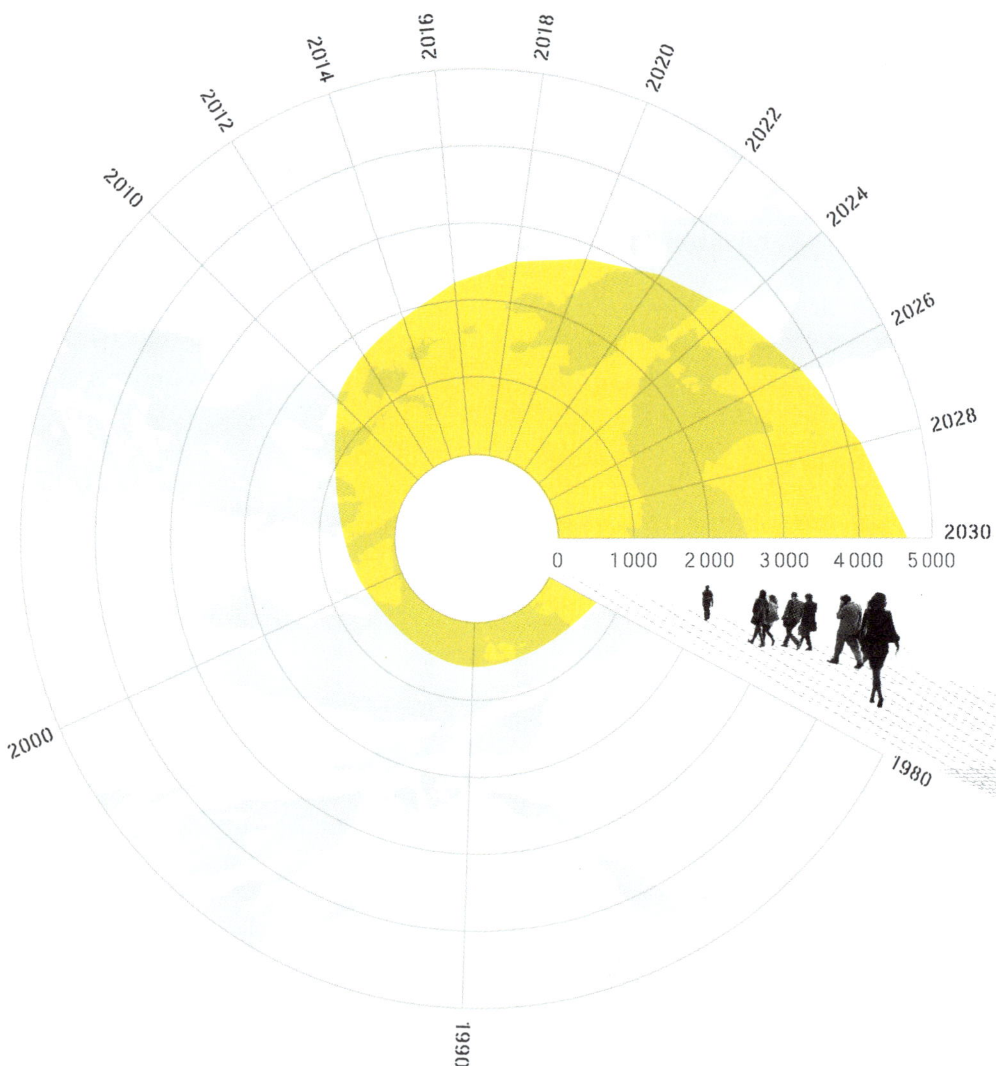

FIG. 030
ÉVOLUTION DU PIB PAR HABITANT DE L'AFRIQUE,
de 1980 à 2030 (en dollars)

Avec le millénaire, l'Afrique est entrée dans une dynamique économique nouvelle à la faveur de la réduction de la dette, des prix élevés des ressources naturelles (jusqu'en 2014) et de la demande chinoise, de l'augmentation des investissements directs étrangers et, depuis quelques années, de la progression du marché intérieur. Si les pays africains affichent encore de nombreux points de fragilité et si leur essor reste placé sous la contrainte d'une forte croissance démographique et d'un déficit accru d'infrastructures, les progrès de la gouvernance économique, de la démocratie et de l'éducation depuis 15 ans y sont réels, tout comme le recul des conflits, des maladies infectieuses et de la malnutrition. À l'échelle continentale, on annonce une croissance économique annuelle moyenne de 7,7 % entre 2015 et 2020, c'est-à-dire plus de deux fois supérieure à celle des économies avancées. Pour sa part, le cabinet McKinsey calcule que les secteurs des biens et des services de consommation, des ressources naturelles, de l'agriculture et des infrastructures devraient générer un chiffre d'affaires total de 2 600 milliards de dollars en 2020. À son tour, le ralentissement des économies chinoise, russe et brésilienne pourrait contribuer à augmenter la part de l'Afrique dans la croissance mondiale et resserrer l'écart de prospérité entre ce continent et l'Asie émergente.

À leur tour, plusieurs indicateurs laissent penser que l'essor économique africain s'inscrit sur le long terme. Déjà, la plupart des pays du continent affichant des taux de croissance élevés (Kenya, Tanzanie, Zambie, Cameroun, Sénégal, Éthiopie, Ouganda, Ghana, Égypte ou Côte d'Ivoire) ne sont pas dépendants de l'exploitation des sous-sols, répercutant la diversification de leurs économies et un développement de plus en plus endogène. À l'échelle de l'Afrique, l'extraction minière ne fait plus partie des 10 premiers secteurs d'investissements étrangers à la faveur des technologies des médias et de la télécommunication, des produits de consommation, des services financiers ainsi qu'à l'immobilier, l'hôtellerie, la restauration et enfin la construction. Finalement, si le PIB de l'Afrique devait rester porté par la croissance des investissements étrangers et la consommation intérieure, il pourrait atteindre celui de la Chine actuelle dès 2050. Cependant, d'autres signaux viennent nuancer ce récit euphorique d'une Afrique en plein boom.

Le PIB de l'Afrique pourrait atteindre celui de la Chine actuelle dès 2050.

Quand on rapporte les taux de la croissance économique aux perspectives démographiques par exemple, on mesure que l'essor africain sera très insuffisant pour absorber la progression de la demande d'emploi : au lieu de 110 millions d'emplois supplémentaires à créer d'ici à 2030, il ne devrait s'en créer que 45 millions. Car contrairement aux pays émergents de l'Asie, l'essor économique de l'Afrique ne repose ni sur les exportations ni sur le développement de grandes entreprises industrielles. On parle au contraire d'une croissance à faible composante manufacturière et à fort contenu agricole. Au regard de l'urbanisation accélérée du continent, le risque est donc élevé d'assister à un phénomène de marginalisation de populations désœuvrées, sans emplois ni revenus, dans les mégapoles en formation. Or, au même moment, la capacité redistributive des États africains pourrait se trouver très limitée par le service de la dette.

Dix ans seulement après l'annulation par le G8 de la dette de 100 milliards de dollars pour l'Afrique subsaharienne, les bénéficiaires de la mesure ont retrouvé des taux d'endettement au moins aussi élevés. Au Ghana par exemple, où la dette avait pu être ramenée de 48 % à 26 % du PIB en 2006, celle-ci s'élève aujourd'hui à près de 73 % des revenus du pays tandis que les seuls services de la dette représentent 50 % des ressources fiscales. Baisse du cours des matières premières ou investissements massifs dans les infrastructures : les raisons qui ont conduit à cette situation sont connues. Or dans un contexte financier international moins favorable qu'au début des années 2000, elles poussent à la hausse les taux d'intérêt (jusqu'à 11 % en 2015), exposant les pays emprunteurs à ne pas pouvoir assumer leurs traites. C'est donc en gardant aussi à l'esprit ce contexte très spécifique qu'il convient d'envisager le futur des classes moyennes africaines.

En considérant qu'en Afrique, la classe moyenne désigne les personnes dont le revenu se situe entre 2 et 20 dollars par jour, elle rassemble environ un tiers de la population, soit 313 millions de personnes. Selon la Banque africaine du développement (BAD*), elle

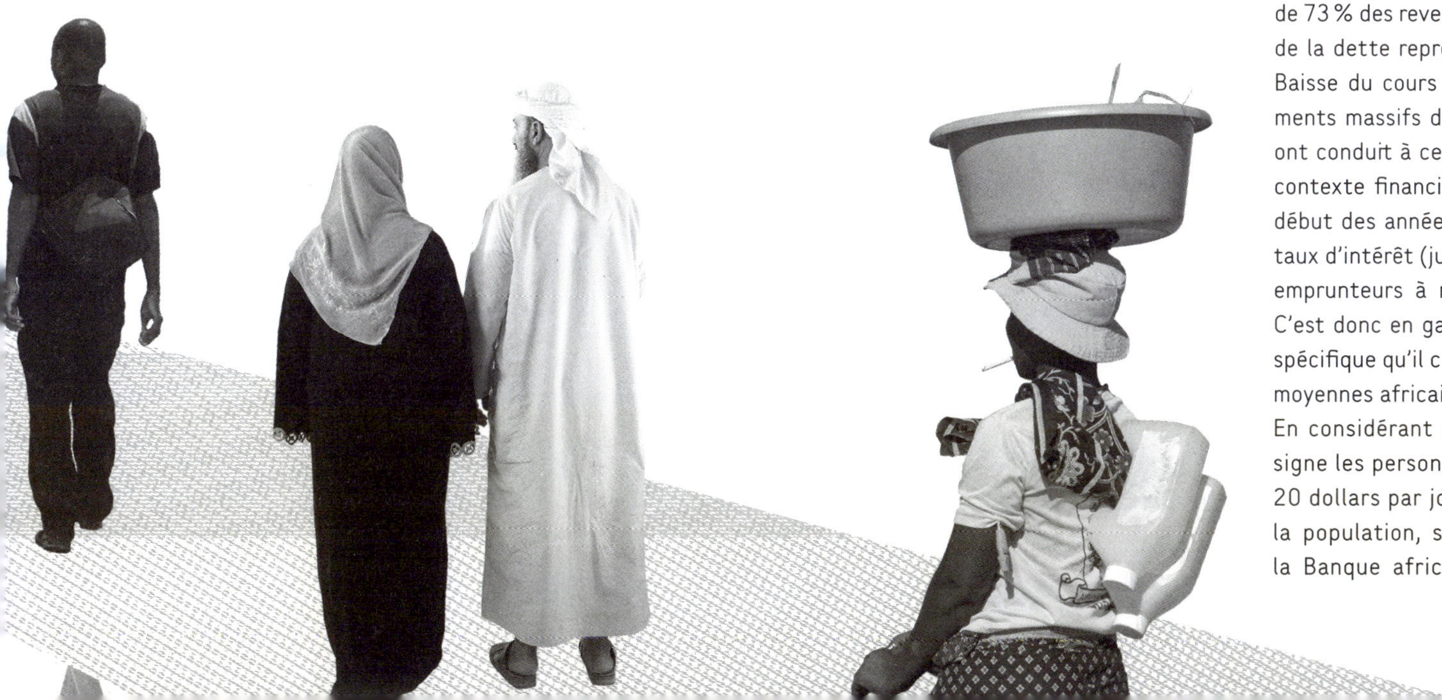

pourrait même atteindre 1,1 milliard de personnes en 2060, inscrivant ainsi l'Afrique dans des dynamiques comparables à celles des géants asiatiques. Parallèlement, le nombre de personnes gagnant plus de 10 dollars par jour pourrait atteindre 500 à 600 millions en 2050, soit davantage que la Chine aujourd'hui. Toutefois, l'Afrique sera aussi le continent abritant la plus grande concentration de gens vivant dans la pauvreté à l'échelle mondiale avec 600 à 700 millions de personnes disposant de moins de 2 dollars par jour. Car le continent africain est aussi celui où les inégalités s'accroissent le plus vite. Or, en se superposant à d'autres fractures ethnoculturelles, ces marginalisations économiques pourraient peu à peu affaiblir l'effet politique stabilisateur des classes moyennes en exposant le continent à de nouvelles tensions géopolitiques. C'est pourquoi il convient de bien décrire ce que le terme de « classe moyenne » recouvre spécifiquement en Afrique.

↗ Moyenne et flottante

En matière de revenus, on distingue trois catégories de classe moyenne. La première rassemble les personnes de « petite prospérité » gagnant 2 à 4 dollars par jour et comprend environ 60 % des classes émergentes en Afrique. En voie de moyennisation* et néanmoins vulnérable, cette population dite « flottante » reste fortement exposée au déclassement ou à la pauvreté en cas d'accident de la vie ou de hausse du coût de la vie. La deuxième catégorie qui représente 25 % des classes moyennes africaines est dite « moyenne inférieure » et regroupe les personnes gagnant 4 à 10 dollars par jour. Enfin, la classe « moyenne supérieure » des personnes vivant avec un revenu situé entre 10 à 20 dollars par jour compte 15 % des classes moyennes en Afrique.
Cependant, plus que les revenus, c'est la capacité des individus à améliorer leur qualité de vie qui, en Afrique, définit les classes moyennes. Parallèlement, la résilience accrue aux fluctuations des prix et des marchés constitue un autre signal de la consolidation des classes moyennes africaines qui partagent d'ailleurs le sentiment qu'elles ne doivent l'amélioration de leur sort qu'à elles-mêmes. Comme elles ne comptent sur personne d'autre non plus pour réduire leur vulnérabilité économique et ne pas retomber dans la pauvreté, elles redoublent d'inventivité : en plus d'avoir plusieurs sources de revenus, elles construisent leurs relations sociales, limitent leur consommation et n'oublient pas d'épargner dès qu'elles le peuvent, même très peu, souvent à plusieurs. Car contrairement à ce que l'on peut observer ailleurs dans le monde, les stratégies africaines de moyennisation ne procèdent pas de comportements individualistes et ne les génèrent pas non plus. Elles participent davantage d'une transformation des solidarités, désormais plus libres et plus choisies. Il en va ainsi des associations collectives d'épargne destinées, entre autres, à se protéger face aux risques et imprévus. Appelés « tontines » en Afrique de l'Ouest, *stokvels* en Afrique du Sud ou *ekub* en Éthiopie, ces groupements solidaires informels privés occupent en réalité plusieurs fonctions tenant tantôt de l'association mutualiste, tantôt du club d'investissement ou de la société immobilière.

C'est la capacité des individus à améliorer leur qualité de vie qui, en Afrique, définit les classes moyennes.

« Ni riches ni pauvres », comme elles se décrivent elles-mêmes, ces populations de moyennité précaire vivent presque toutes en ville, soit pour y avoir migré, soit, plus souvent, pour y être nées. Là, elles exercent un premier métier dans la fonction publique, le commerce ou l'entreprise privée, à titre indépendant ou salarié. À côté de cet emploi « officiel », les membres des classes moyennes africaines exercent généralement d'autres activités, plus facilement familiales que formelles : restauration, vendeurs ambulants, travaux de couture, etc. Un certain nombre de foyers reçoivent aussi des fonds envoyés par des parents émigrés à l'étranger, pour un total d'environ 38 milliards de dollars par an à l'échelle de l'Afrique.

Jeunes dans l'ensemble et encore au stade d'« acquisition » de leur vie, les membres des classes moyennes se marient également plus tard et désirent moins d'enfants que leurs parents. Ils aspirent à un plus grand choix de produits alimentaires, de consommation, de loisirs et surtout, à une plus grande connectivité. Convaincus que l'éducation est un moyen de promotion sociale privilégié, ils suivent volontiers des cours du soir et affectionnent les études. À la faveur de la progression du haut débit sur le continent, l'Afrique devient même un marché particulièrement attractif pour les universités spécialisées dans l'enseignement et la formation à distance du monde entier. Quand ils peuvent choisir l'école de leurs enfants, les parents des couches intermédiaires* privilégient la qualité de l'établissement plutôt que sa proximité. Enfin, comme leurs revenus ne leur permettent pas d'entrer dans le modèle de consommation intensive observé ailleurs, les classes moyennes africaines privilégient volontiers les biens durables ou de deuxième main. Dans les grandes villes toutefois, supermarchés et centres commerciaux commencent à remplacer magasins et marchés informels. Or, à partir du moment où l'augmentation des revenus et de l'urbanisation stimulent ensemble la demande intérieure, elles réduisent l'exposition économique des pays africains aux chocs économiques extérieurs. Déjà, 800 millions d'Africains possèdent au moins un téléphone mobile aujourd'hui, tandis que 500 millions de foyers sont équipés d'un téléviseur. Le taux de croissance annuel moyen des dépenses de consommation finale des ménages en Afrique a dépassé 10 % depuis 2000.

↗ Les technologies détournées

Emblématique du « bond technologique* » de l'Afrique depuis 15 ans, le téléphone mobile est aussi certainement son outil de développement le plus inattendu, le plus innovant et le plus décisif. Déjà, avec plus de 800 millions utilisateurs, le continent constitue désormais le deuxième marché de la téléphonie mobile mondiale après l'Asie. Dès 2017, 97 % des Africains devraient disposer d'un téléphone mobile, et même d'un smartphone de fabrication indienne ou chinoise pour la moitié d'entre eux.

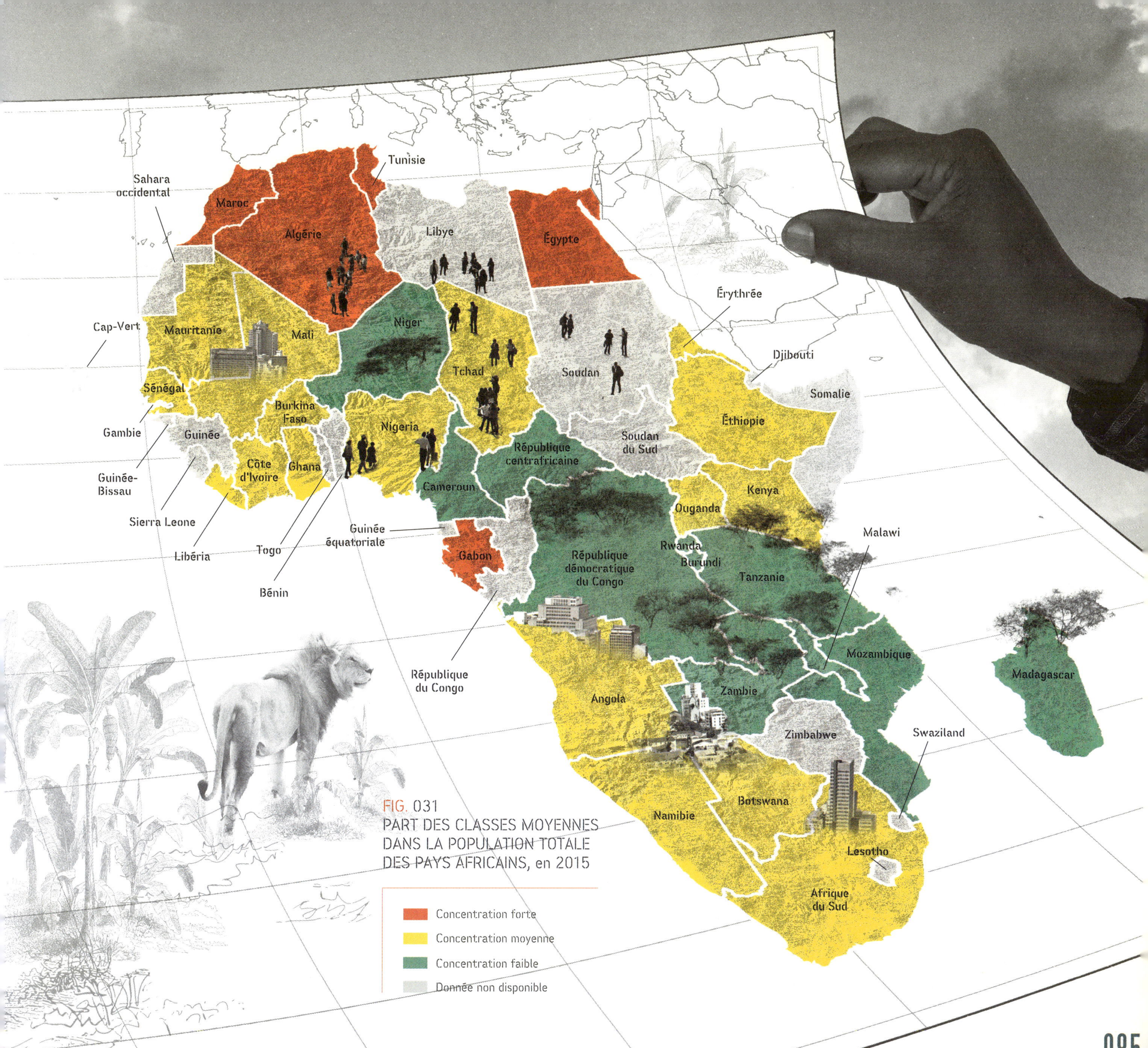

FIG. 031
PART DES CLASSES MOYENNES DANS LA POPULATION TOTALE DES PAYS AFRICAINS, en 2015

©Trendtype www.trendtype.com

Au regard des avancées que les nouvelles technologies de l'information et de la communication (NTIC*) ont permises depuis une dizaine d'années, la progression du taux de couverture représente un enjeu décisif. Sans attendre, les technologies mobiles ont déjà apporté un nombre important d'évolutions voire de changements en Afrique, dans les domaines de l'éducation, de la santé, de la sécurité, de l'agriculture, de l'élevage, de la gouvernance, du commerce et des affaires. D'un pays africain à l'autre, le téléphone portable a permis de développer les réseaux d'entrepreneurs, de transformer les marchés locaux à l'avantage des paysans, de tirer le meilleur parti des récoltes en fonction des cours, de tracer le commerce de faux médicaments, de lutter contre le vol de bétail ou la surpêche, de réduire les fraudes électorales, de connecter les femmes entre elles et de les intégrer dans les circuits économiques, d'optimiser les campagnes de vaccination ou de distribution alimentaire, d'activer les systèmes d'irrigation à distance, d'offrir des consultations médicales en ligne et d'échanger des données et des informations sur les patients, de joindre les communautés isolées, de gérer les épidémies, etc. Finalement, il n'est plus de secteur dont les activités et le fonctionnement n'aient pas été transformés par l'usage de la téléphonie mobile, en contribuant ce faisant à la lutte contre la pauvreté, à l'amélioration des conditions de vie et de travail et à la stabilisation et à l'émergence des petites prospérités africaines. Au total, on calcule que l'écosystème économique de la téléphonie mobile aurait généré directement et indirectement 88 milliards de dollars en 2013, soit 7,5 % du PIB de l'Afrique.

↗ Le défi à la banque

Dominé par des banques nationalisées ou appartenant à d'anciennes colonies jusqu'à la fin des années 1980, le système bancaire africain était jusqu'à ces dernières années particulièrement inadapté aux besoins de financement des petits entrepreneurs, à la faible capacité d'épargne des classes moyennes naissantes, à la géographie des populations et donc, globalement, à

FIG. 032
RISQUES ET OPPORTUNITÉS
DU DÉVELOPPEMENT DE L'AFRIQUE

- Technologie et rupture
- Intégration et connectivité
- Infrastruture et cohésion
- Développement et diversification
- Modes de vie émergents
- Économies en transition
- Changement de société
- Culture et politique
- Horizons des consommateurs

L'écosystème du développement

Pour représenter l'écosystème complexe et spécifique du processus de développement africain, les chercheurs du cabinet d'études TrendType ont retenu 9 tendances ou lignes de force, ici nommées dans la légende, au fil desquelles on repère plusieurs étapes successives, et qui, en se croisant, créent encore d'autres étapes, décisives, ici représentées par des cercles.

l'émergence économique africaine. Contrainte par des revenus insuffisants pour payer les frais bancaires et par la distance séparant les banques de leurs clients potentiels, seule un tiers de la population possède à ce jour un compte en banque en Afrique subsaharienne. Face à ce constat, plusieurs solutions ont vu le jour, en commençant par la microfinance qui permet d'acheter un actif ou de payer une inscription à l'université, puis de rembourser l'emprunt chaque semaine à partir des revenus. Utile pour aider un paysan à accroître son cheptel ou à un petit épicier d'étoffer ses stocks, le microcrédit affiche aussi ses limites : en plus des taux d'intérêt élevés qui laissent penser que les établissements de microcrédit tirent profit des membres les plus vulnérables de la société, la facilité avec laquelle les prêts sont consentis a eu pour effet de démultiplier les cas de surendettement, poussant même certains emprunteurs défaillants au suicide.

Depuis quelques années, une autre facilité financière s'est imposée grâce au téléphone portable : l'« argent mobile ». Inspiré du crédit téléphonique et lancé en 2007, il constitue un moyen de transaction virtuel de liquidités et de microfinancement. Après avoir ouvert un compte en déposant une somme d'argent dans un magasin agréé, l'argent mobile permet de régler salaires, factures et achats à partir des téléphones, d'accéder au crédit à moindre taux d'intérêt, ou de transférer de l'argent à sa famille à moindre risque. Lancé en Tanzanie, le système est désormais disponible dans 38 pays, opéré par plus de 130 fournisseurs. Dans certains pays, il est même devenu prédominant. En Côte d'Ivoire par exemple, où seulement 1 à 2 millions d'habitants possédaient un compte en banque en 2015, 3 à 4 millions de personnes utilisent le mode de transaction mobile chaque jour. Au Kenya, 75 % de la population adulte règle les factures de la vie courante en utilisant ce système. Précurseur de l'innovation financière et de l'avènement de sociétés *cashless*, l'argent mobile se situe désormais aussi cœur de l'émergence économique des Africains pour ajuster techniques et matériaux à leurs besoins et usages particuliers.

Confrontés au déficit d'infrastructures d'accès à l'eau et à l'énergie mais aussi à la faiblesse économique des États, les Africains ont su développer de très nombreuses solutions innovantes, à faible intensité technologique, réalisables à partir de ressources locales et de produits recyclés. Peu connues au-delà des frontières du continent, elles sont pourtant exemplaires de ce que l'innovation *low tech** peut apporter au développement, à moindre coût écologique mais à fort impact social.

↗ Et la lumière sera

Entre autres défis à relever pour permettre au continent africain de poursuivre son essor, le développement du réseau électrique est certainement prioritaire, avec celui des télécommunications. Car en dépit de ressources énergétiques fossiles et renouvelables particulièrement abondantes, l'Afrique subsaharienne reste la région la plus mal électrifiée au monde, avec seulement 32 % des foyers connectés au réseau. La situation paraît d'autant plus critique qu'avec l'essor des classes moyennes, la demande en énergie primaire devrait augmenter de 110 % à 140 % d'ici à 2050.

Ainsi, la production et la distribution de l'énergie électrique pourraient devenir le terrain du prochain saut technologique* de l'Afrique, au bénéfice des énergies renouvelables et de modes de production et de consommation à faible intensité énergétique, ajustés aux contraintes locales. Au Rwanda par exemple, 23,7 millions de dollars ont suffi pour construire une centrale de 8,5 mégawatts en un an à peine. Développé massivement dans des projets à petite échelle à partir de technologies solaire, éolienne, hydraulique et de biomasse*, le nouveau système énergétique permettrait de dispenser le continent des modèles de production centralisés en créant à la place un « réseau de réseaux » offrant à 950 millions d'Africains l'accès à l'électricité en 2040 au lieu de 400 millions aujourd'hui. Selon l'Agence internationale de l'énergie*, en 2030 déjà, plus de la moitié de l'électricité africaine sera produite et distribuée hors des réseaux institués. Au Kenya par exemple, la société M-Kopa Solar qui approvisionne près de 150 000 foyers en éclairage solaire, espère fournir 1 million d'habitations d'ici à 2018. Un service que les foyers kenyans peuvent payer en utilisant M-Pesa, le service kenyan d'argent mobile !

Ainsi, sous des dehors anarchiques et selon des logiques qui échappent volontiers aux schémas économiques occidentalo-mondialisés, des structures entrepreneuriales et coopératives voient le jour partout en Afrique, révélant une forme d'émergence économique alternative. Dans les quartiers informels et les camps de réfugiés, des systèmes de gouvernance originaux pallient à leur tour l'absence des autorités. Porté par une jeunesse aguerrie à l'autonomie débrouillarde, le génie créatif africain pourrait donc aussi inspirer l'économie de demain. Converti en projets de plus grande ampleur et capitalisé sur le plan théorique, il pourrait offrir aux classes moyennes africaines une façon de s'approprier leur développement et d'en réinventer les normes. Au lieu de plaquer des modèles élaborés et éprouvés dans d'autres contextes, les innovations africaines pourraient suggérer au monde d'autres transitions possibles.

« Nous sommes des créatures qui nous affligeons des conséquences dont nous continuons à adorer les causes. »

Jacques-Bénigne Bossuet

partie 03

NOUVELLES RARETÉS

CHAPITRE 11

UN INVENTAIRE DES NOUVELLES RARETÉS

Épuisement des minerais, réchauffement climatique, stress hydrique : le nouveau siècle rappelle tous les jours à la conscience des hommes que la Terre est un ensemble fini et que leur modèle économique fatigue. Ainsi, c'est en se raréfiant que poissons, plages et minerais esquissent en creux l'avenir que les modes de vie d'aujourd'hui réservent aux générations futures. À leur tour cependant, les nouvelles technologies et de nouvelles pratiques viennent modifier la donne. En reconfigurant nos habitudes et notre cadre de vie, elles recréent de l'abondance et autant de nouvelles dépendances, signes du changement de civilisation qui s'opère.

Dans son acception première, la rareté désigne l'insuffisante disponibilité d'un bien ou d'une ressource pour un ensemble d'individus souhaitant se l'approprier. Elle est donc l'indicateur d'une utilité (qui donne sa valeur d'usage au bien rare) et d'un besoin (qui en fixe la valeur marchande). Ainsi, dans des régions où les nappes phréatiques s'épuisent, l'eau douce est devenue une ressource rare. À son tour, l'hélium qui reste irremplaçable pour l'industrie et la recherche a rejoint la liste des raretés, et ce malgré son abondance dans l'univers.

↗ La rareté aléatoire

Comme ces exemples le rappellent, la rareté est un état relatif qui peut évoluer dans le temps, en fonction des niveaux de consommation, ou des avancées scientifiques. Cependant, si certaines découvertes peuvent mettre fin à un besoin et donc recréer de l'abondance, d'autres, à l'inverse, fabriquent de nouvelles raretés. Sur ce point, les ressources naturelles sont exemplaires, car leurs réserves fluctuent avec la technologie, l'exploration minière, le niveau des stocks, le prix du marché, la demande, et d'autres facteurs encore tels que la rumeur et la spéculation. Avec la financiarisation de l'économie mondiale, l'information et autres annonces peuvent également contribuer à la raréfaction soudaine d'un produit ou d'une ressource, et à ses répercussions sur le marché. Parmi d'autres exemples, celui du pétrole reste sur ce point un cas d'école puisqu'en réalité, personne n'en connaît la « véritable » rareté. Pour l'estimer, il faut prendre en compte de très nombreux aléas tels que le niveau des réserves connues, prouvées, potentielles et exploitables, les technologies d'exploitation des ressources, la découverte de nouveaux gisements, la fixation des quotas de production, les tensions au Moyen-Orient, le prix des énergies renouvelables, la demande chinoise, le niveau de production saoudienne, le cours du dollar, etc. À son tour, l'exploitation même de l'huile fossile se trouve tributaire du contexte économique. Ainsi, quand le prix du baril suit une tendance haussière, il déclenche aussitôt un phénomène de rareté. Or paradoxalement, cette hausse peut aider à restaurer de l'abondance, même factice, puisque les gisements dont l'exploitation nécessite d'engager des moyens plus importants tels que les huiles de roche mère* sont de nouveau assez rentables pour être exploités. Aussitôt, la relation peut de nouveau s'inverser : comme il est largement disponible sur le marché, les cours du pétrole chutent et incitent au désinvestissement. Finalement, la rareté semble donc moins dépendre du caractère épuisable des réserves de pétrole que du comportement des acteurs économiques. En réalité, depuis la libéralisation globale des échanges*, toute l'économie mondiale est organisée autour du phénomène de rareté. Un inventaire des raretés permettrait d'identifier ces mécanismes, de faire face aux risques liés à la raréfaction et de penser un accès ou une redistribution équitable de ces ressources. Il s'agit également d'identifier les acteurs et les mécanismes qui s'efforcent de créer de la rareté pour en percevoir les dividendes économiques.

Depuis la mondialisation, toute l'économie se trouve organisée par le phénomène de rareté.

↗ La rareté mondialisée

Au premier rang de la liste, la rareté physique, que crée le prélèvement de ressources finies comme le pétrole ou le sable pour satisfaire un besoin infini de croissance, est certainement la plus emblématique de la dépendance de l'économie mondiale vis-à-vis des matières premières. Viennent ensuite les raretés économiques, qui convertissent des gisements de ressources stratégiques en rentes pour les pays exportateurs, à l'instar des matières premières agricoles et minières que l'Australie exporte vers la Chine. À l'instar aussi du lithium bolivien dont les sociétés hyperconnectées sont de plus en plus voraces pour la fabrication de batteries électriques. Dans cette même catégorie de raretés économiques, on trouve celle liée à la concentration géographique de la ressource, comme pour les terres rares, ces 17 métaux dont, à ce jour, la captation et l'exploitation placent la Chine en situation de quasi-monopole. On peut ajouter les raretés de disponibilité, à l'image des terres arables qui se négocient désormais à l'échelle mondiale tandis qu'elles suscitent des conflits fonciers à l'échelle locale. Sur le plan humain, les raretés « subites » sont certainement les plus dramatiques. Qu'elles soient provoquées par la mise en place d'un embargo ou le résultat d'une mauvaise récolte, elles fragilisent de la même façon les populations les plus démunies, contraintes de consacrer une part accrue de leurs revenus à l'achat de pain, d'huile ou de sucre quand le cours des produits de base augmente. On garde en mémoire les émeutes de la faim que la flambée des prix du blé avait provoquées en 2008, notamment en Afrique.
Dans une seconde catégorie viennent se ranger les nouvelles raretés, que fabrique la transformation des sociétés et de leurs techniques. Parmi elles, la rareté possible du chocolat raconte en filigrane l'occidentalisation du monde à mesure que les nouvelles classes moyennes adoptent les modes de vie et le régime alimentaire des sociétés européennes et américaines, mais aussi leurs exigences de pouvoir accéder à un nombre croissant de produits au meilleur coût. À son tour, la rareté des abeilles consigne les effets secondaires de l'industrialisation avancée de la production agricole et de l'exigence mondialisée de productivité et de compétitivité. Plus globalement et paradoxalement, le recul de la biodiversité et l'extinction des espèces soulignent l'incapacité du système économique mondial d'entretenir son capital écologique pour le préserver. Sur ce point, la surexploitation des océans est exemplaire. Au même moment, d'autres raretés apparaissent avec la marchandisation du vivant, qui convertit des abondances gratuites en raretés payantes. La brevetabilité des semences est un exemple éloquent qui conduit à interdire aux agriculteurs de conserver et d'exploiter des plants et des graines héritées de traditions parfois ancestrales. Plus globalement, depuis 30 ans, la mondialisation et le processus de privatisation qu'elle engage ont reformulé le concept de rareté en substituant au

problème de la disponibilité celui de l'accès. Alors, en plus d'organiser la distribution des ressources, la rareté vient aussi restructurer l'ordre social.

↗ La rareté en privilège

Tout comme elle organise l'économie mondiale, la rareté peut faire système quand elle établit des hiérarchies sociales en fonction des niveaux d'accès à certains biens et services, ou qu'elle les justifie par des prérogatives de classe ou de fonction. Dans les pays occidentaux et émergents par exemple, où l'économie et la richesse pourraient pourtant permettre de distribuer l'abondance, raretés et privilèges se confondent, offrant à ceux qui y ont accès une marque distinctive, d'appartenance, de statut ou de réussite. Au-delà d'achats ostentatoires, on peut penser par exemple à la possibilité de choisir l'école de ses enfants, dont seule une petite minorité de parents dispose. Ici en effet, la rareté ne procède pas d'un déficit d'infrastructure ou des insuffisances de l'institution scolaire, mais bien d'une exclusivité, réservée à une élite sociale et culturelle. A contrario, dans certaines agglomérations, l'impossibilité d'inscrire son enfant dans une crèche procède bien d'un manque de disponibilité et non pas d'un niveau de revenus. Poussée à son paroxysme, la « rareté de classe » est celle des yachts, des îles désertes ou de certains objets de très haute facture, pour lesquels il n'est plus question d'élasticité* de l'offre par rapport à la demande, mais plutôt d'une forme entretenue de pénurie. Que l'accès à l'un de ces « rares » privilèges soit élargi ou se démocratise comme le voyage en avion, le théâtre ou les biens électroniques, d'autres raretés sont aussitôt fabriquées qui préservent la fonction sociale de la rareté : salons VIP, privatisation de spectacles, éditions limitées, etc.

Témoins de notre époque, ces raretés-là sont donc les outils d'une mobilité sociale, qui donne aux sociétés mondialisées leurs étalons de « réussite ». Dans certaines sociétés de chasseurs-cueilleurs où il n'existe pas de lien entre statut social et propriété, cette forme de rareté en revanche n'existe pas, mettant ainsi sur la piste de quelques solutions qui permettraient de remédier aux raretés les plus critiques : la mutualisation des ressources et des biens, comme le suggère l'économie sociale et solidaire* ; l'économie circulaire* qui permet de prolonger la vie des produits et des matières qui le composent ; la sobriété enfin, qu'elle soit individuelle et choisie, ou organisée et imposée par un système de taxes, de normes et de labels pour inciter au changement des habitudes. C'est aussi dans cette perspective que vient s'inscrire une autre nouvelle rareté : le « droit de polluer ». Pour lutter contre le réchauffement climatique et réduire les émissions de gaz à effet de serre*, des systèmes de « marché carbone » se mettent en place un peu partout dans le monde, qui permettent d'échanger des quotes-parts d'émissions de CO_2 autorisées, dont le volume total est fixé par convention et par l'instance publique.

Finalement, un inventaire des raretés mondialisées ne serait pas complet s'il n'incluait pas aussi le temps et la lenteur. À l'instar des ressources naturelles épuisables, le temps se dépense, mais ne se renouvelle pas. À ce titre, il est un bien rare et rend l'homme contemporain particulièrement comptable de son temps et économe de lenteur. Dans les pays développés pourtant, là où le temps « coûte » le plus cher et où la lenteur est un luxe, la ressource n'avait jamais été aussi abondante : tandis qu'au début du XXe, un Français consacrait en moyenne 40 % de son temps de vie au travail, il n'en consacre plus désormais que 10 % (63 000 heures de travail sur 700 000 heures de vie). Dans les prochaines décennies, le ratio devrait encore progresser avec l'automation* attendue d'une part importante de l'activité économique, mais aussi la réduction probable du temps de travail, ou encore l'allongement de l'existence que les recherches transhumanistes* promettent d'atteindre bien avant la fin du siècle, grâce aux biotechnologies* et aux neurosciences. Alors, après avoir créé la rareté économique des plages et des forêts primaires*, après avoir fabriqué celle, écologique, du vivant, de la faune et de la flore, après avoir marchandé celle de la lenteur, l'homme créerait finalement l'ultime rareté : celle de la mort et de sa propre humanité.

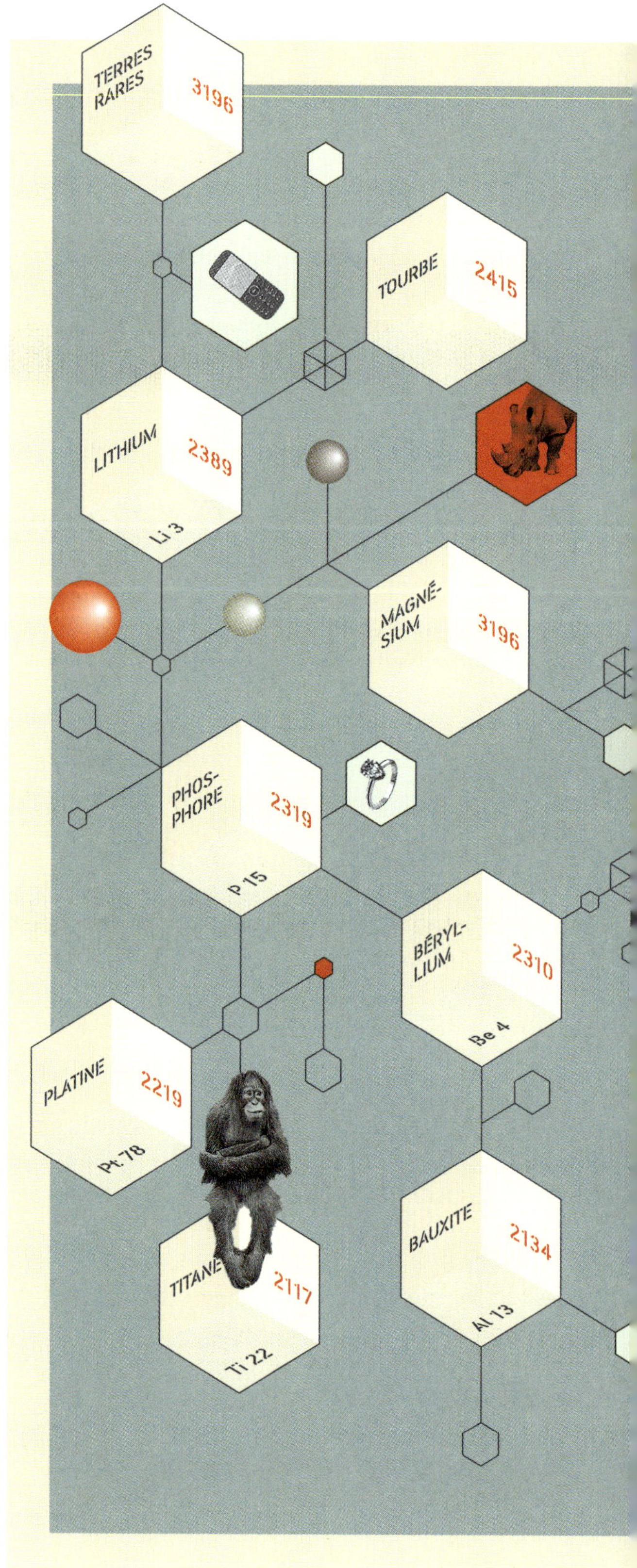

FIG. 033
CALENDRIER D'ÉPUISEMENT DES MINÉRAUX, au 31 décembre 2015

RHÉ-NIUM 2066 Rs 75
ZIRCO-NIUM 2065 Zr 40
BIS-MUTH 2052 Bi 83
CUIVRE 2051 Cu 29
NICKEL 2048 Ni 28
TUNG-STÈNE 2054 W 74
FLUO-RINE 2049
MANGA-NÈSE 2046 Mn 25
BORE 2070 B 5
STRON-TIUM 2035 Sr 38
FER 2073 Fe 26
MER-CURE 2064 Hg 80
CAD-MIUM 2037 Cd 48
COBALT 2078 Co 27
AR-GENT 2034 Ag 47
NIO-BIUM 2087 Nb 41
OR 2033 Au 79
ZINC 2031 Zn 30
TAN-TALE 2097 Ta 73
GRA-PHITE 2108 K 19
CHRO-ME 2031 Cr 24
ÉTAIN 2030 Sn 50
POTAS-SIUM 2114 K 19
CÉ-SIUM 2028 Cs 55
PLOMB 2030 Pb 82
ANTI-MOINE 2025 Sb 51
DIA-MANT 2025

CHAPITRE 12

QUAND LA MER FATIGUE

Moins souvent évoquée que l'agriculture par des sociétés occidentales plus préoccupées d'aménager et d'exploiter leur hinterland que de regarder au large depuis la côte, la pêche rend cependant depuis toujours à l'humanité de très nombreux services nourriciers, sociaux, économiques, mais aussi poétiques, gastronomiques et mythiques. Elle est même le cœur de plusieurs civilisations, inuite, japonaise, polynésienne et nordiques. Pourtant, porté par un marché insatiable, l'homme semble prêt à se couper de son histoire, en vidant les océans des ressources et des espèces marines dont sa survie dépend aussi.

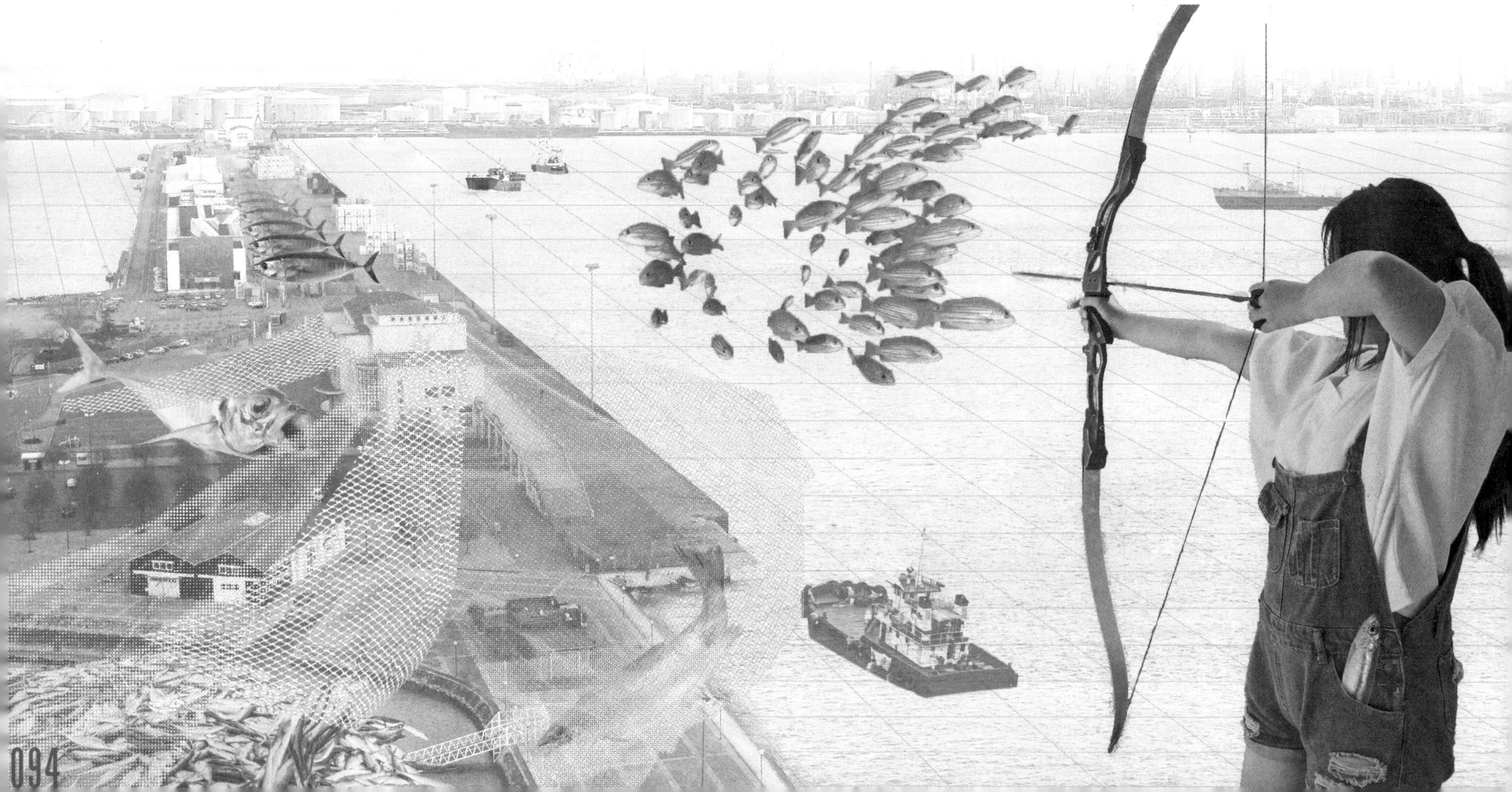

Depuis que la hausse des revenus a accru la demande de protéines animales au XXe siècle, mers et océans du globe ont été transformés en terrains de chasse. Désormais, on avance même l'hypothèse d'un écocide marin, dont les baleines, morues et thons rouges seraient les premières victimes et les pêcheurs sans doute les prochaines.

↗ La mer en pâture

Depuis 50 ans, le niveau moyen de consommation individuelle de poisson a doublé : il atteint aujourd'hui 20 kg par an et par personne, soit autant que la consommation de bœuf et de volaille réunis. Déjà multipliée par cinq depuis 1950, la demande totale de ressources halieutiques* devrait encore augmenter de plus d'un quart entre 2010 et 2030 et même davantage en Inde (+ 45 %) et en Chine (+ 30 %), les deux pays devenant les premiers consommateurs de poisson au monde devant le Japon et les États-Unis. À elle seule d'ailleurs, l'Asie représentera toujours 70 % du marché mondial de la pêche, soit davantage que sa part dans la population mondiale (60 %).
Pour s'ajuster à la demande, la production halieutique a donc changé d'échelle, passant en quelques décennies de locale à universelle et d'artisanale à industrielle. Grâce au développement des activités de pêche – capture et aquaculture comprises –, la production mondiale est déjà passée de 19 millions de tonnes en 1950 à plus de 160 millions en 2014 et pourrait même atteindre 190 millions vers 2030. Globalement, 80 % des prises sont directement consommées par les hommes, tandis que le reste est transformé en huiles et en farines alimentaires pour poissons d'élevage. En effet, si les captures en mer ont représenté la quasi-totalité de la production mondiale jusque dans les années 1980, l'aquaculture a désormais partiellement pris le relais.
À leur tour, les techniques de pêche ont profondément changé depuis 50 ans, sous l'impulsion simultanée de la hausse de la demande de poisson, des évolutions du matériel, des innovations technologiques de la navigation et, enfin, de la mise en œuvre d'un triptyque de production déjà largement éprouvé dans le secteur agricole : concentration, intensification, mécanisation. C'est donc dans ce contexte que la pêche industrielle a pu s'imposer.

↗ Bateaux au Nord, poissons au Sud

Pratiquée par quelques pays seulement (Chine, Japon, Corée, Islande, Norvège et pays de l'UE), la pêche industrielle rapportait déjà plus de 160 milliards de dollars en 2014 et contribue pour la moitié du volume mondial de pêche. Pourtant, ses navires ne représentent que 1 % de la flotte mondiale tandis qu'elle n'emploie que 2 % des 40 millions de pêcheurs dans le monde, les autres étant des pêcheurs artisanaux issus des pays en développement pour la plus grande part.
En arrière-plan de ces performances, le mode opératoire utilisé soulève de nombreuses questions, amenant les biologistes du monde entier au même constat : l'épuisement des océans et, avec lui, le risque de détruire les ressources sur lesquelles repose la prospérité croissante du secteur. Ainsi, tandis que le prix moyen du poisson s'est élevé d'environ 60 % entre 2000 et 2014, les populations de poissons, elles, ne se reconstituent plus. En 20 ans à peine, le nombre de chinchards dans le Pacifique sud a chuté de plus de 90 %, les effectifs de mérous en Afrique de l'Ouest ont baissé de plus de 80 %, ceux du thon rouge dans le Pacifique nord de plus de 95 %. En aval, on observe aussi un phénomène de « cascade trophique » à mesure que le prélèvement de certaines populations de poissons se fait au profit d'autres et perturbe alors toute la chaîne alimentaire des espèces pélagiques*. Attirée par des revenus en hausse constante, la pêche industrielle s'apparente alors à un pillage organisé des océans, désormais exploités selon trois directions.

Attirée par des revenus en hausse, la pêche industrielle s'apparente à un pillage organisé des océans.

La première consiste à aller pêcher plus loin en haute mer, dans les régions méridionales ou même antarctiques, bien au large des zones économiques exclusives (ZEE*) des États, hors des zones surveillées, en favorisant ainsi des pratiques illégales et des captures non régulées et en réduisant les migrations vers les zones côtières, indispensables au renouvellement des populations de poissons. La deuxième direction conduit à utiliser des chaluts capables d'opérer à plusieurs centaines de mètres de profondeur, au risque de racler les fonds marins et de détruire des écosystèmes entiers, en particulier sur les monts sous-marins et les talus continentaux qui abritent de nombreuses espèces benthiques*. On estime aujourd'hui que plus de 50 millions de km^2 ont déjà été ratissés par le chalutage profond, soit une superficie équivalente à celle de l'Eurasie. La troisième direction enfin a pour objectif d'élargir les captures à des espèces plus petites, anchois, sardines, chinchards ou poissons des abysses, pour compenser la disparition progressive des plus grosses (thons, espadons, morues, bars) et approvisionner la demande liée à la production de farines et huiles de poisson.
Pour mener cette course au rendement, des navires sans cesse plus performants sont mis à contribution : puissamment motorisés, équipés de sonars acoustiques, de GPS ou même d'usine de froid, ils servent de véritables complexes industriels de pêche, dont les représentants rivalisent d'influence auprès des instances internationales. En Europe par exemple, les groupes de pression de l'industrie halieutique s'efforcent d'orienter les décisions prises dans le cadre de la politique commune de la pêche (PCP). Ainsi, bien que la pêche artisanale représente 65 % des emplois et plus de 80 % de la flotte à l'échelle européenne, ses quotas restent très limités, comme en Méditerranée où la pêche traditionnelle n'a droit qu'à 10 % des captures. Dans un rapport de la Cour des comptes française de 2013, on lit que la pêche industrielle reçoit des subventions publiques équivalante au chiffre d'affaires de la filière. Or, selon Daniel Pauly, un biologiste canadien spécialiste des ressources marines, près de 80 % des subventions européennes sont attribuées à des modes de pêche qui ne correspondent pas aux critères de gestion viable et durable des ressources.

↗ La tragédie des communs

Confrontée à la surexploitation des ressources halieutiques dans l'espace européen (80 % des ressources en Méditerranée sont surexploitées, 88 % dans la mer du Nord), mais aussi à la demande des consommateurs, l'UE réagit en délocalisant les captures au large des pays les moins avancés auxquels elle achète leurs quotas de pêche non utilisés. Ainsi des pays tels que la Guinée-Bissau, Madagascar, le Gabon, les Seychelles ou encore Kiribati ont accepté de « louer » leurs espaces de pêche aux navires européens dans le cadre d'accords légaux et en contrepartie de quelques millions d'euros. Dénoncés pour leur iniquité financière et le rapport d'exploitation qu'ils induisent, ces accords paraissent cependant bien moins nuisibles que le procédé de « sénégalisation » des flottes de pêche, consistant pour des bateaux européens à utiliser le pavillon d'un État en développement pour effectuer des pêches destinées au marché de l'Union. Séduits par la rente des espèces dont ils voient qu'elles sont recherchées sur les marchés du Nord, les pêcheurs traditionnels abandonnent alors à leur tour la pêche vivrière en créant des pénuries sur les marchés locaux.

Plus au large des mêmes pays, d'autres pratiques se révèlent plus prédatrices encore, tel le pillage organisé des pêches dites INN — illicites non déclarées et non réglementées. Menées par des flottes étrangères, elles profitent de la faiblesse de l'État dans certains pays africains pour aller épuiser leurs stocks halieutiques en toute impunité. C'est ainsi qu'au Sénégal le thiof, poisson fétiche, a presque disparu, laissant les communautés locales sans ressources. À ce rythme, l'Afrique subsaharienne paraît donc condamnée à réduire sa consommation annuelle de poisson par habitant de 1 % par an d'ici à 2030, jusqu'à atteindre moins de 6 kg, soit dix fois moins qu'un Japonais. Récemment cependant, la possibilité qu'un autre scénario se déroule a progressé avec l'entrée en vigueur en juin 2016 d'un accord international révolutionnaire, engageant 29 pays signataires, dont quelques gros acteurs (Chili, États-Unis, Norvège, Corée du Sud, Thaïlande) à prévenir, contrecarrer et éliminer la pêche INN* en prenant des mesures astreignantes envers les navires clandestins souhaitant débarquer ou entrer dans les ports de ces États. Adopté comme « accord FAO » en 2009 après plusieurs années d'efforts diplomatiques, il constitue le premier traité contraignant qui porte expressément sur la pêche illégale. S'il est appliqué, voire respecté, l'engagement international laisse en effet espérer qu'on pourra éviter l'épuisement définitif des ressources halieutiques mondiales tout en permettant que la pêche puisse continuer d'employer quelque 40 millions de pêcheurs et 20 millions d'aquaculteurs dans le monde dont 90 % dans les pays en développement. À terme cependant, et si la faune marine comestible venait à beaucoup moins diminuer, les pêcheurs industriels deviendraient à leur tour victimes de leurs propres excès, poussant le scénario jusqu'à l'absurde.

Les pêcheurs industriels pourraient devenir les victimes de leurs propres excès, poussant le scénario jusqu'à l'absurde.

Au procès de la pêche industrielle, les charges sont nombreuses : depuis 50 ans, plus de 90 % des populations de poissons les plus consommées — thon, morue — ont disparu. Tandis qu'une étude de la revue *Science* prédisait en 2006 que les stocks de poissons commerciaux seraient effondrés d'ici à 2048, une étude plus récente avance l'échéance à 2035. D'autres études indiquent qu'entre 70 % et 90 % des espèces sont aujourd'hui pleinement exploitées ou surexploitées. La Banque mondiale, elle, rapporte que les niveaux de captures actuels sont deux fois et demie supérieurs à ce qui serait écologiquement nécessaire pour que les stocks puissent se reconstituer, menant à une raréfaction majeure à court terme, sans même évoquer les espèces déjà disparues. Parallèlement, en plus de décimer les milieux marins, les pratiques industrielles engagent un gaspillage considérable avec le rejet à la mer des espèces « accessoires » qui représentent environ un tiers des prises totales. Parmi elles, on retient que plus de 100 millions de requins sont tués chaque année de cette façon dans le monde, victimes collatérales d'une consommation que l'homme ne souhaite pas réguler. À l'instar du nouvel accord de lutte contre la pêche illégale, plusieurs réponses existent qui offrent de faire face à la pression sur les écosystèmes. On pense d'abord à la réforme des quotas saisonniers pour éviter que les premiers arrivés soient les premiers servis en provoquant des mouvements de ruée sur les stocks afin de profiter des plus belles captures. À la place, un modèle dit « de quotas individuels transférables » (QIT) permettrait à chaque pêcheur d'acquérir une quote-part de pêche autorisée de longue durée, revendable sur le marché. En plus de favoriser l'étalement dans le temps des prises, le système pourrait aboutir à améliorer la gestion des stocks en déléguant au pêcheur la responsabilité de gérer son lot de captures, selon le principe de rendement maximum durable. C'est ce qu'on a pu constater en Islande, où le système a été mis en place. En revanche, dans les pays en développement où il a été éprouvé, le procédé n'a pas résisté au manque de moyens pour faire appliquer le droit ni surtout à la course au rendement de la pêche industrielle : rapidement rachetés par les sociétés du Nord, les quotas ont été convertis en produits financiers, utilisés à des fins spéculatives. Pêché massivement grâce à l'achat — à bon prix — de plusieurs quotas transférables, le poisson est ensuite stocké par congélation en attendant d'être revendu au prix fort quand le stock de captures autorisées se trouve épuisé. Pour éviter cette dérive, une autre solution consisterait pour les gouvernements à mettre les quotas aux enchères tout en se gardant la possibilité de les retirer, afin de garantir la gestion optimale des ressources.

↗ La mer en culture

L'avenir de la pêche n'est peut-être pas au large, mais plutôt dans les fermes aquacoles dont provient une part croissante de la production halieutique globale, déjà 45 % en 2014, soit 73 millions de tonnes. D'ici à 2030, elle devrait encore progresser de 60 % par rapport à 2010, plus particulièrement en Inde, en Amérique latine et en Asie du Sud-Est. Située aux deux tiers en milieux terrestres (lacs, étangs, rivières), et à 90 % en Asie, l'aquaculture fournit même à présent plus de la moitié de la consommation alimentaire humaine.

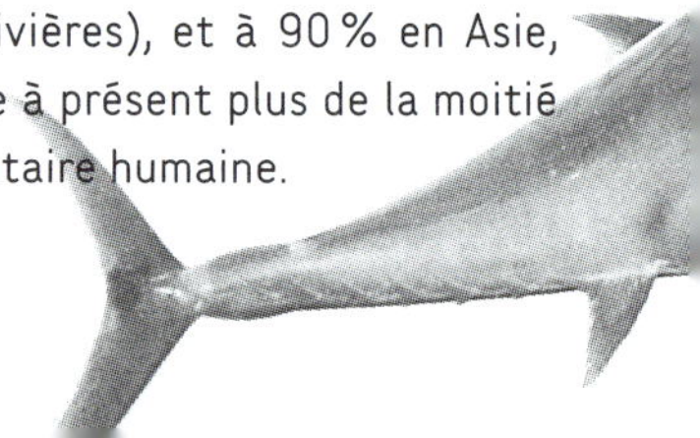

FIG. 034

RÉPARTITION MONDIALE DES CAPTURES DE PÊCHE ET DIFFUSION DES PRATIQUES RESPONSABLES, en 2013

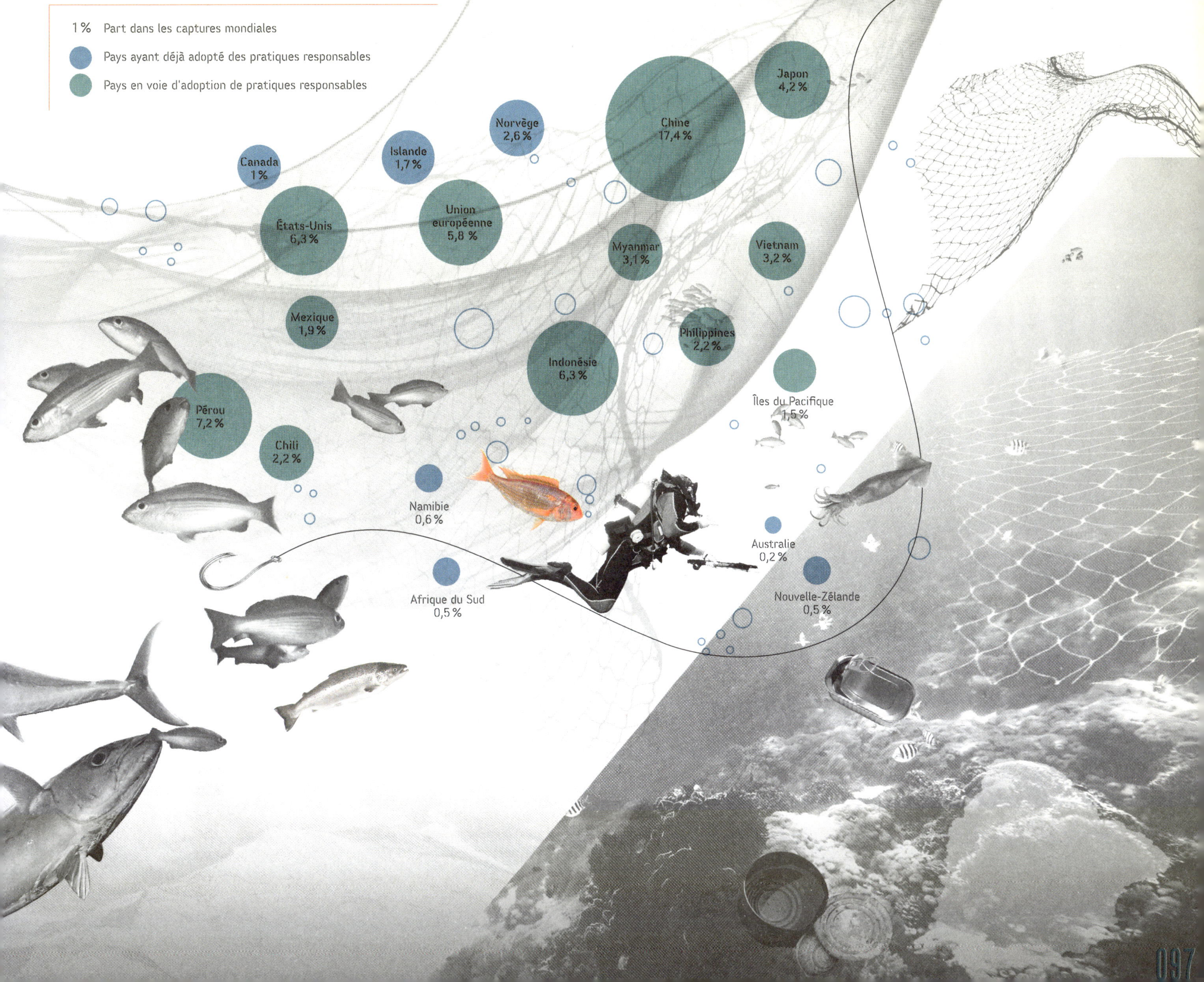

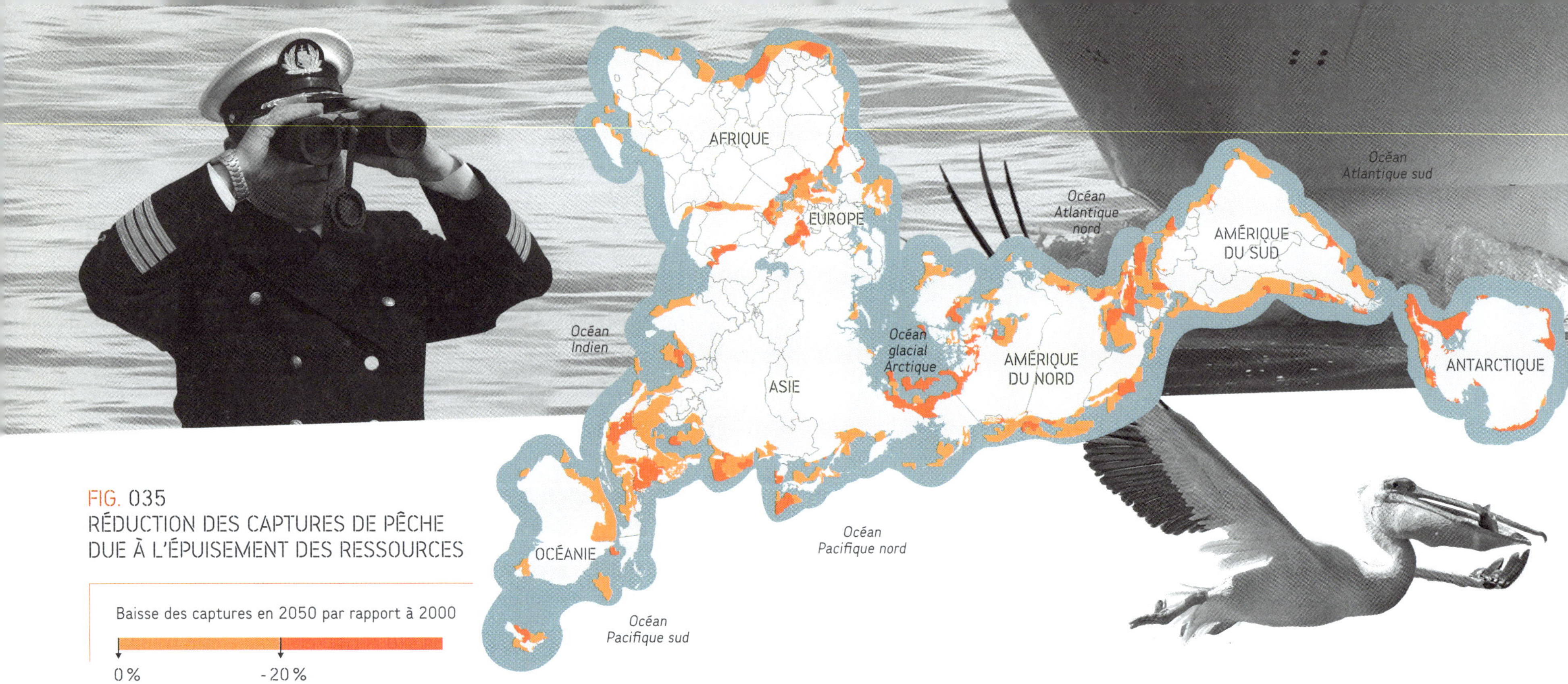

FIG. 035
RÉDUCTION DES CAPTURES DE PÊCHE DUE À L'ÉPUISEMENT DES RESSOURCES

Si elle permet d'éviter la disparition de certaines espèces, la pratique de l'élevage de poissons soulève cependant elle aussi plusieurs problèmes environnementaux. Comme elles sont carnivores par exemple, les espèces d'élevage telles que le saumon, le cobia et la crevette demandent un apport en protéines animales important, qu'elles reçoivent en général sous la forme d'huiles et de farines… de poisson. Autrement dit, l'aquaculture stimule à son tour la pêche dite « minotière », consistant à capturer de petites espèces pour en faire du « poisson-fourrage ». Dans la mesure où chaque kilogramme d'élevage absorbe 2,5 kg à 4 kg de poissons sauvages, on estime que plus d'un tiers des captures de pêche dans le monde est désormais destiné à l'aquaculture. Or les espèces les plus prisées et désormais menacées — anchois du Pérou, maquereaux, sardines — sont également vitales à la préservation des écosystèmes dans lesquels elles vivent. C'est pourquoi la diversification alimentaire des poissons d'élevage devient une priorité, afin d'éviter que l'aquaculture contribue à son tour à vider les océans. Plusieurs méthodes ont déjà été développées à cet effet, telles que l'élevage de poissons omnivores nourris avec des plantes et des graines végétales, ou encore le recyclage alimentaire des déchets piscicoles utilisés comme substitut alimentaire. Résultat, en l'espace de 15 ans, la quantité de poisson sauvage nécessaire pour nourrir le poisson d'élevage a été réduite de 80 % en moyenne, et même de plus de 100 % pour le saumon.

Finalement, c'est donc l'activité de pêche qui pourrait sauver les poissons.

Cependant, comme elles sont le plus souvent développées sur le modèle de l'élevage en batterie, les fermes de crevettes et de poissons exposent les milieux aquatiques environnants à plusieurs types de dégradations et de pollutions, telles que la destruction des mangroves et des estuaires, pour faire place aux installations aquacoles, ou encore les rejets massifs d'azote, de phosphore et de déjections animales qui favorisent l'eutrophisation* des eaux et la prolifération d'algues. Très minoritaires, de nouvelles solutions ont pourtant vu le jour qui atténueraient les externalités négatives : l'aquaculture en réservoirs qui permet de recycler les déchets et de traiter l'eau, l'aquaculture de haute mer qui charge les courants de nettoyer les résidus, la polyculture qui opère sur toute la chaîne alimentaire en recyclant les restes des poissons pour d'autres espèces commercialisables (huîtres, coquilles, concombres de mer…). Finalement, si elle adoptait massivement des pratiques durables, mais aussi repérables par les consommateurs pour qu'ils les privilégient lors de leurs achats, l'aquaculture pourrait substituer les poissons de culture aux captures industrielles et ainsi offrir à la mer un avenir souhaitable. Compte tenu du faible niveau d'émissions de CO_2, elle pourrait même venir en remplacement de la consommation de viande et contribuer également à ralentir les émissions de gaz à effet de serre*.
À ce jour pourtant, ce futur possible est encore loin d'être un scénario probable, car d'autres facteurs inter-

viennent qui pourraient aussi altérer la production halieutique. Parmi ceux-là, on peut citer, la pollution aux plastiques, aux métaux lourds et aux hydrocarbures, les épizooties*, ou encore l'acidification des océans. Dans une étude récente, la revue *Science* a révélé qu'à la suite d'un phénomène d'acidification des océans lors de la crise Permien-Trias il y a 250 millions d'années, la Terre a connu un épisode d'extinction massive qui aurait détruit 96 % des espèces maritimes et 70 % des espèces terrestres. Sans atteindre de telles proportions, certaines zones maritimes sont néanmoins déjà devenues de véritables « déserts marins » où le rejet de produits chimiques par les usines et entreprises agricoles a anéanti la biodiversité et où ne subsistent que quelques espèces invasives d'algues. Entre autres zones mortes, on trouve celles de la mer Baltique, du golfe du Mexique ou des estuaires du Mississippi aux États-Unis, ou encore celles du fleuve Jaune et du Yangzi Jiang en Chine.

C'est donc bien une multitude de variables endogènes (meilleure gestion des stocks) et exogènes (virus, climat, etc.) qu'il convient de prendre en compte pour modéliser le futur de la mer et des pêcheurs dans l'idée de s'orienter vers le plus souhaitable des possibles. Dans son étude « Fish to 2030 », la Banque mondiale modélise ainsi six scénarios dont l'un, par exemple, prolonge la croissance de la demande chinoise de crevettes, crustacés, saumons et thons, entraînant alors une baisse de la consommation dans le reste du monde.

↗ L'avenir du large

Plus récemment, une autre porte vers l'avenir de la mer s'est ouverte avec la création de zones protégées. Pour régénérer les réserves halieutiques et préserver les espèces, parcs marins et réserves de biotopes offrent aux espèces pélagiques et benthiques de se reproduire dans des sanctuaires interdits à la pêche industrielle et aux forages en mer. Aujourd'hui cependant, moins de 3 % des océans sont concernés. En réalité même, seul 0,2 % de l'espace maritime mondial bénéficie d'une protection totale interdisant toute forme d'exploitation. C'est le cas de la plus grande réserve marine mondiale créée par les États-Unis le 26 août 2016 au large de Midway et d'Hawaï sur un territoire grand comme deux fois le Texas. Sur cette zone ne sont tolérées que les activités récréatives et de pêche traditionnelle. C'est aussi aux États-Unis qu'a été mise en place l'une des politiques de réglementation les plus efficaces, par l'articulation d'une gestion écosystémique des ressources marines et d'un contrôle gouvernemental très strict. Confronté au déclin de nombreux stocks de poissons dans les années 1990, le gouvernement fédéral avait décidé d'imposer de nouvelles règles de conservation des espèces surexploitées pour permettre aux populations de poissons de se reconstituer. Quinze ans plus tard, déjà deux tiers des zones concernées ont vu leurs stocks augmenter, tandis que les pêcheurs ont sensiblement modifié leurs pratiques.

Finalement, c'est l'activité de pêche qui pourrait sauver les poissons, à partir du moment où une approche écosystémique de l'exploitation des océans lie les intérêts de chacun (pêcheurs, consommateurs, biologistes, mouvements écologistes…) à la préservation du milieu marin et de ses habitants.

CHAPITRE 13

POUR QUE LE CHOCOLAT DURE

Poussée par l'extension des classes moyennes et la croissance du nombre d'amateurs de chocolat dans le monde, la consommation de cacao devrait augmenter de près d'un tiers d'ici à 2020. Or, à plusieurs reprises déjà depuis 20 ans, la demande mondiale de fèves a dépassé la production, imposant de puiser dans les stocks. Pour les amateurs de tablettes, praliné et autres pâtes à tartiner, l'avenir serait donc préoccupant ! À moins qu'avec les fabricants et les distributeurs de chocolat, ils ajustent leurs pratiques et ouvrent la gourmandise à d'autres possibles.

Les gourmands émergents

Rapportée à la demande de chocolat des pays européens ou de l'Amérique du Nord, celle des pays émergents paraît d'abord très faible : tandis que l'Asie compte la moitié de la population mondiale par exemple, elle ne consomme que 14 % de la production de cacao. Pourtant, c'est bien là que semble d'abord se jouer l'avenir du cacao, à la faveur de l'élévation des revenus et de la standardisation des goûts, que la mondialisation économique porte avec elle. Depuis 2011, on compte par exemple que les pays émergents représentent plus de la moitié de la croissance du secteur de la confiserie. De la même façon, la consommation chinoise moyenne de cacao qui, en 2010-2011, ne dépassait qu'à peine 40 g par personne et par an – au lieu de 1 à 6 kg en Europe – s'est déjà élevée de 75 % entre 2010 et 2014. À ce rythme, la Chine pourrait se ranger au deuxième rang des pays consommateurs de cacao avant la fin de la décennie. Pour leur part et sur la même période, les Indiens ont accru leur consommation de 60 % et les Brésiliens de 23 %. Face à cette progression accélérée de la demande, au moins deux scénarios possibles s'imposent aussitôt : la hausse des prix et l'adaptation de l'offre. En réalité pourtant, plusieurs autres facteurs pourraient également infléchir l'histoire, en agissant ensemble sur le volume et la qualité de la production de cacao, mais aussi sur la répartition de la troisième rente alimentaire mondiale.

Un arbuste épuisable

Température, latitude, altitude et hygrométrie : les conditions nécessaires au développement, lent, du cacaoyer ne sont réunies que par des terres spécifiques, situées entre les deux tropiques, de 400 à 700 mètres d'altitude. Sensible à la qualité des sols, à leur drainage et au régime pluviométrique, la culture du cacao le sera donc aussi aux effets du dérèglement climatique dans des régions où l'on prévoit que la hausse des températures modifie la fréquence, le volume et la régularité des précipitations. Déjà, l'élévation probable des températures d'ici à 2050 pourrait fragiliser la production de cacao dans de nombreuses régions productrices, notamment en Côte d'Ivoire et au Ghana. Or en 2014, ces deux pays représentaient à eux seuls 60 % de la production mondiale des fèves. Et si en Amérique latine les reliefs vont permettre de s'adapter en déplaçant les plantations en altitude, les zones moins escarpées d'Afrique de l'Ouest empêchent de l'envisager. Dans ces régions, les producteurs pourraient donc plutôt choisir de se tourner vers d'autres cultures à la fois plus résistantes et plus rémunératrices comme l'hévéa ou le palmier à huile, serait-ce au prix de dégrader les écosystèmes que les plantations de cacaoyers permettent de préserver aujourd'hui, et à celui de réduire la captation de CO_2 que les arbustes absorbent généralement mieux que les cultures qu'on leur substitue.

À son tour, la hausse de la demande pourrait bien, elle aussi, venir amplifier le processus. Car si la culture du cacao peut se faire sous couvert forestier, on constate néanmoins que, depuis 20 ans, l'extension de la production a privilégié la monoculture, et avec elle la déforestation des forêts primaires dont on sait qu'elle est un contributeur majeur à l'effet de serre. En Côte d'Ivoire par exemple, ce sont près de 13 % de la surface de la forêt d'origine qui ont été transformés en plantation de cacao. Au Ghana, la forêt recule de 2 % chaque année, notamment sous la pression de la culture cacaoyère. En Indonésie, 170 000 hectares de forêt ont ainsi disparu. Au même moment, plusieurs pathologies hypothèquent l'avenir de la production mondiale de cacao. Déjà, à la fin des années 1970, la maladie fongique dite « de la gousse gelée » avait décimé les plantations du Costa-Rica, reconverties depuis en champs de maïs ou en pâturages. De la même façon, 10 ans auront suffi au « balai de sorcière » pour diviser la production du Brésil par 2,5 et ainsi reléguer le pays du deuxième rang mondial des exportateurs de cacao au statut d'importateur net. Et si ces champignons assassins n'ont pas encore touché toute l'Afrique, la libéralisation du commerce, la croissance des échanges et celle du tourisme laissent penser que ce n'est plus qu'une question de temps ou de hasard avant qu'ils contaminent le grenier mondial du cacao.

Or, pour faire face à une telle éventualité, la grande majorité des producteurs ne dispose d'aucune formation ni d'aucun moyen financier ou technique. Parmi les facteurs qui vont orienter l'avenir du chocolat et de ses amateurs, la recherche agronomique n'est donc pas le moindre. Car dans la mesure où pesticides et fongicides* modifient l'écosystème des cacaoyers et, avec lui, la biodiversité régionale, l'espoir repose sur la mise au point de nouvelles espèces, qui soient capables de résister aux mutations de l'environnement et du climat, mais aussi aux champignons prédateurs. À ce jour pourtant, et en dépit de progrès récents, la recherche agronomique n'a pas eu le temps de mettre au point une variété de cacaoyer qui réponde à la triple exigence de productivité*, de résilience* et de résistance. Car le rythme de développement de l'arbuste, qui demande 3 à 5 ans avant de produire ses premiers fruits, s'accommode mal de l'impatience des marchés : pas moins de 10 ans sont nécessaires pour pouvoir évaluer les qualités d'un nouvel hybride. Et si des variétés prometteuses ont déjà pu être élaborées en Amérique centrale, aucun de ces cultivars ne permet encore de relever le défi complexe de protéger et accroître la production dans les zones prioritaires comme en Afrique, tout en préservant les saveurs spécifiques et recherchées des espèces locales. Dans cette perspective pourtant, le développement récent de la recherche en Afrique de l'Ouest laisse espérer que l'avenir du chocolat reste ouvert... à condition de s'engager auprès de ceux qui cultivent le cacao et en en payant le vrai prix.

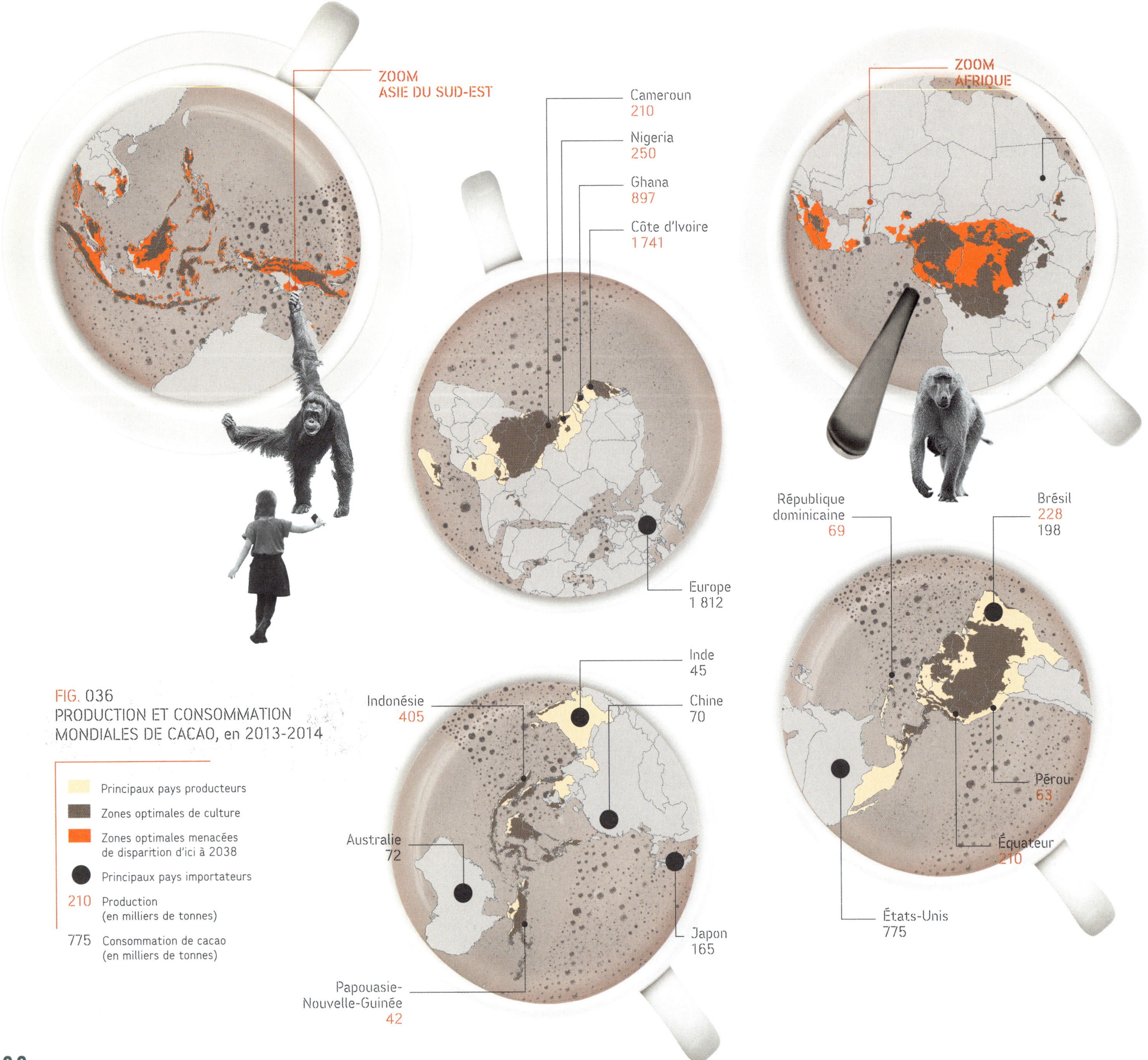

FIG. 036
PRODUCTION ET CONSOMMATION MONDIALES DE CACAO, en 2013-2014

- Principaux pays producteurs
- Zones optimales de culture
- Zones optimales menacées de disparition d'ici à 2038
- Principaux pays importateurs
- 210 Production (en milliers de tonnes)
- 775 Consommation de cacao (en milliers de tonnes)

↗ Quand les producteurs s'épuisent, la production aussi

Invités à adapter la culture du cacao aux changements climatiques, à rénover leurs plantations vieillissantes, ou encore à se former pour améliorer ensemble compétences et compétitivité*, les producteurs se trouvent en réalité surtout démunis des moyens d'investir et d'agir.

À l'échelle globale déjà, on constate que la déréglementation et la financiarisation des marchés agricoles ont eu pour effet d'amplifier la volatilité des cours, au-delà des accidents de production, et donc de réduire la visibilité nécessaire à l'investissement. À son tour, la structure de la filière du chocolat permet de comprendre pourquoi la tendance haussière des prix du cacao depuis 20 ans n'a pas réellement accru le revenu des producteurs de fèves. Car tandis que la production de cacao est assurée à plus de 90 % par des petits propriétaires dont les plantations ne dépassent pas 5 hectares, 5 entreprises contrôlent à elles seules 80 % de la commercialisation du cacao, pendant que 5 autres maîtrisent 70 % de sa transformation primaire, et que 6 multinationales gèrent 80 % du marché du chocolat. Bien logiquement, cette concentration se répercute sur la répartition de la rente. Ainsi, tandis que distributeurs et détaillants perçoivent 43 % des revenus des barres et autres tablettes, et que les fabricants en reçoivent 37 %, on compte que les quelque 5 millions de petits producteurs et leurs familles – soit près de 40 millions de personnes – se partagent entre 3 % et 5 % des recettes de la vente du chocolat. Autrement dit, pour un revenu moyen* situé entre 0,5 dollar par jour en Côte d'Ivoire et 0,8 dollar par jour au Ghana ou, les cacaoculteurs entretiennent les arbustes, récoltent les cabosses, les ouvrent pour en extraire les fèves, puis les font fermenter dans des feuilles de bananier avant de les faire sécher au soleil, puis de les trier et de les mettre en sacs pour les céder aux négociants. Pour leur part enfin, les fabricants-grossistes captent 10 % des revenus, les sociétés de broyage de fèves 5 %, tout comme les intermédiaires, exportateurs et autres traders qui achètent la production pour l'échanger sur les marchés financiers. Au-delà de la faible résilience des cacaoyers aux variations de climat, de sol et d'altitude, c'est donc la structure même de la filière qui expose les amateurs de chocolat à des risques de pénurie ou, plus probablement, de forte hausse des prix. Une inflation dont on comprend qu'elle ne reviendra pas suffisamment aux petits producteurs pour qu'ils mettent de nouveaux plants en culture et accroissent la production. Autrement dit, à la flexibilité de la demande de chocolat ne correspond pas celle de l'offre de cacao. Car sans moyen d'améliorer le présent ni de préparer le futur, de plus en plus de producteurs abandonnent la culture des fèves : en Amérique latine et en Asie, de nombreux enfants de cacaoculteurs réorientent l'exploitation familiale vers d'autres plantations plus rémunératrices.

Le cacao restera un produit renouvelable à condition que la production soit durable.

D'autres études indiquent aussi que l'âge moyen des producteurs de cacao en Afrique de l'Ouest s'élèverait même désormais à 51 ans. Au vu des facteurs de production et de la tendance baissière de l'offre, l'avenir serait des plus préoccupants pour les fabricants et les distributeurs de chocolat. À moins qu'à leur tour, ces évolutions déplacent bientôt les rapports de force et de dépendance…

↗ Du chocolat à tout prix ?

Contrairement à certains minerais ou aux pollinisateurs, la raréfaction du cacao n'est pas plus une certitude qu'elle ne constitue une menace pour l'avenir de l'humanité. Et si le risque existe qu'en 2038 seule une élite aura accès à un chocolat de qualité, la résilience des goûts alimentaires ouvre néanmoins d'autres perspectives pour l'industrie du chocolat.

La première n'a pas attendu l'avenir pour éviter la contrainte puisqu'elle consiste, pour les fabricants, à réduire la taille ou le volume des produits chocolatés sans en modifier le prix de vente. Ainsi, les grandes marques de chocolat compensent la hausse des cours tout en préservant leur rente. Un second procédé consiste à réduire la teneur en cacao des barres, poudres et tablettes chocolatées en mettant, à la place des fruits à coque, des huiles, du sucre, du lait, des raisins, du riz et d'autres ingrédients. De cette façon, le chocolat à haute teneur en cacao reprend son statut de produit d'exception réservé aux plus aisés pendant que l'offre de barres rugissantes, croustillantes ou dynamisantes s'élargit d'année en année. Or, si ce double procédé permet de maintenir un accès étendu aux produits chocolatés, les autorités sanitaires en déplorent déjà les effets sur la santé. Car bien que le chocolat possède des vertus reconnues pour le système cardiovasculaire ou contre le vieillissement, les effets nocifs sur l'organisme de la surconsommation de lipides et de glucides seraient plus importants encore, qu'il s'agisse de cholestérol, de diabète ou d'obésité. Même exigeants ou avertis, les consommateurs pourraient ne pas suffire à modifier l'équation du cacao, parce que du point de vue des producteurs, ce sont certainement les fabricants et les distributeurs du chocolat qui possèdent les pièces maîtresses.

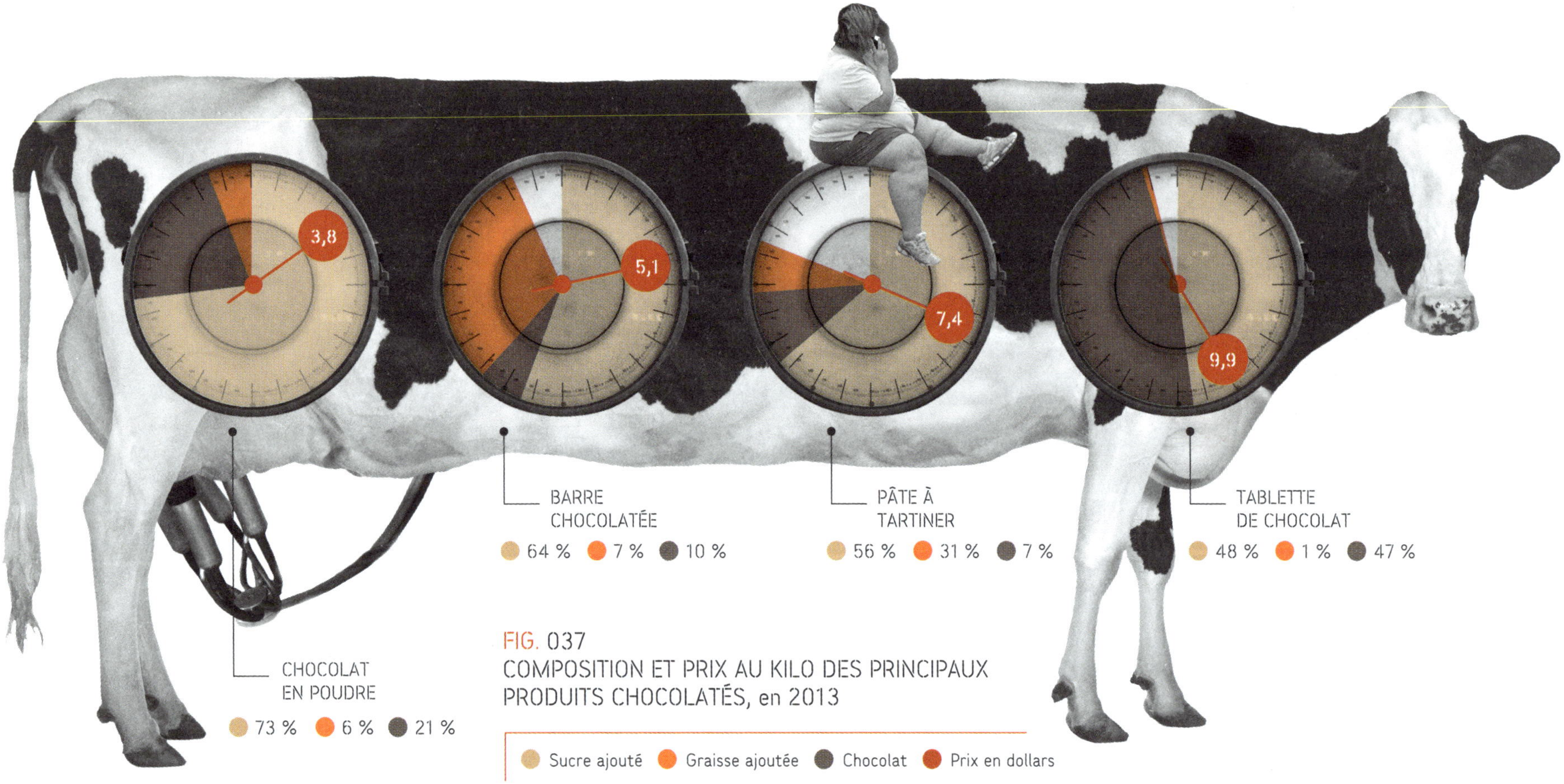

FIG. 037
COMPOSITION ET PRIX AU KILO DES PRINCIPAUX PRODUITS CHOCOLATÉS, en 2013

↗ À nouvelle rareté nouvelle dépendance

Si la régulation du commerce mondial et de la finance internationale n'est pas encore à l'ordre du jour, on peut en effet se demander si le risque de pénurie – même relative – de cacao sur le marché ne pourrait pas redistribuer peu à peu les cartes en faveur des petits producteurs. En ce sens, l'adhésion récente de grandes marques industrielles à des programmes de production durable, de commerce équitable et de certification semble poursuivre des objectifs qui dépassent les stratégies d'image. Car en plus de la sensibilité des grands labels aux progrès de la « consommation responsable » et au succès rencontré par des marques de niche du commerce équitable, cette nouvelle orientation vient redire que l'on ne sait pas encore fabriquer de chocolat sans cacao !

Un constat que l'épidémie d'ebola en Afrique de l'Ouest est également venue souligner à l'automne 2014. Inquiets des possibles répercussions de la progression de l'épidémie au Ghana et en Côte d'Ivoire sur la main-d'œuvre cacaocultrice et donc aussi sur la production de fèves, les chocolatiers du monde entier ont dégagé pas moins de 700 000 dollars dès octobre 2014 pour participer à la lutte contre l'épidémie. Avec l'inflation des cours du cacao constatée au même moment, l'industrie du chocolat révélait ainsi malgré elle la fragilité de l'oligopsone* et ce que l'avenir lui réservait si toutefois elle ne repensait pas les équilibres au sein de la filière. D'autant plus que si l'isolement, la dépendance et la pauvreté d'une très grande majorité des producteurs de cacao ne leur ont pas permis, jusqu'à présent, de faire jouer les règles du marché à leur avantage, rien ne permet de totalement exclure un scénario où, en s'appuyant sur la hausse de la demande de cacao et la progression des communications mobiles, les producteurs s'organiseraient en réseau et s'inscriraient dans un rapport de force plus favorable avec les fabricants et distributeurs de chocolat. Dans leur mouvement, ils pourraient même recevoir le soutien des consommateurs plus facilement mobilisables grâce aux réseaux sociaux. Sur ce point, l'abandon, en 2001, du procès intenté par 39 compagnies pharmaceutiques contre le gouvernement d'Afrique du Sud, qui cherchait alors à favoriser la fabrication locale de médicaments génériques contre le sida, est exemplaire. Car il faisait suite au succès de la campagne de pression qu'une association sud-africaine de défense des malades avait pu mener à l'échelle mondiale, notamment grâce à Internet. Et s'il est exclu que l'avenir proche privilégie ce scénario, on sait néanmoins déjà que l'industrie du chocolat ne pourra pas faire l'économie d'une réforme profonde de tout le secteur du cacao.

↗ Ni chocolats suisses ni pralines belges sans cacao africain

Si l'on s'accorde sur le fait que le meilleur des futurs possibles pour le chocolat est celui qui permettra d'augmenter la production de cacao sans détériorer les écosystèmes, tout en ménageant la qualité et l'accessibilité du chocolat, alors il n'est d'autre priorité que d'améliorer la situation des producteurs de fèves. Comment imaginer en effet que le secteur du cacao puisse connaître le moindre essor si le modèle économique qui structure la filière cacao-chocolat maintient les producteurs en dessous du seuil absolu de pauvreté, comme au Ghana où le cacao fait vivre 30 % de la population au sein de 700 000 exploitations, ou comme en Côte d'Ivoire où il fait vivre près du quart de la population dans 600 000 exploitations ? Dans ces deux pays comme dans tous les pays producteurs, l'innovation agronomique et la croissance annuelle moyenne du marché (estimée à 2,3 % pour la période 2014-2019) n'auront d'impact sur la production que si les producteurs peuvent s'en saisir. Or tant que le prix de vente final du chocolat ne rétribuera pas davantage la valeur ajoutée de la production dans la filière, il s'agira d'une hypothèse improbable. La condition prend désormais d'autant plus de sens que les distributeurs s'appuient justement sur la teneur accrue en cacao pour justifier les prix élevés au détail. Confrontés à la fragilité croissante de la production de cacao et soumis à la pression des consommateurs de mieux en mieux informés, la plupart des fabricants de chocolat ont donc choisi de réagir. Parmi leurs engagements récents, on peut citer Cocoaction. Lancée en 2014 par la Fondation internationale du cacao, rejointe par 11 grands fabricants de chocolat, l'initiative a pour objectifs de former quelque 300 000 cacaoculteurs ivoiriens et ghanéens d'ici à 2020, de leur fournir des plants améliorés, du matériel et des fertilisants, mais aussi de favoriser l'accès aux cacaoyers plus productifs, de lutter contre le travail des enfants et d'améliorer la situation des femmes dans ce secteur. S'il est trop tôt pour mesurer l'impact et l'efficacité de telles initiatives par ailleurs richement dotées, on peut néanmoins déjà relever qu'elles ne touchent pas à la clé de répartition de la rente du chocolat. Or il s'agit là sans doute d'un enjeu décisif pour que naisse une nouvelle génération de cacaoculteurs, compétents, motivés, productifs. C'est d'ailleurs ce que défendent les dirigeants de Divine, une marque de chocolat lancée en 1998 au Ghana et dont 45 % du capital social sont détenus par la coopérative de Kuapa Kokoo et ses 65 000 petits propriétaires. En plus de la certification que le label a contribué à développer dans le secteur du cacao, Divine est aussi la première à avoir intéressé directement les producteurs à la progression rapide des ventes sur les marchés européen, australien et sud-coréen. Ainsi, au-delà des clichés, de la bonne conscience et de la morale, l'entreprise a rappelé que la fabrication du chocolat commence là où l'on produit le cacao et que sa rente sera d'autant plus durable qu'elle sera équitable.

FIG. 038
STRUCTURE DE PRIX D'UNE TABLETTE DE CHOCOLAT, en 2014

CHAPITRE 14

JEUX DANGEREUX DANS LE BAC À SABLE

Et si les plages si chères aux vacanciers et aux couchers du soleil venaient à disparaître ? Et si les petits-enfants des enfants du siècle ne connaissaient jamais le plaisir de voir leur château fondre à la marée montante ? Loin d'être une histoire fantaisiste, ce scénario tendanciel se précise chaque année davantage, à mesure que routes, immeubles et centrales poussent à racler le fond des mers. À moins que les hommes changent de trajectoire pour gérer plus durablement une ressource devenue désormais quasiment aussi vitale que l'air et l'eau : le sable.

FIG. 039
PRODUCTION DE BÉTON

Gigatonnes de béton produit aux États-Unis en 101 ans, de 1901 à 2000

Gigatonnes de béton produit en Chine en 3 ans, de 2011 à 2013

Tandis que les perspectives de pic pétrolier et de réchauffement climatique ont permis d'alerter les opinions publiques et leurs dirigeants pour qu'ils s'engagent à lancer la transition énergétique mondiale à Paris en 2015, il est une autre crise, plus lente, plus silencieuse, dont seuls quelques mouvements écologistes se sont emparés en dépit de sa gravité et de l'impact qu'elle pourrait avoir pour le développement : la surexploitation mondiale du sable et du gravier.

La ruée vers le sable

À l'échelle mondiale, les deux ressources sont les plus demandées après l'air et l'eau. Contrairement à ces derniers cependant, le niveau global d'extraction du sable dépasse désormais largement son taux de renouvellement. Une petite part du sable est recherchée pour sa valeur commerciale, quand elle contient certains minéraux plus ou moins rares : l'or et le diamant en Afrique australe, l'étain au large de l'île de Sumatra, ou encore le titane contenu dans les sables ferreux qui tapissent les « plages noires ». Dans les secteurs du verre, de l'électronique et de l'aéronautique, le sable de quartz est également utilisé pour sa teneur en silice, un matériau très résistant et facilement recyclable. À l'échelle mondiale cependant, les granulats* sont surtout utilisés pour le bâtiment et l'aménagement du territoire. D'ailleurs, compte tenu de la difficulté de chiffrer l'extraction du sable, on en fait des estimations en s'appuyant sur la consommation mondiale de ciment et en projetant les quantités de granulats ajoutés pour fabriquer du béton. Pour chaque tonne de ciment en effet, l'industrie de la construction utilise 6 à 7 tonnes de sable et de gravier. Ainsi, on calcule que la consommation mondiale de granulats représente aujourd'hui l'équivalent d'un mur long comme l'équateur, haut et large de 27 m. À cela, on doit encore ajouter les millions de tonnes utilisées pour les aménagements côtiers et les remblais routiers ainsi que les sables et graviers incorporés dans les revêtements d'asphalte et les routes bétonnées. Au total, la consommation mondiale annuelle de granulats s'élèverait à environ 40 milliards de tonnes. Au vu de la croissance économique et urbaine des pays d'Asie, il pourrait toutefois s'agir d'un chiffre très provisoire.

Jusqu'à récemment, carrières et cours d'eau suffisaient à satisfaire la demande mondiale. Cependant, confronté à la progression de la consommation et au déclin des ressources continentales, le secteur de l'extraction de sable a dû s'orienter vers les espaces côtiers et marins, imposant alors d'utiliser d'importantes quantités d'eau douce pour laver le sable chargé de sodium, dont la nature corrosive fragilise les bâtiments. Parallèlement, l'exploitation du sable marin modifie les écosystèmes locaux, dans lesquels les facteurs physiques et biologiques sont interdépendants. Ainsi, la turbidité provoquée par l'extraction de granulats a de nombreux effets sur la flore et la faune marines au point parfois de rendre certains secteurs impropres au chalutage. Au même moment, le changement de la morphologie du site d'extraction modifie le régime des courants de fond et, avec lui, l'équilibre des sédiments superficiels, le rythme de l'érosion côtière, et donc aussi la géographie des deltas. Avec le temps, d'autres impacts deviennent alors visibles, comme la réduction du peuplement benthique* indispensable à la chaîne alimentaire des espèces pélagiques*, la destruction des frayères (zones de reproduction) qu'utilisent les espèces qui pondent sur le fond, ou bien celle des nourriceries, où se concentrent les jeunes individus.

À l'échelle mondiale, le sable et le gravier constituent les ressources les plus demandées après l'air et l'eau.

Bientôt, ce pourrait être au tour des plages de disparaître, à mesure que le prélèvement de sable marin vient altérer la dynamique de leur formation et de leur renouvellement. Déjà, 75 % à 90 % des plages du monde reculent, alors que les prélèvements de sable continuent d'augmenter et que le niveau de la mer s'élève avec le réchauffement climatique. À son tour d'ailleurs, la production de ciment particulièrement énergivore, vient amplifier le cycle destructeur. Avec 0,9 tonne de dioxyde de carbone émise par tonne de ciment produit, l'industrie cimentière génère 5 % des émissions mondiales de gaz à effet de serre*.

Si les conséquences de l'activité minière sur les cours d'eau paraissent plus diffuses, elles n'en sont pas moins dommageables pour l'environnement. En plus de modifier le pH de l'eau et donc aussi sa qualité, l'extraction de granulats élargit le lit des rivières, affecte le rythme d'écoulement des cours d'eau, accélère l'érosion des accotements, réduit la capacité de stockage des aquifères, accroît la fréquence et l'intensité des inondations et exacerbe l'occurrence et la gravité des sécheresses. Au moment où, justement, les besoins en eau douce augmentent avec la croissance de la population mondiale, le phénomène paraît donc d'autant plus préoccupant.

Îles en plus, îles en moins

Comme elle affecte l'environnement, la surexploitation du sable touche aussi les populations, en particulier dans les pays en développement où les autorités se trouvent confrontées au manque de moyens pour réguler et encadrer une activité volontiers illicite.

Comme l'air et l'eau, les granulats sont une ressource gratuite dans la plupart des situations. Paradoxalement pourtant, leur extraction a un double coût : celui des opérations minières, qui augmentent quand elles se déroulent au large ; celui surtout de ses impacts sur d'autres secteurs économiques. Dans les pays en développement où l'exploitation de sable est importante, les populations dépendantes du secteur de la pêche figurent parmi les premières victimes collatérales de la dégradation des écosystèmes. En Indonésie par exemple, le dragage intensif des fonds marins a déjà détruit une partie importante du massif corallien alors que la survie de nombreuses espèces pélagiques et benthiques en dépend et, avec elle, le revenu des pêcheurs traditionnels qui fournissent 96 % du poisson sur le marché local.

À son tour, le tourisme se trouve fortement exposé par le commerce du sable, que ce soit à cause des nuisances d'opérations minières souvent menées directement sur la plage ou de l'érosion progressive des baies sablonneuses sous l'effet du dragage au large. Sournoisement, le mécanisme touche particulièrement des pays comme le Maroc dont l'économie touristique dépend justement de la fréquentation des hôtels, eux-mêmes construits en prélevant du sable sur les plages littorales. Désormais, aucune région du monde n'est épargnée. En Australie et en Floride par exemple, près de 9 plages sur 10 auraient déjà pu disparaître si elles n'étaient pas régulièrement et artificiellement remblayées.

Au même moment de l'histoire, aux Émirats arabes unis ou à Singapour, l'industrie mondiale du sable permet d'étendre le territoire d'États prospères et exigus. À Dubaï par exemple, l'archipel artificiel de Palm Jumeirah a exigé d'importer 385 millions de tonnes de sable et 10 millions de mètres cubes de roche pour un coût de 12 milliards de dollars. Comme ses propres ressources sont épuisées et que le sable du désert manque d'aspérité pour pouvoir être utilisé dans la construction, la ville émiratie doit importer l'essentiel des granulats qui lui permettent de construire des tours, des logements, des bureaux... et de nouveaux îlots. Or, pour une large part, l'État du Golfe importe désormais son sable d'Australie ! Depuis 20 ans, les quelque 3 500 sociétés australiennes qui exportent des graviers vers la péninsule arabique ont vu leurs bénéfices tripler, rapportant chaque année 5 milliards de dollars à l'Australie.

Pour sa part, Singapour fait venir son sable d'Asie du Sud-Est, et notamment d'Indonésie. En 2015, la ville-État a ainsi dévoilé son projet d'ériger une nouvelle « ville écologique » : Forest City. Étendue sur 1 370 hectares, la nouvelle cité sera installée sur 4 îles artificielles du côté malaisien du détroit de Johor. Estimé à 42 milliards de dollars, le projet qui s'achèvera en 2035 devrait offrir quelque 62 000 emplois et accueillir 700 000 logements ainsi que centres commerciaux, écoles internationales, hôtels et centres médicaux. La ville sera même dotée de son propre service d'immigration. Quoique Forest City affiche un fonctionnement écologique et durable, les experts s'accordent à dire qu'elle serait un désastre environnemental avec le déversement de quelque 162 millions de mètres cubes de sable. De la même façon, une étude d'impact commandée par la société chargée du projet souligne qu'il entraînera une « perte définitive de zones de pêche traditionnelles » et nuira aux prairies sous-marines et aux mangroves. Déjà d'ailleurs, des pêcheurs malaisiens se sont plaints d'une diminution de leurs prises, qu'ils attribuent aux travaux d'aménagement de la baie de Johor.

Mal régulée et peu contrôlée dans de nombreux pays en développement, de plus en plus lucrative à mesure que la demande augmente, l'exploitation du sable se révèle propice au développement du secteur informel. Au Maroc par exemple, on estime aussi que 40 % à 50 % de la production totale de sable proviennent de l'exploitation clandestine des côtes sablonneuses que, par endroits, les exploitants de contrebande ont transformées en paysages rocheux. En Inde, la mafia du sable est la plus puissante du pays puisque en réalité elle contrôle tout le secteur de la construction qu'elle approvisionne à partir de plus de 8 000 sites pirates. Or le secteur du bâtiment connaissant une forte croissante à la faveur du boom économique du pays et de son besoin d'infrastructures et de logements, les profits de la mafia ne cessent d'augmenter en lui permettant de « financer » l'administration, la police et les pouvoirs publics.

Dans un mécanisme non moins pervers, le faible coût des granulats a également facilité l'entretien d'une bulle immobilière dans certains pays tels que l'Espagne. En imaginant qu'au lieu de granulats très bon marché, le secteur de la construction ait dû payer le prix de la raréfaction de la ressource et celui de son impact écosystémique, il est probable que le niveau de construction aurait été moindre et que, par conséquent, l'endettement du pays aurait été plus mesuré.

↗ Un jeu sans règle

Sur l'échiquier international, la surexploitation du sable obéit d'abord aux rapports de force économiques que n'aide pas à tempérer l'absence totale de données fiables, de définition ou d'objectifs partagés et, surtout, de régulation internationale. Sur ce point, le cas du Laos est exemplaire. Longtemps tenu à l'écart du commerce du sable, ce petit pays d'Asie du Sud-Est constitue désormais une pièce maîtresse pour le secteur chinois de la construction. Au sud de Vientiane par exemple, de longs tuyaux plantés au fond du Mékong permettent d'aspirer en quelques minutes de hautes piles de sable stockées sur les berges pendant qu'en aval, pêcheurs et agriculteurs perdent peu à peu l'accès aux ressources du fleuve. Appauvris par cette reconfiguration de l'écosystème du fleuve, certains sont alors tentés d'aller travailler sur les chantiers miniers pour compenser la baisse de leurs revenus. Au total, on estime que le fleuve produit autour de 20 millions de tonnes de sédiments par an, mais que 50 millions en sont extraits dans le même temps. Or, comme le confirment toutes les agences internationales sur place, le fleuve a besoin que le sable soit transporté de l'amont vers l'aval pour que le delta du Mékong puisse lutter contre la salinisation et l'avancée de la mer dans cette zone cruciale pour l'agriculture. Oui, mais voilà : la Chine à laquelle le sable laotien est destiné est aussi le premier investisseur étranger au Laos où elle dirige tous les grands chantiers de construction et du bâtiment. À ce jour, il n'existe aucun volet du droit ni aucun accord international qui puisse s'appliquer à l'extraction, à l'utilisation ou au commerce du sable quand il est prélevé sur le continent. Parmi les pays développés qui, a priori, sont mieux équipés pour faire respecter le droit, l'Union européenne reste la seule à avoir mis en place des mesures pour réguler le commerce des matières premières.

En revanche, deux domaines du droit concernent l'exploitation du granulat marin : celui relatif aux activités minières et celui portant sur la protection des milieux et espaces marins. Par ailleurs, comme la plupart des prélèvements de sable sont réalisés à moins de 50 m de profondeur pour limiter les coûts d'extraction, ils sont aussi couverts par les juridictions nationales au même titre que toute activité exercée dans la zone économique exclusive ou sur le plateau continental des États.

FIG. 040
VOLUME DE SABLE CONSOMMÉ
PAR L'INDUSTRIE DU BÉTON,
de 1990 à 2050 (en millions de tonnes)

- Pays développés
- Chine
- Inde
- Autres pays en développement

(en millions de tonnes)
16 000
15 115
13 650
11 700
11 375
10 400
10 075
9 100
8 938
8 938
8 938
8 125
7 313
6 825
5 850
5 200
5 200
4 875
4 713
4 550
3 900
3 900
3 250
3 250
2 600
2 600
1 950
1 300
325
163
0
1990
2000
2010
2020
2030
2040
2050

FIG. 041
CONSOMMATION DE SABLE
DANS LE SECTEUR DE LA CONSTRUCTION (en tonnes)

12 000 000↗
pour 1 centrale nucléaire
30 000↗
pour 1 kilomètre d'autoroute
3 000↗
pour 1 barre d'immeuble
CUBA 1984
Cetáceos
Brasil 75
0,70
45c
SANDY BEACH

La convention des Nations unies sur le droit de la mer offre quant à elle des outils permettant de délimiter les zones maritimes et de fixer les droits et obligations relatifs à l'utilisation, au développement et à la préservation de ces espaces, applicables notamment aux activités minières. Parallèlement, plusieurs conventions régionales ont pour objet de minimiser l'impact des activités humaines sur la mer et les océans telles que la convention d'Helsinki pour la protection de la mer Baltique, la convention de Barcelone pour la protection de la Méditerranée, etc. Finalement donc, plusieurs niveaux de réglementations – nationales, régionales et internationales – peuvent, en théorie, s'appliquer aux excès de l'exploitation du sable pour en limiter les impacts. Cependant, il apparaît aussi que l'appareil des réglementations, accords et lois procède d'organismes et d'objectifs hétérogènes qui ne facilitent ni leur efficacité, ni leur pertinence, ni même leur application. Surtout, qui ne disposent d'aucun moyen ou presque de faire appliquer le droit, au risque éventuellement de générer des situations conflictuelles.

Quand les mouvements artificiels du sable entraînent la disparition d'îles et de deltas ou au contraire qu'ils en font apparaître, quand ils contribuent à l'érosion des terres ou, au contraire, à leur extension, c'est la définition même des territoires et des frontières maritimes internationales qui se trouve engagée. En Indonésie par exemple, 24 îles ont déjà été rayées de la carte suite à l'extraction de sable marin dont l'essentiel est exporté vers Singapour. Car pour la cité-État dont la superficie ne dépasse pas 700 km^2 alors que sa densité est l'une des plus élevées au monde, le gain de 130 km^2 sur la mer en 40 ans a été décisif pour absorber le triplement de sa population entre 1960 et 2010. Sur le même principe, le pays prévoit encore d'étendre son territoire de quelque 100 km^2 d'ici à 2030. Inquiets des conséquences pour leurs rivières, côtes et plages, mais aussi pour tout ce qui en dépend, les pays de la région – Cambodge, Indonésie, Vietnam et Malaisie – ont décidé d'interdire le commerce de sable avec Singapour depuis 2002. Pour contourner l'obstacle et poursuivre son projet, la ville-État a dû s'accommoder depuis du sable de marché noir. En provenance des mêmes pays où son extraction vient fragiliser des milieux naturels déjà exposés, il contribue alors, comme au Laos, à l'exploitation d'une main-d'œuvre pauvre et peu rémunérée.

↗ Le sable ou les plages

Contrairement à d'autres ressources ou denrées dont on peut imaginer que l'homme puisse se passer sans remettre en cause sa survie ou son développement, l'exploitation du sable paraît indispensable à la croissance de l'économie du monde et à son urbanisation. En même temps, depuis qu'elle excède le renouvellement naturel de la ressource première, la demande exerce une pression qui, elle, menace des secteurs entiers de l'économie aux échelles régionales, nationales ou locales : tourisme, pêche, agriculture... En filigrane, et à l'instar d'autres ressources, c'est bien tout un système économique que la surexploitation du sable interroge, imposant de repenser le rapport des hommes avec les ressources naturelles, les matières premières et autres écosystèmes naturels.

L'humanité n'a pas attendu l'invention du béton armé pour construire des édifices solides.

S'agissant de l'avenir des plages, plusieurs possibles se présentent. Dans un scénario tendanciel où le présent se prolonge dans le futur, les plages pourraient avoir disparu avant la fin du XXIe siècle, avalées par l'élévation du niveau de la mer et par la ponction des bancs de sable au large dont dépend le maintien des plages. Dans ce même scénario, on prévoit qu'à la faveur de l'urbanisation mondiale et de la demande de nouveaux logements (100 000 par jour d'ici à 2030), les granulats deviennent une ressource de plus en plus recherchée et donc aussi de plus en plus lucrative, n'invitant guère à modérer son commerce illicite. Dans un autre scénario, plusieurs facteurs se conjuguent qui ralentissent les prélèvements de sable fluvial et marin, permettant ainsi de préserver les écosystèmes et les paysages également indispensables à l'économie mondiale.

Sur le plan technique déjà, plusieurs matériaux ou produits de substitution pourraient permettre de réduire la demande de granulats. Pour la fabrication du verre ou dans la sidérurgie par exemple, d'autres matériaux existent qui pourraient être utilisés tels que la chromite, l'olivine, la staurolite et les sables de zircon. S'agissant du bâtiment, on sait aussi que les poussières de roche possèdent les mêmes propriétés que le sable, tout comme les cendres extraites des incinérateurs. Du côté de l'innovation, l'une des plus prometteuses serait française. Elle consiste à modifier l'argile pour la rendre aussi solide que du béton tout en affichant un bilan carbone vingt fois inférieur à celui du ciment : tandis que la fabrication de ce dernier exige de brûler du calcaire dans un four à 1 300 °C, l'argile, elle, n'impose pas de cuisson. Prévu pour arriver sur le marché en 2017, le nouveau procédé serait aussi recyclable jusqu'à 40 ans après son utilisation, après quoi il pourrait servir de liant pour fabriquer du béton. Surtout, en plus de présenter un coût de production légèrement inférieur à celui du ciment classique, il permettrait de fabriquer du béton à partir d'agrégats issus de la démolition ou du recyclage de matériaux, mais aussi de matières végétales telles que le chanvre ou encore à partir de n'importe quel sable, y compris celui des déserts.

Dans les pays anciennement industrialisés, on redécouvre aussi que l'humanité n'a pas attendu l'invention du béton armé pour construire des édifices solides, comme en témoignent les centres-villes des capitales européennes. Par ailleurs, les matériaux renouvelables tels que le bois et la paille ouvrent de nouvelles perspectives, bien que le secteur du bâtiment manque encore de techniciens formés aux nouveaux procédés qui exigent aussi de recourir à des urbanistes qualifiés. Comme les immeubles en structure de bois n'ont pas les mêmes propriétés techniques par exemple, ils ne supportent pas les mêmes densités de population et imposent donc de réorganiser les plans d'occupation des villes.

À son tour, l'économie circulaire* offre de réduire les prélèvements de sable grâce au recyclage. Aux États-Unis, 40 000 des 80 000 barrages existants ne sont plus utilisés alors qu'ils continuent de bloquer l'écoulement du sable. En plus de l'apport des matériaux que l'on pourrait récupérer en démontant les structures bétonnées,

leur recyclage permettrait de dégager des ressources tout en réhabilitant la fonction des cours d'eau.
Pour réduire la force destructrice de l'exploitation du sable, d'autres types de mesures proposent de changer la trajectoire en imposant, par le droit, de privilégier la sobriété et l'efficacité. En dépit des coûts économiques, sociaux et humains colossaux que pourrait engendrer la poursuite de l'activité minière, mais aussi de la hausse de la demande, le prix du sable demeure relativement stable et surtout très bas : de 11 à 45 dollars la tonne en 2016. Pour infléchir le gaspillage et inviter les entreprises à modifier leurs approches, biologistes et écologistes suggèrent d'inclure dans le prix final les coûts environnementaux engendrés par l'extraction de granulats ou de mettre en place des taxes et des marchés de quotas négociables. Au Danemark, où le gouvernement a choisi de coupler un système d'impôt sur les granulats et de subvention pour le recyclage d'autres matériaux, la quantité d'intrants de sable marin dans la construction est passée de 94 % à 12 % en 20 ans.
Enfin, en dernier recours, les acteurs politiques pourraient aussi décider d'imposer de restaurer les écosystèmes après exploitation de la ressource, à condition toutefois d'en avoir la volonté.

Une planète à usage unique

Ce que l'homme produit et consomme n'a qu'une seule origine : la biosphère*. Qu'il s'agisse des minerais, des forêts, des milieux marins, de l'eau douce ou encore des terres arables, la disponibilité des ressources renvoie toujours aux limites physiques de la planète. C'est pourquoi depuis toujours, l'homme s'est efforcé de développer des technologies pour améliorer la productivité des systèmes naturels et en repousser les limites. C'est même là le cœur des civilisations industrielles. Depuis quelques années pourtant, la science et la dégradation accélérée de la biosphère révèlent la vanité et les dangers de cette fuite en avant technique et productiviste. En même temps, la mesure de l'empreinte écologique des activités humaines montre que la régénération des milieux ne suffit plus à répondre durablement aux besoins mondiaux de consommation. Désormais, la demande humaine est donc supérieure à la productivité de la planète : on parle de dépassement. En 2016, l'homme a ainsi absorbé en huit mois la production annuelle de biosphère. Or à mesure que la date du dépassement avance dans l'année, ses effets s'amplifient : dégradation des sols, accumulation de déchets, dérèglements climatiques... Cependant, un autre calcul offre à l'humanité de changer de scénario puisque, la seule diminution de 30 % des émissions de CO_2 d'ici 15 ans pourrait déjà ramener le jour du dépassement au 16 septembre, augmentation de la population comprise.

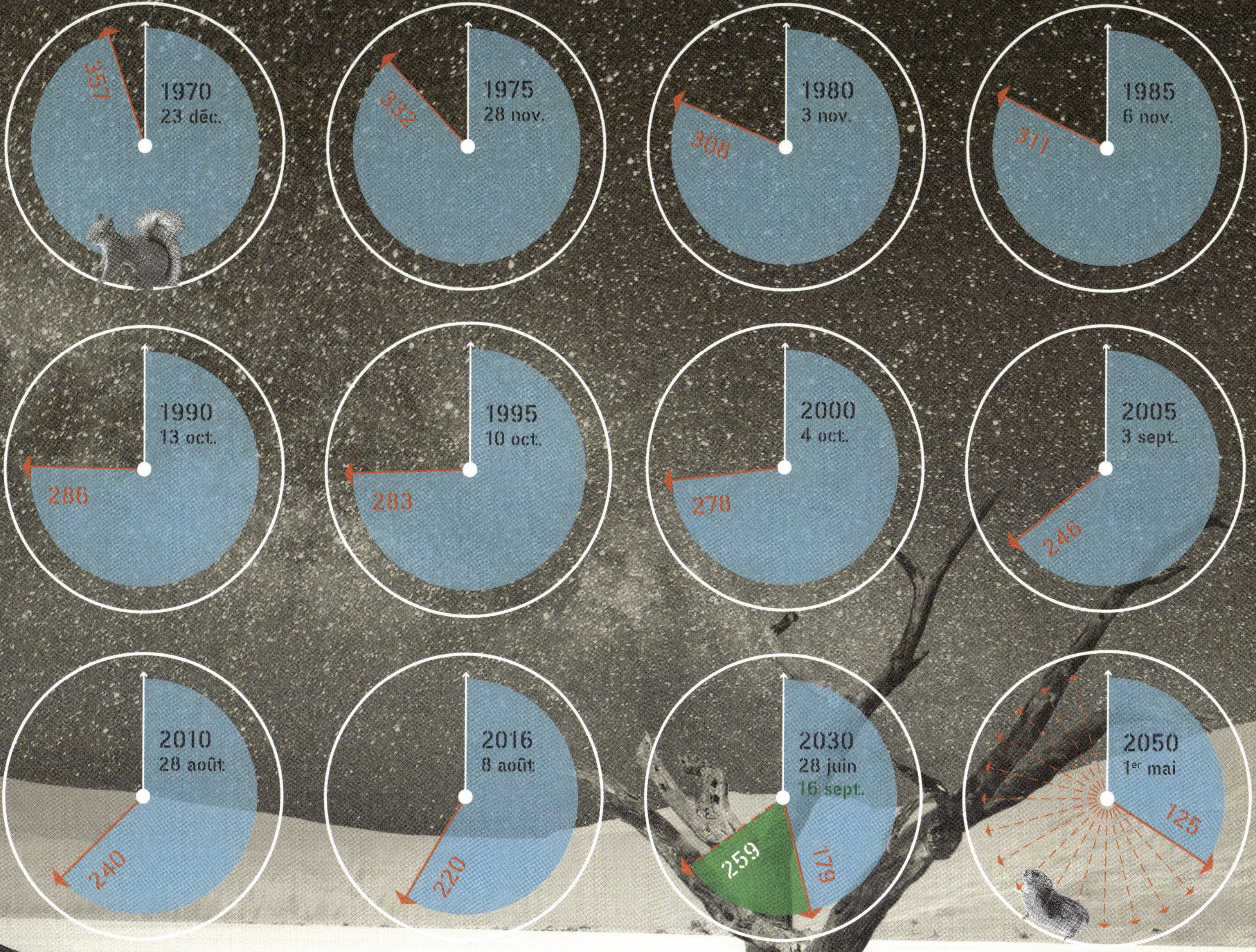

FIG. 042
PROGRESSION DU JOUR DE DÉPASSEMENT GLOBAL,
de 1970 à 2050

28 juin Date de dépassement global selon un scénario tendanciel
16 sept. Date de dépassement global selon un scénario de rupture
179 Nombre de jours avant le dépassement global (tendance)
259 Nombre de jours avant le dépassement global (rupture)

« Il faut toujours connaître les limites du possible.
Pas pour s'arrêter, mais pour tenter l'impossible dans les meilleures conditions. »

Romain Gary

partie 04

FUTUR INDICATIF

CHAPITRE 15

GROSSES DONNÉES

Les données de masse ou Big Data* désignent les grands ensembles de données informatiques échangées sur Internet ou par les objets connectés avant d'être stockées sur des serveurs et des disques durs. Comme elles constituent une mémoire des comportements des usagers, ces « grosses données » sont considérées comme une véritable matière première pour l'économie du futur. Cependant, à l'instar des activités de forage et de raffinage de la ressource pétrolière, la productivité du Big Data dépendra de la capacité à stocker et trier les données ainsi que du coût de leur transformation pour les rendre exploitables. Parallèlement, d'autres enjeux devront être débattus, qui portent sur le bilan aussi bien éthique qu'écologique du Big Data.

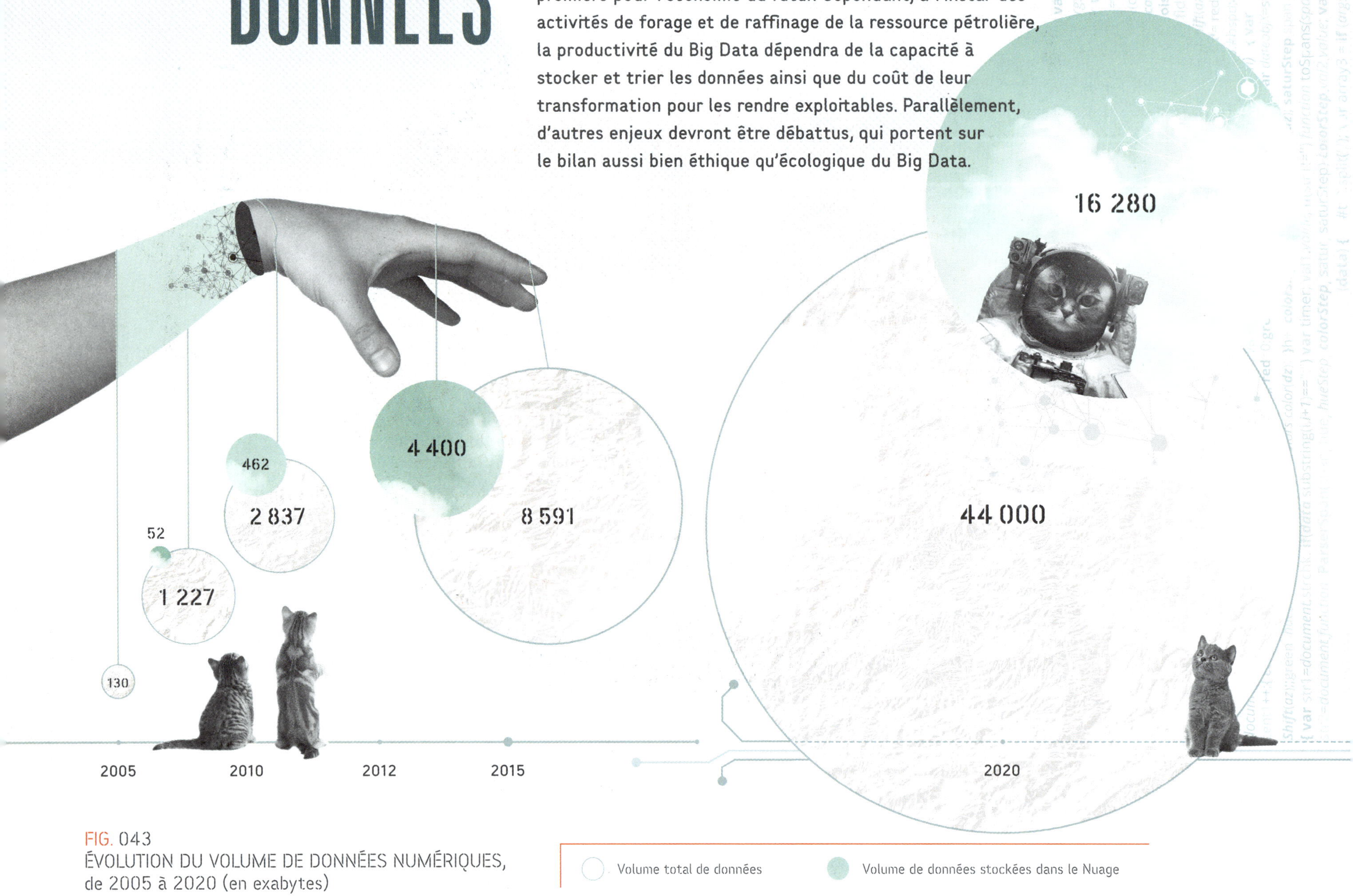

FIG. 043
ÉVOLUTION DU VOLUME DE DONNÉES NUMÉRIQUES, de 2005 à 2020 (en exabytes)

Depuis les débuts d'Internet à la fin des années 1980, les données numériques échangées, amassées et stockées dans des centres de données et autres disques durs augmentent de façon exponentielle. Il peut s'agir de textes (contenus de pages Web, d'e-mails, etc.), de fichiers multimédias (photos, vidéos, etc.), de données GPS (spatiales et temporelles) ou encore d'informations cryptées (PayPal, transactions financières...). Or, quand elles sont mises en relation et analysées en séries et à condition toutefois de pouvoir les exploiter, ces informations représentent une véritable mine d'or à ciel ouvert. À l'aide d'algorithmes complexes, il devient en effet possible d'en tirer des modèles prédictifs de plus en plus précis. C'est la raison pour laquelle de nombreux experts s'emploient aujourd'hui à quantifier le Big Data, moins pour connaître la quantité d'informations qu'il faudra néanmoins pouvoir stocker dans le *Cloud* (Nuage) des centres de données que pour mesurer de cet écosystème d'échanges dont les dimensions et la complexité pourraient rapidement dépasser celles du réel en soulevant alors des enjeux inédits.

↗ Du zéro à l'infini

Chaque seconde en 2016, plus de 55 000 requêtes sont lancées sur Google, 2 millions de courriels sont expédiés et 37 591 gigaoctets de données sont échangés sur le Web surfacique*. Or il ne s'agit là que de la partie visible et quantifiable de l'iceberg puisque le Web profond (Deep Web*), qui rassemble les données non indexées par les moteurs de recherche, constituerait 96 % de l'Internet. Ainsi, en partant de zéro il y a une trentaine d'années, la Toile est entrée en 2016 dans l'ère des milliers de milliards de milliards d'octets, les zettaoctets où, à la manière de l'espace infini, l'ensemble des informations numériques échappe aux capacités de représentation du cerveau humain : en mars 2016, le Web comptait déjà quelque 4,66 milliards de pages tandis que la quantité de données produites sur l'année dépassait 1 zettaoctet.

Dans l'équation de cette progression exponentielle, deux facteurs sont décisifs : l'évolution du nombre d'internautes et les évolutions technologiques qui déterminent ensemble le niveau d'accès et d'utilisation. Or, sur ces plans, les faits n'hésitent pas. La croissance démographique dans des régions telles que l'Afrique subsaharienne où, justement, le déploiement de l'Internet mobile est le plus rapide laisse en effet penser que le monde ne se situe encore qu'à l'aube de sa connectivité possible et des capacités du Big Data. Dans les prochaines années, le nombre d'informations produites

À la manière de l'espace infini, le Big Data échappe aux capacités de représentation du cerveau humain.

dans le monde numérique devrait doubler tous les 2 ans pour atteindre un volume cumulé de 44 zettaoctets en 2020 au lieu de 4,4 en 2013. Parallèlement, la « nomadisation » des utilisateurs, la multiplication des objets connectés et les innovations liées à l'Internet mobile dans les pays en développement seront également décisives, indiquant que d'ici à 2050, le nombre des objets connectés pourrait atteindre plusieurs centaines de milliards. Auparavant, de très nombreuses infrastructures devront encore être installées pour étendre la Toile à l'échelle du monde et relier tous les points de la planète grâce aux câbles intercontinentaux, fibre optique, satellites, réseaux 3G, 4G et même 5G, nécessaires au transport des Big Data, etc.

Dans cette perspective, la Corée du Sud et le Japon affichent une avance considérable : avec l'intégration déjà poussée des solutions 5G sur leur territoire, ils peuvent dès à présent développer facilement des réseaux intelligents (*smart grids*) capables de gérer l'approvisionnement en eau et en électricité des villes, mais aussi la fluidité de la circulation, les transports automatisés, la collecte des déchets, le stationnement ou la régulation de la température, autant d'éléments qui détermineront le cadre de vie de leurs habitants et qui devront réduire l'impact environnemental de leurs sociétés urbaines.

↗ Le monde filtré

Peu à peu, tous les secteurs économiques sont affectés par le développement du Big Data. Le temps d'une seule journée par exemple, un utilisateur d'Internet et de technologies mobiles offre déjà à son fournisseur d'accès et autres applis du Web de connaître ses horaires, ses déplacements, ses habitudes de consommation, ses centres d'intérêt, ses intentions de vacances, son niveau de revenus, son régime alimentaire, ses problèmes de santé, son réseau d'amis, les membres de sa famille, son assurance, sa solvabilité et même sa sexualité, sa religion et ses opinions politiques. Au regard de tout ce que permet l'analyse de ces données dans de multiples domaines, le Big Data s'apparente donc à une ressource tout à fait stratégique pour ceux qui la détiennent. Curieusement pourtant, dans l'écosystème du Big Data tout entier organisé par son approvisionnement continu en données personnelles, le propriétaire de celles-ci n'est pas celui qui les émet, mais celui qui les revend à des tiers, sans consentement véritablement explicite du premier. Il faut dire que les promesses économiques de l'exploitation des données valent sans doute celles du pétrole à l'aube du XXe siècle.

Bien que les prévisions météorologiques leur échappent encore, les algorithmes parviennent en effet à établir des perspectives de plus en plus fiables à mesure qu'elles intègrent un nombre croissant de données hétéroclites à partir desquelles on peut établir un cyberprofil de plus en plus précis pour chaque internaute. Entre autres exemples des possibilités ainsi ouvertes, le plus connu est celui de Google qui mémorise la plupart des actions des internautes sur ses services, lui permettant ensuite de personnaliser la publicité ou même les résultats de son moteur de recherche en fonction des centres d'intérêt ou des habitudes de l'utilisateur : en imaginant que deux individus saisissent au même moment et au même endroit la même série de mots clés sur le moteur de recherche, ils constateront que le programme qui traite leurs demandes identiques leur propose en retour des séries de contenus parfois très différentes. Or, en se conformant ainsi aux intentions et aux aspirations « statistiques » des utilisateurs, le très puissant algorithme américain les prive aussi d'une multitude d'autres choix et, donc, de la possibilité de sortir de la « bulle de filtres* » où tend à les confiner l'exploitation du Big Data. Autrement dit, s'il existe autant d'Internet que d'utilisateurs, il est très difficile d'en changer, sauf à changer son identité numérique (adresse IP).

Si les champs d'application du Big Data n'ont pas de limite ou presque, celui de la publicité reste son favori, car la personnalisation des affichages en fonction du profil invisible de chacun permet d'améliorer considérablement l'efficacité des campagnes promotionnelles ou de marketing. Récemment, l'anticipation du désir des internautes a encore franchi une étape grâce à Netflix, un portail américain de vidéos diffusées en temps réel (*streaming*). Comme il enregistre le moindre clic de ses visiteurs, le fournisseur de films en ligne possède désormais une quantité stupéfiante de données sur leurs goûts et habitudes, permettant à la société de production et de diffusion d'élaborer des séries de fiction parfaitement ajustées aux goûts de ses abonnés. Au risque de les enfermer là encore dans une vision familière du monde, et de préférence lucrative pour ceux qui l'entretiennent.

Cependant, l'exploitation du Big Data offre de progresser aussi dans d'autres secteurs, en particulier la science et la connaissance. En médecine et en pharmacie par exemple, les promesses des grosses données sont vertigineuses puisqu'elles pourraient ajuster les mesures de prévention et les actes de soins à chaque individu et non plus seulement aux populations. On parle alors d'une médecine prédictive permettant au système de santé de mieux « cibler » les sujets à risque, mais aussi d'une médecine participative où chacun devient coacteur de son suivi par les renseignements qu'il fournit, qu'il s'agisse de son profil génétique ou de son histoire biométrique à distance. Finalement, après que des siècles durant océans, montagnes, déserts, distances, règles de confidentialité, devoir de réserve, secrets professionnels, déontologie, goût du secret, barrières linguistiques, frontières étatiques, murs et clôtures ont protégé la vie privée des hommes tout en limitant l'inquisition des autorités morales ou publiques, voilà qu'en quelques années l'homme y renonce avec enthousiasme, séduit par les services et facilités qu'Internet lui offre « gratuitement » en échange de ses informations personnelles. Sans qu'il ait le choix, il contribue à l'augmentation faramineuse des revenus de ceux qui vendent les données personnelles sur un marché non régulé et dont les internautes ignorent tout.

Pour le Big Data, le propriétaire des données n'est pas celui qui les émet, mais celui qui les traite et les revend.

↗ Avant la fin de l'Histoire

Seule l'Histoire pourra vérifier qu'à l'aube du deuxième millénaire, une nouvelle forme de civilisation a vu le jour, à l'interface du monde réel et du Big Data, « métamémoire » artificielle, intemporelle et universelle que l'Humanité connectée renseigne en continu. Un écosystème en mouvement perpétuel, où les échanges d'informations servent à écrire l'avenir en ramenant les événements au résultat logique de calculs mathématiques. Autrement dit, la fin de l'Histoire serait proche qui ne laisserait aux hommes qu'une fonction exécutive de leur destin. Toutefois, en attendant que le Big Data puisse imposer son ministère au monde, ce scénario simplifié soulève plusieurs questions très concrètes, en plus des considérations éthiques et philosophiques qui s'imposent.

Entre autres enjeux, on peut mentionner l'amélioration et la simplification des systèmes de tri et d'analyse des données pour les rendre plus accessibles aux clients potentiels, publics et privés. Pour cela, des investissements considérables devront encore être réalisés. Aux États-Unis par exemple, l'initiative Big Data adoptée en 2012 implique plus de 15 agences fédérales et alloue quelque 200 millions de dollars à la recherche et à la création de hubs régionaux du Big Data. De son côté, une nouvelle stratégie européenne dans le secteur des données est adoptée en juillet 2014, prévoyant le développement de partenariats public-privé et la création d'un marché unique numérique. Au même moment, la Chine publie un livre blanc sur le Big Data tandis que la Corée du Sud crée successivement une agence gouvernementale dédiée au Big Data puis un institut au sein de l'université de Séoul.

À son tour, le stockage lance un autre défi, consécutif à l'inflation du volume de données. Or, si le monde n'est pas encore exposé à la saturation des centres de données, leur demande d'énergie, elle, soulève plus d'interrogations : alors que l'exploitation du Big Data doit permettre d'optimiser la consommation énergétique mondiale et de réduire les émissions polluantes associées, les centres de données et autres supercalculateurs, eux, affichent justement un bilan carbone global en croissance continue. Ensemble, éléments terminaux, réseaux et centres de données représentent déjà 2 % des émissions mondiales de gaz à effet de serre, soit autant que l'aviation civile. Comme ils sont sensibles aux écarts de température, les centres de données qui fonctionnent 24 heures sur 24 nécessitent en effet de maintenir un conditionnement d'air constant, coûtant près de 40 % de leur facture électrique globale. Or, aux États-Unis par exemple, l'électricité qui approvisionne les centres de données en Caroline du Nord est, pour sa plus grande part, fabriquée par des centrales thermiques au charbon. Autrement dit, elle contribue directement au changement climatique et à la destruction du milieu naturel dans les Appalaches où le combustible est extrait. Et si Facebook s'est engagé récemment à utiliser principalement des énergies renouvelables, d'autres géants du Web comme Amazon n'ont affiché à ce jour aucune intention de suivre ce mouvement. À la place, d'autres solutions sont déjà imaginées comme la possibilité de concevoir des objets connectés capables de traiter eux-mêmes les informations qu'ils rassemblent sans exiger de les stocker sur des Nuages distants. Baptisée *fog computing*, cette nouvelle solution technologique permettrait alors aussi de contourner les problèmes liés à la surcharge programmée des réseaux et d'esquisser un nouveau futur au Big Data.

FIG. 044
CONSOMMATION ÉNERGÉTIQUE DES INFRASTRUCTURES RÉSEAU ET DES TERMINAUX MOBILES ET FIXES,
de 2008 à 2020 (en térawattheures)

- Réseaux fixes et centres de données
- Équipements fixes
- Réseaux mobiles et centres de données
- Équipements mobiles
- Internet des objets

CHAPITRE 16

L'AUTRE NOUVELLE HISTOIRE

Inimaginable il y a une génération de cela, Internet et les réseaux sociaux constituent désormais le plus vaste système d'échanges, amenant l'humanité connectée à produire tous les 2 ans autant d'informations que depuis la nuit des temps. Lieu d'expression des peurs et des convoitises, point de faiblesse du pouvoir des États et de la vie privée, antichambre numérique de crimes ou révolutions en préparation et en interaction constante avec l'histoire du monde, il contribue désormais à l'écrire au-delà de ce que la fiction aurait pu imaginer, et de la conscience des hommes. C'est aussi ce que révèle ce nouveau chapitre dont le récit « docu fiction » commence par des faits bien réels pour basculer, sans le signaler, dans un futur imaginé et possible.

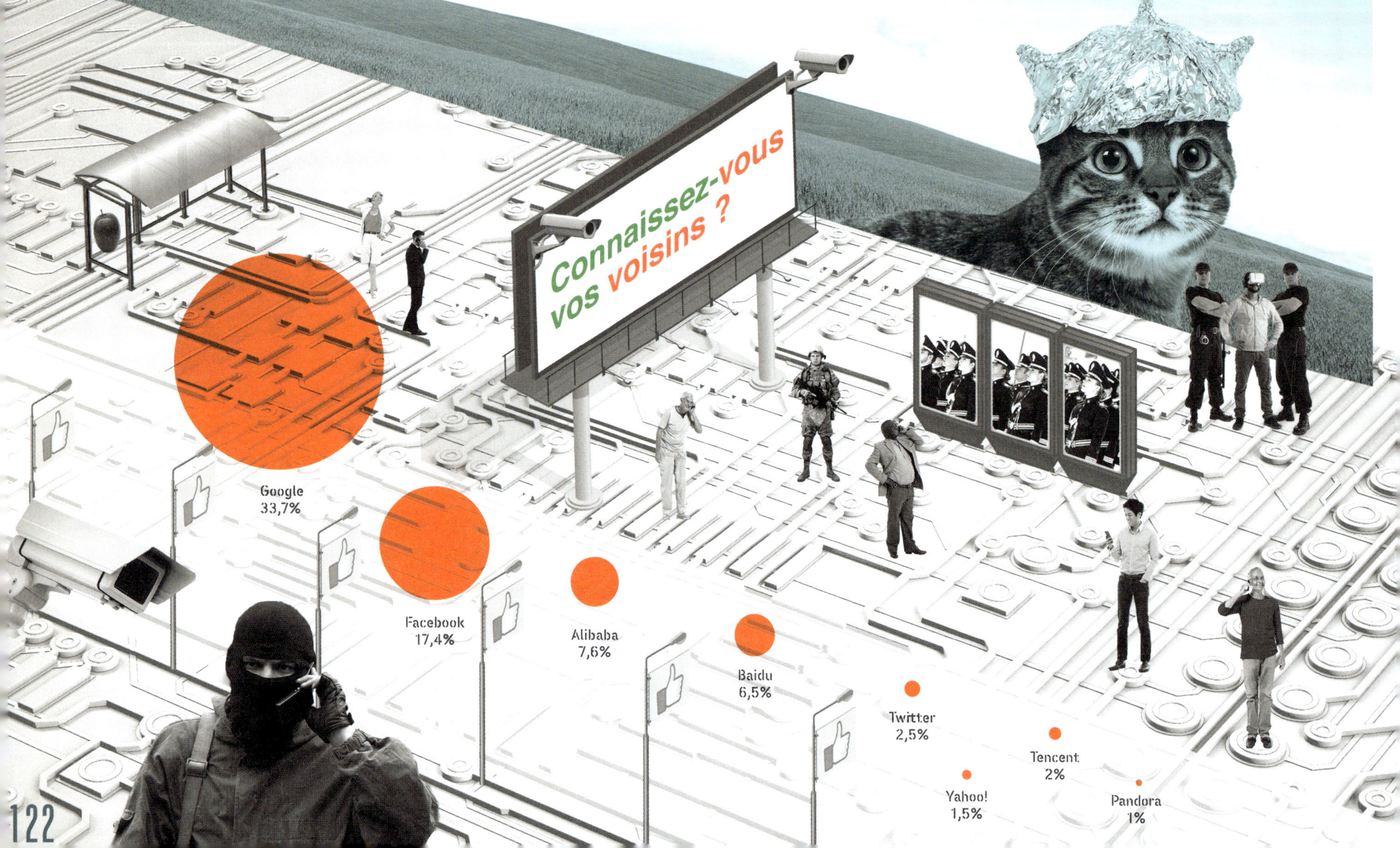

THE WORLD HISTORY OF SECURITY (extrait)

Historiquement attachées au respect de la vie privée de leurs citoyens, les démocraties occidentales ont toujours encadré les pratiques de surveillance, par la loi et par la justice. Même aux États-Unis où, contrairement à l'Europe, on ne reconnaît pas de valeur constitutionnelle à la vie privée, les interceptions de télécommunications doivent pouvoir être contrôlées a priori et a posteriori. Dans l'Union européenne, par exemple, une directive communautaire datant de 1995 fait obligation aux États de garantir le secret de la correspondance et des communications. Le texte exige notamment qu'il soit interdit "à toute autre personne que les utilisateurs (...) d'écouter, d'intercepter, de stocker les communications ou de les soumettre à quelque autre moyen d'interception ou de surveillance, sauf lorsque ces activités sont légalement autorisées". Quand le texte est adopté en 1995, le monde ne connaît pas les téléphones mobiles, Google et autres Facebook. Il ignore donc aussi que ceux-ci relieront en temps réel individus, associations, communautés, bandes organisées, mafias, criminels, fraudeurs, spéculateurs ou activistes. Autrement dit, le monde est alors à la veille d'un basculement que les États ne pouvaient pas prévoir, mais à la faveur duquel les réseaux sociaux vont devenir en même temps une place publique, un lieu de contestation, une plateforme de lancement des révolutions et enfin un outil décisif pour gagner des élections.

↗ La raison sécuritaire

En 2010 déjà, Internet permet de faire chuter les cours de la Bourse, de fomenter des attentats à distance, de mettre en échec le droit national, de faciliter l'évasion fiscale, d'animer des campagnes de prosélytisme, de détourner des mineurs ou des fonds, de harceler des employés, de commercialiser des produits de contrefaçon, de diffuser des images à caractère pornographique, de manipuler des foules géographiquement dispersées ou encore de recruter des poseurs de bombe. Autrement dit, 20 ans à peine après son lancement, le World Wide Web s'impose comme un nouveau continent, que sa géographie fluide prédispose aux activités illicites. Et si le crime ne date pas d'Internet, le réseau informatique mondial vient en tout cas lui offrir de nouveaux leviers et cibles à moindre de coût. En se relocalisant sur la Toile, délinquance, fraude et criminalité peuvent justement y bénéficier des lois de protection de la correspondance et de la vie privée et de la directive de 1995, plaçant alors les démocraties dans une situation délicate. Cependant, c'est la faillite des services de renseignement à déjouer des actes terroristes qui, finalement, vient interpeller le public sur les dangers d'Internet, à mesure que les attentats se multiplient en s'accélérant à partir du 11 septembre 2001 à New York et à Washington, mais aussi à Ansbach, Bagdad, Bali, Bamako, Bangkok, Beyrouth, Bruxelles, Dacca, Gaziantep, Istanbul, Karachi, Kunming, Le Caire, Londres, Madrid, Moscou, Nairobi, Nice, Orlando, Oslo, Ottawa, Paris, Tel-Aviv, Yangon et ailleurs.

Internet, 6e continent que sa géographie fluide prédispose aux activités illicites.

Comme s'ils étaient pris par surprise, les États s'imposent alors de réagir vite et fort pour rassurer l'opinion. Car en plus de devoir remplir leur mission de sécurité et de protection, ils sont soumis, à partir de 2015, à la pression de citoyens de plus en plus intolérants à toute perception d'insécurité. Que d'autres formes de criminalité soient plus meurtrières n'y change rien, l'urgence est à empêcher l'ennemi d'agir de l'intérieur. Alors, pour faire face à la menace et lutter à armes égales avec les terroristes, plusieurs gouvernements choisissent d'étendre le secteur d'intervention de leurs forces de sécurité et de renseignement à ces nouveaux territoires. En quelques années, de nombreux dispositifs de surveillance sont mis en place, sans résistance, par la voie démocratique. Après les États-Unis et la Grande-Bretagne, puis la France en 2016, l'Australie, la Pologne et l'Autriche renforcent elles aussi leurs dispositions antiterroristes, permettant notamment à leurs forces armées et de police d'accéder à certaines informations privées sur Internet ou dans les appareils mobiles connectés. Au motif, légitime et imparable, de défendre la liberté en luttant contre l'insécurité, les démocraties autorisent alors peu à peu par la loi la surveillance des conversations et messageries électroniques, mais aussi des déplacements et des espaces privés. À leur tour, opérateurs et hébergeurs sont tenus de livrer leurs métadonnées aux services de police qui le leur demandent, sans aucune validation préalable ni contrôle judiciaire. Parallèlement, le piratage des ordinateurs et l'installation de mouchards informatiques pour capter les touches frappées sur le clavier sont banalisés, tout comme la pose de micros et de caméras au domicile des personnes surveillées.

↗ Peur sur la Toile

Portées par l'élan sécuritaire qui se renforce encore à partir de 2018 la faveur d'un terrorisme persistant, les populations civiles occidentales font bon accueil aux nouvelles propositions d'étendre le champ d'application des mesures antiterroristes pour lutter contre la pédophilie, la pornographie et la prostitution, mais aussi contre les trafics d'armes, de stupéfiants, d'êtres humains et d'organes, contre l'évasion fiscale, le blanchiment d'argent, la contrefaçon et le piratage ou encore contre les violences domestiques et le harcèlement. Enfin, quand en 2019, une nouvelle directive européenne étend le champ de la surveillance à tout ce ou ceux qui pourraient "porter atteinte aux intérêts économiques, industriels ou scientifiques de l'État", reprenant ainsi la loi adoptée en France dès mai 2015, ce sont à la fois les chercheurs, journalistes, étudiants étrangers, syndicalistes voire contestataires politiques qui se trouvent également visés. Dans la mesure où la surveillance est non seulement applicable aux personnes suspectées, mais aussi à toutes celles avec lesquelles elles ont pu être en contact, c'est finalement une majorité de la population européenne, mais aussi américaine et australienne qui se trouve concernée

FIG. 045
RÉPARTITION DES REVENUS PUBLICITAIRES EN LIGNE DANS LE MONDE, en 2015

par le dispositif d'écoute et de traque, jusque dans des espaces et à des moments strictement intimes. Parallèlement, les services de police et de renseignement bénéficient du perfectionnement technologique très rapide des outils de traque, de surveillance et de décryptage. Sous l'impulsion d'un marché à la fois concurrentiel et en forte croissance, ceux-ci deviennent à la fois plus fiables, plus intelligents et meilleur marché. Pour sa part, la possibilité de délocaliser la conservation des données dans des pays peu regardants sur la protection de la vie privée démultiplie les capacités et la durée de stockage des informations. Dès lors, toute information personnelle devient physiquement définitive sans qu'aucune décision de justice ne puisse plus rien y changer. Peu à peu, la collecte de données est amplifiée par l'essor des organismes privés de sécurité et de gardiennage dont la multiplication fait écho aux peurs de sociétés vieillissantes et où les inégalités accroissent les tensions sociales. Lieux publics ou espaces privés, résidence ou lieu de travail : l'ensemble des territoires se trouvent bientôt connectables au dispositif de surveillance de la police. Dès lors que le Big Data croît sans limite et où les techniques de reconnaissance faciale et de traitement des données se perfectionnent, surtout après 2020, il

Avec le changement de génération au pouvoir, la vigilance citoyenne a changé de camp.

devient techniquement possible d'agréger toutes les informations en métadonnées* pour développer des outils efficaces de profilage et d'analyse prédictive. Ainsi, tout comme l'usage des empreintes ADN avait donné naissance à la police scientifique et amélioré l'efficacité des enquêtes criminelles à la fin du XXe siècle, la surveillance numérique (*tracking*) et la modélisation statistique ouvrent l'ère de la police prédictive en promettant ensemble d'inverser la courbe du crime. Dès 2025, la plupart des polices des États démocratiques utilisent des algorithmes qui calculent dates et lieux présumés des futurs délits, leur permettant ainsi d'intervenir avant même que le crime se déroule. Formés à la statistique, aux mathématiques, à l'informatique, à la sociologie et à la psychologie, les nouveaux cadres des unités d'anticipation modifient à la fois le profil et les méthodes des forces de sécurité. Derniers héros des séries policières, on leur attribue la baisse de 25 % de la petite criminalité enregistrée en Europe moins de 2 ans après la mise en place de ces nouvelles unités.

↗ Prévenir pour mieux punir

Persuadés par ces premiers résultats que la criminalité pourrait globalement diminuer de moitié si la police était dotée d'outils plus performants et convaincus de la nécessité d'augmenter l'effort de recherche et développement dans ce secteur, États et municipalités y consacrent une part croissante de leurs budgets, au détriment des ministères et départements de la justice dont on anticipe que les besoins diminueront à mesure qu'on réduira la criminalité. Malgré de fortes réactions au sein des magistrats et des organisations de lutte pour les droits de l'homme, différents sondages menés en Europe et aux États-Unis indiquent qu'une majorité d'électeurs soutiennent les politiques sécuritaires, au gré d'une nouvelle progression des partis populistes et nationalistes dans une grande majorité des sociétés occidentales. Profitant de leurs succès électoraux en Italie, en Allemagne, aux Pays-Bas, en Tchéquie et en Slovénie entre 2020 et 2022, ces partis développent l'idée que la prévention du crime ne peut être efficace que si elle est assortie d'une politique répressive cohérente. Pour les leaders d'extrême droite, empêcher un criminel d'agir un jour et en un lieu donné, ne l'empêchera pas de recommencer un autre jour, ailleurs. En s'appuyant sur l'exemple de la pénalisation du complot terroriste qui fait d'une intention un crime, ils rendent publique leur intention de lutter contre la délinquance, en agissant à la fois sur l'action et l'intention. Bien que le projet soulève quelques réactions au sein d'associations militant pour les droits de l'homme, l'apathie du débat sur le sujet souligne alors un autre phénomène : avec le changement de génération au pouvoir et l'évolution de la mémoire collective, la vigilance citoyenne a changé de camp : désormais la demande de sécurité prévaut sur l'exigence de liberté.

↗ La vie transparente

Pour les générations nées après 1990, le maccarthysme ou la Stasi ne constituent plus guère de références que dans les programmes d'histoire, qui, par ailleurs, sont de plus en plus marginaux dans les cursus scolaires. Aussi, pendant que l'idée d'un ennemi au visage familier pouvant frapper à tout moment se banalise, la résistance civile à la société de surveillance s'essouffle peu à peu. Et tandis que les personnes âgées, plus vulnérables, privilégient l'habitat en zone hypersécurisée et donc hypersurveillée, les plus jeunes, eux, ont depuis longtemps désacralisé la vie privée dont ils repoussent à leur tour les limites jusqu'aux frontières de l'intime dans leurs publications sur les réseaux sociaux.

Convaincus que "si l'on n'a rien à se reprocher, on ne risque rien" et que le respect de la vie privée est un concept plutôt archaïque, ils ne sont donc pas nombreux à rejoindre l'appel lancé par un collectif européen de juges et d'avocats pour résister à la "criminalisation de l'intention de crime". Au contraire, ils sont très nombreux à s'enthousiasmer pour la création de Neighbours, un nouveau réseau social de "veille de proximité, bienveillante, collective et citoyenne". Lancée en janvier 2023 à partir de Facebook par une marque coréenne de dispositifs de surveillance sur le thème "Connaissez-vous vos voisins ?", la nouvelle plateforme se présente comme un "groupe de vigilance et de partage d'informations" visant à améliorer la sécurité urbaine grâce à une participation continue du plus grand nombre afin que "chacun agisse pour la sécurité de tous". Aussitôt virale, l'adhésion en masse au nouveau dispositif en Suisse, en Autriche, en Hongrie, aux Pays-Bas, au Royaume-Uni et dans plusieurs États américains (Texas, Virginie, Caroline du Sud…), révèle alors le basculement sociologique des démocraties occidentales. Un basculement que l'on mesure également sur le plan politique quand, après s'être hissés au premier rang des forces politiques du Parlement européen en juin 2023, les partis populaires s'accordent finalement pour rétablir la peine de mort en Europe (…).

The New World Times, New York, 17 février 2025

FIG. 046
RÉPARTITION DES REVENUS PUBLICITAIRES
DE FACEBOOK PAR RÉGION, en 2015 (en %)

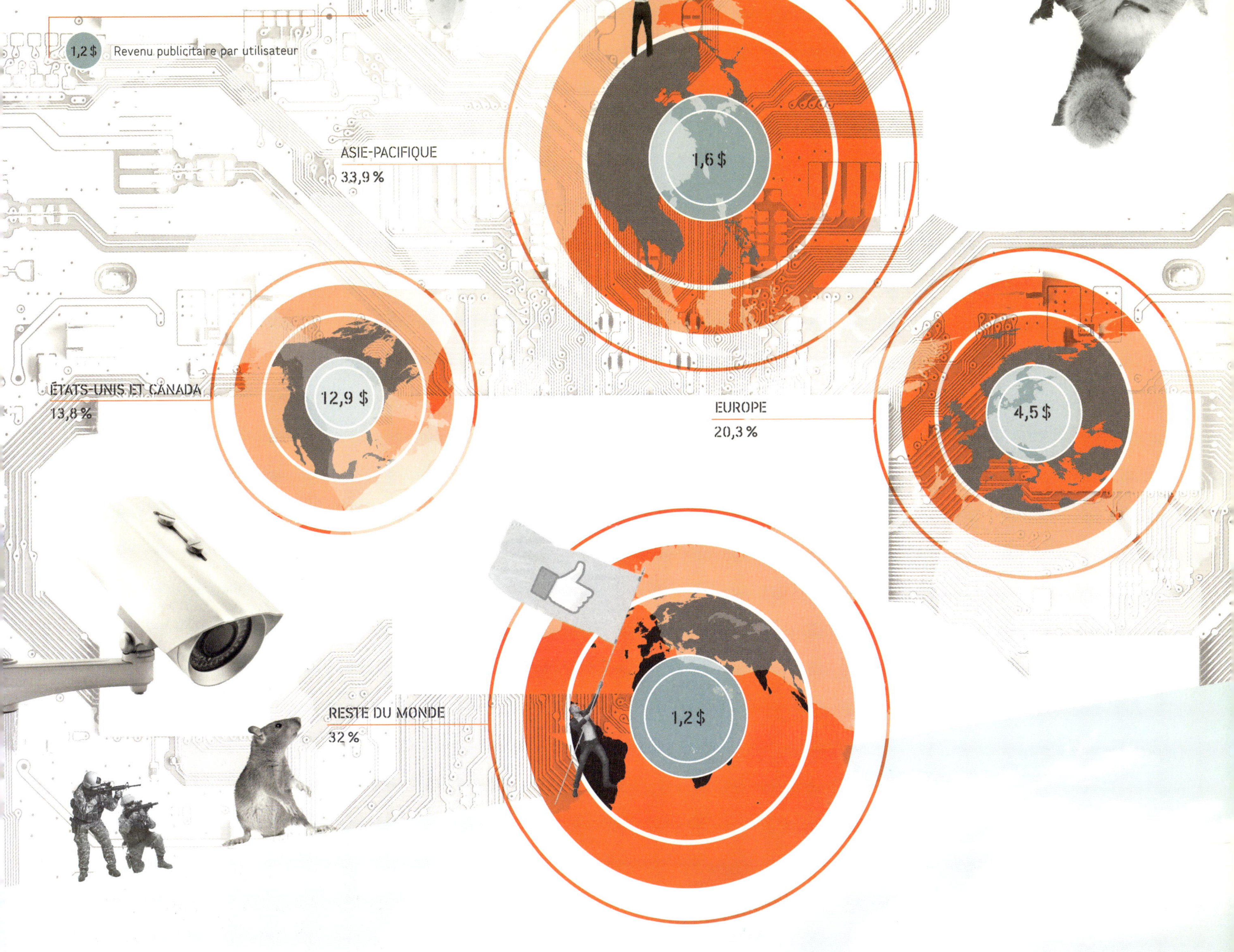

CHAPITRE 17

DIX MILLIARDS À BORD

Voiture volante, téléportation, ascenseur spatial...
Depuis longtemps, le rêve et la science-fiction suggèrent au futur toutes sortes de techniques pour transporter les hommes plus vite, plus loin et plus haut. Et si certaines idées paraissent encore extravagantes, Léonard de Vinci et Elon Musk rappellent avec Bertrand Piccard qu'il ne s'agit peut-être que d'une question de temps. En attendant, poussée par la mondialisation et la croissance démographique, la demande de mobilité explose et formule en même temps une équation à plusieurs inconnues : comment et à quel prix transporter un nombre croissant de marchandises et de personnes, tout en respectant les principes de durabilité, de sécurité et d'égalité ?

Honolulu Star-Bulletin 1st EXTRA
(Associated Press by Transpacific Telephone)
SAN FRANCISCO, Dec. 7.—President Rosemont announced this morning that Japanese planes had reached Mars.
MARS
REACHED BY
JAPANESE PLANES
AT EMERGENCY
Schools Closed
Editorial
3

Les comptes de Gulliver

Augmentation d'un tiers ou presque de la population mondiale, concentration de deux tiers des hommes dans les villes au lieu de la moitié aujourd'hui : en 2050, le monde devra pouvoir transporter 10 milliards de personnes et tout ce dont elles auront besoin. Et au-delà... Avec la hausse attendue du pouvoir d'achat, le trafic de marchandises et les déplacements liés au tourisme marqueront aussi des progressions inédites. En 2030 par exemple, on prévoit 1,8 milliard d'arrivées internationales, dont 60 % à destination des économies émergentes. À ces premiers facteurs de croissance, il faut ajouter la hausse attendue de 66 % de migrants dans le monde d'ici à 2050. Celle aussi des réfugiés climatiques dont le nombre augmentera au fil du réchauffement et de ses effets locaux.

Calculés à partir de ces premières projections, les volumes de fret et autres effectifs de voyageurs transportés donnent le vertige. Dans le secteur aérien par exemple, on attend jusqu'à 16 milliards de passagers en 2050 au lieu de 3,6 milliards en 2015. Pour sa part, le volume de marchandises pourrait être multiplié par 4,5 entre 2010 et 2050, dont 84 % seront acheminées par la mer. Pour sa part, le fret routier, qui ne transportera que 10 % des marchandises, pourrait enregistrer une croissance de 400 %, portée par la progression des échanges régionaux en Asie et en Afrique. Enfin, la production automobile des 20 prochaines années devrait être supérieure à celle qu'a connue cette industrie durant ses 110 années d'existence.

Le complexe d'Eyjafjallajökull

Depuis 30 ans, le secteur du transport constitue l'un des principaux vecteurs de la libéralisation des échanges. En même temps, il est la plateforme logistique de la mondialisation des classes moyennes. Parallèlement, il joue un rôle de premier plan dans la lutte contre la pauvreté, le partage des ressources et le développement. S'ils sont irréguliers, dangereux ou insuffisamment déployés, les transports représentent au contraire l'une des principales entraves à la croissance. C'est pourquoi la hausse des mobilités place aujourd'hui les enjeux de fiabilité, de sécurité et de fluidité au cœur de l'économie et des relations internationales... Qu'un volcan islandais au nom imprononçable (Eyjafjallajökull) entre en éruption en mars 2010, et tout l'espace aérien européen se trouve paralysé, soustrayant pas moins de 5 milliards de dollars au produit intérieur brut (PIB) mondial ! Il faut dire qu'à lui seul, le secteur aérien mondial emploie directement et indirectement autant de personnes qu'il y a d'habitants en France et qu'il génère près de 2 700 milliards de dollars chaque année, en réunissant ses activités et celles qu'il rend possibles comme le tourisme. Dans cette perspective, Airbus prévoit que le nombre d'avions en service dans le monde passera d'environ 20 000 en 2016 à 40 000 en 2035. De la même façon, on calcule que depuis 1 siècle, 65 milliards de passagers ont utilisé le transport aérien et que les seules 20 prochaines années en transporteront autant.

Depuis 30 ans, les transports sont la plate-forme logistique de la moyennisation mondiale.

En plus du nombre, c'est aussi la capacité des appareils et des navires qui tend à augmenter. Pour réaliser des économies d'échelle et proposer des prix très attractifs, les plus gros navires en circulation mesurent aujourd'hui plus de 400 m, soit la longueur de 4 terrains de football. Or, à mesure que leur nombre et leur gabarit s'élèvent, ils imposent de lancer des travaux pharaoniques pour ajuster les voies de passage au gigantisme des bâtiments marchands. Au cours des 40 prochaines années, l'humanité pourrait ainsi construire plus d'infrastructures que depuis sa naissance.

Les mobilités sous contraintes

À mesure que s'élèvera la demande de déplacements et de fret, l'offre de transport, elle, sera de plus en plus soumise aux contraintes énergétiques et climatiques. Aujourd'hui, l'Agence internationale de l'énergie (AIE*) calcule que les transports pourraient représenter 20 % de la consommation mondiale d'énergie en 2040, dont 88 % de combustibles fossiles liquides. Compte tenu de l'épuisement du pétrole et de l'inflation des prix auquel il expose, on peut se demander si la croissance des transports attendue est seulement envisageable. D'un point de vue écologique en tout cas, elle n'est déjà plus tenable : d'un côté, on observe que les dégradations de l'environnement liées au dérèglement climatique s'accélèrent en s'amplifiant ; de l'autre, on prévoit que les émissions mondiales imputables au fret international devraient être multipliées par 4 entre 2010 et 2050, ou plus précisément, par 3 en Europe, 4 en Asie et 8 en Afrique.

Au moins deux éléments expliquent de tels écarts entre continents. Le premier renvoie à l'augmentation du fret routier dans les pays émergents où les réseaux insuffisants obèrent le développement. Le second anticipe le manque de réglementation pour limiter les émissions de CO_2 dans des pays où la stabilité sociale appelle la croissance économique avant la durabilité écologique*. À l'échelle internationale pourtant, le calcul est risqué. Car en plus de la contribution des transports aux dérèglements climatiques, on doit ajouter tous les impacts qui viendront alourdir le bilan : marées noires, déchets issus du démantèlement des vieux appareils, pollution sonore, accaparement de terres arables, destruction de la faune et de la flore ou encore augmentation des maladies respiratoires. En 2012 par exemple, l'Organisation mondiale de la santé (OMS*) attribuait 7 millions de décès à la pollution.

FIG. 047

ÉVOLUTION DU FRET MONDIAL PAR MODE DE TRANSPORT, entre 2010 et 2050

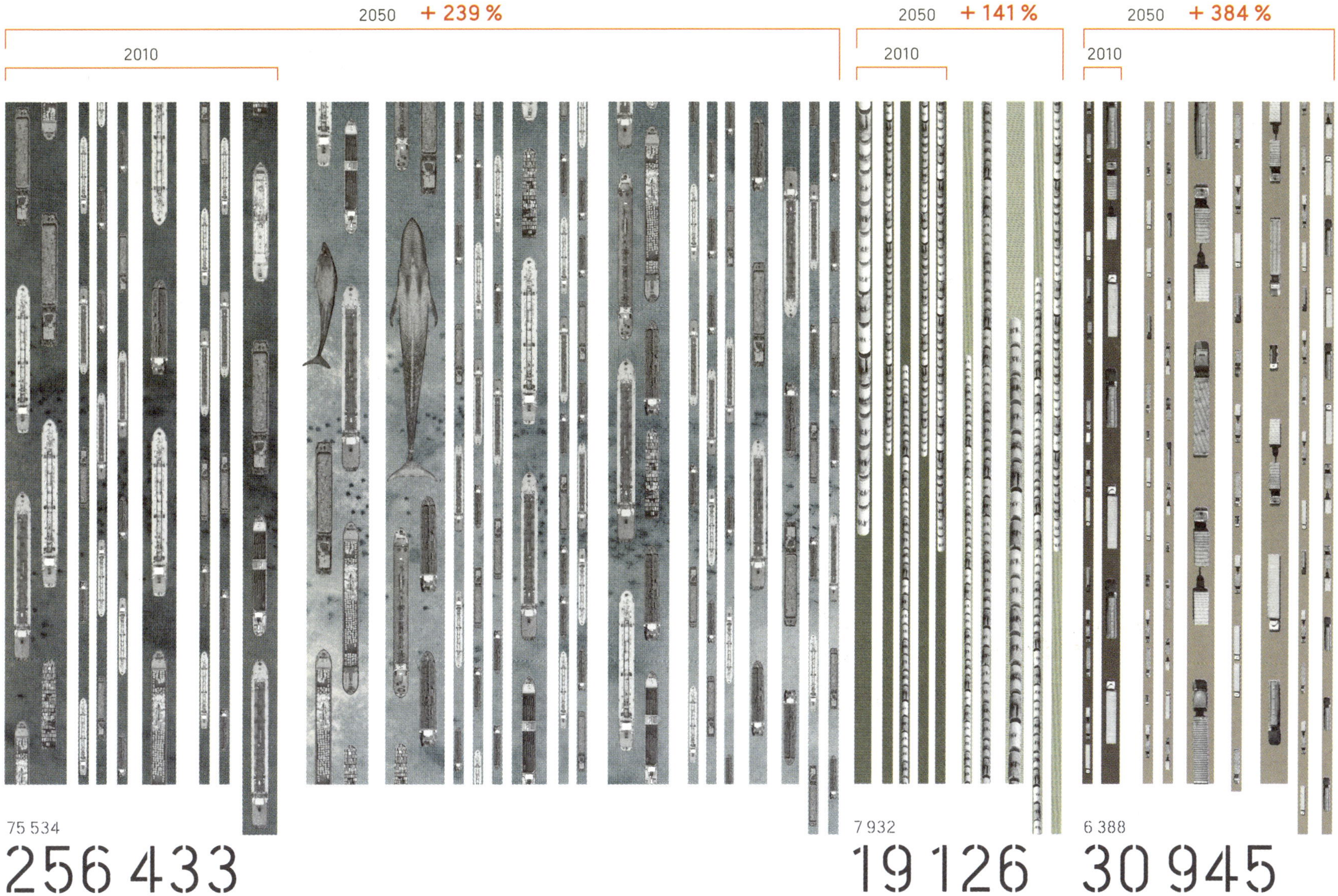

Fret maritime

Fret ferroviaire

Fret routier

Volume transporté (en gigatonnes-km)

50 000 10 000 5 000 1 000

FIG. 048
DÉPENSES MONDIALES D'INFRASTRUCTURES, pour la période 2016-2030
(en millards de dollars constants de 2015)

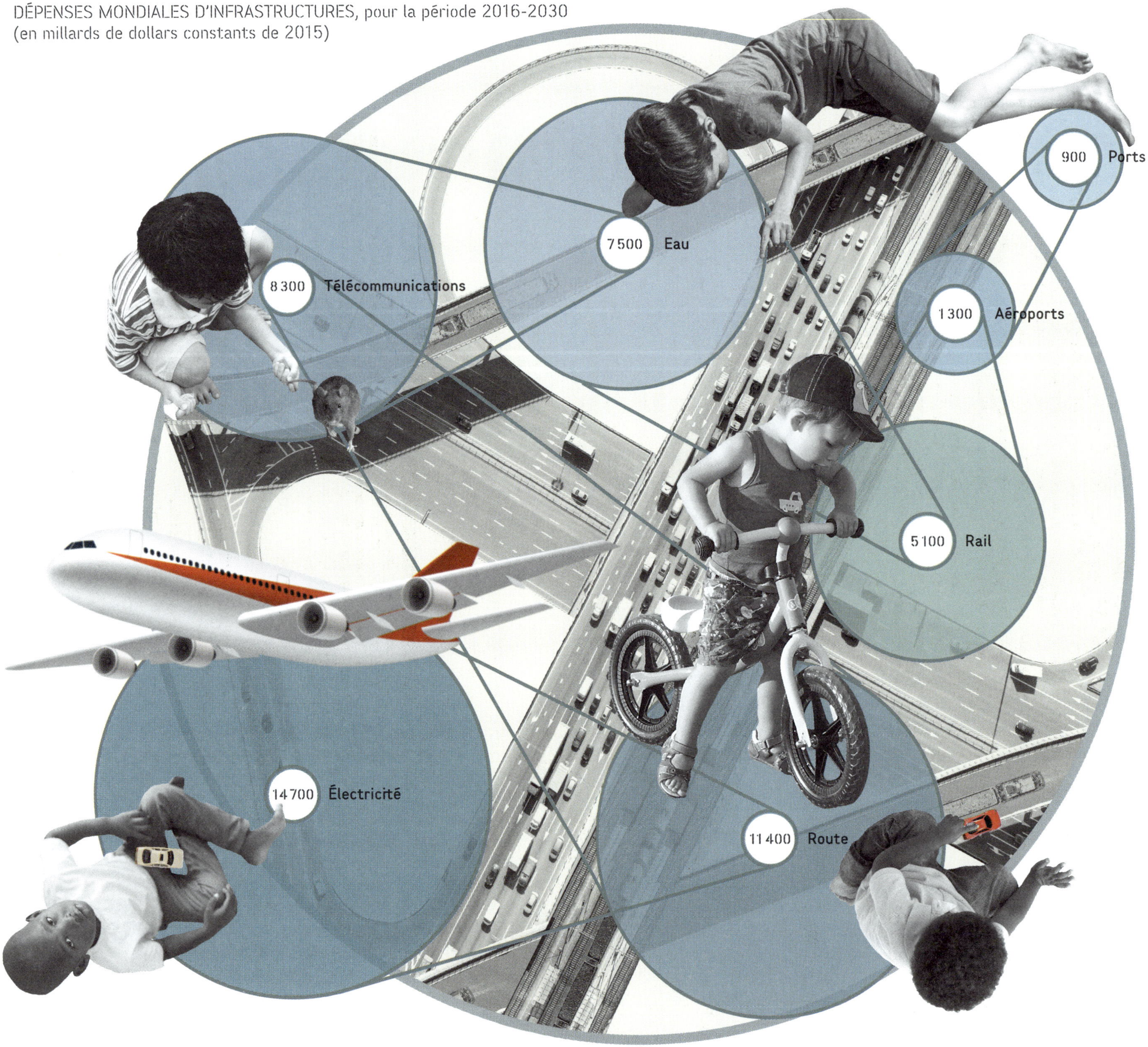

Les nouvelles boussoles

Qu'il s'agisse de propulsion, d'efficacité énergétique ou d'environnement, les innovations numériques disruptives* des prochaines années seront décisives pour la croissance des transports. Trafic en temps réel et prévisionnel, préférences des voyageurs, type de cargaisons transportées, état des infrastructures, régulation des flux, géolocalisation et optimisation des trajets : le champ d'application des nouvelles technologies dans le secteur des transports ne cesse de s'étendre...

Grâce aux téléphones mobiles, GPS, appareils de contrôle, puces, radars, scanners et autres capteurs, les besoins de mobilité sont aussi de mieux en mieux connus. En plus de permettre d'adapter l'offre à la demande, ils ont inversé la logique commerciale : tandis que le voyageur était jusque-là soumis à la rigidité des horaires ou des prix, le Big Data* permet à présent aux transporteurs de personnaliser l'offre de mobilité en fonction du comportement du client, de ses budget, préférences, habitudes, horaires, trajets favoris et même régime alimentaire !

Symétriquement, les objets connectés et leurs fonctionnalités sont au cœur des moyens de transport du futur... Déjà, les tests de voitures autonomes se multiplient sur les routes américaines, japonaises, britanniques et françaises. Pour sa part, Rolls-Royce et son équipe Blue Ocean travaillent à l'élaboration de navires cargos, sans équipage. De leur côté, les drones ont trouvé leur place dans le secteur du transport de marchandises. En Afrique par exemple, ils approvisionnent en médicaments et en matériel les dispensaires de santé reculés ou les zones de conflits. Ailleurs, le géant américain de la distribution en ligne Amazon les utilise pour assurer la livraison finale de ses colis, entre les zones de stockage et les destinataires finaux. Dans certaines villes, ce sont même les pizzas qui voyagent ainsi par les airs, contribuant à réduire pollution et congestion. Enfin, si la voiture volante relève encore du fantasme, les projets de transports révolutionnaires ne manquent pas. Parmi d'autres, on peut citer SkyTran. Développé par la NASA pour les grandes villes, il vise à remplacer l'automobile par des petites nacelles qui se déplaceront sur des routes aériennes par lévitation magnétique. À plus grande échelle, le projet de train ultrarapide Hyperloop doit lui aussi propulser des capsules de 4 à 6 occupants dans un tube électromagnétique à quelque 1 200 km/h. Si son projet est testé comme prévu en 2020, Elon Musk aura plus de 8 siècles d'avance sur les prévisions de Jules Verne et de son fils Michel dans leur nouvelle *La Journée d'un journaliste américain en 2889*. Avec Icare et Léonard de Vinci, les Verne auraient aussi salué le tour du monde de Solar Impulse, le premier avion à propulsion solaire à avoir traversé les océans Pacifique et Atlantique.

Sans attendre la mise en œuvre de ces projets futuristes ou leur mise à l'échelle, on vérifie déjà les apports critiques des nouvelles technologies aux transports. Aux opérateurs et aux clients, elles offrent d'économiser des carburants, de réduire congestion et accidents et d'éviter l'émission de particules fines et de gaz à effet de serre. En même temps, elles permettent d'avoir une vision de plus en plus précise des futurs besoins de mobilité, et de réaliser ainsi des milliards de dollars d'économies chaque année. Par exemple, on a calculé que les conducteurs disposant d'un système d'aide à la navigation (GPS) ont amélioré l'efficacité de leur consommation de carburant de près de 12 %. Converties en émission de dioxyde de carbone, cela signifie qu'un conducteur équipé d'un GPS émet jusqu'à 25 % de moins de CO_2 qu'un automobiliste qui n'en utilise pas. À l'échelle globale, on calcule que grâce aux nouvelles technologies les émissions de gaz à effet de serre* dues aux transports seront réduites de 2,4 gigatonnes d'ici à 2030, soit 4,3 % des émissions totales fixées par l'accord de Paris* pour cette année-là !

De 2010 à 2050, les émissions imputables au fret international seront multipliées par 4.

Changer de route

À l'échelle des régions cependant, les économies d'énergie et de pollution ne procèdent pas toutes des mêmes facteurs. Dans les pays du Nord, les efforts d'innovation se portent davantage vers l'efficacité énergétique des moyens de transport et les systèmes de propulsion. Parallèlement, les initiatives se multiplient pour limiter les déplacements superflus, privilégier les transports en commun et explorer des systèmes de mobilités alternatifs : autopartage, covoiturage, mobilités douces, télétravail, taxes urbaines, écotaxes, quotas d'immatriculations, circulation alternée, réaménagement des schémas urbains, mouvements locavores*, tourisme régional, *slow travel**... En Afrique, et dans une moindre mesure en Asie, c'est plutôt la trame des transports elle-même qui manque encore. Or c'est là aussi que s'exercera la plus forte progression de la demande de mobilités. C'est pourquoi la qualité des infrastructures figure désormais parmi les 17 objectifs de développement durable des Nations unies (ODD*), pour catalyser les 16 autres.

Dans les pays en développement, le défi des prochaines décennies consistera donc à mettre en place un système de mobilités directement ajusté aux exigences du XXIe siècle : connectivité, fluidité, sobriété. D'autant que, en dépit de taux de croissance plus élevés que dans le reste du monde, les pays d'Afrique restent aussi les plus fragiles sur le plan économique. Il est donc peu probable qu'ils aient les moyens des investissements abyssaux exigés pour l'installation d'infrastructures portuaires ou aéroportuaires. Avec d'autres handicaps, cette contrainte de moyens invite alors à penser les schémas de mobilités des pays en développement en termes de connectivité plutôt qu'en termes de transports.

Pour commencer, il s'agit de porter l'effort d'infrastructures vers la construction d'un système routier et ferroviaire intelligent, afin de fluidifier les échanges régionaux et d'irriguer les régions enclavées par les temps de transport. En Afrique de l'Est déjà, une demi-douzaine de pays investissent dans les réseaux ferrés et les couloirs multimodaux (fret, énergie, passagers) en permettant aux pays enclavés comme le Rwanda et le Burundi de placer leurs productions sur

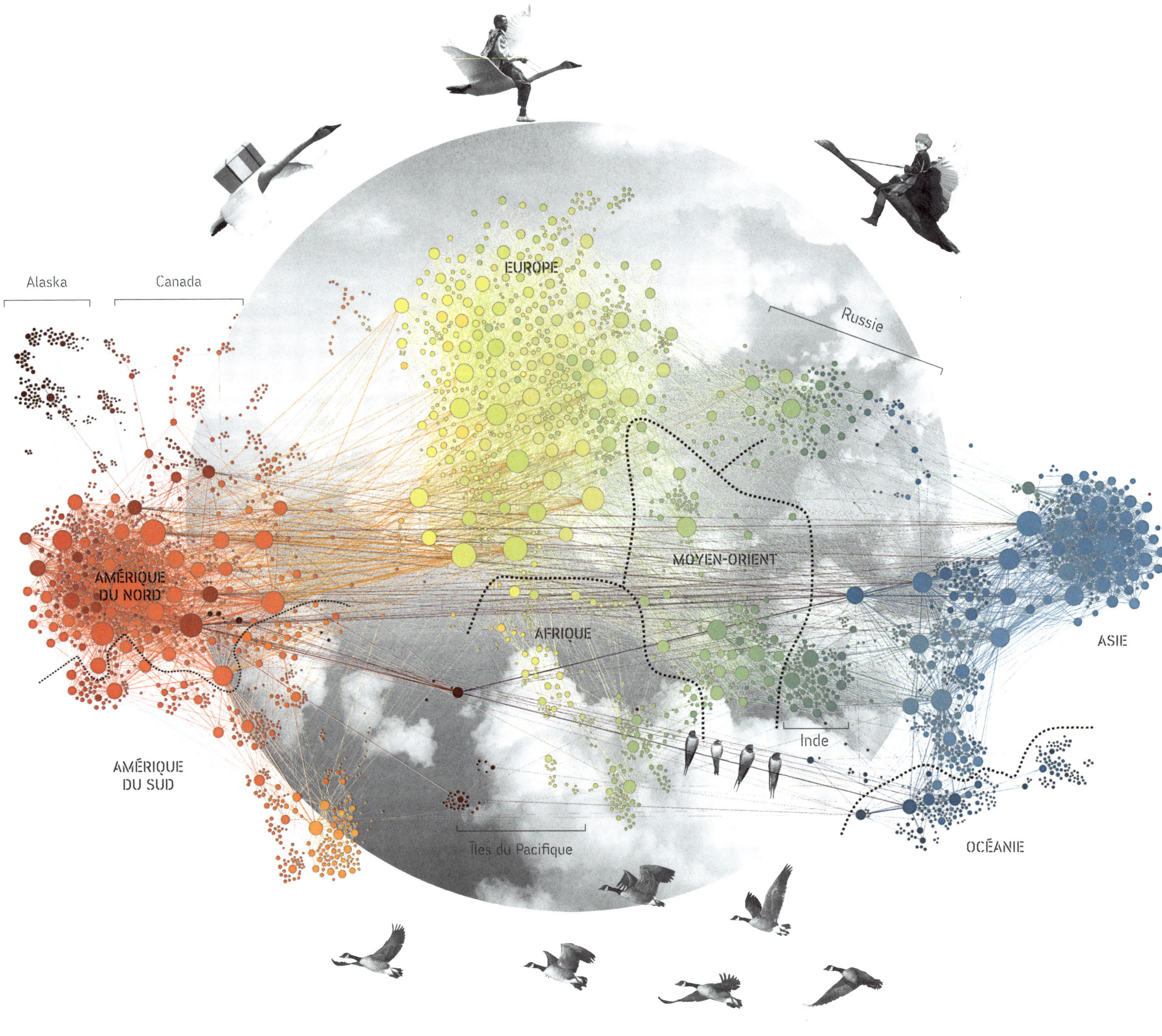
Alaska
Canada
EUROPE
Russie
AMÉRIQUE DU NORD
MOYEN-ORIENT
AFRIQUE
ASIE
Inde
AMÉRIQUE DU SUD
Îles du Pacifique
OCÉANIE

le marché. Parallèlement, le redéploiement agricole recommandé par l'Organisation mondiale de l'alimentation et de l'agriculture (FAO*) vers une production plus diversifiée et des cultures vivrières pourrait également contribuer à maîtriser la croissance de la demande de transports des pays du Sud. Enfin, en permettant d'avoir accès à Internet partout, le développement de réseaux 4G sur l'ensemble du continent aiderait l'Afrique à réaliser en même temps un bond technologique* majeur. Enseignement à distance, système bancaire, système administratif, gestion comptable, service de traduction, plateforme téléphonique, consultations médicales, accompagnement professionnel: en économisant de nombreux déplacements, l'accès élargi à Internet offrirait aux régions sous-équipées une réelle alternative aux mobilités physiques en même temps qu'un levier de croissance.

FIG. 049
AÉROPORTS ET LIGNES AÉRIENNES, en 2015

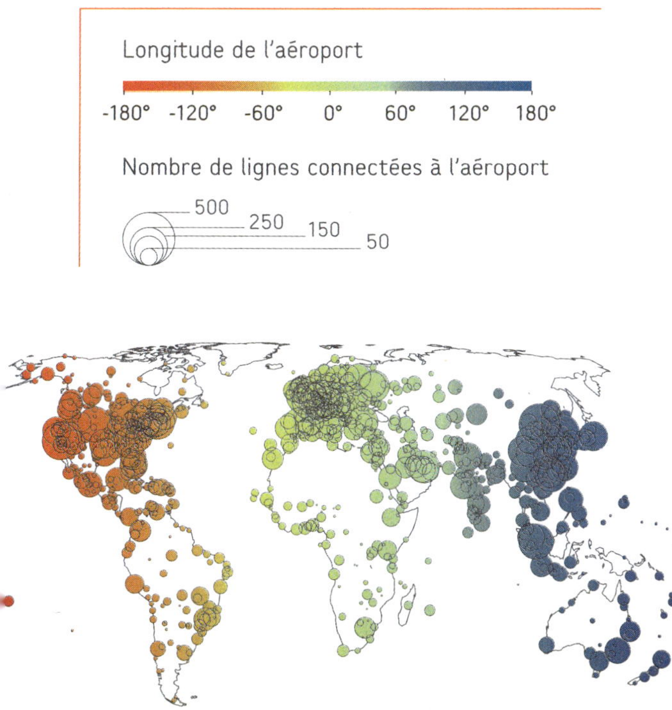

Dans un scénario politiquement utopique et néanmoins techniquement accessible, l'Afrique dont on connaît le volume et la diversité des richesses naturelles pourrait devenir la première région à fonder son développement non pas sur leur accumulation, mais sur leurs flux. À asseoir aussi sa compétitivité non pas sur la concurrence, mais sur le partage et les complémentarités. À décider son futur non plus en fonction de l'Histoire, un temps détournée par la colonisation, mais à partir de réseaux et de mobilités.

Les voies qui relient les hommes sont plus longues que les frontières qui les séparent.

↗ La croissance paradoxale

Si la technologie va lever plusieurs hypothèques qui pèsent sur le futur des transports, elle expose en même temps l'humanité à quelques effets rebonds et paradoxes déjà perceptibles. En facilitant, fluidifiant et sécurisant les mobilités, en tirant également à la baisse les temps et les prix de transport, il est en effet logique de prévoir que les progrès technologiques stimuleront la demande de mobilité dans les décennies à venir. Or si l'on prend l'exemple du trafic aérien, on constate que le ciel de nombreux pays est déjà saturé. Selon l'Organisation européenne pour la sécurité de la navigation aérienne (Eurocontrol), 1,9 million de vols, soit 12 % de la demande de transport aérien mondiale, ne pourront pas être assurés par les aéroports européens en 2035, à moins que les compagnies concèdent un niveau sensiblement plus élevé de risques et de défaillances.

Comme elle appelle au gigantisme des équipements et infrastructures, l'intensification des mouvements de 10 milliards de personnes et de ce qu'elles consomment va également accélérer l'épuisement des ressources en énergie, minéraux, sable et terres arables. À moins de se lancer dans une véritable course en avant technologique consistant à remplacer un risque par un autre ou une dépendance par une autre. D'une certaine façon, c'est le piège que piraterie et terrorisme posent ensemble à la mondialisation qui multiplie les cibles possibles et les occasions d'entrer en action en même temps que croît le nombre de navires, de vols, mais aussi de ports, de gares et d'aéroports. En imposant d'augmenter le contrôle des passagers ou des cargaisons ainsi que la surveillance des routes, le risque accru d'attaques pourrait alors ralentir les flux tout en élevant leur coût. Et pas seulement…

Comme elle repose sur la libéralisation des échanges et la compétitivité économique, la mondialisation ne peut progresser qu'à la faveur d'une liberté de circulation accrue des marchandises, des touristes, des étudiants, des hommes d'affaires, des chercheurs et des travailleurs migrants. Pourtant, on éprouve aujourd'hui dans de nombreuses régions des phénomènes de repli identitaire qui viennent s'opposer au terrorisme, aux flux migratoires, mais aussi à l'intégration économique et financière mondiale. En Europe, des voix s'élèvent contre l'espace Schengen et veulent fermer la porte aux migrants. Ailleurs dans le monde, des mouvements de résistance à l'uniformisation des modes de vie et de consommation prennent le contre-pied de la globalisation en relocalisant sur de petits territoires communautaires la production alimentaire, la confection, le crédit, la monnaie et les services, grâce à l'entraide.

En Chine, le contrôle de l'information et la censure n'ont jamais été aussi forts depuis 25 ans. À l'échelle mondiale enfin, de nouveaux rideaux de barbelés, de briques et de caméras sertissent les territoires: une génération après le démantèlement du rideau de fer, on compte 66 murs dans le monde au lieu de 16 en 1989, qui contreviennent au droit universel de toute personne de circuler librement, de choisir sa résidence à l'intérieur d'un État, de quitter son pays, mais aussi d'y revenir.

En soulignant le paradoxe de refermer les frontières au moment où, justement, la technologie repousse les limites au développement des transports et des communications, la progression des mobilités révèle donc un effet rebond de la mondialisation : le cloisonnement culturel, religieux, identitaire, communautaire, ethnique ou religieux. Cependant, à partir des mêmes données, un autre récit s'écrit en même temps, qui, sur le long terme, pourrait bien proposer un autre futur à l'humanité.

↗ La fin de la géographie

Depuis des millénaires, la circulation des hommes, puis des idées, de l'argent et des marchandises est restée soumise aux distances géographiques et aux aspérités des territoires. Or, en à peine 20 ans, l'innovation technologique est venue affranchir la plupart des mobilités de la contrainte physique, à la faveur aussi de la fin du conflit Est-Ouest et de la construction d'infrastructures à dimension planétaire. Aujourd'hui, on recense 64 millions de kilomètres de routes dans le monde, 4 millions de kilomètres de voies ferrées, 2 millions de kilomètres de pipelines et 1 million de kilomètres de câbles Internet. Autrement dit, pour la première fois dans l'Histoire, les voies qui relient les hommes sont beaucoup plus développées que les frontières dont le tracé mondial cumulé ne dépasse pas 500 000 kilomètres. De la même façon, on prévoit que ces 10 prochaines années l'humanité consacrera quelque 9 000 milliards de dollars par an au développement des réseaux de mobilités (passagers, fret, énergie, Internet) contre 1 676 milliards de dollars consacrés aux dépenses militaires globales en 2015.

Chaque année, plus de 1 milliard de personnes traversent les frontières. On en envisage 3 milliards en 2025. Surtout, des centaines de millions d'individus se connectent chaque jour sur Internet et collaborent avec des gens qu'ils ne rencontreront jamais. La recherche appliquée ne raconte pas autre chose, qui promet de bientôt transporter les hommes une fois et demie plus vite que le son à bord de l'avion AS2 d'Aerion, mais aussi les idées et les capitaux à la vitesse de la lumière grâce à la fibre optique. Or, à partir du moment où les idées, les capitaux, le travail et les biens peuvent circuler sans les hommes,

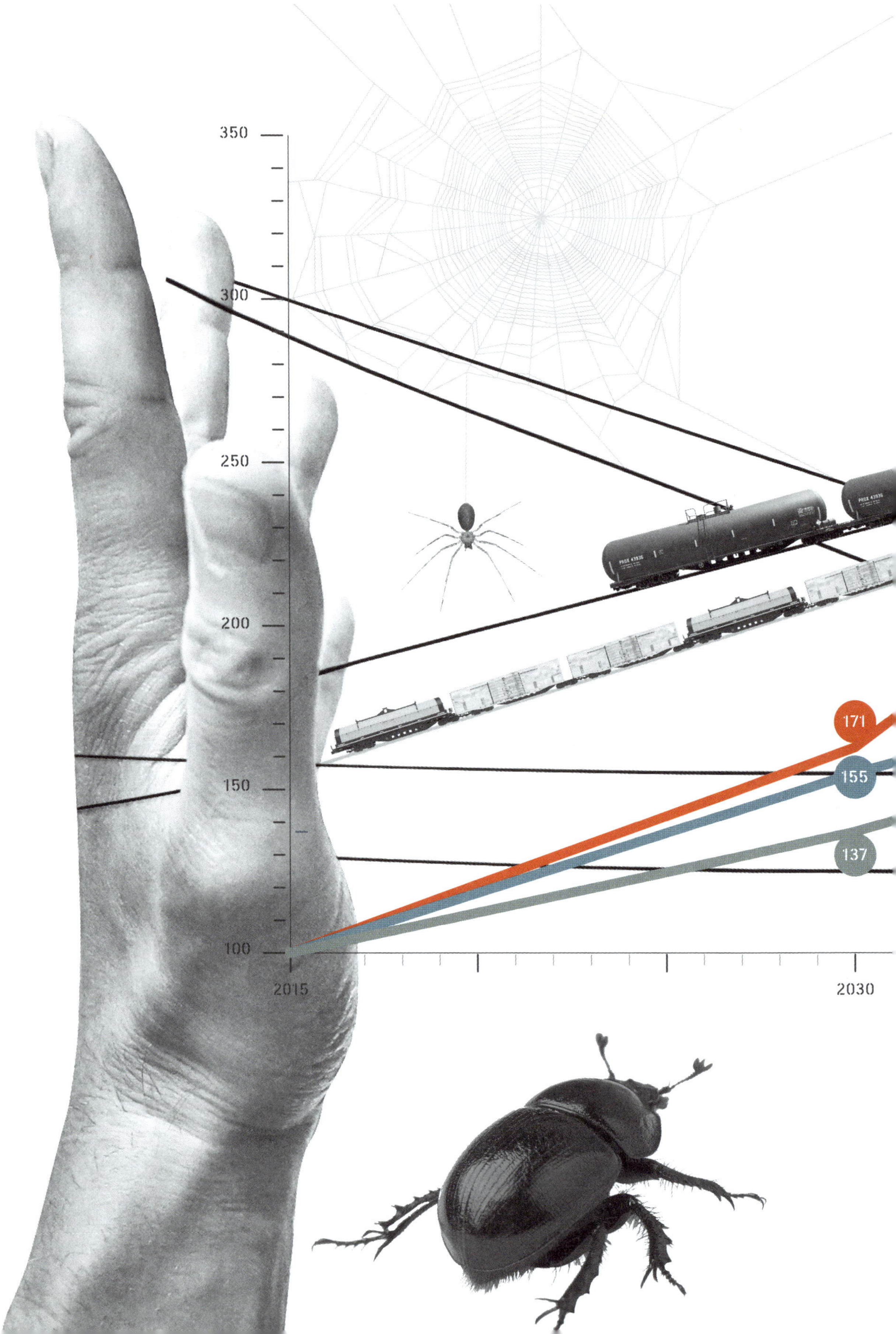

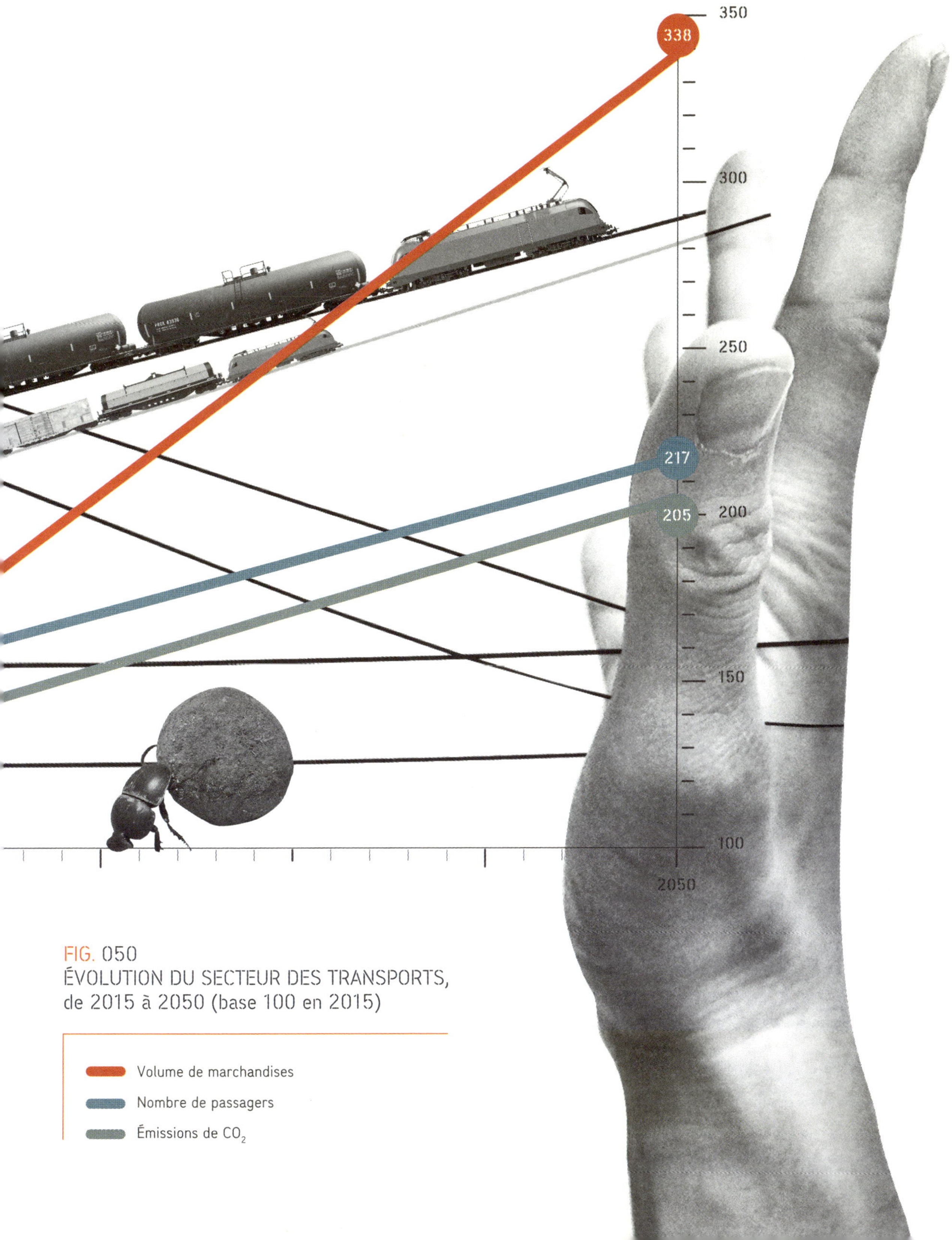

FIG. 050
ÉVOLUTION DU SECTEUR DES TRANSPORTS, de 2015 à 2050 (base 100 en 2015)

- Volume de marchandises
- Nombre de passagers
- Émissions de CO_2

c'est aussi la géopolitique qui se trouve dépassée en retirant aux États leur souveraineté sur les mobilités. Autrement dit, quand on les consolide, les projections de mobilités indiquent un sens de l'Histoire qui dépasse déjà la vision politique que les hommes ont aujourd'hui de leur futur.

Sans que l'humanité y ait tacitement consenti en effet, le monde est en train de muer : d'un ordre horizontal où les circulations sont gérées entre pays interdépendants, il passe à une organisation en réseaux où la fluidité des échanges dépend avant tout de la connectivité des territoires. Un système « liquide » où la redistribution des richesses, des ressources et des idées échappe aussi à l'algèbre en permettant au monde de dépasser la somme de ses parties. Un système qui reste cependant fragile en attendant qu'il soit achevé : les régions tenues à l'écart des réseaux par leur manque d'infrastructures continuent en effet d'exposer le monde à leurs tensions, en Afghanistan, au Pakistan, en Afrique subsaharienne. Privées des flux qui organisent le monde, elles présentent le risque de ne rien avoir à perdre à les perturber.

Tout comme ils relèguent la géographie à une fonction organisationnelle, connectivités, réseaux et mobilités pourraient aussi donner une nouvelle forme à l'Histoire. Une fois que la mobilité totale a été instituée en principe fondateur de l'intégration européenne par exemple, elle a imposé aux États de gérer ensemble leurs intérêts communs de sécurité et de fluidité. Depuis, à l'instar de ce qui s'est passé pour le Vieux Continent, on constate que partout où la connectivité progresse, la conflictualité tend à diminuer. C'est le cas en Asie du Sud-Est où la stabilité et la réconciliation de pays jadis ennemis se bâtit au sein de l'ASEAN, moins avec les mots qu'à force de ponts, de pipelines et de trains à grande vitesse. Finalement donc, pendant que les États et leurs représentants s'arc-boutent dans des postures nationalistes, câbles, fibres et satellites fabriquent peut-être déjà l'histoire d'après, à moins qu'il s'agisse tout simplement d'une nouvelle civilisation.

FIG. 051
ROUTES MARITIMES, ZONES DE PIRATERIE
ET MURS, en 2015

Principales routes maritimes

- Primaires
- Secondaires
- Futurs passages du Nord et du Nord-Ouest

Principaux points de passage maritime

- Primaires
- Secondaires

Zones de piraterie

- Occurrences très importantes
- Occurrences importantes

Murs, barrières ou clôtures érigés

- Pour lutter principalement contre l'immigration
- Pour d'autres raisons : terrorisme, trafic ou extension de conflits territoriaux

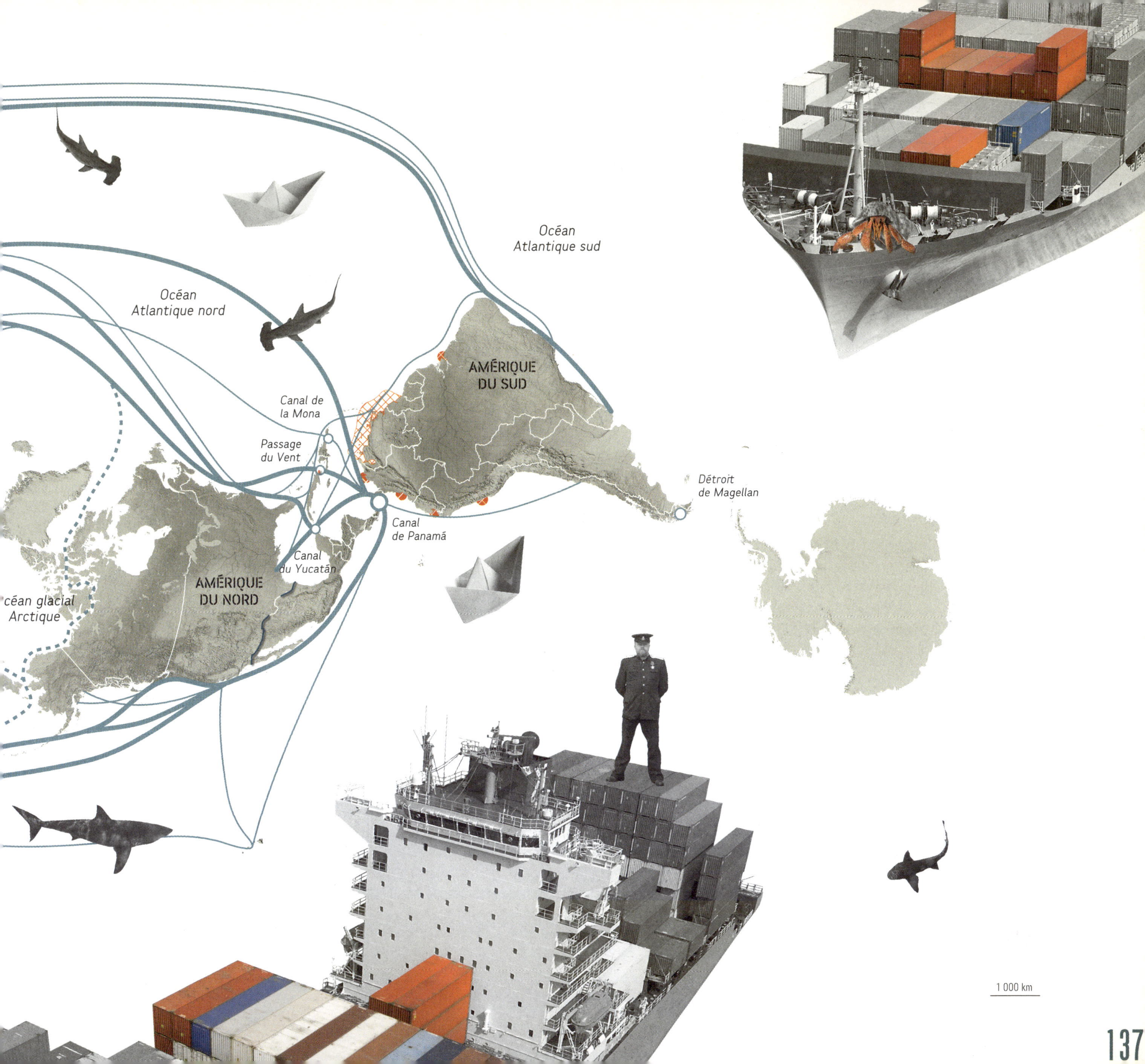

Océan
Atlantique sud
Océan
Atlantique nord
AMÉRIQUE
DU SUD
Canal de
la Mona
Passage
du Vent
Détroit
de Magellan
Canal
de Panamá
Canal
du Yucatán
AMÉRIQUE
DU NORD
céan glacial
Arctique
1 000 km

CHAPITRE 18

LES CHARIOTS DE LA MER

Imprévisible, invincible, indivisible et pour sa plus grande part inexplorée, la mer constitue l'autre face du monde dont elle recouvre 70 % de la surface. Lieu privilégié d'échanges depuis la civilisation phénicienne, elle porte aujourd'hui les fils de chaîne de la mondialisation. Car désormais c'est du large qu'arrivent les milliards de tonnes de minerais, d'hydrocarbures et de conteneurs dont l'humanité dépend pour son alimentation, son confort et sa croissance économique. Ainsi, le futur des hommes s'écrira avec celui des ports, des navires, des conteneurs, des lignes maritimes et de la piraterie.

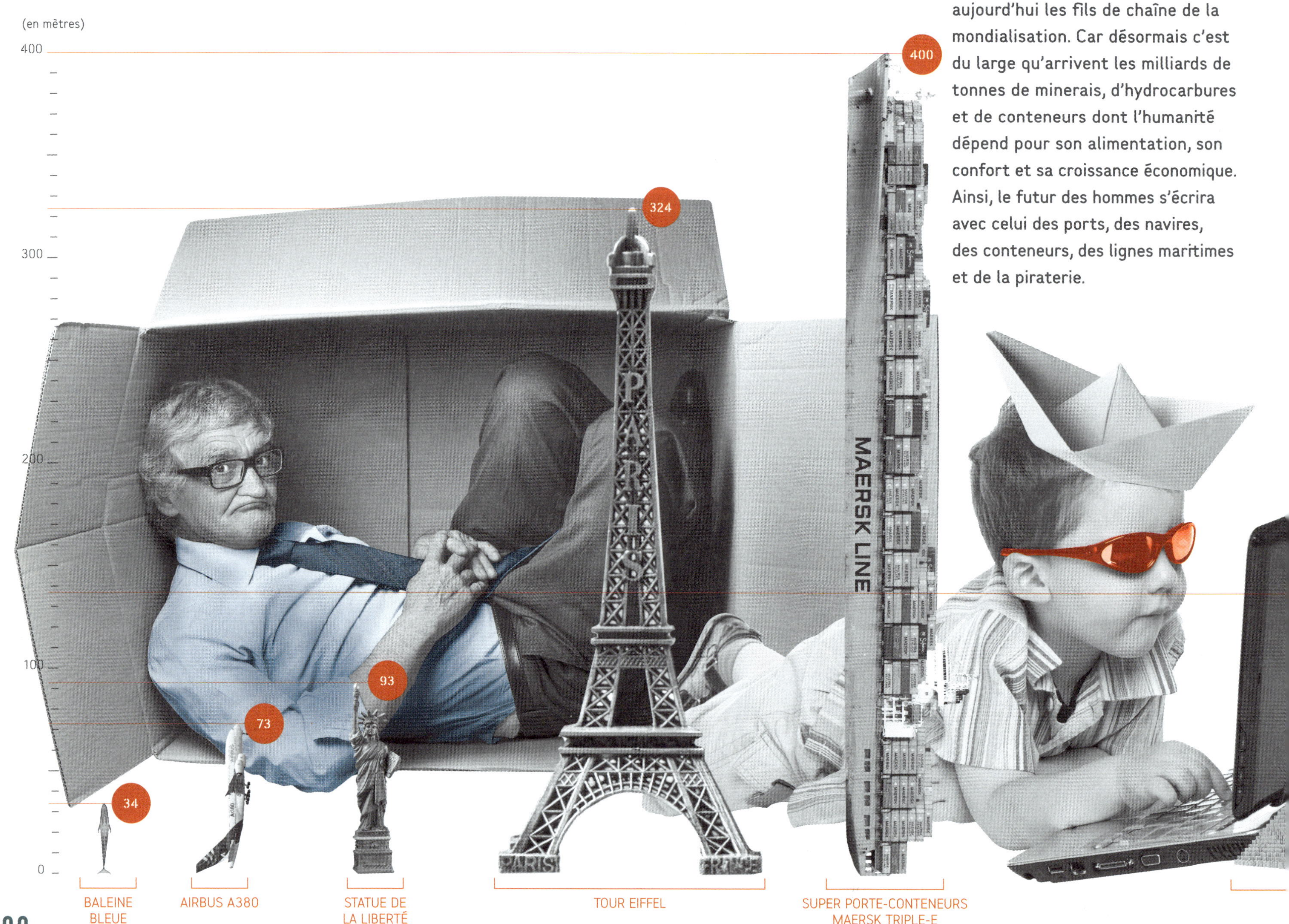

Pour mesurer l'importance du transport maritime dans le quotidien du monde, un chiffre pourrait suffire à lui seul : 80 % des échanges commerciaux sont acheminés par la mer. Ensuite, on peut aussi évoquer les 10 milliards de tonnes de marchandises transportées en 2015, trois fois plus qu'en 1975 ; les 90 000 navires que réunit la flotte marchande mondiale ; les quelque 2 000 milliards de dollars que représenterait en 2020 ce secteur, armateurs, ports, chantiers navals et autres compagnies d'assurances compris ; la compétitivité du transport par bateau enfin, puisque à la faveur d'une moindre intensité en infrastructures et d'une capacité d'emport très supérieure, il est aujourd'hui deux à trois fois moins cher que le rail, trente fois moins que la route, et même soixante à quatre-vingts fois moins que l'avion.

↗ Mise en boîtes

Sur le plan historique, on peut considérer que le succès du transport maritime procède en réalité d'une invention très spécifique qui, à elle seule, a complètement

FIG. 052
DE LA RELATIVITÉ DU GIGANTISME

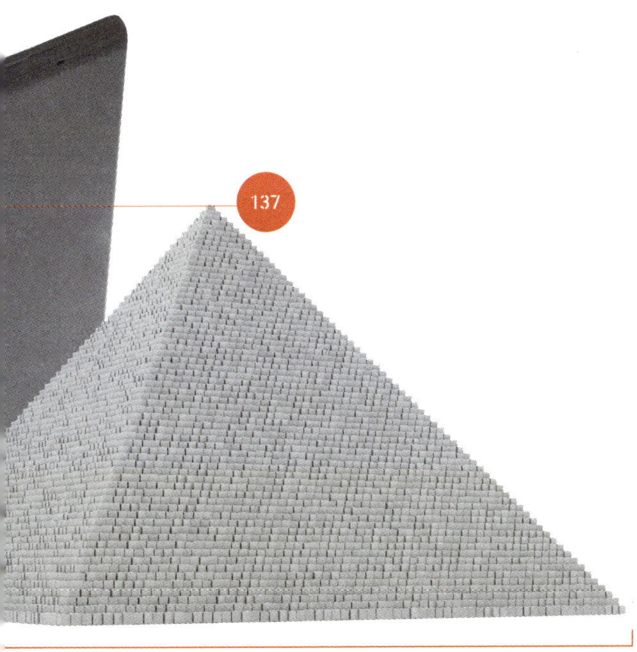

PYRAMIDE DE KHÉOPS

reconfiguré les échanges et reclassé l'économie mondiale : le conteneur. Bien que l'invention low tech soit moins célèbre qu'Internet ou le téléphone mobile, elle fut pourtant le levier principal de la mondialisation. À l'échelle de 22 pays industrialisés par exemple, on calcule qu'elle a permis d'accroître les échanges bilatéraux de 800 % en 20 ans, soit bien davantage que tous les accords de libre-échange et autres adhésions à l'OMC réunis. De la même façon, on peut se demander si sans la boîte de métal, la Chine aurait pu devenir le métronome de l'économie mondiale qu'elle est aujourd'hui.

Inventé en 1956 par le transporteur américain Malcolm McLean, le conteneur se définit d'abord par ses dimensions standard : 2,4 m x 2,6 m x 6 m. D'ailleurs, c'est aussi leur longueur exprimée en pieds qui, depuis 1966, donne leur unité de mesure aux chariots flottants : EVP pour « équivalent vingt pieds ». Auparavant en effet, les techniques du fret maritime, qui n'avaient guère évolué depuis l'Antiquité, consistaient à entasser des caisses, paquets et ballots dans les soutes de navires, contraignant ceux-ci à passer plus de temps à charger et décharger leur cargaison qu'à la transporter d'un port à l'autre. Aussi, quelques années suffisent au conteneur pour s'imposer partout. En standardisant le fret et en facilitant les opérations portuaires, il permet à la fois de doubler la taille des navires, de réduire par 6 les coûts assurantiels, de multiplier par 20 la productivité des opérateurs portuaires et, finalement, de diviser par 35 le coût moyen du transport de 1 tonne de marchandises. En ramenant alors ce dernier à une part marginale du prix du produit livré, il permet aussi d'élargir les échanges internationaux à des biens de moindre valeur et fait ainsi bondir le volume global de fret.

Au même moment, tandis que l'économie mondiale se met au rythme du trafic des boîtes multicolores et que textiles et produits manufacturés bon marché viennent exaucer les désirs matériels des classes moyennes, les ports, eux, s'imposent en place forte d'un système-monde tout entier organisé par sa recherche de compétitivité, d'économies d'échelle, de production à « flux tendu* ».

D'année en année, la conteneurisation du commerce maritime ne cesse de progresser : au lieu de 100 millions de tonnes en 1980, les boîtes rectangulaires en transportent plus de 1 600 millions en 2014. De la même façon, tandis que le tonnage global des navires est multiplié par 3 entre 1980 et 2014, celui des conteneurs est multiplié par 20. Au total, on compte ainsi que les quelque 5 000 porte-conteneurs qui arpentent les océans, soit 5,5 % de la flotte marchande mondiale, assurent déjà plus de 15 % du trafic maritime mondial en volume et la moitié de sa valeur économique.

↗ Le sillon des géants

Quand il entre en service en 1956, le premier porte-conteneurs fait moins de 100 EVP. Depuis, portés par leur recherche d'économies d'échelle et de meilleure efficacité énergétique, armateurs et constructeurs propulsent sur les océans des vaisseaux de plus en plus volumineux, dont les plus gros franchiront la barre des 20 000 EVP en 2017. En même temps qu'elle optimise les coûts, cette course au gigantisme doit en permettre de modérer les factures énergétique et environnementale du transport maritime.

À l'échelle du fret en effet, la flotte marchande représente un tiers des émissions de CO_2, juste derrière le transport routier. À l'échelle mondiale en revanche, elle n'en produit que 3 %. Cependant, comme ils utilisent un carburant beaucoup plus lourd et donc plus riche en soufre que l'essence ou le diésel qui alimentent les moteurs de voiture et de camion, les navires commerciaux émettent de plus grandes quantités d'oxyde d'azote et de soufre, deux polluants que l'on ne retrouve qu'en quantité marginale à la sortie des pots d'échappement. C'est pourquoi depuis le 1er janvier 2015, l'Europe et les États-Unis ont mis en œuvre de nouvelles réglementations qui limitent à 0,1 % la teneur en soufre du carburant utilisé par ces bateaux commerciaux.

Concrètement, cela signifie qu'au moment où ils pénètrent dans la zone économique exclusive, ils devraient remplacer le fioul lourd qui alimentait leurs moteurs en haute mer par un carburant à très faible teneur en soufre semblable au diésel utilisé pour les voitures. Un remplacement coûteux et techniquement complexe qui encourage donc aujourd'hui le secteur maritime à se convertir au gaz naturel, laissant espérer que l'on puisse ainsi réduire encore les émissions de GES de la flotte marchande. En attendant, même si les émissions du transport maritime devaient — comme prévu — être multipliées par 4 d'ici à 2050, celui-ci resterait dix fois plus efficace sur le plan énergétique que le transport routier, et cent fois plus que l'avion. D'autant plus qu'à leur tour, innovations techniques et technologiques promettent d'améliorer l'efficacité énergétique des navires de 25 % à 75 % d'ici à 2050.

Parallèlement, vraquiers*, méthaniers, pétroliers et porte-conteneurs exposent les écosystèmes de la planète à d'autres menaces, au gré notamment de leurs « déversements biologiques ». Car si produits manufacturés et pondéreux circulent de plus en plus à la surface des océans, champignons et virus embarqués aussi ! Destructions, maladies, invasions, épidémies, proliférations, épizooties : la liste des impacts écologiques dévastateurs des échanges maritimes est déjà ancienne et longue. Elle augmente même de plus en plus vite à la faveur de la croissance du fret mondial.

L'analyse de quelque 116 700 conteneurs arrivés ces 5 dernières années en Nouvelle-Zélande par exemple a révélé que 5 % des boîtes de transport étaient contaminées à l'intérieur et deux fois plus à l'extérieur. Ainsi, en voyageant d'un port à l'autre de la planète, arpenteuses de l'orme, escargots géants africains, fourmis d'Argentine et autres milliers d'organismes viennent menacer les cultures, forêts et milieux urbains du monde entier. Emblématique de la mondialisation des ravageurs, la punaise marbrée est par exemple capable d'abîmer fruits et plantes en un temps record, profitant pour se déplacer des chaînes d'approvisionnement « juste à temps* » qui amènent les cargos parfois loin à l'intérieur des terres.

Dans certains cas, les espèces envahissantes peuvent aussi provoquer l'obstruction de voies navigables ou encore la fermeture de centrales, au point qu'une étude scientifique récente calcule que les dégâts provoqués par les invasions biologiques représentent près de 5 % de l'activité économique mondiale annuelle et équivalent à près de 10 années de catastrophes naturelles. Face à la menace, seul un système combinant l'adoption et le respect de règles strictes lors du chargement des navires, l'utilisation de techniques modernes de biosécurité et des inspections régulières et minutieuses permettrait de diminuer les risques. À ce jour pourtant, ces bonnes pratiques qui engagent de renchérir le coût du transport n'obéissent à aucun accord international sur le sujet et demeurent dépendantes d'une mise en place volontaire et non contraignante.

↗ Périls de bord

Outre les menaces contre l'environnement qu'ils répandent avec leurs cargaisons, les géants des mers exposent le monde à des risques de sécurité majeurs, et posent à leur tour la question de l'équilibre souhaitable entre les gains espérés et les risques encourus.

À l'instar du transport aérien, les vaisseaux de fret maritime constituent désormais de véritables usines de technologie, qui garantissent aux transporteurs une efficience optimale lors de l'amarrage, du déchargement ou du tracé de la trajectoire. À cette sophistication correspond toutefois également un risque spécifique de défaillances qui, si elles sont rares, peuvent avoir des conséquences aussi graves que les systèmes de navigation sont complexes et les cargaisons coûteuses. Qu'il s'agisse de panne technique ou d'erreur de navigation, un 15 000 EVP ne dispose plus d'aucune marge de manœuvre. Ainsi, quand en février 2016 le 19 000 EVP *CSCL Indian Ocean* échoue dans l'estuaire de l'Elbe, pas moins de 12 bateaux et 1 avion doivent être mobilisés pour remettre à flot le navire de 400 m de long et le soulager de quelque 6 500 t pendant que des dragues extraient 45 000 m^3 de sédiments autour du bateau. Parallèlement, comme ils sont programmés et automatisés, les porte-conteneurs modernes n'emportent à bord aujourd'hui que des équipages réduits, parfois jusqu'à seulement une dizaine d'hommes. Or, s'ils suffisent pour mener les plateformes flottantes à bon port, ils se trouvent au contraire particulièrement exposés dans des situations plus exceptionnelles telles que les attaques de pirates. On se souvient ainsi du *Maersk Alabama* du capitaine Phillips, un bateau de 17 000 t dont les 23 membres d'équipage ont été pris en otage par 4 pirates somaliens au large de l'océan Indien en 2009, donnant lieu à une intervention des forces spéciales américaines.

Moins reconnu qu'Internet et le téléphone mobile, le conteneur fut pourtant le principal levier de la mondialisation.

Loin des aventures de Barbe Noire et de Capitaine Kidd, la piraterie maritime procède aujourd'hui directement de la mondialisation. Fille des inégalités, de la violence et de l'argent roi, elle grandit dans les failles du nouvel ordre mondial et fait ainsi écho à la déréglementation internationale, à l'effacement des frontières au profit de la circulation des marchandises, au déclassement économique des populations rurales, à l'affaissement des revenus de la pêche dans les régions écologiquement sinistrées, à la richesse globale qui s'accroît bien davantage qu'elle n'est redistribuée, au besoin de financement des réseaux criminels et terroristes.

En symbiose avec la progression du commerce international qui s'est accru de plus de 7 % par an ces 30 dernières années, elle marque elle aussi une forte hausse, jusqu'à compter près de 250 attaques en 2015.

En plus des passes, détroits et autres goulots d'étranglement géographiques, la piraterie affectionne tout particulièrement les zones grises de la planète, celles en conflit ou tout simplement instables. Dans le détroit très fréquenté de Bab-el-Mandeb par exemple, au large de la Corne de l'Afrique, les pirates profitent de la faiblesse de l'État somalien pour rançonner les navires et leurs équipages. En Asie du Sud-Est, foyer de la piraterie mondiale, attaques et pillages

FIG. 053
ÉVOLUTION DU MIX ÉNERGÉTIQUE DES NAVIRES COMMERCIAUX, de 2015 à 2030

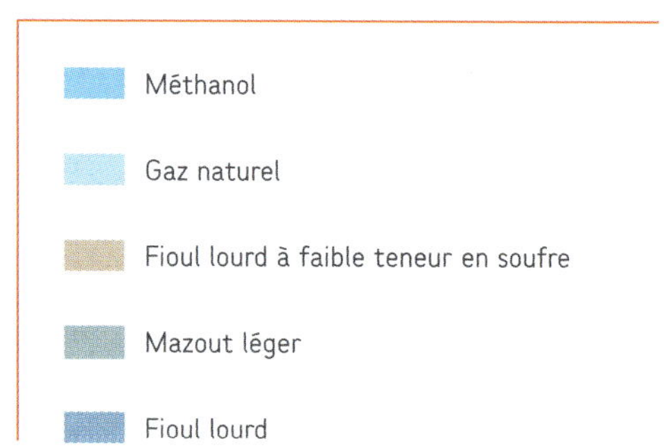

n %)
PORTE-CONTENEURS
VRAQUIERS
PÉTROLIERS
CHIMIQUIERS
100
90
80
70
60
50
40
30
20
10
0
2015
2020
2025
2030

se multiplient aussi à la faveur d'une géographie particulièrement favorable (avec la présence de milliers d'îles) et de la circulation maritime très dense dans le détroit de Malacca (300 navires par jour).
Face à cette criminalité maritime croissante et en dépit des moyens technologiques avancés qui relient en temps réel les vaisseaux et leurs précieuses cargaisons à la terre ferme, équipages, armateurs, polices et États manquent d'outils et de cadres légaux pour intervenir. Paradoxalement, la convention de Montego Bay qui délimite les eaux territoriales réduit même la possibilité d'intervenir dans les eaux internationales où se situent pourtant 40 % des actes de piraterie. À leur tour, d'autres facteurs laissent penser que la mobilisation conjointe de tous les moyens policiers existants ne suffirait pas à éradiquer durablement le fléau. Car en amont c'est avant tout de l'épuisement des ressources qu'il s'agit, celles dont dépendent les populations côtières des pays en développement pour leurs revenus et qui, en diminuant, convertissent les pêcheurs somaliens, yéménites ou philippins à la prédation de cargaisons. Autrement dit, la piraterie est intrinsèque aux défaillances économiques mondiales, aux disparités de prospérité que la mondialisation génère et aux effets sur la biosphère* du prélèvement massif de matières premières que les navires transportent ensuite d'un bout du monde à l'autre…

↗ Les nouvelles places fortes

Avec les conteneurs, les ports constituent des dispositifs critiques pour l'essor du commerce maritime mondial. À l'image des hubs* aériens, ils organisent l'interface entre les différents espaces de la globalisation et constituent à ce titre des charnières essentielles au système-monde. En réalité cependant, cette fonction n'est pas nouvelle. Dès l'Antiquité en effet, puissances politique et économique se sont appuyées sur la maîtrise des mers et des routes maritimes. Le Pirée, Canton, Malacca, Ormuz, Alexandrie, Constantinople, Venise, Cadix, Lisbonne, Carthagène ou Salvador : voilà longtemps que l'histoire des mondialisations s'écrit dans les ports. Pour leur part, jonques, boutres et caravelles les ont reliés bien avant que les supertankers et autres EVP sillonnent les océans. Cependant, voilà également longtemps qu'en dehors de Singapour, Hong Kong et Rotterdam, les thalassocraties ont disparu, laissant place depuis 30 ans à la domination mondiale de l'archipel portuaire de la Chine : alors qu'aucun port du géant asiatique ne figurait parmi les 10 premières places mondiales du trafic de conteneurs en 1970, ils sont 7 aujourd'hui. De la même façon, on en compte 6 dans la liste des 10 principaux ports mondiaux rangés selon leur tonnage global. Enfin, à eux seuls, les 13 premiers ports chinois accueillent plus de 60 % du tonnage manutentionné total. Au lieu de 500 000 conteneurs traités en 1990 par exemple, le seul port de Shanghai en gère aujourd'hui 35 millions par an, soit 20 % du volume mondial. En réalité, il ne s'agit là que d'un réajustement de l'activité maritime et de ses infrastructures à la reconfiguration économique mondiale que domine l'Asie (Chine, Inde, Corée, Japon), devant l'Europe du Nord (Rotterdam-Anvers-Hambourg), le golfe Persique (Dubaï) et le golfe du Mexique (Nouvelle-Orléans et Houston).

Si biens et pondéreux circulent de plus en plus à la surface des océans, champignons et virus embarqués aussi.

Parallèlement, d'autres places fortes du secteur maritime s'imposent en se spécialisant : le Moyen-Orient pour les hydrocarbures, l'Amérique latine pour les denrées agricoles, l'Asie pour les produits manufacturés, l'Europe et les États-Unis pour leurs importations en tous genres. À l'inverse, plusieurs pays se tiennent encore à l'écart de cet essor mondial, notamment en Afrique, au point qu'il suffit de 1 seul mois aux grues de Shanghai pour manipuler davantage de conteneurs que tous les ports situés entre Dakar (Sénégal) et Walvis Bay (Namibie) pendant 1 an.
Dans le même temps, plusieurs facteurs modifient la géographie des espaces portuaires eux-mêmes : le gigantisme des navires, de leurs chargements et donc des infrastructures pour gérer leur fret ainsi que les besoins d'intermodalité des transports. À mesure qu'ils se généralisent pour recevoir indifféremment vrac, hydrocarbures ou conteneurs, les plus grands ports alignent leurs techniques, pratiques, méthodes, stratégies et façades, participant aussi à la concentration capitalistique du transport maritime. Contraints par leur gigantisme, ils s'autonomisent de plus en plus, en se séparant de leurs villes d'attache pour se repositionner à l'extérieur, dans des espaces clos et interdits au public, parfois même au large, sur des îles artificielles, au prix d'investissements colossaux. Abandonnant alors leur fonction historique de brassage et de métissage interculturels, ils substituent au maillage historique et dense d'escales internationales un archipel planétaire de hubs mondialisés qui relient entre elles les « voies centrales », telles que celle qui relie Pusan, Shanghai, Hong Kong, Singapour, Dubaï et Rotterdam. Finalement, suivant une évolution similaire à celle du secteur aérien, ils restructurent l'ensemble du secteur maritime autour d'un nombre réduit de plateformes de services ultra-connectées, que ce soit aux ports secondaires, aux villes, à leur hinterland ou au système-monde.

↗ Entre deux eaux

Tel un puzzle géant dont les pièces s'assemblent avec une rapidité et une précision chaque année plus grandes, le triptyque que forment les ports, les routes maritimes et les navires constitue désormais le socle de la mondialisation et de la prospérité des pays développés et émergents. Cependant, il en révèle aussi toute la fragilité, car en plus de la piraterie, des risques techniques et environnementaux, le secteur doit faire face aujourd'hui à une autre menace : le ralentissement de la croissance chinoise. Depuis 2014, armateurs, exportateurs et sociétés de fret découvrent leur très grande dépendance au dynamisme de la quasi première puissance économique mondiale. Déjà, depuis 2014, la conjonction de nouvelles mesures antipollution et d'une moindre production d'électricité thermique a fait chuter les importations chinoises de charbon. De la même façon, le ralentissement de la demande de minerai de fer a modéré l'affluence vers les ports chinois. Plus globalement, dans les prochaines années, la restructuration de l'économie chinoise pourrait donc précéder la réorganisation du secteur maritime, actuellement en surcapacité, qui devrait alors opérer à son tour une véritable transition. Car d'autres tendances devraient l'y encourager.

Si la révolution énergétique annoncée à Paris en novembre 2015 devait bien avoir lieu dans les prochaines décennies, on peut s'attendre en effet à une diminution des échanges mondiaux de charbon, de gaz et de pétrole. Or, en 2015, le transport d'énergie fossile représente près de 42 % du transport maritime mondial, dont 3,7 % pour le gaz naturel, 17 % pour le pétrole brut, 12 % pour le charbon et 9 % pour les produits pétroliers raffinés. À son tour, la construction navale pourrait se trouver contrainte d'opérer une reconversion partielle pour s'ajuster à cette nouvelle reconfiguration du transport maritime. Déjà, avec le ralentissement de l'économie, armateurs et chantiers navals chinois ont enregistré une baisse de 50 % sur leurs carnets de commandes. Or, au même moment, la conclusion en février 2016 du partenariat transpacifique (TPP), un accord multilatéral de libre-échange visant à intégrer les économies des régions Asie-Pacifique et Amérique, laisse penser que la géographie des échanges commerciaux sur la zone pourrait encore évoluer et modifier en même temps l'équilibre mondial des marchés.

Finalement, rien ne reflète mieux les évolutions du monde que celles de la mer, car s'y trament ensemble des phénomènes de réseaux et d'autres de concentration, des mobilités toujours plus denses qui n'induisent pas de liberté de mouvement, des innovations de plus en plus sophistiquées qui renouvellent les risques, la primauté des échanges matériels et financiers sur ceux des cultures et des idées, une exploitation des ressources dont l'épuisement possible expose notamment ceux qui les exploitent, les cadences de l'économie et la décadence du modèle qui l'inspire.

FIG. 054
ÉVOLUTION DU VOLUME TOTAL
DE MARCHANDISES TRANSPORTÉES
PAR CONTENEURS, de 1980 à 2035

CHAPITRE 19

LES PORTES DU CIEL

Moins de 1 siècle après que Charles Lindbergh a relié les deux rives de l'Atlantique (1927) et que Saint-Exupéry a écrit *Terre des hommes* (1939), l'aviation est entrée dans le quotidien du monde dont il embrasse toutes les mutations. Indispensable au devenir de l'humanité, elle en catalyse toutes les fragilités et les ambiguïtés. Bien plus qu'un moyen de transport, elle révèle en effet à elle seule la plupart des interrogations et des espérances soulevées par le futur, qu'il s'agisse du rapport des hommes à leur paysage, au rêve, au voyage, aux autres, au luxe, à la sécurité, à l'ubiquité, au partage, à l'étranger, à l'accueil, au profit, au temps et aux distances.

Depuis le premier vol commercial en 1914, entre Tampa et Saint Petersburg (Floride), plus de 65 milliards de billets d'avion ont été émis dans le monde. Un siècle plus tard, ce sont même plus de 10 millions de voyageurs qui se déplacent chaque jour dans le ciel, à bord de l'un des 100 000 vols quotidiens, sur l'un des 26 000 avions de ligne affrétés par l'une des 1 400 compagnies aériennes en service. Ainsi, en plus de modifier les échelles de temps, les distances et les routes, le transport aérien a révolutionné la mobilité des hommes. Constituée en industrie à part entière, tournée vers des horizons technologiques sans cesse renouvelés, l'aviation fait écho à l'économie du monde et à la transformation des sociétés, lui imposant de s'ajuster aussi à leurs futurs possibles.

↗ L'avion pour tous

Depuis qu'il a affranchi l'homme des très longues distances, le transport aérien a connu plusieurs ruptures transformant le rêve d'Icare en aventure technologique et commerciale et, désormais, en défi urbain et écologique. Appliquées à la propulsion des appareils, les innovations ont contribué de manière significative à l'essor du transport aérien. Si 34 heures et 6 escales étaient nécessaires pour relier Paris à Dakar en 1939 à bord d'un avion à piston au confort et à la sécurité minimaux, il ne fallait plus que 5 heures pour effectuer le même trajet sans escale en 1960, dans un jet à réaction.

Depuis, les choses ont encore évolué, bien que de façon moins radicale. Au lieu d'une centaine de passagers transportés par la Caravelle française, sur des distances de moins de 3 000 km à des vitesses de 800 km/h, le dernier-né de l'aviation commerciale, l'A350, transporte plus de 300 passagers à 1 000 km/h sur plus de 15 000 km, en utilisant par ailleurs deux fois moins de kérosène à distance égale qu'un appareil des années 1960. On compte aussi que le nombre de vols a été multiplié par 15 entre 1965 et 2013 alors que le taux d'accidents, lui, a été divisé par 4 sur la même période. Avec 0,101 mort pour 1 milliard de voyageurs par kilomètre, l'avion représente aujourd'hui le moyen de transport le plus sûr, devant le train. Enfin, comme ils sont produits en grand nombre, les appareils coûtent également beaucoup moins cher qu'il y a 50 ans. C'est ainsi que, depuis 1950, le prix moyen du transport aérien a pu être divisé par 4 et, avec lui, celui des billets : au lieu de 3 500 dollars en 1930, un billet New York-San Francisco coûte aujourd'hui moins de 300 dollars. Et s'il fallait 130 semaines de travail à un Australien pour s'offrir un aller-retour entre Sydney et Londres en 1945, le même vol lui coûte aujourd'hui à peine 2 semaines de revenus moyens. Jadis réservé à une élite, le transport aérien constitue désormais un mode de transport plus largement partagé à la faveur de la hausse du pouvoir d'achat des classes moyennes dans les pays développés : aujourd'hui, plus de 80 % des Américains ont pris l'avion au moins une fois dans leur vie pour seulement 20 % en 1965.

Tout comme le courrier avait porté le développement de l'Aéropostale, la mondialisation s'est imposée comme l'agent du transport par avion, lui-même catalyseur des bouleversements du monde depuis les années 1970. Stimulée par l'essor des échanges internationaux, la croissance moyenne annuelle du secteur aérien depuis 45 ans est trois fois supérieure à celle du PIB mondial. À la faveur d'un doublement du trafic tous les 15 ans, le transport aérien a même enregistré un décuplement de son activité entre 1970 et 2010, en dépit des événements qui ont marqué le secteur : chocs pétroliers en 1973 et 1980, détournements pirates (86 entre 1969 et 1972), attentats du 11 septembre 2001, ralentissement économique dans les pays développés depuis 2008, crashs aériens et autres attentats en zone aéroportuaire hypermédiatisés, etc. Il faut dire que sur cette même période, d'autres tendances, de plus long terme, travaillent aussi le secteur aérien, telles que le dynamisme économique des pays émergents ou le tourisme dit « de masse ». Dans ce secteur, par exemple, plus de la moitié des déplacements internationaux se font par voie aérienne. À son tour, l'avion joue un rôle clé pour certains processus industriels comme l'assemblage de l'iPhone. Et si le transport aérien n'achemine que 1 % du volume mondial de fret, il compte pour un tiers de sa valeur totale.

Globalement, le nombre de passagers transportés chaque année par avion dans le monde a déjà été multiplié par plus de 5 entre 1970 et aujourd'hui pour atteindre 3,6 milliards de personnes en 2015. Comme le chiffre devrait encore doubler d'ici 20 ans, les avions pourraient convoyer chaque année l'équivalent de la population mondiale actuelle dans le ciel, soit dix fois plus qu'en 1971, au lancement de la première compagnie low cost, Southwest Airlines. Au total, on attend autant de passagers dans les 20 prochaines années qu'il y en a eu au cours des 100 dernières.

Bien logiquement, c'est dans les régions plus dynamiques, plus denses et plus peuplées du Moyen-Orient, d'Asie-Pacifique et d'Afrique que l'on prévoit les progressions les plus marquées du trafic aérien, avec des taux de croissance annuels probables supérieurs à 5 %. Ainsi, en déplaçant son centre de gravité vers l'Asie, le transport aérien contribue au redéploiement de l'économie mondiale dont le cœur ne sera bientôt plus situé entre Londres et New York, mais plus près de Delhi et Shanghai. Déjà première sur le plan du trafic, la région Asie-Pacifique accentue chaque année son avance, au détriment de l'Europe et de l'Amérique du Nord : au lieu de 64 % du nombre total de passagers en 1995, ceux-ci pourraient reculer jusqu'à 37 % en 2035. Pour sa part, la Chine, qui devrait devenir le premier marché mondial en nombre de passagers dès 2030, passera devant les États-Unis, suivis de l'Inde. À cette croissance différentielle correspond également une redistribution des flux : si les liaisons entre pays développés constituent encore la plus grande part du trafic mondial, elles devraient être dépassées par celles qui relient les pays émergents entre eux d'ici une quinzaine d'années, sous l'impulsion de la moyennisation* des pays émergents.

Plus nombreuses et plus prospères, les classes moyennes sont aussi plus enclines à voyager plus loin et plus souvent. Dans les pays émergents comme dans les pays développés, on constate que le nombre de trajets augmente rapidement avec les revenus jusqu'à ce qu'ils franchissent la barre des 15 000 dollars par an, au-dessus de laquelle la progression ralentit. La plus large partie de la population mondiale des classes moyennes se situant encore bien en deçà de ce niveau de revenus, les perspectives de croissance du transport aérien restent globalement très élevées. En 2035 par exemple, le nombre de déplacements aériens par Chinois devrait rejoindre le niveau européen actuel (environ 1 voyage par an et par personne). Dans les pays émergents, on prévoit aussi que 75 % de la population volera au moins une fois par an au lieu de 25 % aujourd'hui. Dans un pays aussi peuplé que l'Inde où seuls 4 % de la population se déplacent en avion, la progression promet donc d'être particulièrement spectaculaire.

↗ Le ciel des géants

Avec l'augmentation prochaine du nombre de passagers, c'est tout un écosystème qui doit être rapidement mis à l'échelle pour permettre d'ajuster l'offre à la demande et ainsi éviter la congestion du ciel, celle des infrastructures aéroportuaires, mais aussi l'inflation des coûts ou encore la baisse du niveau moyen de sécurité. Pour les avionneurs, le futur se profile comme une aubaine : avec une demande attendue d'au moins 33 000 nouveaux appareils sur la période, soit presque le double de la flotte actuelle, on estime que le marché aérien des 20 prochaines années pourrait dépasser 5 000 milliards de dollars. Or, même si de nouveaux acteurs prennent position dans le secteur tels que Comac en Chine, Embraer au Brésil, ou encore Irkut en Russie, les experts de l'aérien continuent de penser que l'américain Boeing et l'européen Airbus se partageront toujours 87 % de la construction aéronautique civile vers 2030. Pour se distinguer dans un secteur en recherche d'efficience, les avionneurs sont donc invités à multiplier les innovations énergétiques et environnementales. Moteurs plus silencieux et plus économes, aérodynamisme, propulsion aux biocarburants ou électrique (Airbus E-Fan), pile à combustible, moteurs propres pour les périodes de roulage sur piste (*green taxiing*) : plus qu'à la vitesse, c'est à la réduction du bilan énergétique des avions que la recherche se consacre désormais en priorité. Pour le transport aérien, le défi est d'autant plus critique que le kérosène représente près d'un tiers des coûts opérationnels des compagnies et que le secteur est déjà le plus polluant en termes d'émissions par passager et par km.

En 2035, l'aviation représentera 100 millions d'emplois et 6 000 milliards de dollars de revenus.

Parallèlement, les compagnies aériennes sont elles-mêmes lancées dans une course effrénée pour saisir des parts supplémentaires d'un marché en expansion rapide. Si au XXe siècle les compagnies historiques européennes (Air France, Alitalia, British Airways, Lufthansa...) ou américaines (Delta, United Airlines, American Airlines, Air Canada) représentaient encore de véritables emblèmes nationaux, voilà déjà 2 décennies qu'elles doivent résister à une concurrence mondialisée et de plus en plus féroce. Sur les segments courts et moyens courriers par exemple, elles se trouvent évincées par les compagnies low cost qui, pour un prix réduit, offrent aux passagers des liaisons point à point depuis des aéroports secondaires avec des prestations minimales.

En Europe, les compagnies Ryanair et Easyjet se sont ainsi déjà hissées aux deux premiers rangs en nombre de passagers internationaux. Sur les axes longs courriers, les compagnies nationales historiques se trouvent davantage bousculées par les stratégies d'expansion des compagnies du Golfe, consistant à afficher des offres tarifaires et qualitatives défiant toute concurrence. Pour y parvenir, ces compagnies s'appuient sur l'aménagement de plateformes logistiques et de transit aéroportuaires ultra-performantes financé par leurs États (40 milliards de dollars sur les 10 dernières années), mais aussi les cinquième et sixième libertés de l'air* qui leur permettent de capter la clientèle sur des destinations traditionnellement moins rentables et ainsi, finalement, de reconfigurer la carte des liaisons aériennes. Pour faire face à cette nouvelle concurrence, mais aussi aux prix croissants exigés par les aéroports ou encore au dumping social* pratiqué par des compagnies en quête de compétitivité*, bon nombre d'opérateurs aériens ont donc choisi de constituer des consortiums (Oneworld, SkyTeam, Star Alliance...) ou même de fusionner (Air France-KLM). Si ces opérations ont sans doute permis à quelques compagnies de ne pas disparaître, la situation reste tendue. Car les opérateurs aériens continuent d'être dépendants des oligopoles qui do-

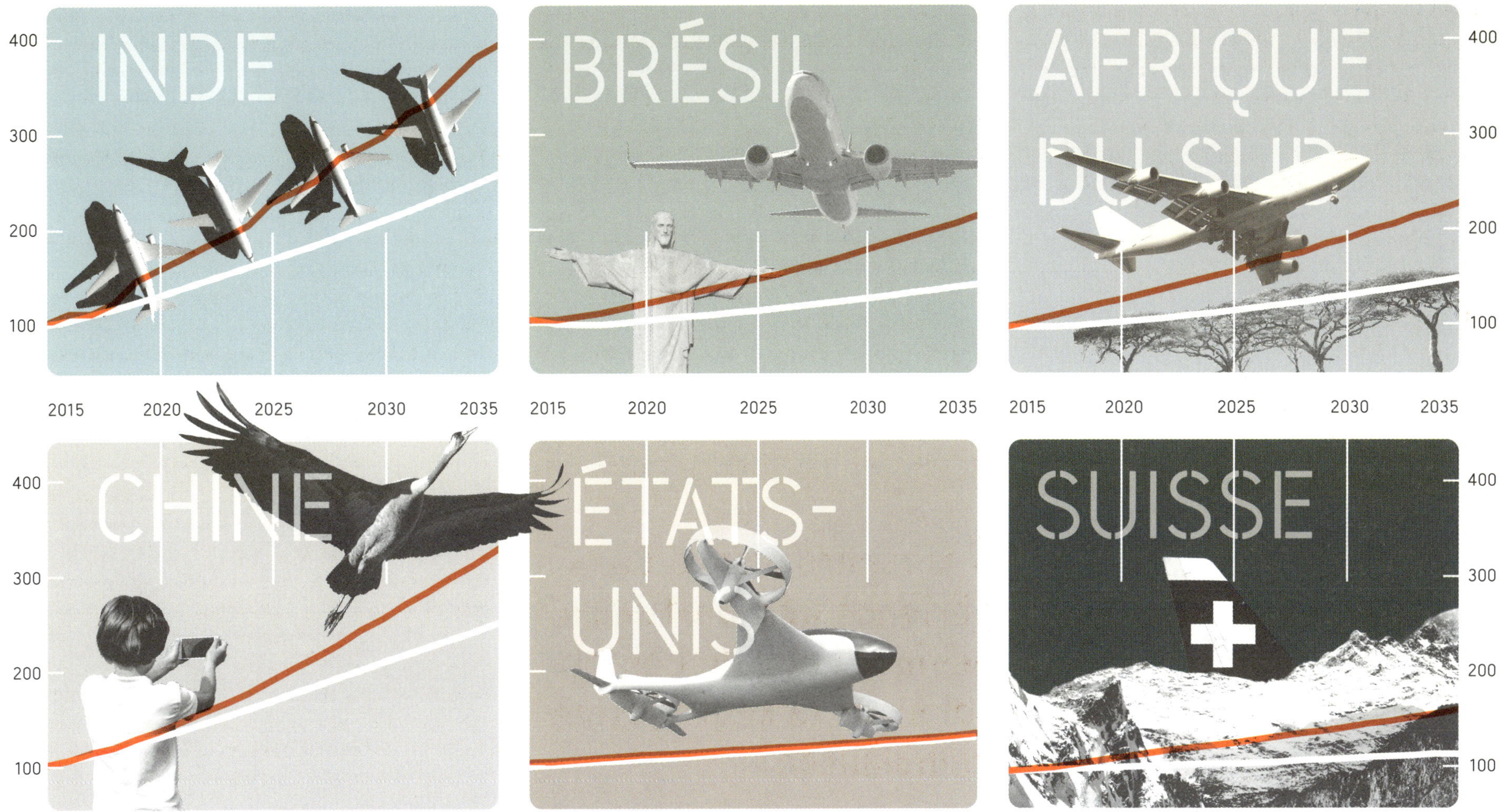

FIG. 055
ÉVOLUTION DE LA RICHESSE ET DU NOMBRE DE VOYAGES EN AVION PAR HABITANT,
de 2015 à 2035 (base 100 en 2015)

Nombre de voyages par habitant

Produit intérieur brut par habitant

minent le secteur, des constructeurs aéronautiques en amont aux fabricants de systèmes d'achat de billet en ligne en aval. Au lieu d'alliances globales, d'autres types de partenariats stratégiques pourraient donc voir le jour dans les prochaines décennies, permettant aux compagnies aériennes d'améliorer leur rapport de force économique face à leurs fournisseurs, qu'il s'agisse de restauration en vol ou de logistique aéroportuaire.

Au-delà des seuls résultats des compagnies d'aviation, les chiffres de fréquentation du ciel mettent en relief le poids économique du transport aérien, déjà comparable aux plus grandes économies mondiales. Pris dans une acception large, les activités que le secteur mobilise représentent en effet près de 60 millions d'emplois directs et indirects pour un impact économique de plus de 2 700 milliards de dollars. Dans seulement 20 ans, ces chiffres pourraient même atteindre 100 millions d'emplois et près de 6 000 milliards de dollars d'activité économique induite. En plus de donner la mesure du transport aérien dans l'espace économique global, ces chiffres soulignent le rôle central qu'il joue dans le système triphasé de la mondialisation : tandis qu'Internet transmet les informations et conduit les flux financiers d'une place à l'autre en temps réel, que les porte-conteneurs et les tankers convoient partout de quoi produire et consommer, les avions, eux, offrent aux hommes leur mobilité physique en rétrécissant le monde et en connectant les mégapoles. En creux, ils redessinent la carte d'un monde fluide, polycentré, et dont les contours épousent les lignes de transport.

Aux principales intersections des fils tissés par ces réseaux, les nouveaux centres névralgiques de l'économie et de la géopolitique mondiales prennent place : les hubs* aéroportuaires. En 2016, celui de Delta Airlines à Atlanta, qui reste le plus fréquenté au monde, accueille déjà plus de 200 000 personnes chaque jour, soit quasiment autant que les hubs internationaux d'Emirates à Dubaï et de British Airways à Londres réunis !

↗ Des villes hors sol

Points de passage technique obligés pour les transporteurs, incontournables pour les passagers et indispensables à l'économie mondiale, les aéroports ont désormais pour vocation de connecter entre eux l'ensemble des points du globe, mais aussi de réduire au minimum les temps d'attente en optimisant ceux du transit. Au regard des chiffres du trafic aérien à venir, le seul passage en zone aéroportuaire devient un marché stratégique, qui pousse les grands aéroports mondiaux à multiplier les infrastructures pour capter des flux aériens toujours plus denses. Parmi les premiers vainqueurs de cette compétition mondiale des hubs, Pékin, Delhi, Istanbul, et Jakarta se rangent aux premiers rangs et affichent même des taux de croissance annuelle à deux chiffres, aux côtés des nœuds traditionnels que sont Londres, Francfort, Amsterdam, Paris, Tokyo et New York. On trouve aussi Dubaï, aéroport emblématique s'il en est des liens étroits du secteur aérien avec la mondialisation : on calcule par exemple que 1 minute de fermeture de l'aéroport de ce territoire de 3 885 km² où vivent seulement 2,3 millions d'habitants coûte 1 million de dollars au petit émirat, où le secteur aérien représente 1 emploi sur 10 et 16 % du PIB*. En 2030, il pourrait même y offrir 1 emploi sur 5 et produire le quart des revenus de l'émirat, devant l'industrie et la finance.

À l'échelle mondiale, 55 aéroports se partagent 90 % du trafic long courrier et constituent ensemble un véritable archipel métropolitain mondialisé. Chaque jour, plus de 1 million de passagers y transitent pendant que plusieurs millions de personnes y travaillent. Désormais, les villes-mondes que ces aéroports desservent génèrent à elles seules un quart du PIB mondial et se situent indifféremment dans les pays de l'OCDE* à Londres, Paris, Francfort, New York, Tokyo ou dans le monde de demain à Singapour, Dubaï, Sao Paulo, Shanghai, Bangkok… D'ici 20 ans, Lagos, Addis-Abeba, Ho-Chi-Minh-Ville, Téhéran, Lima et 35 villes supplémentaires compléteront cette liste, constituant alors un réseau de 90 « cités aériennes » représentant un tiers du PIB mondial. À eux seuls, les aéroports de cette « gigapole » pourraient capter 95 % du trafic long courrier, soit 2,5 millions de passagers chaque jour.

Positionnés dans cette perspective, les systèmes aéroportuaires se muent en mastodontes polyvalents. À Dubaï par exemple, le futur aéroport d'Al Maktoum sera le cœur de Dubai World Central, un écosystème grand comme deux fois Hong Kong, à vocation logistique, commerciale, technique, résidentielle et touristique, prévu pour réceptionner chaque année 12 millions de tonnes de fret, 160 millions de passagers, 900 000 habitants et 20 millions de visiteurs à partir de 2020. À Zhengzhou, dans la province chinoise du Henan, les autorités projettent également d'ouvrir la première « aérotropolis » mondiale en 2030, une ville-aéroport multimillionnaire dont l'économie tout entière sera tendue vers l'aérien, depuis les activités du fret à celles de recherche et développement en passant par une multitude d'entreprises de services.

À son paroxysme, l'expérience aéroportuaire devient celle de l'entre-soi et de la ségrégation mondialisée.

À l'intérieur des nouvelles aérogares, passagers en transit ou sur le départ se déplacent dans des flux parfaitement orchestrés qui les conduisent du dépose-bagages aux plateformes hors taxes en passant par différents comptoirs de restauration rapide. Poussée à son paroxysme, l'expérience aéroportuaire devient même celle de l'entre-soi, voire de la ségrégation mondialisée. Dans les terminaux auxquels eux seuls ont accès, voyageurs d'affaires, *frequent flyers* et passagers de première classe se croisent sous les lumières feutrées de boutiques de luxe uniformes, avant de profiter de la multitude de prestations qui leur sont réservées dans des salons privés. Ici, ni attente ni bousculade : les enregistrements sont facilités, les navettes de courtoisie à disposition, tout comme un système de réservations diverses, de soins de détente, de salles de repos, etc. En somme, des espaces sélectifs où les aspérités politiques et sociales du monde n'ont pas prise, et où les passagers se trouvent exemptés du devoir de sobriété que les dérèglements climatiques imposent au reste de la population mondiale.

À l'opposé du sort réservé à la clientèle VIP, la routine proposée aux usagers des compagnies et terminaux low cost ne prévoit ni privilège, ni gratuité, ni facilité. Dans le monde des coûts réduits, tout se monnaye au contraire, de l'ordre d'entrée dans l'avion au droit de déplier ses jambes. Départs matinaux, arrivées tardives, confort et flexibilité minimaux, attente et formalités maximales, terminaux moins accessibles, personnel moins nombreux et moins bien payé, absence de passerelle : l'avion retrouve ici la catégorie des transports en commun, fréquentés pour l'essentiel par les classes moyennes et le tourisme de masse. Et tandis que le billet des grandes compagnies aériennes européennes ou du Golfe engage les opérateurs à fournir un certain nombre de services, celui du low cost aime à se dégager de toutes responsabilités, qu'elles concernent le confort des passagers ou les conditions de travail des employés. Calculé par des algorithmes qui rapportent l'offre à la demande à un instant donné et qui les corrigent en fonction d'un profil utilisateur, le prix du billet low cost ne répercute plus le coût réel du transport de l'individu. Bientôt, il pourrait même encore baisser « grâce » à l'infini besoin des marques de trouver de nouveaux espaces publicitaires. À l'instar de systèmes déjà mis en place pour le téléphone mobile, on pourrait voir apparaître les premiers vols entièrement sponsorisés, permettant à une clientèle plus jeune ou à moindres revenus d'emprunter plus facilement les voies du ciel : spots publicitaires imposés dans des casques dotés d'écrans vidéo intégrés, annonces promotionnelles en vol, films commerciaux continus sur l'écran principal, marquage de logos au

FIG. 056
ÉVOLUTION DU TRAFIC AÉRIEN
DE PASSAGERS, de 1970 à 2035
(en milliards de passagers-kilomètres*)

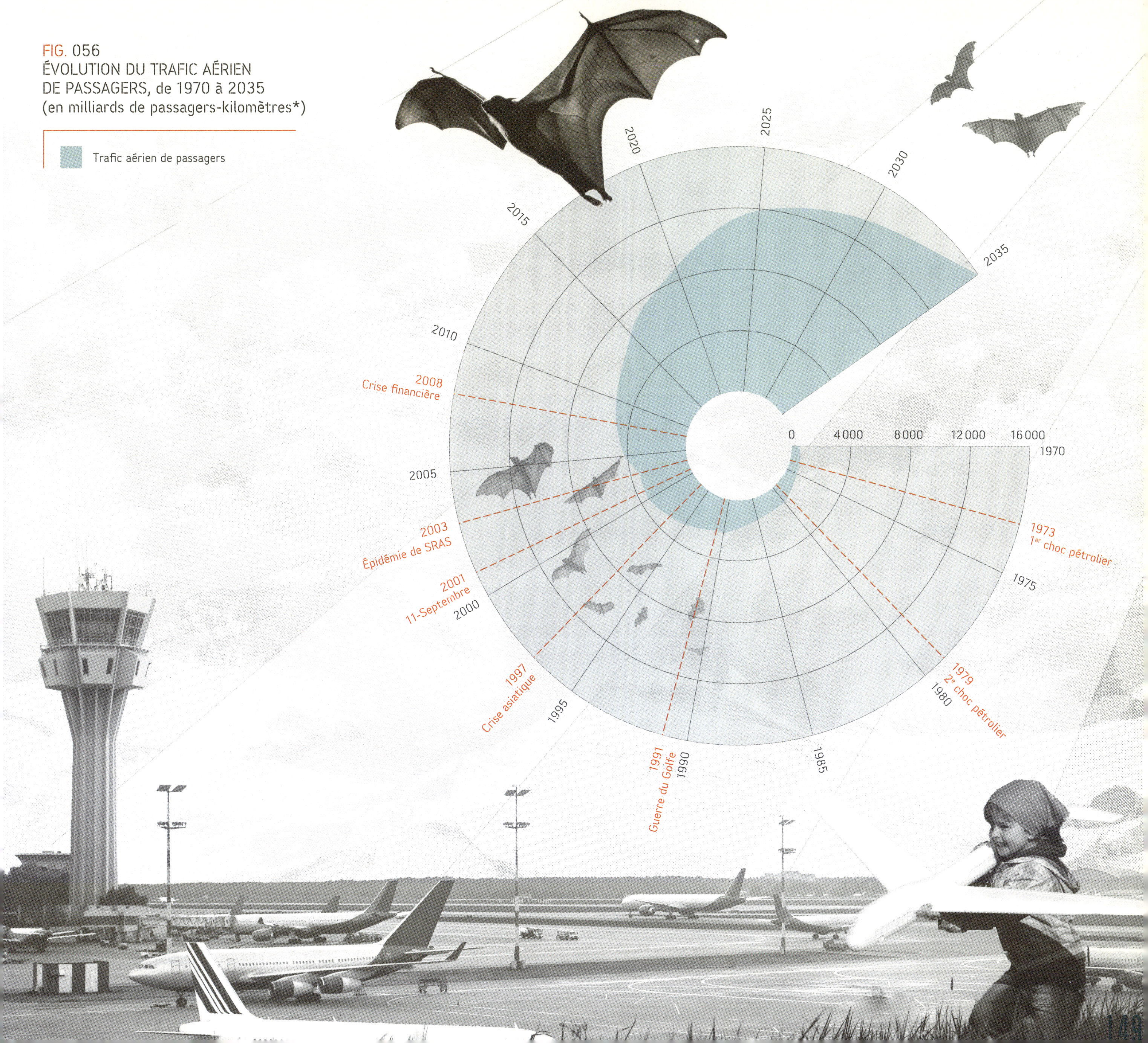

FIG. 057
TROIS SCÉNARIOS D'ÉVOLUTION DES ÉMISSIONS DE CO_2 DANS LE TRANSPORT AÉRIEN, de 2010 à 2050 (en millions de tonnes)

- Scénario tendanciel ne tenant compte que du renouvellement de la flotte
- Scénario fondé sur l'amélioration progressive et limitée des performances des carburants et de la flotte
- Scénario fondé sur l'amélioration rapide et profonde des performances des carburants et de la flotte

sol, sur les sièges, les plateaux-repas ou encore sur le fuselage de l'avion… Alors que le ciel échappait encore au marketing des labels, banques, marques automobiles et assurances pourraient bientôt accompagner les voyageurs moins fortunés jusqu'aux toilettes de l'appareil. Or s'il est probable que cette restructuration du prix du billet permette d'accélérer la démocratisation du voyage aérien, on peut toutefois s'interroger sur les effets secondaires futurs de telles incitations à consommer davantage au moment où, justement, la biosphère* appelle à changer de modèle. De la même façon, en laissant penser que le transport aérien est gratuit ou presque, les dispositifs low cost et publicitaires incitent les voyageurs à privilégier la vitesse sur l'efficacité énergétique, au détriment d'autres modes de transport plus sobres, également disponibles sur les moyennes distances (train, voiture, autocar, bateau).

↗ Les coûts bas du billet

Si l'avion ne représente que 2 % des émissions mondiales de CO_2, il reste cependant le mode de transport le plus polluant par passager au km parcouru. Pour en rendre compte, la Commission européenne calcule qu'un aller-retour Londres-New York représente aujourd'hui à peu près autant d'émissions de gaz à effet de serre* (GES) que le chauffage d'un Européen pendant 1 année. Plus globalement, si la consommation de carburant a reculé de 80 % par passager/km en 50 ans grâce à l'amélioration des moteurs, les émissions de CO_2 ont néanmoins continué de progresser sous l'effet d'une croissance du trafic mondial encore plus rapide. En France par exemple, pour la seule période allant de 1990 à 2013, on enregistre que le taux moyen d'émissions de GES du transport aérien a baissé de 34 %, mais que dans le même temps les volumes émis sont passés de 13,3 à 21,3 millions de tonnes de CO_2. C'est pourquoi, au rythme actuel de l'amélioration du rendement énergétique des avions (1,5 % à 2 % par an) et de la croissance du trafic (5 % par an), on calcule que la pollution du transport aérien continuera de croître de 3 % chaque année. Au lieu de 448 millions de tonnes de CO_2 aujourd'hui, le volume mondial d'émissions des seuls vols internationaux pourrait atteindre 760 millions de tonnes en 2020 et même plus de 1 500 millions de tonnes en 2050 ! À l'échelle de l'UE, la hausse attendue d'ici à 2035 devrait atteindre 45 %, alors qu'au même moment les États membres se sont engagés à réduire leurs émissions de 25 %.

Curieusement pourtant, comme le transport maritime, le transport aérien n'a pas été abordé lors de la COP21 ni lors d'aucun sommet climatique depuis celui de Kyoto. Le caractère international de l'activité aérienne civile rendant presque impossible le calcul d'objectifs de réduction des gaz à effet de serre par pays, les règles applicables au transport aérien relèvent des négociations menées au sein de l'Organisation de l'aviation civile internationale (OACI), l'institution onusienne chargée de régir le transport aérien international. Or, en 2016, l'OACI se fixe pour objectif de réduire les émissions NO_x et CO_2 par passager/km de 2 % par an d'ici à 2020 et même de stabiliser le volume d'émissions à l'horizon 2020. Pour y parvenir, les membres de l'organisation comptent à la fois sur l'amélioration des performances des nouveaux appareils, la mise au point de nouvelles motorisations pour les avions plus anciens, la modernisation des systèmes de gestion du trafic aérien en Europe et aux États-Unis, l'optimisation des routes aériennes, la réduction des phénomènes de congestion, etc. Cependant, en attendant la nouvelle génération d'appareils prévue vers 2040 ainsi que le développement de la filière biocarburants, ces innovations ne suffiront pas à réduire l'empreinte écologique du secteur, imposant d'envisager d'autres mesures en parallèle. À l'échelle européenne par exemple, la taxation des émissions de CO_2 a consisté à augmenter le prix du billet pour financer des systèmes de compensation.

À l'échelle mondiale cependant, la Chine et la Russie y restent fermement opposées. À la place de cette formule européenne de partage de responsabilité, d'autres pays suggèrent de répondre par le marché en adoptant un système mondial d'« achats de réductions d'émissions de CO_2 » applicable à l'ensemble du secteur (constructeurs d'avions, motoristes, gestionnaires des systèmes de contrôle aérien, compagnies aériennes, aéroports, pétroliers...). Préféré au système de quota que les compagnies aériennes redoutent, le mécanisme libéral permettrait ainsi au transport aérien de tenir ses objectifs de baisse des émissions (- 50 % d'ici à 2050, par rapport au niveau de 2005) même s'il ne parvenait pas à les diminuer lui-même. Il s'agit là du principal intérêt de la formule dont on peut aussi craindre les possibles effets rebonds*. Déjà, on retient que les consommateurs finaux de kérosène, les passagers, ne sont pas associés à l'effort global alors qu'ils sont les principaux acteurs de la demande. On note aussi que le soutien économique dont bénéficient certaines compagnies aériennes nationales pourrait leur permettre de tenir les engagements de baisse sans avoir à consentir d'effort pour réduire leur facture climatique, à moins d'établir un système de label pour indiquer l'efficacité énergétique des appareils et des compagnies, à l'instar des appareils électroménagers ou du bâtiment.

↗ Le ciel sous surveillance

Avec la contrainte énergétique et climatique, la pression sécuritaire pourrait devenir un paramètre sensible pour l'évolution du transport aérien. En même temps qu'il fait office de vitrine de modernité et qu'il devient un centre d'affaires, de restauration, de conférences et de shopping, l'aéroport occupe un rôle de plus en plus critique pour la surveillance du territoire, la gestion des migrations ou celle des épidémies. À l'image d'un monde où les inégalités augmentent avec la mondialisation, l'aéroport devient un nouveau lieu de tri, de mise à l'écart, fréquenté par une part grandissante de la population mondiale, mais organisé avec moins d'égards pour la plus grande part. Plus que jamais auparavant et que presque partout ailleurs, l'aéroport est devenu le lieu privilégié de l'inspection légitime et du contrôle individuel légal, sanitaire et policier. Moins qu'aucun autre espace public, l'avion et l'aéroport ne supportent la moindre déviance, en acte, en paroles, en comportement.

S'il n'est pas touriste américain ou VIP de type européen, le voyageur est facilement suspect. Pour avoir accès au ciel, il doit accepter de se soumettre à des rituels d'accès extrêmement rigides qui ne tolèrent aucune exception, qu'il s'agisse de surpoids, de rites religieux ou de fouille au corps et des bagages. Pour les demandeurs d'asile et candidats à la vie meilleure en provenance de régions plus pauvres, dangereuses ou en conflit, les aérogares constituent également l'épreuve ultime, le lieu où d'autres, inconnus, décideront de leur sort, au terme de semaines d'attente confinée dans des zones de détention laissées invisibles aux passagers réguliers. Si les aéroports aiment à montrer qu'ils veillent à la sécurité de chacun, ils excellent aussi à dissimuler l'autre face de la mondialisation, celle des trafics illicites, de la violence, de la souffrance. Chefs-d'œuvre architecturaux où l'efficacité logistique se décline dans une grande esthétique, miroirs d'une époque dont ils doivent gérer les contradictions, ils constituent à ce titre des espaces singuliers de rupture et de paradoxes.

CHAPITRE 20

LA VITESSE DÉPASSÉE

Tout comme le train à lévitation magnétique, l'Hyperloop propose de relancer l'avenir du transport terrestre à grande vitesse en dépassant certaines contraintes du rail. Plus rapide que l'avion, mais au niveau terrestre, il ressemble à l'un des futurs possibles de l'humanité : inventif, performant, économe et propre, mais aussi socialement sélectif et soumis à de nombreux aléas économiques. Né du rêve d'un inventeur passionné et milliardaire, il pourrait cependant ne pas assez rencontrer le désir des usagers pour voir le jour, tandis qu'il interpelle les sociétés mondialisées sur la valeur du temps et sur leur obsession de l'optimiser, en particulier grâce aux transports.

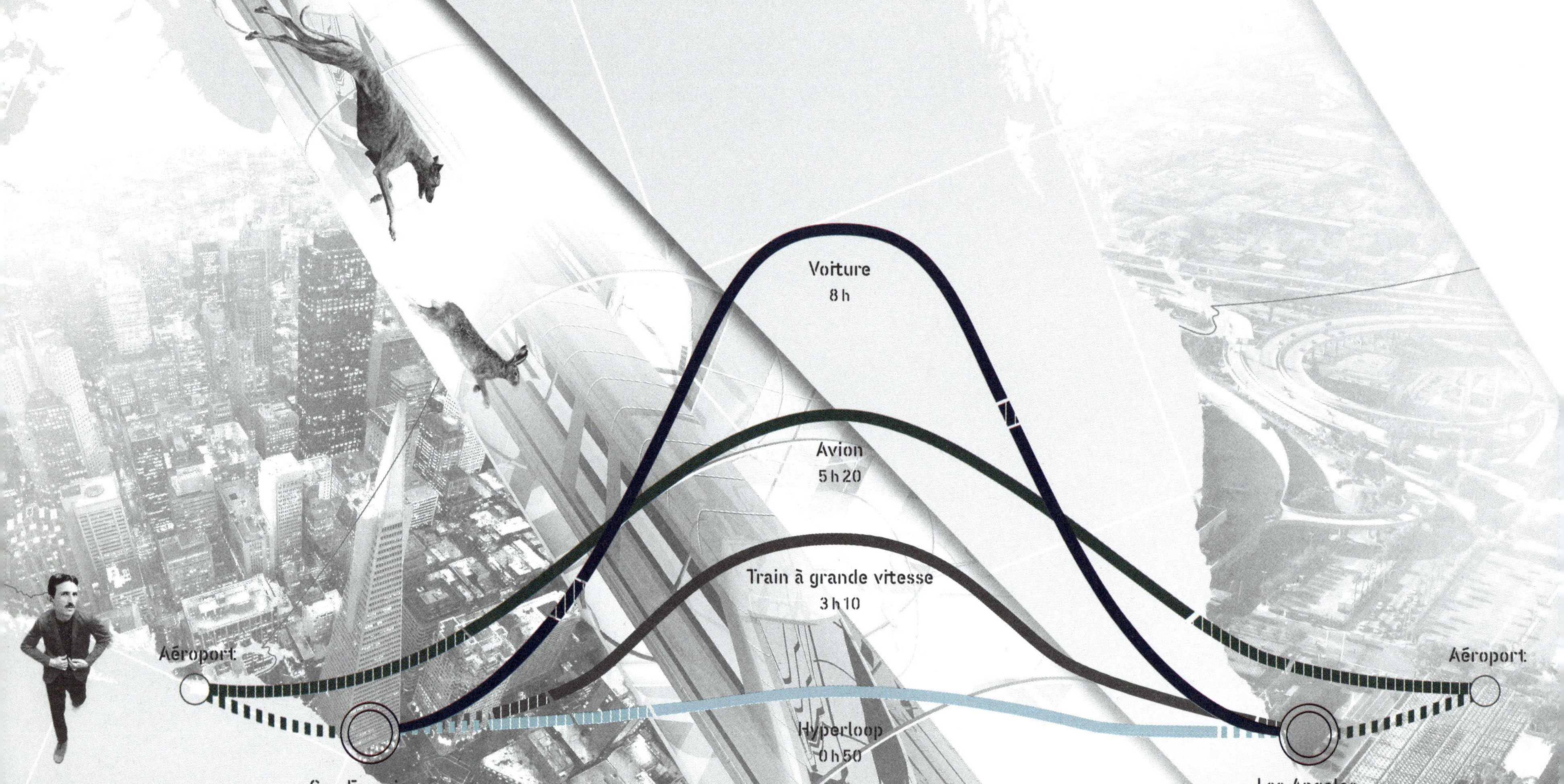

↗ Du rêve à l'invention

Après le bateau, le train, la voiture et l'avion, voilà qu'un nouveau moyen de transport aurait vu le jour lors de premiers tests réalisés en mai 2016 au Nevada. Baptisé Hyperloop, ce train du futur permettrait de propulser un module habité à quelque 1 200 km/h dans un tube à sustentation magnétique. Imaginé en 2013 par Elon Musk pour remplacer la technologie ferroviaire vieillissante, initié par un concours, repris par quelques collaborateurs de l'inventeur milliardaire et lancé grâce à des fonds de capital risque de la Silicon Valley, le projet doit permettre de relever en même temps le défi de la vitesse et celui de la sobriété. Dans sa course contre la distance et le temps, la start-up californienne doit faire face à la concurrence d'un autre développeur du système, Hyperloop Transportation Technologies (HTT). Composée de scientifiques venus d'horizons divers (NASA, Boeing, SpaceX), la société également américaine prévoit pour sa part d'installer un premier tronçon à Bratislava en 2020 pour ensuite relier la capitale slovaque à Budapest et Vienne. Auparavant, les deux compagnies devront lever de nombreux obstacles qui hypothèquent encore les débuts du transport en Hyperloop.

Sur le plan technique d'abord, le système consistant à faire circuler des capsules de plusieurs dizaines de personnes dans des tubes scellés à basse pression sur plusieurs centaines de kilomètres grâce à des panneaux solaires et à un système de sustentation magnétique ou de coussin d'air se révèle beaucoup plus fragile et complexe que les deux sociétés le laissent entendre. Car on ne transporte pas des hommes comme on propulse des objets d'un étage à l'autre, dans des navettes pneumatiques. C'est d'ailleurs la conclusion à laquelle s'était rendue la RAND Corporation dans les années 1970, après avoir tenté de lancer un projet de « métro transplanétaire » sous-terrain, qui devait relier les grandes métropoles américaines à des vitesses supersoniques. Jugé techniquement et financièrement irréaliste, le projet n'avait finalement pas dépassé le stade du rapport de synthèse. Un peu plus d'une décennie plus tard, les chercheurs de l'école polytechnique de Lausanne, l'EPFL, se lançaient à leur tour dans l'aventure technologique avec la compagnie de chemin de fer helvétique. Pour l'opérateur, il s'agissait alors de relier les principales métropoles suisses via un système de tubes souterrains à basse pression dans lesquels des trains à sustentation magnétique devaient circuler à près de 400 km/h. Quoique techniquement plus réaliste, le projet qui aurait exigé de creuser un double tunnel de 700 km² était de nouveau abandonné au début des années 2000 pour des raisons de coûts financiers.

Après le bateau, le train, la voiture et l'avion, voilà qu'un nouveau moyen de transport aurait vu le jour.

Pour sa part, le concept introduit par Elon Musk est encore plus ambitieux que les précédents : plus rapide (vitesse au-delà de 1 000 km/h), autosuffisant en énergie (grâce à des panneaux solaires installés sur les tubes), il sera monté sur piliers et devra offrir un confort sans égal aux passagers. Pour relever le défi, chercheurs et ingénieurs devront donc résoudre la question de la résistance des tubes au vent, aux séismes, aux intempéries ainsi qu'à la pression différentielle entre l'intérieur du tube (basse pression) et la pression atmosphérique extérieure.

À leur tour, le maintien de la température et la résistance de l'air à l'avant de la capsule constituent d'autres difficultés techniques à surmonter, tout comme l'inconfort des remous ressentis par les passagers à la moindre variation de vitesse. Ces obstacles franchis, un dernier facteur déterminera la faisabilité du projet : son prix. Selon Elon Musk, relier San Francisco à Los Angeles coûterait 6 milliards de dollars ; selon d'autres experts du rail, le projet exigerait de pouvoir investir entre 50 et 100 milliards de dollars, soit au moins dix fois plus que la ligne de train à grande vitesse actuellement en construction entre les deux villes californiennes. Or, si l'Hyperloop est capable d'acheminer 300 personnes d'une ville à l'autre en 1 heure, le TGV, lui, en déplace déjà 1 000 en 3 heures. Par conséquent, à vitesse « collective » égale, la performance du nouveau dispositif ne serait pas suffisante pour justifier sa mise en œuvre.

Face à l'Hyperloop, d'autres technologies sont également mises en avant pour remplacer le rail, à l'exemple du train à lévitation magnétique, le Maglev. Aujourd'hui, seule la Chine exploite ce mode de transport à grande vitesse pour desservir l'aéroport de Shanghai à 430 km/h oui. Pour sa part, l'Allemagne y a renoncé dans les années 1990 en abandonnant alors ses projets de Magnetbahn et Transrapid jugés trop coûteux. Le Japon, lui, possède bien des lignes à lévitation magnétique sur son territoire, mais n'en exploite aucune à grande vitesse. La situation pourrait cependant bientôt changer avec la construction d'une nouvelle ligne Maglev à haute vitesse, le Linear Chuo Shinkansen, qui devrait relier Tokyo à Nagoya en moins de 40 minutes dès 2027, en circulant à une vitesse commerciale de 500 km/h. Merveille technologique emblématique de l'innovation japonaise, le Maglev pourrait cependant ne jamais trouver de clients en dehors de l'archipel tant son prix est élevé. Développée au Japon sur 300 km, la ligne à 80 % souterraine devrait en effet coûter entre 50 et 100 milliards d'euros, soit au moins sept fois plus que la ligne à grande vitesse (LGV), déjà très coûteuse, et actuellement en construction entre Tours et Bordeaux sur une distance identique. Parallèlement, on peut s'interroger sur la pertinence du projet

FIG. 058
TEMPS DE TRANSPORT MOYEN ENTRE SAN FRANCISCO ET LOS ANGELES SELON LE MODE UTILISÉ

- Temps de déplacement effectif
- Temps d'attente ou d'arrêt (sécurité, pause-repas, station-essence, récupération des bagages)
- Temps pour accéder ou quitter le moyen de transport (marche, taxi, parking)

dans un pays déjà très équipé sur le plan ferroviaire et où la population devrait reculer de 20 % d'ici à 2050. Enfin, au moment où le Japon doit augmenter ses importations énergétiques pour pallier la baisse du nucléaire dans la production électrique, le choix de construire une ligne à lévitation magnétique paraît d'autant plus étonnant que le Maglev consomme trois fois plus d'énergie qu'une ligne à grande vitesse classique.
Ainsi, tandis que les promesses de vitesse continuent de séduire un monde pressé et soucieux d'accroître sa productivité, il est donc peu probable qu'Hyperloop et Maglev transforment le transport terrestre à grande échelle. Moins que le changement de propulsion, c'est en effet plus probablement l'extension du réseau des lignes à grande vitesse qui marquera le futur du rail.

↗ L'empire de la vitesse croissante

Bien qu'inégalement répartis à l'échelle mondiale, les transports ferroviaires ont enregistré une croissance importante au fil des 35 dernières années, faisant écho à l'essor économique de l'Inde et de la Chine où la fréquentation ferroviaire a été multipliée par 5 entre 1980 et 2014. Si l'Asie ne représente encore que 22 % du réseau ferré mondial (1 milliard de kilomètres), elle compte déjà pour près de 80 % des déplacements de passagers (en passagers-kilomètres*). En amont de cette distorsion, trois facteurs prédominent : la densité et la répartition géographique des populations indiennes et chinoises ; la hausse des mobilités pendulaires ; enfin, l'appui financier des États au développement du rail. À l'opposé, l'Europe qui dispose d'un réseau plus étendu que l'Asie présente une population dix fois moindre et, donc, un amortissement des investissements beaucoup plus lent, qui pousse à accélérer la fermeture de nombreuses lignes peu rentables en France, au Royaume-Uni, en Allemagne et en Pologne. Berceau historique du rail, l'Europe ne représente désormais plus que 20 % du trafic passager mondial, Russie et Turquie comprises. En revanche, si l'on considère l'utilisation du réseau par individu, les pays européens conservent le haut du classement : en Suisse, en Autriche, en Suède, en France, au Danemark et en Allemagne, on compte que chaque habitant effectue plus de 1 000 km par an en train, plaçant les pays européens loin devant les valeurs indiennes et chinoises.
S'il ne transporte que « peu » de passagers en Amérique du Nord, le réseau ferré y est en revanche davantage utilisé pour le fret : à eux seuls, le Canada et les États-Unis convoient un tiers du tonnage mondial. Cependant, à l'horizon 2050, ils devraient à leur tour être dépassés par la Chine dont l'activité de fret sur rail devrait tripler entre-temps. Avec la Russie et l'Inde, ces 5 pays se partageront alors plus de 80 % du trafic sur rail mondial tandis que le volume de fret transporté aura doublé. Que l'on parle réseau, fret ou fréquentation, tous les records pointent vers la Chine qui promet aussi un avenir radieux et durable au rail à grande vitesse, dans des dimensions jamais atteintes auparavant. Alors qu'en 2008 le pays ne comptait encore aucune ligne à grande vitesse, il totalise aujourd'hui plus de 60 % du réseau mondial avec 20 000 km de lignes en service, plaçant la Chine loin devant l'Espagne (3 100 km), le Japon (2 700 km), et la France (2 000 km).
Depuis qu'ils circulent, les Gaotie (« TGV » chinois) ont déjà transporté plus de 5 milliards de passagers (en 8 ans) au lieu de 2 milliards en France (en 35 ans), et de 10 milliards au Japon (en 52 ans). Et si la Chine doit encore concéder au Shinkansen japonais le titre de premier réseau mondial en termes de passagers cumulés, elle devrait bientôt prendre aussi la tête de ce classement au vu du projet de doubler son réseau de lignes à grande vitesse d'ici à 2025. Au vu aussi du niveau de fréquentation des lignes chinoises : au cours de la seule année 2015, plus de 1 milliard de personnes ont circulé à plus de 200 km/h en Chine, soit trois fois plus qu'au Japon, mais aussi deux fois plus que sur les lignes aériennes intérieures chinoises. Parallèlement, en se connectant avec son voisinage, la Chine devrait amener la grande vitesse dans plusieurs pays frontaliers.

L'Asie ne représente que 22 % du réseau ferré mondial, mais déjà 80 % des déplacements de passagers.

À leur tour, inspirés par l'élan chinois, de nombreux pays ont récemment annoncé qu'ils se lançaient dans l'aventure du rail à grande vitesse : la Turquie, avec soutien de la Chine ; l'Arabie saoudite, associée à un consortium espagnol ; le Maroc en coopération avec un groupe français ; et bientôt l'Inde, l'Indonésie, la Malaisie et Singapour. Au même moment, d'autres projets sont abandonnés au Brésil, au Mexique, en Argentine, au Portugal et en Thaïlande, soulevant à cette occasion la question de la valeur ajoutée de la vitesse dans des sociétés où les infrastructures de soin et d'éducation restent très insuffisantes et où la plus grande part de la population n'a pas les moyens ni le besoin d'emprunter les nouvelles lignes.
Aussitôt, cette première réserve en amène une autre portant sur l'amortissement des investissements engagés par les lignes à grande vitesse. Comme elles coûtent de 17 à 21 millions de dollars le kilomètre en Chine, jusqu'à 39 millions de dollars en Europe, elles restent en effet hors de portée pour la plupart des pays en développement. De la même façon, en France, en Chine et au Japon, les lignes à grande vitesse sont loin d'avoir tenu leur promesse commerciale et laissent les opérateurs face à des milliards de dollars de dette. Plus de 50 ans après les débuts de la grande vitesse au Japon et 35 ans après son lancement commercial en France, seules deux lignes ont été rentabilisées à l'échelle mondiale : Osaka-Tokyo et Paris-Lyon. Finalement, si la technologie LGV reste une vitrine de la modernité d'un pays et, surtout, si elles présentent un rapport vitesse-énergie-pollution bien meilleur que celui du transport aérien, les lignes à grande vitesse peinent à afficher des bilans positifs dans leur globalité. Tandis que les coûts sont toujours sous-estimés au moment de la décision, le trafic, lui, révèle souvent qu'il a été surévalué, quand la ligne est exploitée. À son tour, le prix moyen de la grande vitesse pour un passager incite les familles à choisir le transport en voiture. De la même façon, si les LGV parviennent à capter une part du trafic aérien ou routier sur les moyennes distances – 80 % de part modale sur des temps inférieurs à 2h30 en moyenne –, elles échouent plus facilement sur les trajets supérieurs à 4 heures.

FIG. 059
RÉPARTITION DES LIGNES À GRANDE VITESSE DANS LE MONDE, en 2015

Ligne en service

Ligne en projet ou en développement

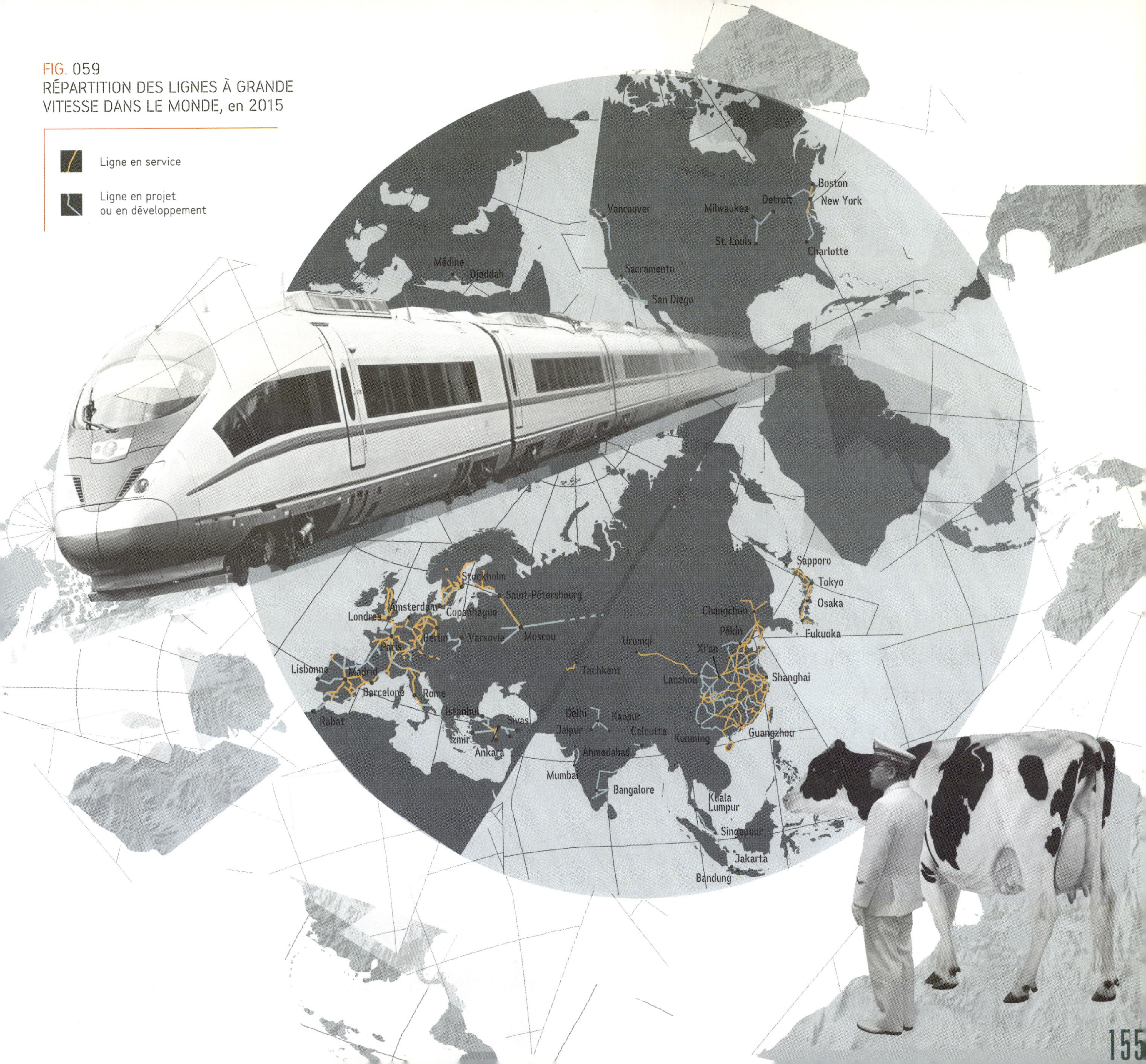

Autrement dit, le TGV constitue une offre de transport optimale quand il relie deux villes riches et plurimillionnaires situées à quelques centaines de kilomètres l'une de l'autre, comme Tokyo et Osaka, Pékin et Tianjin, Barcelone et Madrid, Séoul et Pusan. À l'échelle des pays, les LGV montrent des résultats tout aussi mitigés. Tandis qu'elles désenclavent certaines régions en les connectant au réseau des centres économiques, elles renforcent le poids des villes déjà dominantes et contribuent à accélérer les dynamiques de concentration et de métropolisation. Au contraire, dans les régions rurales éloignées des grands centres urbains ou des gares intermédiaires, les lignes à grande vitesse exposent les populations et économies locales à la relégation économique. Tandis qu'une élite connectée, mondialisée se déplace à plus de 250 km/h d'une île à l'autre des grands archipels urbains régionaux, les LGV fragilisent les territoires intermédiaires et exposent leurs populations au déclassement économique et social. Une situation d'autant plus contestable, que jusqu'à présent, la plupart des lignes ont été financées par les régions ou les États, au détriment d'autres investissements de transport. En France par exemple, la société qui gère les transports en commun dans la région parisienne et son milliard d'usagers annuels dispose d'un budget d'investissement de 1,5 milliard d'euros par an, soit un montant bien inférieur à ceux alloués au réseau TGV pourtant dix fois moins fréquenté par les voyageurs.

Depuis la mondialisation, la vitesse s'est imposée comme un outil privilégié dans la quête de compétitivité.

Objet de fierté et signe de progrès dans les années 1980, voilà donc que l'image des lignes à grande vitesse se ternit, que la résistance à l'ouverture de nouvelles lignes augmente, tandis qu'un nombre croissant de passagers se tournent vers d'autres modes de transport : le transport aérien low cost, moins cher et plus rapide sur certains itinéraires, mais aussi le covoiturage et le car, tous deux beaucoup plus lents, mais bien meilleur marché. En délaissant la vitesse, les usagers interrogent alors les fondements d'un système de transport plus tourné vers la performance économique que vers l'utilité sociale, invitant en même temps leurs sociétés mondialisées à repenser la valeur qu'elles donnent au temps.

↗ La vitesse bientôt dépassée ?

Dès les débuts de l'ère industrielle et plus encore depuis la mondialisation, la vitesse s'est imposée comme l'un des outils privilégiés dans la quête de compétitivité. Comme le temps est une ressource rare et que l'accroissement de la vitesse représente potentiellement une réduction du coût, l'un et l'autre constituent en effet le champ privilégié des efforts d'optimisation économique et une variable clé de la demande de transport. Tandis qu'un touriste accepte volontiers un itinéraire à escales s'il lui revient moins cher, les acteurs économiques, eux, s'efforcent d'emprunter les trajets les plus rapides, serait-ce pour un prix plus élevé. Pour les hommes d'affaires et autres décideurs, bien moins nombreux que les usagers quotidiens du rail pendulaire, les lignes à grande vitesse répondent donc parfaitement à la demande, en attendant qu'Hyperloop leur propose encore mieux.

Cependant, en poussant ainsi à l'accélération, c'est tout un rapport économique au temps et à la vitesse qu'ils engagent, entraînant le système de transport dans une dynamique univoque : toujours plus vite, toujours plus loin. C'est pourquoi la prospective propose d'utiliser des modes de calcul différents afin d'élargir la réflexion vers d'autres scénarios possibles. Par exemple, si au lieu de considérer le temps de transport pour aller au travail comme une contrainte personnelle on décide de l'affecter à l'activité professionnelle, on modifie aussitôt la perception d'efficacité économique, ainsi que celle des responsabilités pour la gestion et la qualité des transports. En sens inverse, si l'on cesse de considérer le temps de transport comme une contrainte à réduire et qu'on l'envisage plutôt comme une constante dans l'activité des individus, il est probable que d'autres investissements se révéleraient plus avantageux, voire plus rentables, que la seule augmentation de la vitesse. De la même façon, le calcul économique global d'un mode de transport pourra conseiller d'investir prioritairement là où la vitesse offre un gain de temps collectif plutôt que réservé à quelques-uns.

Dans bien des cas, il pourrait apparaître que la proximité, la desserte, la fréquence, la fluidité, le temps de connexion, l'accessibilité et l'intermodalité sont ensemble plus efficaces pour faire gagner du temps à la collectivité que la seule amélioration de la vitesse sur des segments limités du réseau, empruntés par une minorité d'usagers. Ensuite, à partir du moment où l'accroissement de la vitesse ne fait gagner du temps qu'à une petite partie des usagers, il conviendrait de fixer le prix de leurs déplacements en rapportant le gain économique qu'ils réalisent au coût social supporté par l'ensemble de la collectivité. Car à ne pas tenir compte du choix des usagers parmi les différentes solutions de transport qu'on pourrait leur offrir, aménageurs et politiques prennent le risque d'une rentabilité bien moindre des investissements consentis par la collectivité.

À l'échelle des individus aussi, d'autres calculs existent qui modifient la valeur de la vitesse en fonction du niveau de revenus de chacun. Si, par exemple, on s'accorde sur le fait que le TGV est plus rapide que le train classique et moins rapide que l'avion, mais aussi qu'en moyenne il coûte au voyageur plus cher que le train, mais moins que l'avion, on constate alors que la « zone de pertinence » du TGV ne couvre qu'un segment défini de la population. Pour la population qui accorde une moindre valeur au temps (étudiants, revenus intermédiaires, touristes, etc.), le TGV augmente le coût généralisé et n'est donc pas ajusté à leur demande. Il ne l'est pas non plus pour le segment des très hauts revenus : pour ces voyageurs en effet, la valeur ajoutée de l'avion est supérieure au surcoût qu'il demande pour effectuer la même distance que le TGV.

Autrement dit, pour l'individu comme pour le décideur, la vitesse ne peut pas être une fin en soi. À l'échelle d'un pays, elle est le résultat d'un calcul complexe et ne peut avoir pour objectif que de réduire les coûts totaux du transport pour la plus grande partie de la population. De la même façon, elle n'a pas de sens si

FIG. 060
EFFICACITÉ ÉNERGÉTIQUE DU TRANSPORT DE PASSAGERS SELON LE MODE UTILISÉ, en 2015 (en passagers-kilomètres par kwh consommé)

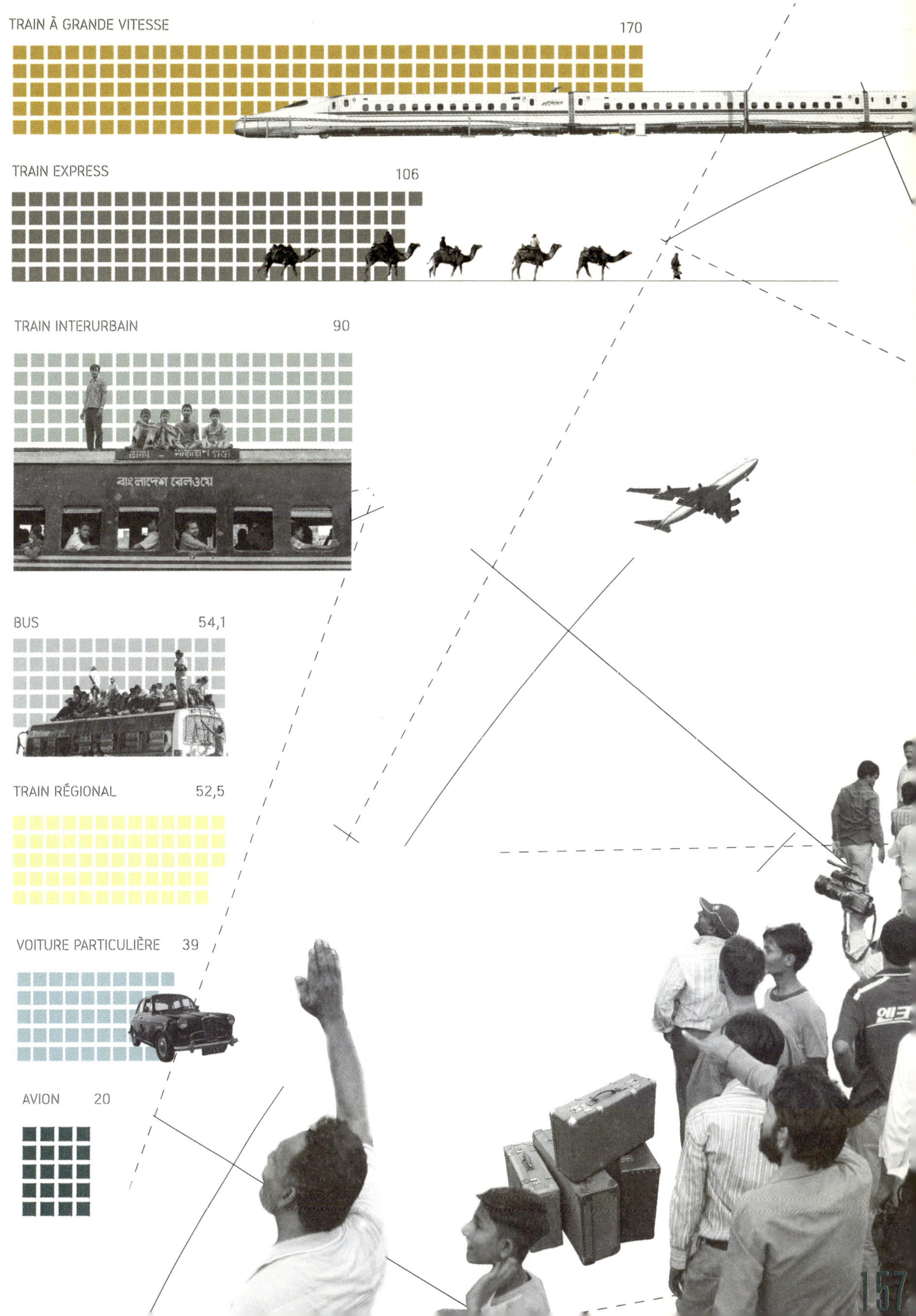

elle doit s'opérer au détriment d'un service minimum sur le reste du réseau, au risque sinon d'augmenter le coût généralisé des transports dans leur ensemble. Historiquement séduit par l'idée d'aller plus vite et plus loin, l'homme n'a cessé de mettre son intelligence au service de la vitesse. Soucieuses d'améliorer leur compétitivité, mais aussi leur image de marque, les sociétés industrielles ont à leur tour inscrit cette quête d'efficacité dans leurs politiques d'aménagement, au risque parfois de confondre le temps économique et le temps social. Poussé à l'extrême depuis la mondialisation, ce culte de la vitesse rencontre aujourd'hui de nouvelles résistances, écologiques, budgétaires, culturelles, faisant même émerger un nouveau culte : celui de la lenteur. S'il reste circonscrit aux milieux dits « transitionnistes » de quelques villes européennes et américaines, le mouvement *slow* ne cesse de gagner du terrain. À l'instar de Copenhague, Paris ou Stockholm, de plus en plus de villes renoncent aux gains jugés théoriques d'une vitesse accrue et orientent leurs investissements vers les mobilités douces, la décongestion, autrement dit, vers la qualité de vie.

« Cela reste une loi inéluctable de l'Histoire : elle défend précisément aux contemporains de reconnaître dès leurs premiers commencements les grands mouvements qui déterminent leur époque. »

Stefan Zweig

partie 05
FAIRE MIEUX
AVEC MOINS

CHAPITRE 21

EN ATTENDANT LA TRANSITION

En dépit de leur accord sur les objectifs climatiques à l'horizon 2050, Européens et Américains peinent à s'engager dans la voie de la transition que l'avenir impose pourtant de lancer sans attendre. De part et d'autre de l'Atlantique, la progression des courants ultraconservateurs, populistes et nationalistes altère le débat politique, fige les réformes au long cours et tend à marginaliser les acteurs du changement. Bloquée par des forces contraires, la transition impose de trouver de nouvelles voies pour y mener la transformation du monde.

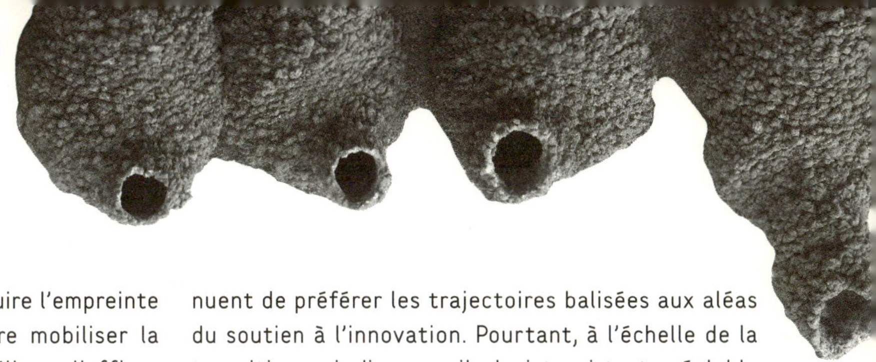

Interrogés en 2015 sur la voiture sans conducteur, une minorité d'Européens se disaient prêts à sauter le pas, au contraire d'une majorité d'Indiens et de Chinois. Sans le vouloir, l'étude vérifiait un phénomène bien connu de résistance des sociétés à mesure qu'elles vieillissent : il ne suffit pas qu'une nouvelle technologie soit plus performante pour qu'elle s'impose, ni qu'un système soit inefficace pour qu'il soit remplacé, pour opérer un changement, chaque génération doit auparavant surmonter les inerties politiques, économiques et sociales que les choix successifs des générations précédentes ont fabriquées avec le temps. Sur ce point, l'exemple du secteur automobile dans les pays industriels est emblématique.

↗ Les résistances au changement

L'histoire commence au lendemain de la Seconde Guerre mondiale. Aux États-Unis, en Allemagne et en France, de vastes chantiers publics sont lancés pour aménager des réseaux routiers performants et offrir aux usagers de réaliser ensemble des gains de temps et de compétitivité. À mesure que le réseau devient plus dense et que la fréquentation augmente, l'innovation technologique privilégie l'efficacité des véhicules ou des chaussées. Quant à l'effort d'investissement, il se concentre sur l'amélioration du réseau pour permettre des trajets plus rapides. Bientôt, les revenus tirés de l'exploitation des péages ou des ventes de carburant incitent à étendre le système tout en stimulant le secteur de la construction automobile. Dans certains pays, on utilise même des aides d'État pour subventionner l'apprentissage de la conduite. Et c'est ainsi que quelques décennies plus tard, les intérêts de l'industrie privée et ceux de l'institution publique se trouvent inextricablement liés dans un système complexe, imperméable aux réformes.

Aussi, quand la biosphère exige de réduire l'empreinte écologique des transports, on préfère mobiliser la recherche et les ressources pour améliorer l'efficacité énergétique des véhicules plutôt que taxer leurs émissions de carbone ou repenser le schéma de mobilité du territoire. Dans de nombreux pays, la convergence d'intérêts est telle qu'elle oblitère le débat sur la rationalité économique et écologique de tels arbitrages. Que l'un ou l'autre vienne à les questionner, on lui oppose invariablement les risques qu'une réforme des transports ferait peser sur l'emploi et la croissance.

Au même moment, d'autres mécanismes viennent entraver la transition et les changements qu'elle appelle comme la force des habitudes et l'inertie des comportements. Pour en prendre la mesure, on peut songer à la lenteur des progrès du covoiturage*. Ou encore à l'hostilité que rencontrent le contrôle de vitesse et l'aménagement de voies cyclables sécurisées et prioritaires. Ensemble, ces résistances incriminent l'inclination des individus à répéter une action, même quand ils savent qu'elle est devenue inefficace, voire nuisible. Car, à leurs yeux, les effets déjà connus d'un mauvais statu quo apparaissent finalement moins inquiétants que la part d'inconnu inhérente à tout changement. À un autre niveau, on peut aussi évoquer la force de résistance exercée par les institutions et leurs administrations que leur fonction patrimoniale et mémorielle rend conservatrices. À leur tour, banques et investisseurs continuent de préférer les trajectoires balisées aux aléas du soutien à l'innovation. Pourtant, à l'échelle de la transition qui s'impose, il n'existe ni test préalable ni principe de précaution. Qu'il s'agisse d'énergies renouvelables, de modèle industriel ou de système social, l'aménagement du futur ne pourra s'opérer ni sans prise de risque, ni sans audace, ni sans vision.

Il ne suffit pas qu'une nouvelle technologie soit plus performante pour qu'elle s'impose.

↗ Les impulsions du futur

Calculs d'amortissement des investissements, dispositif normatif et appareil réglementaire : finalement, tout semble prédisposer à préserver l'existant, jusqu'au poids des lobbies industriels dont l'emprise internationale contribue, elle aussi, à affaiblir les mouvements dits « transitionnistes* ». Depuis quelques années pourtant, des initiatives se multiplient qui échappent aux États et qui donnent une nouvelle impulsion à la transition. Portées par la société civile, elles renouvellent la pensée économique et politique à la faveur des nouvelles pratiques qu'elles propagent. Ici, on démontre qu'avec la maîtrise du gaspillage, une agriculture raisonnée pourrait permettre de nourrir l'humanité future sans exposer les écosystèmes à de nouveaux périls. Là, on crée des monnaies locales qui échappent à la spéculation et facilitent l'entraide. Pour sa part, le succès des régimes alimentaires faiblement carnés rappelle que l'éducation et l'information offrent un levier décisif pour le changement. Tout comme Internet, puisque grâce aux algorithmes et aux réseaux, désormais tout se partage en ligne : un vélo, des idées, une nuit sur un canapé, un cours de mathématiques, de l'énergie locale, des projets scientifiques ou des communs* artistiques.

Autrement dit, bien qu'ils ne procèdent pas d'une histoire partagée ni d'une impulsion unique, des récits sporadiques de la transformation s'écrivent qui racontent peut-être que d'autres modèles de société sont en préparation.

CHAPITRE 22

LES PROMESSES DE L'AUBE

FIG. 061
ÉVOLUTION DES CHIFFRES D'AFFAIRES DE L'ÉCONOMIE DU PARTAGE* ET DE LA LOCATION TRADITIONNELLE, en 2013 et 2025

Alors qu'elle vient de fêter son sixième anniversaire, l'économie collaborative* est déjà considérée comme la marque de son époque. Pour voyager, troquer ou revendre, c'est à peine si l'on peut encore faire sans elle. Nées de la raréfaction des ressources, de l'émergence des outils numériques et de la crise globale, les pratiques collaboratives reformulent des formes de l'échange et du travail. Porteuses de promesses alternatives sociales et environnementales, elles viendraient réparer la fragmentation des sociétés contemporaines grâce au partage. Cependant, si certains avancent qu'elle pourrait mettre fin aux « dérives capitalistes de l'économie mondiale », l'idée se développe aussi qu'en réalité, elle exacerberait la compétition et la précarité.

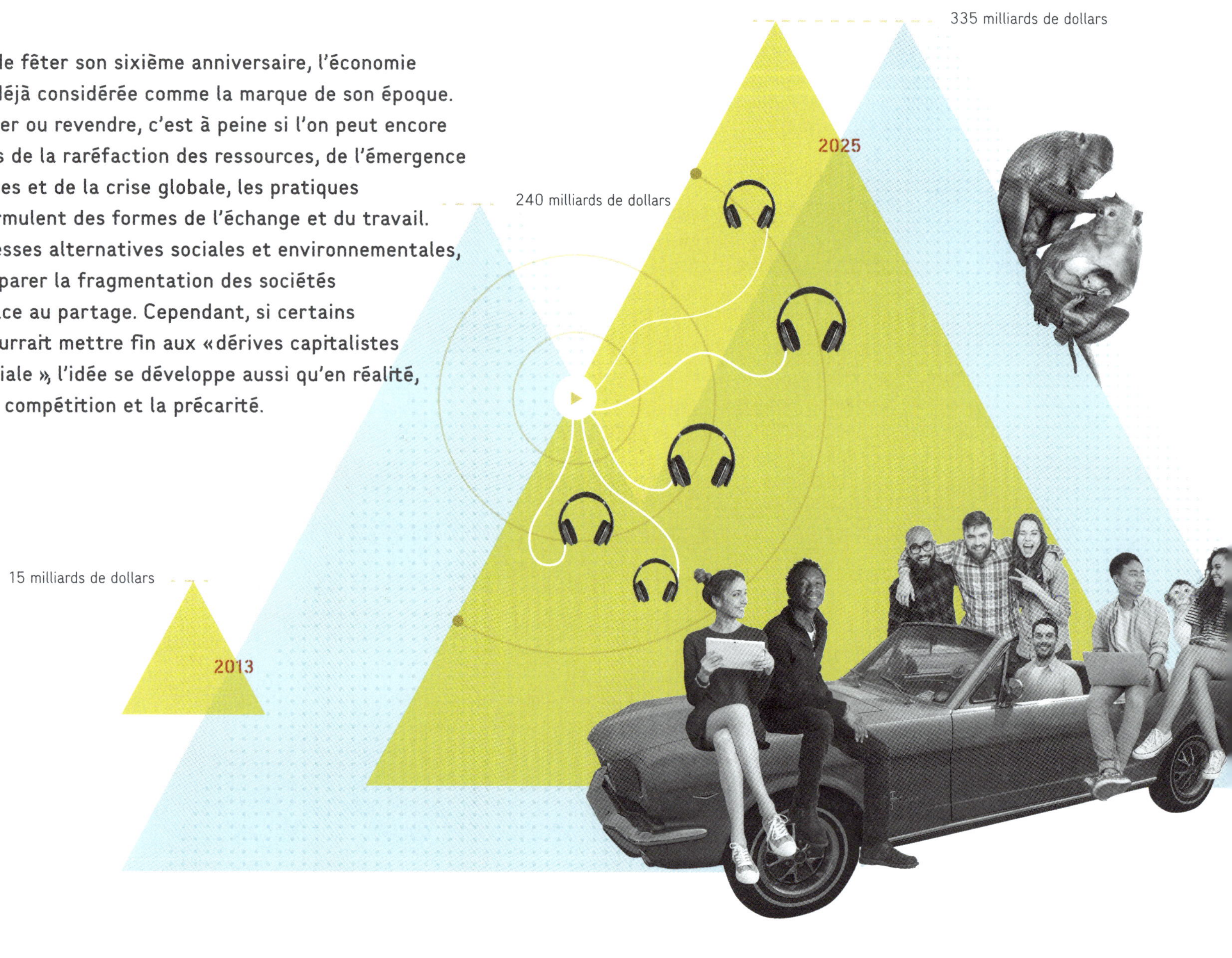

Est-ce bien raisonnable de posséder une voiture, sachant qu'elle stationnera 92 % du temps sur une place de parking ? Est-ce logique d'acheter une perceuse pour ne s'en servir qu'une fois par an ? Maintes fois posée, la question trouve désormais d'autres réponses que celles proposées jusqu'à présent. Voilà quelques années en effet que de nouveaux modes de consommation et d'usage se développent sous la forme de pratiques dites « de partage » ou « collaboratives ».

↗ Faire-part de naissance

« Société fluide », « économie collaborative », « économie de la contribution », « âge de l'accès », « troisième révolution industrielle », « économie du partage de la connaissance » : les expressions utilisées pour qualifier le système économique qui émerge ne manquent pas. Si elles ne s'accordent pas forcément sur la définition ou sur le champ exact du nouveau mode d'échanges, elles partagent un même constat : sous l'impulsion d'un accès accru aux NTIC*, mais aussi de l'avènement de nouvelles aspirations locales et sociales, un changement de pratiques s'opère partout sur la planète, et en particulier dans les pays anciennement industrialisés. Développées à l'écart des formes institutionnalisées du pouvoir, ces pratiques proposent de renoncer au modèle économique centralisé en redistribuant la production, la consommation, le crédit et les connaissances. En s'appuyant aussi sur l'organisation en réseaux d'individus et de communautés. De Berkeley à Londres et de Paris à Athènes, les initiatives se multiplient avec la mise en commun ou le partage de biens, de services et de ressources. Signe d'un changement de paradigme sociétal, la nouvelle économie inspire... Enseignée dans les écoles de management, elle alimente de nombreux travaux de recherche, notamment au sein de *think tanks** et *do tanks** tels que OuiShare en France ou Shareable aux États-Unis.
Comme elle procède de la rencontre fortuite d'événements distincts (avènement des NTIC, crise économique de 2008, crise écologique globale) et de courants sociophilosophiques parfois divergents (libertarisme, anarchisme, libéralisme, altruisme...), l'économie collaborative recouvre des réalités très diverses. Cependant, on peut distinguer 4 ensembles de pratiques : le pair-à-pair* (*peer-to-peer*), l'économie circulaire*, l'économie du don et celle des communs*.
Largement façonné par la contre-culture libertaire californienne, le premier s'appuie sur le principe de l'échange libre de pair-à-pair et vise à émanciper l'individu de structures sociales jugées inutiles. Inscrit dans une logique d'accès décentralisé et universel aux savoirs, aux services et aux compétences, il propose de mettre en relation des individus entre eux, par l'entremise de plateformes dédiées au partage : covoiturage, hébergement, musique, vidéo, cours particuliers, etc. Convaincus que la créativité procède de la liberté et de l'autonomie, les adeptes du pair-à-pair créent leurs propres lieux de partage, avec des écosystèmes tels que les *hackerspace** ou les *fablab**.
Dans un deuxième ensemble, on regroupe l'économie circulaire et l'économie de fonctionnalité* qui ont pour vocation d'optimiser l'utilisation des biens et d'en prolonger la durée de vie afin de maîtriser la consommation et de limiter l'exploitation des ressources. L'économie circulaire s'intéresse à la gestion des déchets et au recyclage, à l'écoconception, à la consommation citoyenne, à la revalorisation des biens courants, à la lutte contre le gaspillage et l'obsolescence programmée, à la récupération, à la réutilisation, au troc et aux ateliers de réparation. Pour sa part, l'économie de fonctionnalité, également nommée « économie d'usage* », suggère de passer d'une logique de propriété à une logique d'accès dans laquelle la valeur d'un produit ne procède du bien lui-même mais se mesure aux bénéfices tirés de son utilisation. Aux plus modestes, le nouveau système offre de pouvoir profiter de ce qu'ils n'auraient pas les moyens d'acheter. Parallèlement, en reclassant le bien du statut de consommable à celui d'immobilisation, l'économie de fonctionnalité impose aux producteurs et aux consommateurs de prolonger la durée de vie des produits le plus longtemps possible, contribuant ainsi à préserver la biosphère. Ainsi, l'économie d'usage, qui gagne du terrain dans tous les secteurs, modifie peu à peu les habitudes et propose par exemple d'acheter des impressions de copie plutôt qu'une photocopieuse ; un trajet en vélo plutôt qu'une bicyclette ; des kilomètres garantis plutôt que des pneus. Autrement dit, elle convertit les fabricants de biens en fournisseurs de services, et les consommateurs en usagers.

Née d'événements distincts et d'idéologies divergentes, l'économie du partage recouvre des réalités très diverses.

Le troisième ensemble, l'économie du don, vise à recréer du lien social au travers de l'échange, et à substituer la solidarité altruiste à l'hégémonie de la pensée marchande. Appuyée sur des principes de réciprocité et de confiance, elle désigne la coopération entre producteurs et consommateurs qui collaborent sans attendre de contrepartie monétaire. C'est dans ce courant que l'on retrouve des pratiques de l'économie sociale telles que les magasins gratuits.
Dans un quatrième ensemble enfin, on rassemble les initiatives dont l'objectif est de gérer le partage de biens communs (*commons*). Proche des concepts d'autogestion, l'économie des communs s'oppose au capitalisme libéral, mais aussi à l'étatisme. En lieu et place de la relation marchande, elle défend la mise en partage et en accès libre de productions dans des domaines variés allant de logiciels tels que Linux à l'encyclopédie Wikipédia.

↗ Entre théorie et pratiques

Organisés en réseaux, les acteurs de ces nouvelles pratiques défont les systèmes hiérarchiques pour leur préférer des mécanismes de fonctionnement horizontaux, autonomes et décentralisés qui redistribuent les rôles, les décisions et les responsabilités. En développant des logiques de production participative* (*crowdsourcing*), ils renouent aussi avec certains modèles mutualistes. Pour relever différents types de défis, scientifiques ou technologiques, ils fédèrent l'intelligence, la créativité et les savoir-faire d'une communauté d'individus volontaires. Enfin, animés par un désir de jouissance et de liberté, ils optimisent l'accès aux services et aux ressources par le partage de l'utilisation des biens, mais aussi celui des coûts d'investissement, des frais d'entretien, d'assurance et de réparation.

De la finance participative au recrutement en ligne, en passant par l'échange de logement ou la mobilité partagée : pas un domaine d'activité ne semble pouvoir résister à la révolution collaborative dont on devine qu'elle emportera peu à peu nos sociétés vers d'autres modèles. Dans les pays industriels, particulièrement touchés par la crise, les populations en quête de sens et de bien-être se tournent volontiers vers cette nouvelle économie, espérant qu'elle leur apportera ce que les politiques échouent à proposer, rénover ou mettre en œuvre. Constatant que la consommation fondée sur l'endettement personnel fragilise l'ordre social, mais aussi que l'extraction des ressources au service de satisfactions éphémères épuise la planète, l'économie du partage espère d'élargir les accès dans la sobriété et permet de consommer mieux et durablement. Véritable art de vivre au quotidien des moins de trente ans, elle prospère en même temps qu'elle se pratique. C'est d'ailleurs ce que confirment les vagues d'investissements qui affluent vers les start-ups* se réclamant du nouveau courant économique : au printemps 2014, pas moins de 28 millions d'euros ont chaque jour été levés pour financer quelque 9 000 start-ups collaboratives dans le monde. Selon PwC, les revenus mondiaux de l'économie du partage pourraient même atteindre 335 milliards de dollars en 2025, soit une multiplication par 20 en 10 ans. Rien qu'en Europe, ils devraient progresser de 4 à 83 milliards d'euros sur la même période, si ce n'est davantage puisque ces chiffres ne valorisent pas les contributions gratuites et autres formes de don. Cependant, une étude même rapide de ces expériences multiples révèle que le terme polysémique et généraliste d'économie collaborative agrège en réalité une multitude de concepts et d'initiatives, souvent sans rapport, depuis les grandes plates-formes californiennes aux jardins de quartier. Ainsi, en même temps qu'elle soulève l'enthousiasme, l'économie collaborative suscite aussi le doute, incitant à rester prudent quant au futur d'une notion-valise. Effets sociaux de certaines applications collaboratives ou ambiguïté des intentions d'acteurs tels que Airbnb et Uber, la question est en effet de plus en plus souvent posée des bienfaits réels de ces initiatives. Ne s'agirait-il pas, par exemple, de sous-traiter des services à moindre coût et de disposer ainsi d'une main-d'œuvre bon marché ? Loin de révolutionner les modes d'échanges, de production et de consommation, la nouvelle économie ne serait selon les détracteurs des grandes plates-formes collaboratives, que la réplique numérique d'un modèle capitaliste plus rentabiliste que jamais. À son tour, la pensée économique utilise le terme de réintermédiation* pour parler des rentes que ces nouveaux géants d'Internet appelés « licornes* » tirent de leur monopole. Et tandis que les usagers sont partagés entre leurs principes sociaux et leurs aspirations économiques, les organisations syndicales, elles, dénoncent l'instrumentalisation de la précarité économique pour substituer le travail à la pièce au contrat de travail. Pour leur part, certains mouvements écologistes évoquent les effets rebonds* d'une incitation masquée à l'hyperconsommation tandis que des chercheurs en sciences sociales, eux, parlent de techniques d'assujettissement du lien à l'utilitarisme marchand. Pire encore, des recherches du FMI visant à mesurer l'impact de l'économie du partage sur les inégalités révèlent que, même bien intentionnée, celle-ci creuserait davantage les écarts de richesse qu'elle les corrigerait, que ce soit en matière de patrimoine, de capital social ou de savoir-faire valorisables sur les plates-formes collaboratives.

Entre autres défis, l'économie du partage devra trouver les moyens de rétablir l'équité.

↗ Partager équitablement

Alors qu'elle avait pour vocation de devenir un accélérateur social et un vecteur de redistribution équitable, la nouvelle économie générerait donc plutôt l'inverse. Que l'on songe, par exemple, au propriétaire d'un appartement dans le centre-ville d'une capitale européenne et au locataire d'un appartement plus modeste en périphérie de la même cité : tandis que le premier n'aura aucune difficulté à valoriser le prêt de son appartement sur la plate-forme dédiée, le second n'y trouvera probablement pas preneur et se verra donc appauvri par le système.

La concentration des entreprises de l'économie collaborative vient contredire l'un de ses fondements idéologiques : loin de favoriser un fonctionnement horizontal, les licornes finissent par adopter des modes de gouvernance et de redistribution des gains sensiblement similaires aux groupes multinationaux traditionnels. En invoquant la nécessité d'atteindre une taille critique pour pouvoir offrir aux utilisateurs un éventail d'offres diversifiées, les plates-formes collaboratives muent en « plates-firmes » capitalistes, entraînant les sociétés vers un monde moins post-industriel que néo-industriel. Ainsi, c'est toute la question du partage des valeurs qui est posée, car si les entreprises de l'économie collaborative ne valent que par l'investissement puis l'adhésion de leur communauté, elles n'hésitent pas à s'en détacher quand d'autres financeurs prennent le relais des internautes, ou même à les oublier quand les capitalisations s'envolent et offrent aux start-ups d'être rachetées à prix d'or. Aussi, pour sortir du modèle autocratique qui semble déjà s'imposer, l'économie collaborative devra pouvoir répondre rapidement à la question du calcul des valeurs et à celle du statut des contributeurs et des utilisateurs des plates-formes. Car c'est à cette seule condition qu'elle pourra faire émerger d'autres modèles d'entreprise, dynamiques, flexibles, durables et réellement redistributifs.

Un deuxième défi consistera alors à trouver les moyens de rétablir l'équité. Car pour ceux qui n'ont pas de biens ni de compétences spécifiques à partager, le risque est grand de se trouver écartés des nouveaux systèmes d'accès et de redistribution. Pour y parvenir, d'autres formes de médiation et d'échange restent à inventer pour que ceux qui ont plus à partager puissent transférer leurs avantages à ceux qui possèdent moins. L'économie collaborative rejoindrait alors l'économie sociale et solidaire* offrant à ses utilisateurs un modèle alternatif, à l'instar des coopératives déjà en place (supermarchés, etc.). En même temps, elle pourrait aussi sortir des champs de la consommation et du seul partage de biens matériels pour investir d'autres domaines tels

que les langues ou encore les techniques agricoles et l'alphabétisation.
Enfin, quoique l'économie collaborative s'affiche en opposition aux contraintes et aux structures de l'État, elle devra encore préciser ses rapports avec le droit afin de ne pas distordre les règles de la concurrence et ne pas précariser l'emploi au détriment des plus fragiles. Il conviendrait alors d'associer à la redistribution collaborative du travail celle des responsabilités et de la fiscalité par la mise en place de mécanismes qui permettent à la fois d'imposer les revenus professionnels ou assimilés et d'exonérer les revenus occasionnels complémentaires sur lesquels est notamment fondée l'économie collaborative. L'enjeu est ici d'autant plus déterminant qu'il s'agit également de participer à la redéfinition du travail qui se profile par ailleurs, et qui doit faire face aux défis de l'automation*, du vieillissement, du chômage, de la contraction des budgets publics et des aspirations des jeunes générations.
Réintroduire de la flexibilité et de la solidarité afin de redistribuer équitablement le travail et les revenus tout en luttant contre une exploitation avantageuse des inégalités, du travail bénévole et de la précarité sociale : ainsi pourrait se résumer le grand défi de l'économie du partage si elle veut pouvoir garder son nom dans le futur et surtout, contribuer à faire émerger un modèle économique et social qui soit à la fois ajusté à son époque et bienveillant à l'égard de l'humanité.

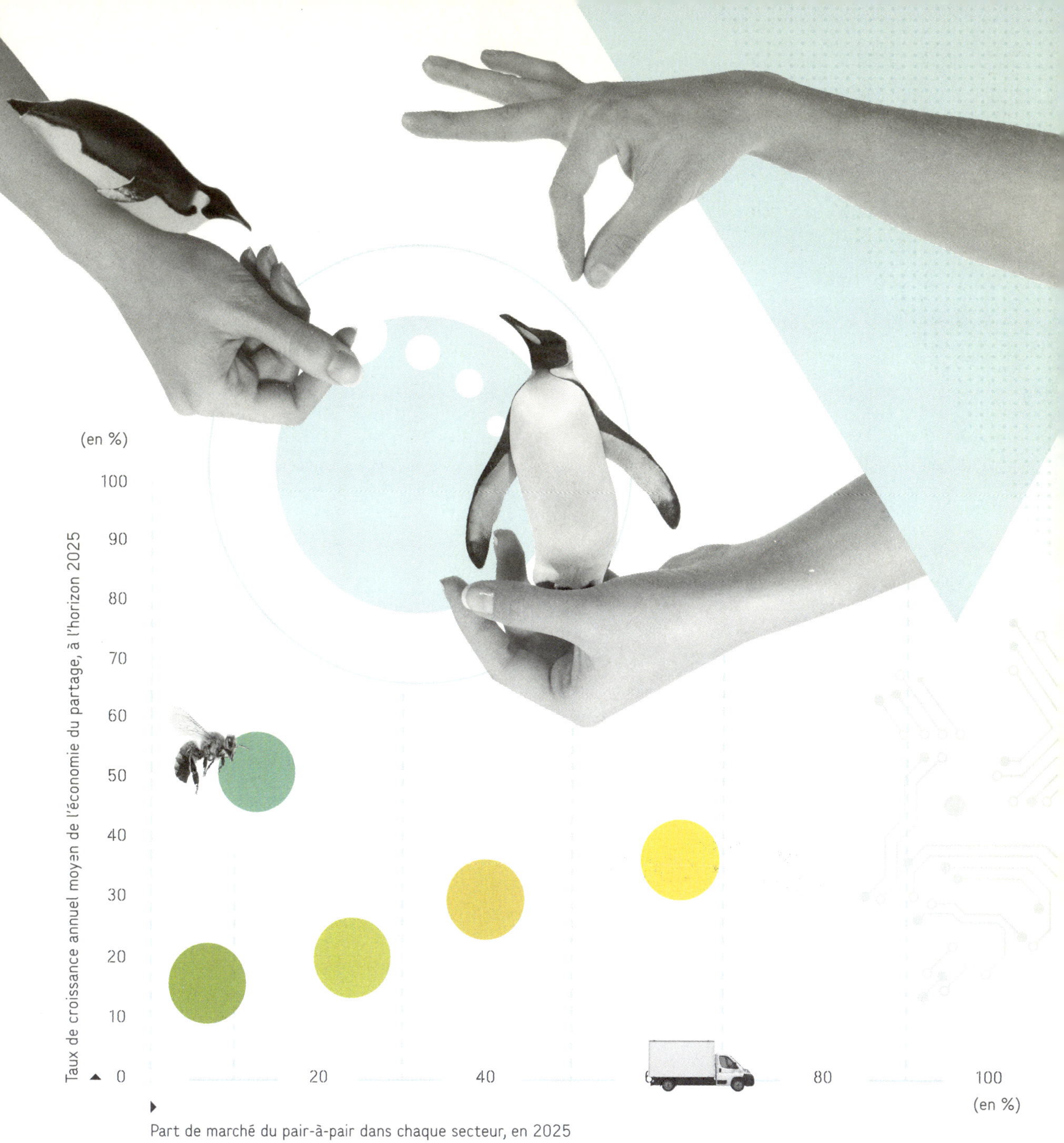

FIG. 062
OPPORTUNITÉS DE CROISSANCE DE L'ÉCONOMIE DU PARTAGE, à l'horizon 2025

- Finance
- Biens de consommation
- Logement
- Travail indépendant
- Transport

CHAPITRE 23

NI SONNANTE NI TRÉBUCHANTE

Et si le futur donnait raison à Lénine et Keynes pour lesquels s'attaquer à la monnaie et la vicier étaient les plus sûrs moyens de détruire le système capitaliste et le plus discret pour renverser l'ordre d'une société ? Et si à la faveur de sociétés en crises, d'un modèle économique épuisé, d'innovation low tech ou, au contraire, « technosystémique », l'essor de nouvelles monnaies pouvait inspirer au monde de nouveaux futurs, réalistes et meilleurs ?

Depuis qu'elle existe, la monnaie a toujours constitué un outil indispensable à l'activité économique qu'il s'agisse d'acheter des matières premières, de financer l'outil de production ou de rémunérer le travail. Support du crédit, elle est longtemps restée en lien direct avec la production par l'entremise du système bancaire, seul habilité à créer de la monnaie pour consentir des prêts. Depuis les années 1980 cependant, l'avènement puis la suprématie du capitalisme financier ont radicalement modifié ce système. Désormais, la monnaie est aussi devenue un outil de placement court-termiste, déconnecté de l'économie réelle. Or en valorisant la création spéculative et boursière de richesses, en s'appuyant sur des innovations financières sans cesse renouvelées et en attirant ainsi une grande partie des flux monétaires, ces activités bancaires finissent par nuire à l'investissement productif et à la stabilité de l'économie réelle. Soumis à la seule logique de rentabilité du capital, les grandes banques et les investisseurs institutionnels ne servent plus que les activités très profitables, au détriment notamment de la pérennité des ressources nécessaires à l'ensemble de l'activité économique. Au détriment aussi d'actions bénévoles ou socialement plus utiles mais à faible valeur monétaire. C'est donc pour répondre à ces dérives, dont le paroxysme a plongé le monde dans une crise à partir de 2008, que la contestation monétaire a conduit à lancer plusieurs initiatives pour permettre aux sociétés de se réapproprier la monnaie, de la démocratiser et de restaurer son statut de bien commun au service des circuits courts, de l'économie circulaire, des solidarités et plus globalement de l'économie réelle.

↗ *Money, money, money*

Regroupés sous les termes génériques de « monnaie complémentaire* » et « système d'échange local (SEL) », les nouveaux outils de transaction portent de nombreuses appellations qui reflètent leur diversité : monnaie locale, sociale, citoyenne, régionale, solidaire, parallèle, monnaie-temps. Dans tous les cas, elles favorisent les échanges de biens, de services ou de compétences à l'échelle d'une ville, d'une entreprise ou d'une communauté. D'utilisation simple, elles se présentent le plus souvent sous forme de billets ou coupons et cohabitent avec les monnaies nationales. D'usage géographiquement limité, elles contribuent à la reterritorialisation de l'activité économique et des échanges, dans un sens diamétralement opposé à celui de la mondialisation. Là où elles sont utilisées depuis déjà quelque temps, on constate qu'elles dynamisent le volume des transactions, qu'elles transforment les pratiques sociales et économiques, et enfin, qu'elles facilitent l'inclusion et la participation démocratique dans le cadre d'une économie plus solidaire.

Le succès croissant des monnaies complémentaires repose sur la reconnexion du citoyen à l'économie réelle.

On distingue 4 types de monnaie locale : les monnaies « affectées », qui cherchent à promouvoir certains comportements via des entreprises ou territoires ; les monnaies « thématiques » qui sont restreintes à certaines activités (transition énergétique, formation, alimentation...) ou des catégories données de population ; les monnaies tournées vers les échanges interentreprises, qui mettent en place des systèmes de crédit pour compenser le manque de liquidités ; enfin les monnaies locales complémentaires classiques, plus généralistes. Elles restent toutes reliées, d'une manière ou d'une autre, à la monnaie légale dont le cours est garanti par la puissance publique et admise par la population. Émises et gérées par des citoyens au sein d'associations ou de municipalités, circulant de main en main ou sur écriture de compte, elles peuvent aussi bien fonctionner en système fermé qu'être converties en monnaie nationale.

Depuis qu'elles proposent de reconnecter citoyens et économie réelle, les monnaies complémentaires connaissent un succès croissant, au point qu'on estime à plus de 5 000 le nombre de ces initiatives dans le monde. Dans la mesure où elles émanent le plus souvent de la société civile, elles peuvent parfois bénéficier de la bienveillance des collectivités publiques qui y voient le moyen de redynamiser leur territoire et d'y accroître l'engagement citoyen.

Expérimentés dès les années 1980 dans les pays anglo-saxons, les SEL ont connu un véritable essor à l'ombre des crises financières, naturellement propices à de telles expérimentations. Lors de la crise argentine de 2001 par exemple, des systèmes monétaires parallèles se sont mis en place pour renforcer la résilience des territoires face aux chocs externes et soutenir les petites et moyennes entreprises. De la même façon en Grèce, les monnaies locales se sont multipliées avec la crise financière amorcée depuis 2008. Désormais, nombre d'entre elles ont réussi à dépasser le stade critique de l'expérimentation et à s'installer dans les pratiques quotidiennes de ceux qui les utilisent. Parmi d'autres exemples, on peut citer celui du Furaei Kippu, un système de base-temps japonais spécialement affecté aux nouveaux besoins des personnes âgées ; l'Ithaca Hours à New York, une monnaie-temps qui permet d'échanger des heures de travail de différents types (garde d'enfant, bricolage...) ; la très populaire Banco Palmas au Brésil, l'Eco-Pesa au Kenya , la Bristol Pound, monnaie locale que la mairie de Bristol convertit en livres sterling et qu'elle accepte pour le paiement des taxes locales et par ailleurs qu'elle utilise pour verser ses indemnités au maire.

Parmi les défis que doivent encore relever ces expériences monétaires, leur pérennisation et leur généralisation ne sont pas les moindres. Comme pour toute innovation sociale, celles-ci dépendront d'abord de la perception de « mieux » qu'elles ont dégagé au sein de la population, mais aussi de leur insertion dans des régulations plus globales, et enfin de leur capacité à accompagner d'autres mutations probables de la société, telles que le passage du travail à des formes de « polyactivité » ou l'adoption d'un revenu de base inconditionnel. Dans le même temps, la transition économique des sociétés exige de réfléchir aussi à un nouvel usage de la monnaie qui permette d'élargir l'accès au crédit tout en limitant la sphère monétaire afin de résister à la marchandisation totale du monde, de ses ressources et du vivant. Dans cette perspective, la mise en place de systèmes de gouvernance démocratique des monnaies pour en

définir collégialement le champ et les limites constitue déjà une étape critique de l'avenir des monnaies complémentaires.
Finalement, pour essaimer davantage et accompagner la transition économique et sociale des sociétés, les monnaies complémentaires devront encore surmonter un dernier obstacle : la sécurisation des transactions. Si le format papier que les monnaies locales utilisent généralement présente l'avantage décisif de la simplicité, il pose cependant un problème important de traçabilité et de prédisposition à la fraude. Dans cette perspective, la dématérialisation des monnaies locales par le biais des téléphones portables pourrait leur permettre de franchir un nouveau stade comme dans bon nombre de pays africains où se développe le système de « monnaie liquide » avec le M-pesa* au Kenya, par exemple. Cependant, d'autres supports technologiques pourraient se montrer encore plus ajustés tels que les cryptomonnaies* dont l'une des plus connues aujourd'hui reste le bitcoin, un système alternatif et décentralisé de transaction.

Le jeton programmable

Contrairement à ce qu'induit le terme de cryptomonnaie utilisé pour le désigner, le bitcoin ne correspond pas aux définitions officielles des autorités monétaires nationales et internationales. Comme d'autres « monnaies virtuelles », il constitue plus simplement un outil de transaction permettant d'effectuer des paiements en ligne. Il n'a pas de valeur intrinsèque ni de cours officiel. Enfin, il n'est supporté par aucun gouvernement ni par aucune entité légale. Pour fonctionner, le bitcoin s'appuie sur une technique de stockage et de transmission d'informations innovante, transparente, sécurisée et fonctionnant sans organe central de contrôle appelé « chaîne de blocs » (*blockchain**). Au lieu d'un serveur unique ou d'un centre de données, la mémoire des transactions est stockée dans les ordinateurs des utilisateurs, offrant à chacun de pouvoir avoir accès à l'historique des opérations réalisées. Par extension, le terme de *blockchain* désigne donc aussi ce vaste registre distributeur d'informations, une sorte de grand livre de compte numérique, ouvert et infalsifiable. Au moment même des transactions, les informations sont également contrôlées par des vérificateurs appelés « mineurs », qui utilisent la puissance de l'ensemble des ordinateurs connectés par la chaîne pour réaliser des calculs algorithmiques poussés.
Si le bitcoin n'est pas le premier moyen de paiement électronique, sa particularité consiste à instaurer un lien direct entre les parties (principe du pair-à-pair*) de façon à supprimer le recours à tout intermédiaire et à gagner ainsi en sécurité, rapidité et flexibilité. À cette particularité s'en ajoutent d'autres qui rendent les cryptomonnaies de type bitcoin très spécifiques : l'absence de matérialisation physique ; l'accessibilité universelle grâce au partage de la chaîne de blocs en code source ouvert* ; le chiffrement qui sécurise chaque transaction en utilisant une clé privée personnelle ; l'absence d'intermédiaire selon un fonctionnement de pair-à-pair ; la décentralisation totale, la génération de monnaie et la chaîne de blocs localisés chez les utilisateurs et non pas dans des serveurs dépendants d'une quelconque autorité.

En instaurant un lien direct entre les parties, le bitcoin permet de gagner en sécurité, rapidité et flexibilité.

Quand il est lancé en 2009, le bitcoin n'est utilisé que par une petite communauté de programmeurs, *hackers** et autres *geeks** qui souhaitent sortir du centralisme étatique et disposer de leur propre monnaie « communautaire », à l'instar de nombreuses autres inventions numériques qu'ils partagent en code source ouvert (*open source**). Par la suite, l'utilisation du bitcoin s'étend bien au-delà de l'univers « cryptoanarchiste » jusqu'à inciter des détournements de son usage à des fins illicites ou même spéculatives : au lieu de 13 dollars en janvier 2013, le cours de la monnaie numérique s'envole à près de 1 200 dollars un an plus tard. Dès lors, celle-ci perd le rôle subversif qu'on lui prêtait face au capitalisme libéral dominant dont il devient un nouvel acteur. Autrement dit, si le bitcoin avait la capacité de remplacer Visa, MasterCard ou PayPal, il ne transformerait pas pour autant le modèle économique dont les systèmes de paiement électronique ne sont que des outils. D'ailleurs, après avoir affiché leur hostilité au nouveau protocole de transfert et de paiement, les acteurs de la banque traditionnelle eux-mêmes ont fini par investir le concept. C'est ainsi qu'un consortium de banques composé notamment de BNP Paribas, de la Société Générale, de Goldman Sachs et d'UBS a lancé le projet R3CEV, une chaîne de blocs privée qu'elles utilisent pour leurs opérations de prêts interbancaires.
En réalité, le système de chaînes de blocs offre de très nombreuses possibilités d'applications, potentiellement disruptives*, bien au-delà du secteur bancaire. Désormais, on évoque même la possibilité que le système se substitue au réseau Internet.

Révolution protocolaire

Comme elle est un registre de suivi, la chaîne de blocs offre une excellente traçabilité permettant ainsi de sécuriser les transferts d'actifs, de titres, de votes, de diplômes, de certificats, de pièces comptables, d'actions ou d'obligations. Déjà, certaines blockchains offrent de court-circuiter Uber ou Airbnb, de verser des droits d'auteur directement aux artistes par un système de micropaiement, de gérer un registre immobilier, de prélever automatiquement l'impôt, de créer une chaîne de traçabilité inviolable, ou encore d'éviter la fraude en vérifiant les qualifications d'une personne ou d'un organisme. Entre autres potentiels du protocole de transfert d'information, la création de chaînes d'approvisionnement participatives n'est pas le moindre. Ainsi, on pourrait imaginer une économie circulaire et ouverte où les transactions seraient simplement vérifiées par la blockchain. C'est déjà ce qu'a permis de vérifier une première expérimentation menée à Brooklyn aux États-Unis où, avec l'appui d'un réseau intelligent (*smart grid*) et du protocole blockchain Ethereum, les habitants d'un même quartier ont pu échanger de l'électricité produite par 5 panneaux solaires le long de President Street. Pour les précurseurs du nouveau

système de distribution, les avantages sont multiples : un moindre acheminement et donc une réduction des coûts ; une plus grande flexibilité dans la consommation d'énergie ; un risque plus faible de subir des coupures d'électricité ; une baisse des prix à la faveur de l'absence d'intermédiaires, fournisseur ou distributeur d'énergie.

Affirmer que l'avenir sera façonné par les monnaies locales et les chaînes de blocs est aussi risqué que de l'exclure.

Lancé à l'été 2015 par un groupe d'entrepreneurs canadiens, Ethereum s'annonce aujourd'hui comme l'avenir d'Internet qu'il souhaite révolutionner. Déjà, la nouvelle plate-forme numérique prévoit de donner naissance à un service universel de transfert d'informations, utilisable par tous, ultrasécurisé, déclinable dans tous les domaines, allant du vote électronique au streaming de films, en passant par la négociation d'accords financiers, de contrats d'assurance ou la distribution d'énergie. Entre autres innovations, Ethereum permet d'utiliser des programmes autonomes qui exécutent automatiquement les conditions et termes d'un contrat, sans nécessiter d'intervention humaine. Or appliqué à d'autres domaines, la technique pourrait conduire de nombreux acteurs du Web et autres start-ups* à disparaître. À partir du moment où les utilisateurs peuvent réaliser leurs transactions de pair-à-pair en fixant eux-mêmes les termes du contrat, le prélèvement de commissions ne se justifie plus exposant alors les plates-formes de financement participatif ou d'autres à disparaître. Pour Joseph Lubin, son créateur, la seule limite opposable à Ethereum est la capacité des programmeurs et développeurs à créer des logiciels utilisables par toute la communauté.

Si le protocole blockchain renvoie d'abord à une innovation technique numérique, il ouvre aussi la porte à des changements socioéconomiques plus profonds. Dans les scénarios techniquement possibles, il pourrait mettre en œuvre un nouveau principe d'organisation pour l'humanité. Sans attendre, il permettrait par exemple aux individus contraints d'utiliser des entreprises comme Western Union et PCS (MasterCard), de transférer l'argent directement à leur famille, sans en verser aux opérateurs conventionnels dont les commissions sont à la mesure de leur situation monopolistique. De la même façon, la possibilité d'effectuer des micropaiements permettrait de rémunérer des auteurs et artistes directement, sans prélever sur leurs revenus le financement des organismes intermédiaires classiques. À moyen terme, les technologies de la blockchain et des cryptomonnaies pourraient aussi conduire à réorganiser le système productif de pairs-à-pair. Et donc aussi les rapports sociaux. En redistribuant la confiance, l'autorité, la mémoire et le contrôle entre tous les utilisateurs de la même chaîne, elles offrent de construire un modèle d'échanges imposant aux acteurs économiques d'ajuster leurs services à ces nouveaux usages et règles du jeu.

↗ Refaire le monde

Autorégulation, consensus, gouvernance horizontale, suppression des intermédiaires, baisse des coûts, inviolabilité, transparence, automation*, protection de la vie privée : si les promesses des chaînes de blocs sont nombreuses et réelles, les limites qu'elles posent et les questions qu'elles soulèvent pour le futur. À l'instar d'Internet que fraudeurs et criminels détournent à leur avantage, la blockchain s'expose par exemple aux dérives qu'elle permet puisque n'importe qui peut s'approprier et adapter la technologie pour son usage personnel et en détourner les valeurs originelles.

Cependant, c'est peut-être la question de la gouvernance du système qui en fragilise l'avenir. Comme Uber ou Airbnb ont permis de le vérifier, le mode d'échange collaboratif n'a pas remis en cause le modèle économique, mais a permis à quelques réseaux de capter la valeur d'une communauté au bénéfice de ses créateurs. De la même façon, la possibilité offerte par la blockchain de redistribuer la valeur de la communauté à chacun de ses membres ne deviendra réalité que si l'on met en place un processus de gouvernance en élaborant des principes et des règles. À laisser la technologie procéder aux arbitrages, on risque de reproduire la situation existante sur Internet où les règles sont intégrées dans et par les plates-formes que les internautes utilisent chaque jour et qui orientent leurs comportements. Autrement dit, alors que les choix techniques qui fixent le fonctionnement d'Internet n'ont été soumis à aucun débat démocratique préalable, ils dirigent désormais autant ou presque nos comportements et modes de vie que les lois et règlements fixés par le législateur. En ce sens, les débats sur la gouvernance de la blockchain sont très proches de ceux, déjà ouverts, sur l'intelligence artificielle et la responsabilité des robots, et amènent à reformuler les questions dans le champ politique, mais aussi de l'éthique. Ainsi, est-il possible de réguler une technologie que l'on a créée pour qu'elle soit autonome ? Qui doit-on contraindre : le créateur ou l'utilisateur ? Peut-on lancer une technologie dont on sait qu'elle échappera à ceux qu'elle doit servir ? Peut-on transférer le pouvoir en même temps que des informations ? De quoi ou de qui procédera la légitimité ?

S'il est aventureux d'affirmer que l'avenir sera façonné par l'usage accru des monnaies locales ou des chaînes de blocs, il l'est tout autant de l'exclure. D'autant plus que la combinaison de leurs capacités et de leurs ambitions pourrait faire émerger un échiquier économique et politique mondial parfaitement révolutionnaire.

Blockchain : la transparence anonyme >

CHAPITRE 24

LE FUTUR DE L'IMPARFAIT

Sources de revenus, reconnaissance sociale, structuration de la scolarité, système de solidarité, fiscalité, production agricole et industrielle...
Voilà deux siècles environ, que le travail structure les sociétés industrielles dont il constitue l'unité économique de base et fonde le contrat social. Il est même si prégnant culturellement qu'à la fin des années 1960, salariés et étudiants contestent l'ordre social en revendiquant le droit de ne plus «perdre leur vie à la gagner».
Un demi-siècle plus tard, c'est au tour du système économique de soulever la même question, mais en d'autres termes : et si nous étions en train d'assister à la fin du travail?
Et si l'on pouvait vivre d'autre chose?

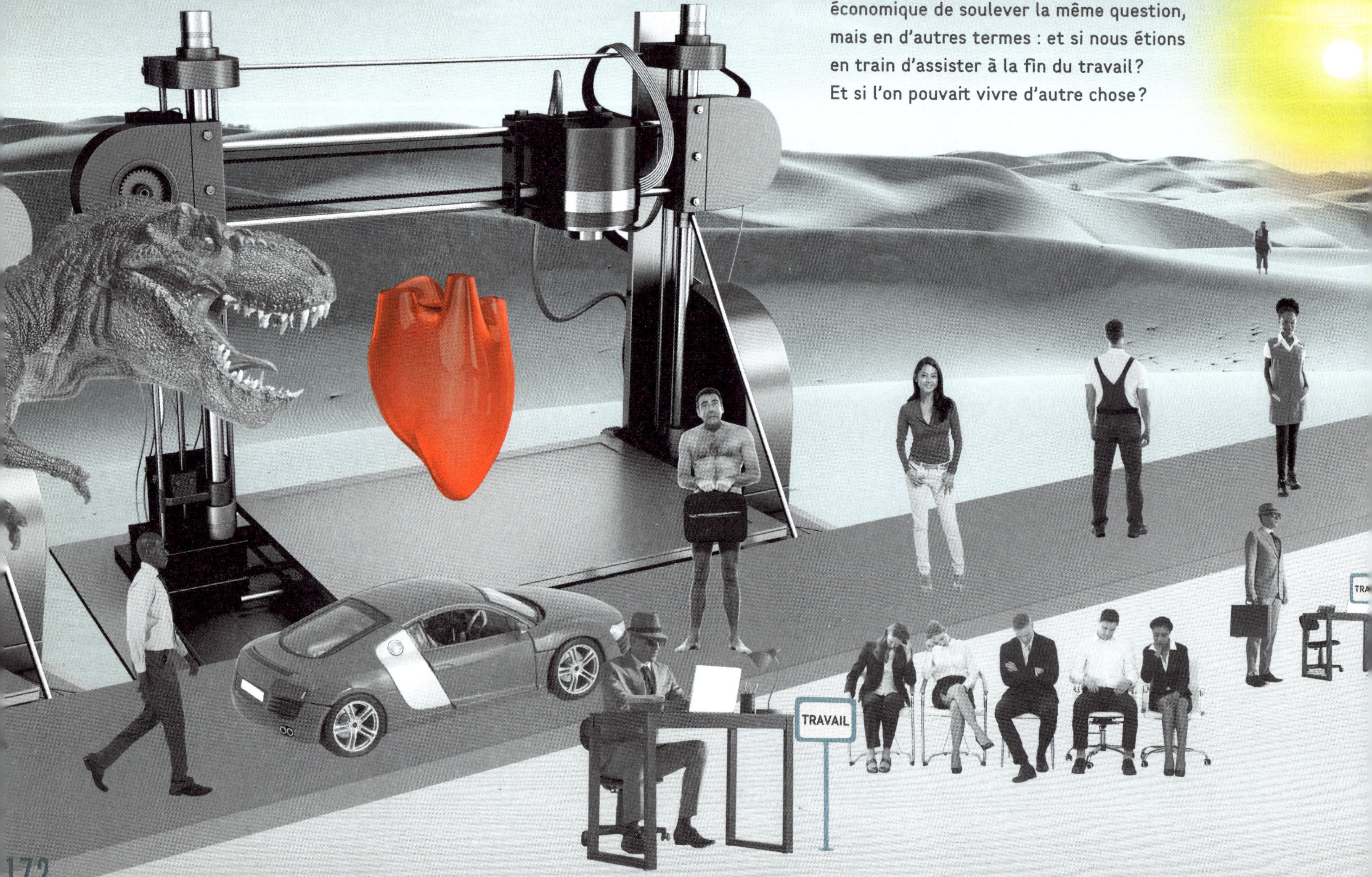

Amené à disparaître selon certains, pour le moins dans sa forme actuelle, le travail salarié a connu plusieurs étapes au cours de l'histoire économique contemporaine. En effet, ces 70 dernières années ont structuré le contrat social* et la mémoire politique et syndicale des sociétés industrielles. C'est pourquoi il paraît nécessaire que le futur en tienne compte afin de faciliter une transition qui pourrait être d'autant plus délicate qu'elle devrait engager une véritable révolution de société.

↗ Une brève histoire du travail

L'histoire contemporaine du travail dans les sociétés industrielles débute avec la reconstruction d'après-guerre et l'avènement d'une période de forte croissance, celle des Trente Glorieuses. Le modèle économique qui s'impose alors repose sur trois préalables : des ressources énergétiques et des matières premières bon marché, une main-d'œuvre nombreuse et hiérarchisée (cols bleus, cols blancs) et la production de masse de biens de consommation. Dans ce système, l'emploi abondant permet de salarier les travailleurs sur la durée et à plein temps, mais aussi de leur offrir une protection sociale complète (retraite, santé…). Quant au niveau des rémunérations, il doit être normalement corrélé à la productivité du travail. Ainsi, il complète le système de redistribution des richesses à l'échelle de toute la société et assure une progression régulière du pouvoir d'achat des classes moyennes.

Au cours des années 1970, plusieurs événements viennent perturber l'équilibre et même corrompre le modèle socio-économique jusque-là vertueux. Pour commencer, la hausse brutale du prix des énergies fossiles et des matières premières suite aux deux chocs pétroliers de 1973 et 1979 amorce un processus d'inflation à deux chiffres, ralentit la productivité et met fin peu à peu au plein emploi. En quelques années, le chômage chronique et la crise s'installent en Europe comme aux États-Unis. À leur tour, ces évolutions fragilisent les systèmes de protection sociale tandis que les investissements directs s'orientent vers des destinations plus compétitives, comme le Mexique, la Tunisie puis l'Asie. Une décennie plus tard, la libéralisation des échanges* favorise un redéploiement financier et la délocalisation massive de la production pour des pans entiers des économies européennes et américaines tels que la sidérurgie et la construction navale, mais aussi les industries légères à forte intensité de main-d'œuvre comme le jouet, le textile et l'électronique.

Un autre phénomène vient lui aussi bouleverser les fondements du travail salarié : la financiarisation de l'économie encore amplifiée par le régime de change flottant et la fixation des taux d'intérêt par le marché financier. En quelques années, les crises financières de 1997, 2001 et 2008 accroissent l'incertitude économique sans affecter outre mesure les marchés financiers dont l'inventivité redouble pour proposer des produits toujours plus sophistiqués et profitables. En 2015, le montant total des transactions financières représente dix fois celui du PIB mondial. Désormais, économies financière et réelle* ont un rapport plus lointain, soustrayant aux décideurs politiques leurs derniers outils ou presque pour relancer l'emploi.

Au même moment, les progrès des technologies électroniques et informatiques généralisent le processus d'automation* des emplois industriels faiblement qualifiés de type fordiste ou toyotiste. D'autant plus que, dans certains secteurs tels que l'automobile ou le textile, la robotisation industrielle ne génère qu'une faible marge de compétitivité* face à la concurrence des tigres et dragons asiatiques. En tout cas provisoirement, puisque les gains de productivité et les requalifications de l'emploi issus du transfert de technologies sont redistribués aux économies émergentes.

Dans les anciennes économies industrielles désormais tertiarisées, le secteur des services est fragilisé à son tour à mesure que des robots s'emparent des métiers de banques, de consulting ou de mises à jour de données. Ainsi, tandis que l'automation gagne la sphère des métiers intellectuels et que les performances des algorithmes accrues par le Big Data* permettent d'exécuter des tâches complexes, les travailleurs qualifiés sont de plus en plus nombreux à rejoindre le marché du travail à temps partiel, le sous-emploi ou le travail précaire. Finalement, plus l'informatisation améliore la productivité de l'industrie, de l'agriculture et du secteur tertiaire, plus le nombre d'emplois diminue. Enfin, selon le Forum économique mondial de Davos de janvier 2016, ce sont près de 5 millions d'emplois qui risquent de

< Les temps modernes et en 3D

disparaître d'ici à 2020 en raison de la robotisation de l'économie. Des études menées par l'université d'Oxford et par la Bank of America convergent aussi pour dire que 45 % à 55 % des emplois actuels en Europe et aux États-Unis sont directement menacés dans les 20 ans à venir, sous l'effet de l'automation, de l'informatisation et du développement des dispositifs d'objets connectés. Pour leur part, les pays émergents perdraient plus de 80 % d'emplois.

Deux autres éléments pourraient bientôt mettre un terme définitif à l'ère industrielle et à la structuration des sociétés par le travail : l'imprimante 3D et l'économie collaborative*. Selon le prospectiviste Jeremy Rifkin, nous serions entrés dans l'ère post-industrielle, ou âge de l'information, dans laquelle les travailleurs employés seront remplacés par des « *makers* » (faiseurs), des consommacteurs (consommateurs-acteurs) et des prosommateurs (producteurs-consommateurs). Grâce au libre partage des connaissances, des savoir-faire et des logiciels, mais aussi au Big Data, à l'Internet des objets, au financement participatif, à la création collaborative, aux *blockchains**, aux réseaux d'énergie décentralisés, aux échanges de pair-à-pair* et à l'impression 3D, c'est tout le système de production qui pourrait se transformer, réduisant peu à peu le champ et les marges des entreprises traditionnelles. Or dans la mesure où au sein de ce système, les emplois qui disparaissent ne sont pas remplacés ni transférés vers de nouveaux secteurs, mais davantage redistribués entre tous, la révolution scientifique et technologique en cours pourrait bien condamner à l'échec les réformes pour résorber le chômage. Désormais en effet, c'est bien une restructuration économique et sociale profonde qu'il s'agit de mettre en œuvre, si ce n'est une révolution à engager.

↗ Quand l'emploi devient rare

Face au constat et aux interpellations des électeurs, travailleurs, employeurs et syndicats, la plus large partie de la classe politique entretient pourtant le déni en continuant de formuler des propositions inchangées pour répondre à la dégradation de la situation économique et sociale.

Dans un premier courant, d'inspiration plutôt libérale, on défend l'idée que le passage d'une ère à l'autre se déroulera d'autant mieux que des mesures d'ajustement de la main-d'œuvre aux nouvelles formes de production seront mises en œuvre rapidement, afin de flexibiliser le marché de l'emploi et de permettre aux entreprises de reconstituer des marges et de recruter. Concrètement, l'adaptation consisterait à réduire la part des salaires dans la valeur ajoutée ; à affecter les allocations chômage à des formations de reclassement ; à adapter les lois du travail aux nouvelles exigences économiques mondiales ; à mettre en place un contrat de travail unique et assoupli en échange de droits sociaux garantis (indemnisation, formation, etc.). Initié au Royaume-Uni et aux Pays-Bas à la fin des années 1990, le système dit de « flexi-sécurité » a depuis fait son chemin dans plusieurs pays d'Europe, comme en Allemagne avec les réformes Hartz appliquées entre 2003 et 2005, ou en France avec l'adoption de la loi El Khomri en 2016. Quant aux propositions de réglementer l'actionnariat et de « moraliser » le capitalisme pour juguler les licenciements motivés par le souci du résultat plus que par la compétitivité, elles se heurtent au souci partagé par tous de ne rien faire qui compromette les créations d'emplois.

Pendant deux siècles, la production de masse a reposé sur une énergie bon marché et une main-d'œuvre abondante.

En réaction à cela, un autre courant se développe depuis quelques années, notamment en Grèce, en Espagne et en France. Porté par des mouvements contestataires marqués à gauche, il manifeste une opposition farouche au dogme de l'austérité budgétaire, au désendettement et à toute atteinte aux caractéristiques historiques du travail salarié protégé. Pour relancer l'emploi par la croissance, il suggère donc de s'appuyer sur la consommation populaire et de reconstituer les réserves des fonds sociaux en taxant les profits des multinationales ou les transactions monétaires et financières internationales. En croisade active contre l'ubérisation* du travail, cette opposition de gauche exige des États qu'ils garantissent le socle de la protection sociale et, sur ce point, enregistre quelques succès à mesure que la société emblématique de chauffeurs occasionnels est interdite d'activité dans un nombre croissant de villes européennes et américaines.

Cependant, que l'on s'accorde avec le premier courant ou avec le second, il apparaît que ces mesures n'apportent pas de solution à l'impossibilité structurelle d'un retour à l'État-providence et à la reconstitution du tandem historique de la croissance et de l'emploi. Que les baby-boomers* libèrent du travail en partant à la retraite n'y change rien non plus : désormais, il s'agit moins du nombre de demandeurs d'emploi que de la disparition continue des emplois eux-mêmes. C'est aussi ce que vient souligner l'effacement de la partition traditionnelle entre le travail salarié, le travail indépendant et les professions libérales, la précarisation tendancielle des contrats de travail et les inégalités croissantes entre les hauts revenus bien protégés et les bas salaires. Aux États-Unis par exemple, près d'un tiers des emplois sont en régime d'indépendants, ce qui représente une économie totale de 30 % des coûts salariaux. Profitant du déficit d'emploi, hauts salaires et actionnaires captent une part croissante de la valeur ajoutée en creusant directement des écarts de statut et de revenus déjà record. Finalement, c'est à l'aune de cette brève histoire du travail et surtout, de ses évolutions récentes qu'il faut appréhender les propositions de l'économie dite « nouvelle », qui suggère de refonder le contrat social pour convertir les sociétés en système intelligent, harmonieux et durable.

Auparavant, plusieurs résistances et autres contradictions hypothèquent encore l'avènement du nouveau paradigme. En continuant de considérer que le travail a une valeur et qu'il constitue un moyen d'affirmation de soi par exemple, on valide le développement de contrats et d'échanges atypiques au moment où les individus multiplient leurs activités pour éviter de tomber en situation de précarité. Or, ainsi cautionnée, la nouvelle répartition du travail finit par dévorer l'existence des personnes tout en contribuant à raréfier davantage les emplois. Symptômes de cette difficile transition, la prolifération des microtravaux, des jobs semi-amateurs, de boulots d'appoint et d'activités complémentaires génératrices de revenus (sous-location d'appartement, tests consommateurs, chambres d'hôte, achat-vente, gardes d'animaux...) fragmente à la fois les revenus, l'économie, l'artisanat et le secteur des services. Parallèlement, ils contribuent au détricotage du contrat social qui, à ce jour, reste fondé sur le travail et l'emploi. Au vu de l'échec des politiques économiques traditionnelles pour réparer les solidarités et la cohérence sociales, mais aussi des violences accrues qui meurtrissent des sociétés extrêmement polarisées, ou encore de l'impuissance des gouvernements pour y faire face autrement que par la pénalisation et la répression, le futur devra donc être plus radical et instaurer d'autres formes de reconnaissance sociale et de valorisation de l'individu, mais aussi d'autres sources de revenus que ceux tirés du travail ou, que ceux versés, au contraire, pour compenser l'absence de travail.

↗ Un nouveau paradigme

La requalification du terme « emploi » pourrait constituer une première étape puisqu'aujourd'hui, il ne désigne que le travail hétéronome*, moyen de survie principal du travailleur qui l'assujettit donc à son employeur ou aux revenus qu'il perçoit en échange. Par conséquent sont exclues de cette catégorie les activités libres et autonomes, sources de création, d'épanouissement et de reconnaissance, potentiellement utiles à la collectivité, mais qui n'impliquent pas de contrepartie financière. Partant du fait qu'un monde sans emploi serait aussi un monde sans chômage, le revenu de base inconditionnel (RBI*) consisterait à verser à chaque citoyen une même somme donnée, cumulable avec d'autres revenus tirés d'activités diverses. Ainsi, au lieu d'être organisé selon l'offre et la demande d'emploi, rémunéré dans un cas et compensé dans l'autre, le nouveau système développe une logique de contribution partagée et généralisée, que le RBI valorise indifféremment, quelles que soient la nature et l'importance de la contribution, sociale, solidaire ou non. Pour ses défenseurs, la mise en place du RBI pourrait également avoir un effet incitatif fort sur l'innovation en contribuant à l'autonomie économique de personnes travaillant sur des projets sans rentabilité financière suffisante pour assurer un emploi marchand. Son effet serait aussi applicable au revenu contributif additionnel des travailleurs qui mènent des activités non rémunérées dans des centres d'innovations, des pépinières de start-ups*, des fablabs* et autres ateliers de travail partagé (*co-working*).
Le RBI pourrait permettre de remédier aux tensions qui découlent de la raréfaction du travail. Présenté comme un outil facilitateur de transition, il suscite dès à présent un engouement certain avec la multiplication des expériences lancées de par le monde, des projets anciens comme aux États-Unis, au Canada et d'autres plus récents et novateurs, notamment en Finlande, et dans plusieurs villes aux Pays-Bas, en France, au Kenya ou en Ouganda. Pour sa part, l'abondante littérature qui lui est consacrée décrit ce nouvel outil comme une véritable panacée qui résoudrait le chômage, simplifierait le système de sécurité sociale, égaliserait les niveaux de protection des indépendants et des salariés, limiterait les écarts de revenus, permettrait un meilleur partage des richesses, flexibiliserait le marché du travail, réduirait la pauvreté, stimulerait les contributions volontaires au mieux-être de la collectivité, atténuerait

Le futur devra être plus radical et instaurer d'autres formes de reconnaissance sociale et de valorisation de l'individu.

les effets des transitions démographiques, simplifierait le système fiscal, allégerait l'administration, etc.
En réalité, la capacité de transformation des sociétés et de leur équilibre économique et social par le RBI dépendra de plusieurs conditions préalables. En premier lieu, elle exigera des citoyens et de leurs dirigeants une profonde reconversion culturelle, engageant notamment de redistribuer les rôles de chacun. Ensuite, l'efficacité du système procédera du montant du revenu de base et donc des moyens de son financement. Globalement, on recense trois grandes familles de justification au RBI. La première correspond à la volonté d'égaliser la condition des individus en faisant écho à la philosophie des droits naturels et au droit de jouissance du monde. La seconde évoque davantage le RBI comme une manière d'octroyer à chacun les moyens concrets de sa liberté, de son autonomie et de son émancipation. En même temps, elle vise à redonner du sens et de l'importance à la société et la citoyenné. La troisième approche, elle, affiche des préoccupations plus pragmatiques : le RBI évite tout simplement aux individus de se retrouver en situation de dénuement. Jugé moins intrusif que les mécanismes conditionnels habituels de protection sociale, le RBI est présenté comme un outil de flexibilisation du marché du travail qui n'expose pas les salariés. Une sorte de filet de sécurité pour les personnes et de politique sociale simplifiée pour les gouvernements, permettant de concilier la liberté de marché et la solidarité avec les plus démunis.
Loin d'être théoriques ou seulement intellectuelles, ces différences de vision pourraient déterminer les modalités de mise en œuvre de revenu de base. Pour certains par exemple, le revenu de base ne pourra modifier les sociétés que s'il permet de rendre l'activité plus flexible tout en la protégeant, quelles que soient ses modalités (emploi salarié classique, intermittent, à temps partiel, occasionnel ou bénévole). Or, en décollant trop peu du niveau de pauvreté, il présenterait le risque de livrer la protection sociale (complémentaire de santé, système de retraite) au marché financier de la capitalisation et de consolider une société à deux vitesses. Dans cette logique, d'autres intellectuels estiment que son montant doit être le plus élevé possible et même tendre à remplacer le salaire minimum. Les objecteurs répondent à cela qu'un niveau trop élevé découragerait tout travail manuel et peu qualifié.

↗ Les moyens de changer

À l'instar de ceux qui défendent la mise en place du revenu de base inconditionnel, trois courants se dégagent au sujet de son montant et de son financement.

Plutôt qu'un revenu direct, le premier suggère que le RBI prenne la forme d'un crédit d'impôt dont le montant, fixe et unique, devrait rester assez modéré pour ne pas risquer de ralentir l'économie et d'alourdir les prélèvements. Autrement dit, ne serait versée aux citoyens que la différence, si elle existe, entre cette somme et le montant de l'impôt sur le revenu. Pour ses partisans, la formule, qui remplacerait les prestations sociales, présente l'avantage de réduire des procédures longues, complexes et coûteuses.

Le RBI offre de réduire la complexité et le coût des systèmes de protection sociale.

Un deuxième courant, plus pragmatique, suggère que le mécanisme se limite à redistribuer en revenu unique les dépenses de protection sociale : retraite, assurance maladie, chômage, allocations familiales. Une sorte de revenu positif et égalitariste, à l'exclusion de toute autre forme de solidarité sociale. Considérant que le RBI doit permettre d'éradiquer la pauvreté, l'exclusion sociale et l'exploitation, un troisième courant défend l'idée qu'il doit être bien supérieur au seuil de pauvreté de chaque pays pour permettre à ceux qui le choisissent de se passer d'emploi plutôt que d'accepter n'importe quelle condition d'embauche. Dans la mesure où le financement de cette troisième option exigerait de dépasser assez largement l'effort actuel de redistribution, il conviendrait donc aussi de repenser le système fiscal et l'assiette de redistribution de la richesse.

Là encore, plusieurs solutions sont évoquées. Ainsi, considérant que désormais, l'essentiel de la richesse se crée dans les flux et non sur les stocks, certains proposent de remplacer l'impôt sur le capital, le revenu, le profit et le patrimoine par une taxe uniforme sur toutes les transactions monétaires et financières. Sachant que les transactions financières représentent en 2015, 700 000 milliards de dollars alors que le PIB mondial en dépasse à peine 70 000, on calcule qu'une taxe de 5 % sur toutes les transactions représenterait 35 000 milliards de dollars, soit une somme équivalente à la moitié de la richesse produite globalement. Une autre proposition suggère de mettre en place une taxe sur les énergies fossiles et sur les émissions de carbone. En plus d'accroître l'enveloppe budgétaire consacrée au RBI, le nouveau prélèvement permettrait en effet d'infléchir l'activité économique dans des directions souhaitables.

Une dernière observation s'impose : dans tous les cas, les raisonnements sur le financement du revenu de base s'appuient sur une masse monétaire donnée en visant la neutralité budgétaire et en laissant de côté la question de la création monétaire. Or, à partir du moment où la mise en place d'un revenu universel modifie certains fondements du système économique qui prévaut jusqu'à présent, il sera nécessaire de repenser aussi le rôle de la monnaie et la façon dont elle est créée, ouvrant alors encore d'autres perspectives. En s'appuyant sur l'expérience de monnaie locale et en partant de l'idée que le RBI est un outil de citoyenneté, certains économistes suggèrent par exemple que le RBI soit versé en monnaie complémentaire, pour qu'il contribue à l'activité des marchés locaux ou interieurs.

Tandis que la restructuration du travail, de son organisation, de sa durée et de sa rémunération sont déjà à l'œuvre aujourd'hui, la mise en place à large échelle du revenu de base inconditionnel, elle, n'est qu'un futur possible parmi d'autres, politiquement utopique, socialement révolutionnaire, techniquement complexe. Au regard des enjeux que le RBI soulève et du débat qu'il provoque, il constitue, en tout cas, un incubateur de changement qui rappelle aussi que la plupart des grandes ruptures politiques et sociales paraissaient encore improbables 10 ou 20 ans avant leurs mises en place : droit de vote des femmes, congés payés, assurance chômage, régime de retraite, sécurité sociale...

Alors oui, vraiment, le futur promet d'être passionnant.

My Taylor is not rich anymore
(Mon tailleur n'est plus riche) >

Margaret Thatcher
5,00
KOMI

« Il faut rêver très haut, pour ne pas réaliser trop bas. »

Maurice Donnay

partie 06

EN ATTENDANT DEMAIN

CHAPITRE 25

DESSINE-MOI UNE VILLE

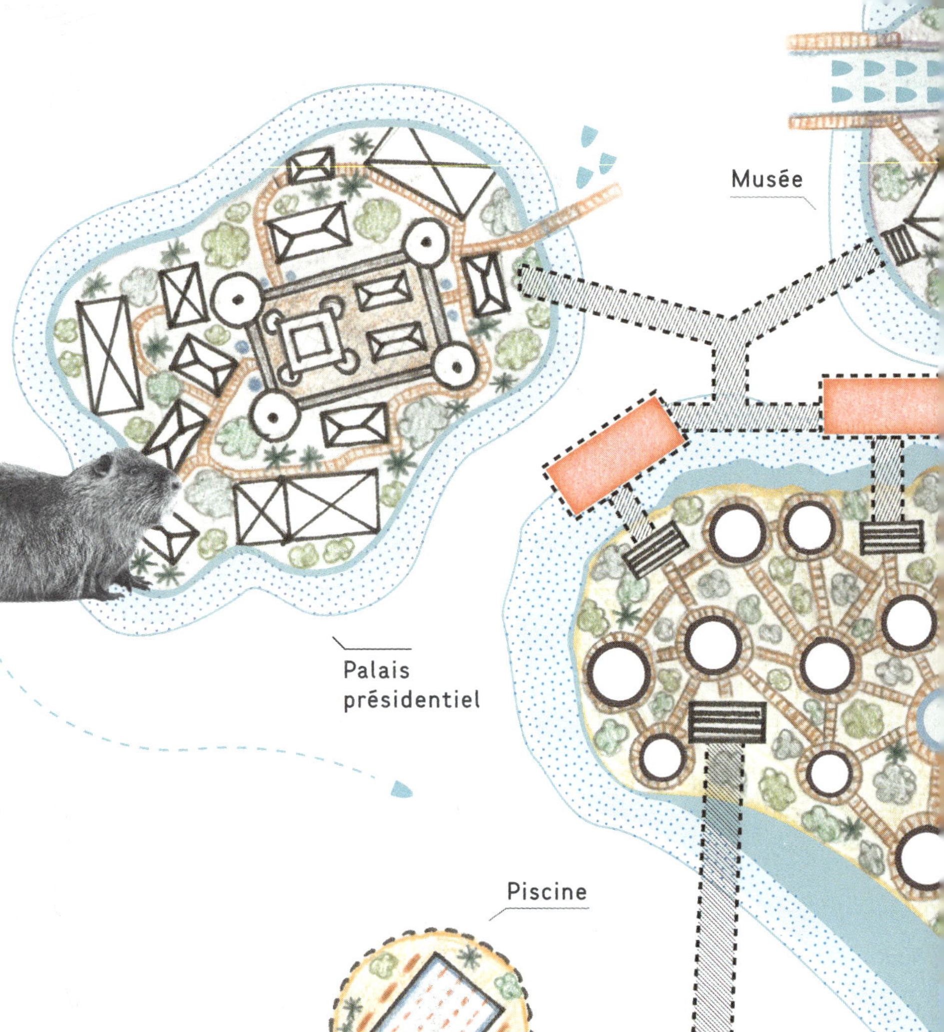

On dit que les enfants ont une imagination fertile et qu'ils pourraient imaginer le futur plus facilement que les adultes. En réalité, comme pour leurs aînés, l'avenir reste pour eux un concept abstrait où ils peinent à se projeter. Invisible et imperceptible, il cristallise plus volontiers les peurs, fantasmes et désirs de chacun que la vision et la détermination nécessaires pour infléchir le présent en fonction de possibles effets à venir.

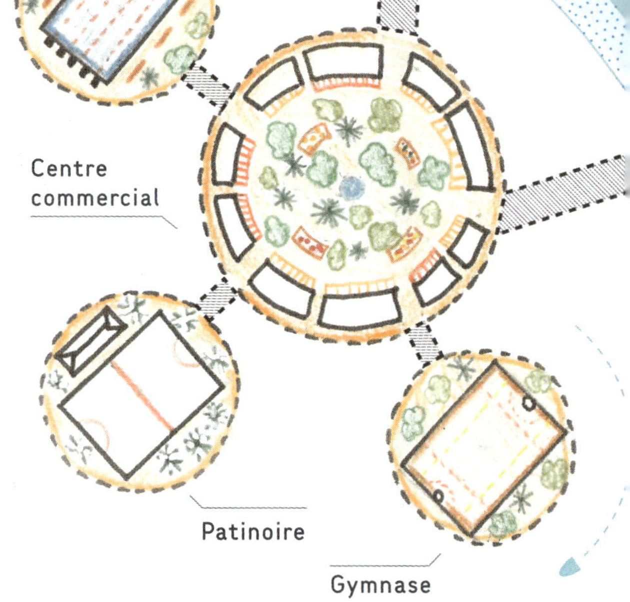

La cartographie est un exercice ardu qui impose d'avoir en même temps une vision précise et synthétique, de pouvoir la transcrire sur un plan en maîtrisant les notions d'échelle, de pouvoir interpréter le réel tout en respectant des codes déterminés, d'avoir enfin un sens développé de la complexité pour relier entre eux les éléments qui doivent l'être, fussent-ils de nature diverse. On peut penser aux villes par exemple dont l'aménagement engage de conjuguer des éléments économiques, politiques, sociaux, culturels et religieux. C'est ainsi que les jeux de stratégie qui consistent à construire des villes virtuelles et à les faire croître sans qu'elles s'effondrent font partie des plus sophistiqués.

Partant de là, on comprend pourquoi imaginer et cartographier la ville du futur est un défi particulièrement difficile à relever, surtout quand on n'a que 12 ou 13 ans. C'est pourtant celui que des collégiens français ont réussi en participant à concours de cartographie imaginaire sur le sujet et dont on retrouve ici trois cartes lauréates. En plus de la qualité exceptionnelle du dessin exécuté à main levée et du sens de l'urbanisme que ces cartes traduisent, on est frappé par ce que ces trois esquisses de futur révèlent de conscience des plus jeunes de la fragilité des écosystèmes et de la nécessité de reformuler l'équation ville-énergie-espaces verts-espaces agricoles. On est aussi touché par l'importance qu'un jeune garçon de 12 ans accorde aux droits des femmes et à ceux des minorités religieuses dans une ville où pourtant il ne vit pas, Damas. Or justement, à l'heure où le futur appelle à imaginer des outils pédagogiques et des récits qui accompagnent la transition, on mesure avec ces exemples que la cartographie aide à s'emparer de la complexité du monde, des arbitrages qu'elle impose et des vertus du changement.

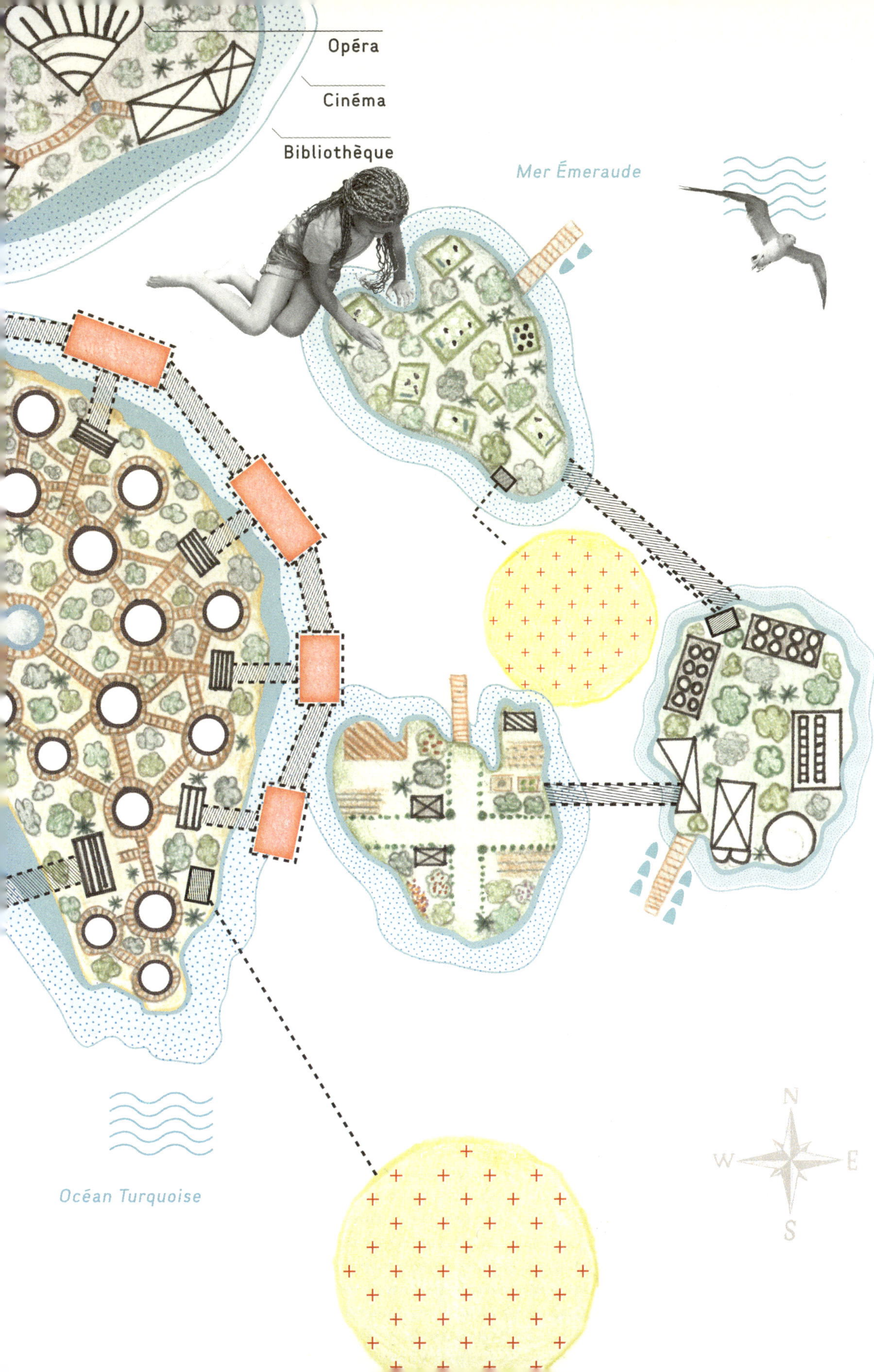

FIG. 063
ARCHIPEL NEPTUNIA, en 3012

- Zone d'habitation
- Zone d'éducation
- Zone de pouvoir
- Zone agricole
- Plage
- Mer
- Port, bateau
- Tube sous-marin
- Escalier
- Passerelle
- Parc éolien
- Câble sous-marin
- Transformateur électrique
- Maison

↗ Manon Boisseau, 12 ans

« Depuis le réchauffement climatique, certains continents comme l'Amérique, l'Océanie et l'Antarctique ont disparu et quelques îlots sont restés émergés. Les habitants de la Terre ont été obligés de s'adapter à de nouvelles façons de vivre.
Cette carte montre un grand archipel avec cinq petites îles. Les trois qui se trouvent à l'est sont consacrées à l'élevage et à l'agriculture.
La quatrième et la cinquième à l'ouest rassemblent ce qui est d'ordre administratif, les infrastructures destinées à la culture et les loisirs. L'archipel du centre concentre les logements. Pour se déplacer, les habitants circulent à pied sur des passerelles ou dans des tubes sous-marins. L'électricité est produite grâce à des éoliennes, des panneaux solaires et des moulins à eau. Les écoles sont construites sous l'eau, comme le centre commercial et les espaces de loisirs.
Les habitants espèrent que ce mode de vie fera ainsi redescendre le niveau de l'eau, qui peut à tout moment monter à cause de la pollution. Cette carte donne un exemple de lutte contre le réchauffement climatique et de respect de la nature et de notre belle planète. »

FIG. 064
DÔMIVILLE, SÉCURIT(É)COLOGIE

↗ Léopold Lemarchand, 12 ans

« Je suis fier de vous présenter Dômiville, ma ville futuriste, qui associe l'écologie et la sécurité. Comme son nom l'indique, j'ai représenté des dômes pour des raisons de sécurité. Il y en a quatre.
Le dôme central – qui est aussi le principal – regroupe toutes les habitations qui sont personnalisables.
Autour de lui, nous avons trois autres dômes.
Le deuxième dôme, c'est le complexe commercial.
Le troisième concentre les bureaux et les entreprises.
Et le quatrième est consacré à l'énergie.
Tout est bien séparé. Parlons du dôme en lui-même : il apporte de la sécurité aux gens qui y habitent.
Pour y rentrer et en sortir, il y a un contrôle automatique et intelligent. Le dôme détecte ainsi si l'on est une personne dangereuse ou pas.
L'écologie est un autre élément central de ma ville.
Il n'y a pas de voitures pour se déplacer et, chose très importante, les véhicules ont interdiction d'entrer dans la ville, mais ils peuvent la contourner, passer par les tunnels souterrains et se garer sur de grands parkings à l'extérieur. En revanche, il y a d'autres modes de transport innovants, comme les tapis roulants pour les piétons, la téléportation pour les longues distances, et pour passer de dôme en dôme il y a les télécabines et le vélo, moyen de transport très utilisé dans la ville. Et pour finir, toute l'énergie de la ville est fournie par un champ d'éoliennes de dernière génération. »

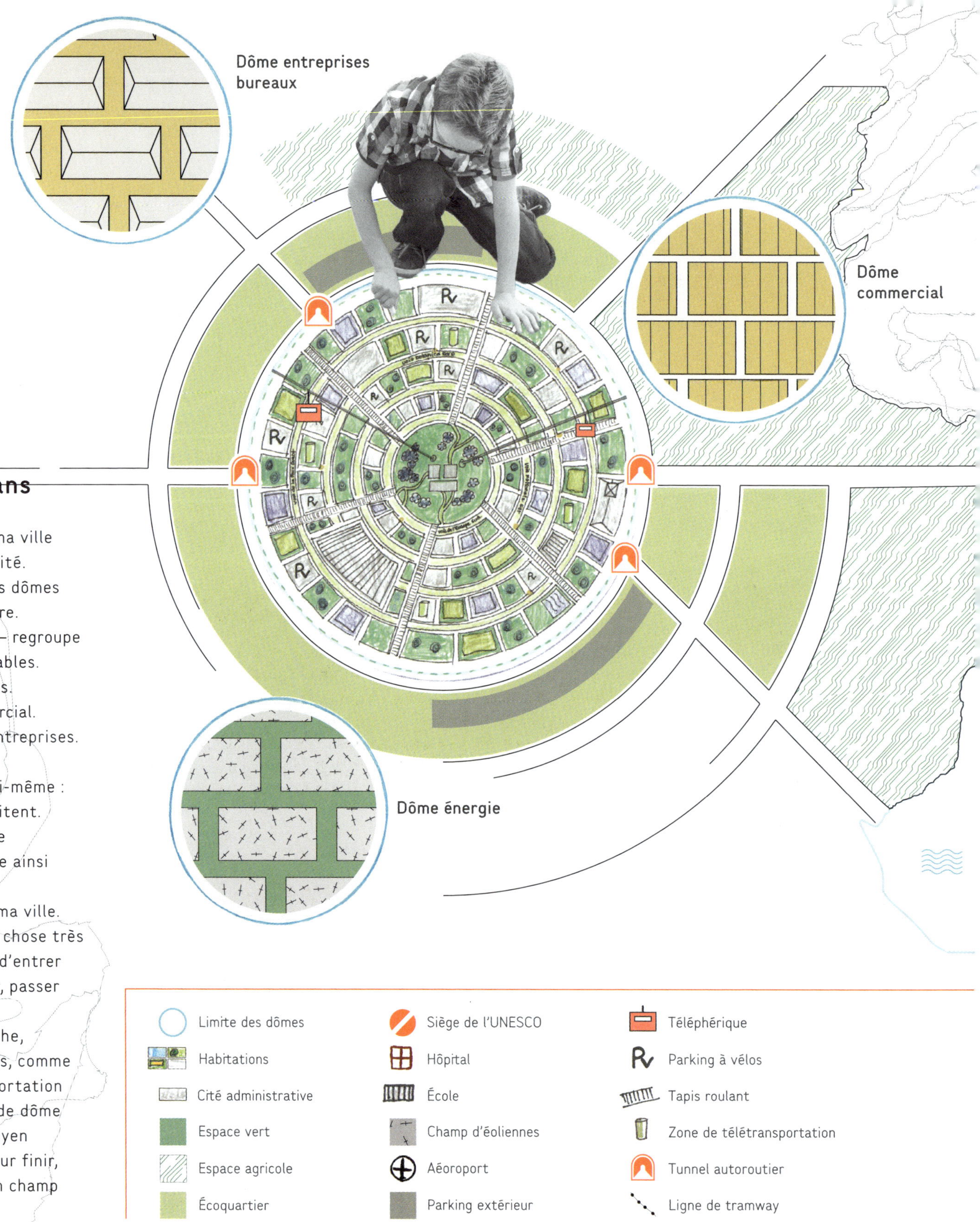

FIG. 065
DAMAS, en 2024

دمشق

↗ Thomas Brault, 12 ans

« J'ai choisi de représenter la ville de Damas, car l'actualité a montré comment cette ville a été détruite par des groupes terroristes qui imposent la peur et la pauvreté à la population. J'ai imaginé que dans quelques années, la capitale syrienne serait tout le contraire de ce qu'elle est aujourd'hui. Elle serait une sorte de capitale du monde où siègent l'UNESCO et la fameuse Ligue internationale des droits des femmes (LIDF) que j'ai inventée et qui aurait pour but de défendre les femmes des autres pays. Ce serait aussi la ville modèle de l'écologie, avec des quartiers entiers de maisons végétales. Il y aurait aussi plusieurs parkings relais pour que le covoiturage prenne de plus en plus d'ampleur, et que la voiture électrique se généralise. De plus, on mettrait au service de la population des bornes de recharge pour voitures électriques. Il y aurait également des champs d'éoliennes, deux grands parcs, deux grands lacs, des barrages hydroélectriques, plusieurs lignes de tramway, ainsi que des usines de recyclage. Du côté de la politique, avec tout ce qui se passe en ce moment, on ferait des musées pour se souvenir des victimes du terrorisme, pour que les générations futures sachent ce qui s'est passé avant leur naissance. Les flots de réfugiés qui quittent aujourd'hui Damas pourraient y revenir. Enfin, il y aurait un grand palais présidentiel depuis lequel Damas serait dirigé par une femme. Il y aurait de grands hôpitaux où l'on pourrait se faire soigner gratuitement.
Du côté religieux, il y aurait plusieurs quartiers de religions où des mosquées, des synagogues, des églises catholiques, protestantes et orthodoxes se côtoieraient. Damas serait aussi une grande ville touristique accessible par le grand aéroport international, où l'on pourrait visiter les musées et mémoriaux, les quartiers de religions, le port, le palais présidentiel. »

The New World Times

27 SEPTEMBRE 2038

édition numéro 20180927 « La seule chose promise d'avance à l'échec, c'est celle que l'on ne tente pas. » Paul-Émile Victor 2,50 Ƀ

↗ COLLISION AÉRIENNE ÉVITÉE DE JUSTESSE

Selon les forces de sécurité civile, l'accident qui n'a fait que des dégâts matériels aurait cependant pu être très grave. Les faits se sont déroulés hier, peu avant 16 heures non loin du nouvel aéroport d'Orly à 40 km au sud du Grand Paris, quand un drone de surveillance de la société Open Eyes est sorti de son rail aérien pour une raison inexpliquée. Déporté par les rafales de vent allant jusqu'à 100 km/h, le drone s'est rapidement retrouvé dans un couloir aérien où il est passé à seulement quelques mètres d'un Airbus de la compagnie eMusk avant d'achever sa course folle en heurtant une tour éolienne 10 km plus loin.

Pour les autorités aériennes, ce cas, qui n'est pas isolé, soulève de nouveau la question de l'encombrement du ciel du Grand Paris où le trafic a été multiplié par trois depuis 2033.

LA FIN DE L'ÈRE FOSSILE
Le dessous des cartes d'une révolution énergétique

Rarement l'actualité technologique, énergétique et climatique n'a été aussi chargée qu'en ce 26 septembre 2038. Dès le début de matinée, on a appris par la voix de son président que le groupe automobile General Motors-Volkswagen a choisi de mettre fin à la production de moteurs à combustion dont il est le dernier constructeur mondial. Par cette décision, le consortium ferme un chapitre de l'histoire automobile débuté 269 ans plus tôt. Hasard du calendrier ? À peine deux heures plus tard, l'organisation mondiale de l'environnement rapporte dans un communiqué que, pour la première fois depuis le début du siècle, l'année pourrait ne pas figurer parmi les dix plus chaudes de l'Histoire. Pour conclure, l'agence spatiale chinoise a annoncé la mise en orbite réussie de son disque solaire géostationnaire Zheng-He dont les premières transmissions d'énergie sont parvenues à la station réceptrice du Taklamakan à 4h56 TU. Ainsi, l'humanité aura finalement réussi sa transition énergétique en un peu moins d'un quart de siècle. Une aventure sur laquelle revient le spécialiste franco-britannique des énergies nouvelles, John-Peter Overview dans un entretien avec le *New World Times*.

Propos recueillis par Christopher-John Bilkul et Virginia Torvic.

On se souvient que jusqu'à la conférence de Paris sur le climat en décembre 2015 et depuis plus d'un siècle, l'économie tout entière reposait sur les énergies fossiles. Vingt-trois ans plus tard, le mix énergétique mondial est composé à 40 % d'énergie renouvelable, tandis que le nucléaire fait jeu égal avec le pétrole et le charbon réunis. Selon vous, comment cette sortie du « tout fossile» a-t-elle été possible en si peu de temps ?

Avant tout, rendons hommage aux experts du GIEC qui avaient établi le mécanisme du réchauffement climatique et sonné l'alerte dès le début des années 2000. À l'époque, de nombreuses figures politiques et une part de la communauté scientifique continuaient de nier l'origine humaine de l'élévation des températures moyennes. Et puis bien sûr, d'année en année, les faits n'ont pas arrêté de donner raison aux climatologues avec la multiplication des tempêtes et des incendies en Europe, des cyclones aux États-Unis, sans parler de la progression spectaculaire du désert en Chine, au nord et à l'ouest de Pékin.

Ensuite, je pense qu'une deuxième étape a été franchie quand les habitants de Tuvalu et de Kiribati ont décidé de quitter leurs îles, tous ensemble, en 2025, pour rejoindre la Nouvelle-Zélande en bateau, sans attendre la submersion de leurs îles. Il me semble que les images de ces abandons forcés de territoires diffusées en direct sur les réseaux sociaux ont vraiment touché l'opinion. En tout cas, suffisamment pour augmenter la pression sur les chefs d'État réunis à Wellington quelques jour après cet exode, à l'occasion du sommet de « Paris+10 ».

Et puis bien sûr, le troisième élément déclencheur, c'est l'explosion, au printemps 2026, de One-Earth (complexe pétrolier en eau ultra-profonde, NDLR) au large de l'Uruguay. En déversant l'équivalent de 28 millions de barils de pétrole dans l'Atlantique en moins de 9 mois, l'accident a tout de même conduit à la pire catastrophe industrielle de l'Histoire. Là encore, je pense que les images de la destruction presque totale de la faune et de la flore marines le long des côtes de l'Argentine a servi de détonateur à la prise de conscience mondiale.

La faillite de deux des cinq plus grandes compagnies pétrolières à la suite de l'événement n'a-t-elle pas été le vrai déclencheur ?

Je ne crois pas. Si l'on regarde les chiffres, on s'aperçoit que la baisse de la production liée à cette double faillite n'a pas été suivie d'une hausse du prix des

↗ UN NOUVEAU MUSÉE À FRANCFORT

Francfort, Allemagne, UE

Inauguré à l'occasion de l'ouverture du salon annuel de l'automobile de Francfort, le nouveau musée de la mobilité ouvre ses portes aujourd'hui, offrant au public l'occasion de (re) découvrir les véhicules à pilotage manuel et autres camions à moteur Diesel dans le cadre d'une exposition consacrée aux transports européens au XXe siècle. L'opportunité aussi de rappeler qu'il y a encore 25 ans, 70 personnes mourraient chaque jour en Europe dans un accident de la route, tandis que 600 000 personnes décédaient chaque année à cause de la pollution atmosphérique alors largement imputable au transport routier. À noter, l'atelier de conduite qui place les enfants dans la situation de conducteurs automobiles de l'an 2000, avec volant, levier de vitesse et pédales !

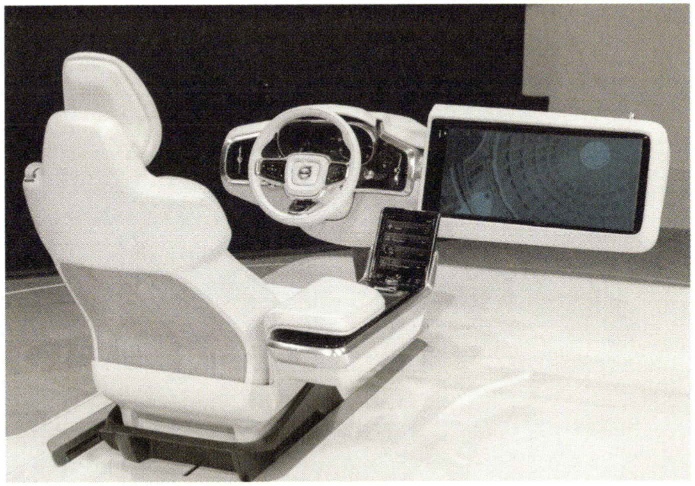

Simulateur de conduite du iGMV 315 cabriolet

Station-service désaffectée (Palm Spring, États-Unis)

hydrocarbures. Tout simplement parce que les progrès de la recherche sur les énergies renouvelables et la fusion nucléaire laissaient alors déjà entrevoir que l'exploitation des énergies fossiles serait de moins en moins rentable. De fait, avec la baisse du cours du baril, on a définitivement écarté la mise en exploitation des champs pétroliers arctiques, au large des côtes russes, canadiennes et groenlandaises. Et puis progressivement, on a aussi mis fin à l'exploitation des réserves prouvées d'huile de roche-mère, des sables bitumineux de l'Orénoque, ou de pétrole dans l'Arctique. En attendant, quel gaspillage ! Il faudra certainement plusieurs décennies avant que la faune et la flore réinvestissent les lieux. Et encore, peut-être pas partout.

Vous évoquez des avancées décisives de la recherche. Pouvez-vous nous en dire davantage ?

En réalité, c'est plutôt la conjonction dans le temps d'une multitude de changements et d'événements qui a fini par actionner le levier. Déjà, un premier seuil a été franchi en 2020, quand le coût du solaire photovoltaïque est passé sous la barre de 1 dollar par watt installé. Ensuite, il faut aussi rappeler les gains de productivité et d'efficacité énergétiques considérables qui ont pu être réalisés à partir du début des années 2020, quand il est enfin devenu possible de stocker l'électricité dans des sels fondus. On peut aussi citer l'installation des champs de centrales marémotrices et éoliennes de haute mer qui s'est accélérée avec l'épuisement des ressources fossiles européennes. Et puis bien sûr, il ne faut pas oublier les progrès fulgurants de l'énergie solaire un peu partout dans le monde qui ont été amplifiés par l'essor des *blockchains**. Pour l'Afrique, on peut même parler d'un véritable bond en avant technologique et énergétique.

Et en Asie ?

Là, l'histoire s'est déroulée de façon très différente. D'abord, parce que pour alimenter l'appareil industriel chinois, et indien dans une moindre mesure, mais aussi pour éclairer plus de 2,5 milliards d'habitants, il n'était évidemment pas possible d'attendre que le solaire et les éoliennes fassent seuls le travail. Et donc, pour ces pays-là, la seule alternative rapidement efficace, c'était le nucléaire. Cela dit, contrairement à l'image que l'on en garde dans les pays européens, les technologies nucléaires ont considérablement progressé depuis les EPR français, et ce, grâce aux deux géants asiatiques justement. Par exemple, à la différence des centrales occidentales, celles qui sont installées en Inde fonctionnent au thorium* dont les déchets sont dix à cent fois moins radiotoxiques que ceux du plutonium, tout comme leur dégagement thermique. Quant aux centrales chinoises à neutrons rapides, elles fonctionnent à partir d'uranium appauvri, c'est-à-dire d'uranium retraité ce qui, là encore, a permis de résoudre le problème des déchets radioactifs. Enfin, il ne faut pas non plus oublier que l'Inde et la Chine détiennent à elles seules près de 30 % de la puissance électrique solaire et éolienne installée à l'échelle mondiale !

Vous n'évoquez la transition que sous l'angle de la production. Mais la révolution énergétique ne s'est-elle pas faite aussi en modifiant la consommation ?

L'un ne va pas sans l'autre. C'est dans le secteur des transports que la transition a été la plus spectaculaire, qu'il s'agisse des véhicules particuliers, des utilitaires, des transports publics ou des poids lourds. *À posteriori*, on mesure que la marche forcée imposée au secteur a finalement été beaucoup moins difficile qu'il le redoutait, ou tentait de nous en convaincre. Autrement dit, l'interdiction progressive de l'utilisation de moteurs thermiques en Finlande, en Norvège, en Suède, aux Pays-Bas, puis en Californie, à Singapour, au Québec et en Nouvelle-Zélande a fini par faire « tache d'huile ». Cette fois, on peut saluer les ingénieurs de Elon Musk. Car si la compagnie TMA (Teslam Motors and Aircrafts) n'avait pas développé la technologie des batteries au graphène* en open source* et ainsi permis aux voitures d'atteindre jusqu'à 5 000 km d'autonomie, jamais les autres constructeurs n'auraient accepté de reconvertir leur production aussi rapidement. Et s'ils n'avaient pas non plus réussi le pari de la propulsion à hydrogène ! Car évidemment, au rythme de croissance du parc automobile chinois et indien, cette rupture technologique a permis d'écarter les scénarios les plus préoccupants pour le climat.

Et puis, l'autre facteur déterminant dans les pays développés, mais dont on ne mesure pas bien encore la portée énergétique, c'est la relocalisation de la production, notamment agricole, et le développement des activités à domicile. Une sorte d'atomisation et de communautarisation de l'activité économique si on peut dire, qui serait plus sobre sur le plan énergétique.

Certains analystes soulignent que sur le plan géopolitique, la transition énergétique n'a pas été assez préparée. Pour votre part, quel bilan en tirez-vous ?

Compte tenu du poids des énergies fossiles dans les rapports de force mondiaux au XXe siècle et de la dépendance de certains pays producteurs à leurs exportations, cela ne pouvait pas se faire

Séoul-Pékin-Séoul en Hyperloop pour le prix d'un aller simple !

Durant toute la saison estivale, Hyperloop Korea vous fait voyager à prix réduit. Pour tout achat d'un aller simple Séoul-Pékin en 55 minutes avec escale à Pyongyang, nous vous offrons le retour ! N'attendez plus, réservez dès maintenant grâce à votre portefeuille Ethereum-Mobility et venez découvrir les merveilles de la nouvelle Corée et de la Chine antique.

paisiblement. Mais pas moins paisiblement non plus que dans la situation antérieure. Dans plusieurs régions, la transition énergétique a même impulsé des innovations politiques intéressantes. Regardez l'Union européenne : grâce à la P3E (politique européenne énergétique élargie, NDLR) adoptée au sommet d'Édimbourg de 2033, elle est sur le point de gagner son indépendance énergétique. Or quand on songe à la situation politique européenne en 2015, c'était quasiment impensable.

Pouvez-vous nous rappeler brièvement les grandes lignes de cette politique communautaire ?
Il s'agit d'une politique initiée par l'UE, mais ouverte aux États non membres comme le Maroc, la Suisse et la Norvège. Au départ, il s'agit de mutualiser les politiques énergétiques des pays membres pour faire face ensemble au triple défi énergétique, écologique et économique. Et l'idée donc, c'est de mettre en place le maillage électrique des États membres au travers d'un réseau intelligent et résilient ; d'interdire les subventions aux énergies nucléaires et fossiles ; de contribuer à la stabilité politique des anciens fournisseurs d'énergies fossiles tels que l'Algérie ou la Russie. Depuis sa mise en œuvre, cette politique a déjà permis de diversifier les sources d'approvisionnement des « vingt-deux plus trois » en rattachant le réseau européen aux fermes solaires du Maghreb, aux champs éoliens off-shore de la mer du Nord, aux centrales géothermiques du Caucase. Un peu comme le charbon et l'acier au XXe siècle, l'énergie renouvelable devient le moteur d'une coopération régionale très prometteuse. D'ailleurs, il n'a pas fallu attendre longtemps pour que le P3E fasse école puisque la Chine est en train de répliquer le dispositif en Asie centrale, en s'appuyant sur les investissements qu'elle avait réalisés dans les années 2020 pour sa « nouvelle route de la Soie ».

Justement, on évoque de plus en plus souvent les tensions entre la Chine et ses voisins russe et indien qui suspectent Pékin d'avoir des intentions expansionnistes, comme en mer de Chine méridionale au début du siècle…
En réalité, toute situation de rareté, de monopole ou de dépendance est source de tensions. C'est inévitable. Il me semble qu'on ne peut pas raisonner de

Ancien site de forage pétrolier (Bakou, Azerbaïdjan)

façon simpliste en pensant qu'une solution universelle et sans effets secondaires existe. Si vous prenez des technologies qui ont permis d'opérer la révolution technologique telles que les appareils mobiles, les réseaux électriques intelligents, les drones, les robots, la domotique, les véhicules autonomes et puis bien sûr les éoliennes ou le photovoltaïque : ils sont tous très gourmands en minéraux, et en particulier en indium, néodyme, dysprosium et autres terres rares. Pourtant, si vous regardez le coût écologique de l'exploitation des terres rares par exemple, il est loin d'être nul ! Sans parler des minerais déjà disparus comme le plomb, le chrome ou le cadmium.

Alors oui, c'est vrai que les tensions créées par la nouvelle course aux minerais sont préoccupantes, qu'il s'agisse du cuivre, du nickel, du manganèse ou du diamant. Tout comme les effets possibles de ce nouveau « Grand Jeu » sur les populations d'Asie centrale ou sur les migrants chinois dans l'Extrême-Orient russe. En réalité, le problème n'est pas la transition énergétique. C'est plutôt la fuite en avant de nos sociétés toujours plus avides de tout, et notre course technologique qui consiste, depuis l'aube des temps, à remplacer un besoin par un autre, et donc une dépendance par une autre.

En attendant, la transition énergétique a quand même permis d'éviter le pire en ralentissant le réchauffement climatique et en épargnant donc à l'humanité sûrement bien des conflits encore plus graves ! ●

LE MONDE D'HIER

ÇA S'EST PASSÉ UN 27 SEPTEMBRE...

C'est aujourd'hui que s'ouvre virtuellement à Lagos le 11e sommet annuel de l'Organisation mondiale de l'éthique et du numérique (WEDO) qui, cette année, sera consacré à l'harmonisation des normes d'implants d'identité biodigitale et à la gouvernance des *Blockchain*. À cette occasion, le *New World Times* remonte le temps et rouvre gratuitement ses archives du 27 septembre 2018.
En voici deux extraits qui évoquent les débuts de Google et de Facebook, 13 ans avant que les deux sociétés américaines fusionnent pour résister à la concurrence du géant chinois Baidu.

Enfants « milleniums » en 2018 (Paris, France, UE)

BIENVENUE DANS L'ÈRE GAFA*

C'est hier en fin de journée que les nouveaux résultats record d'Amazon ont été publiés. Cependant, si les quelque 32,3 milliards de dollars de chiffre d'affaires pour le deuxième trimestre 2018 viennent récompenser les nouvelles orientations stratégiques, on retient que le cours historique des titres Amazon anticipe davantage les tendances prévisibles du marché numérique.

Alors que seule une moitié de la population mondiale est reliée à Internet, on recensait déjà plus de 20 milliards d'objets connectés dans le monde en janvier 2018 (smartphones, tablettes Internet, GPS, compteurs électriques, véhicules, montres, etc.) et 4 milliards de connexions au réseau par des objets entre eux (M2M). À son tour, la croissance du nombre d'inscrits sur les réseaux sociaux ne faiblit pas : 70 % des internautes en sont désormais membres dont 1,9 milliard pour le seul réseau Facebook. Quant au « temps de vie en ligne » et au nombre de clics par personne, ils enregistrent eux aussi de nouveaux records : en moyenne, on estime que la durée cumulée de connexions Internet atteint 5 h 17 par jour et par personne via un ordinateur, et 2 h 21 via un appareil mobile. Musique, lecture, vidéo, jeu, photo, information, conversation, messagerie, achat, réservation, rencontre, cuisine, météo, santé, exercice : dans les pays de l'OCDE, les enfants du millénaire passent en moyenne deux fois plus de temps devant un écran qu'à interagir avec leurs congénères dans le monde réel. Autrement dit, s'ils habitent leur vie physique, c'est désormais en ligne que leur existence se déroule. Une véritable aubaine économique pour les GAFA (Google, Amazon, Facebook, Apple) qui captent déjà 59 % du temps passé en ligne. Un chiffre d'autant plus impressionnant quand il est rapporté aux 760 clics par heure de connexion ainsi qu'au « coût moyen du clic » (CPC) soit environ 12 centimes d'euros. Car si pour les utilisateurs d'appareils mobiles, la santé, le confort, voire le progrès n'ont pas de prix (pas même celui de leur vie privée), la gratuité des services proposés par Google, Amazon ou Facebook a, pour sa part, un coût bien réel : celui de la vente invisible des données personnelles des utilisateurs à toutes sortes de prestataires, inconnus des internautes... Implicitement autorisée par la loi et explicitement consentie par des contrats de licence trop longs pour être lus avant d'être acceptés d'un clic pressé, la vente de données devrait ainsi permettre aux GAFA de rassembler un chiffre d'affaires total proche de 421 milliards de dollars en 2018, plaçant alors le quatuor digital californien au 30e rang mondial en matière de PIB, devant les Émirats arabes unis... Sauf que si l'état pétrolier du Golfe compte plus de 8,5 millions d'habitants, les GAFA, eux, emploient ensemble « seulement »

265 000 personnes soit 33 fois moins !
Pourtant, c'est moins sur la légitimité du profit exorbitant qu'ils réalisent à l'insu ou presque des usagers que sur leur pratique habile et outrageuse de l'esquive fiscale que les géants du Net sont interpellés. Un temps questionnés sur leur gestion opaque des données utilisateur après les révélations d'Edward Snowden, ou encore sur le droit à l'oubli, les GAFA semblent désormais ne plus rien avoir à concéder ni aux lanceurs d'alerte, ni aux politiques, ni même à ceux qui les enrichissent. Car les voilà protégés par la dépendance de leurs milliards de clients ; par la quantité cyclopéenne d'informations privées qu'ils détiennent à l'abri du droit ; par une habile dispersion géographique du stockage des données pour échapper aux législations nationales par leur valorisation boursière stratosphérique ; par une irrésistible puissance d'investissement et d'innovation ; par l'absence enfin d'un droit international applicable à Internet et au Big Data ! Un monde prospère sans limites et sans contraintes ? Bienvenue dans l'ère GAFA !

Si les Milleniums habitent leur vie physique, c'est en ligne que leur existence se déroule.

Mark Zuckerberg, fondateur de Facebook

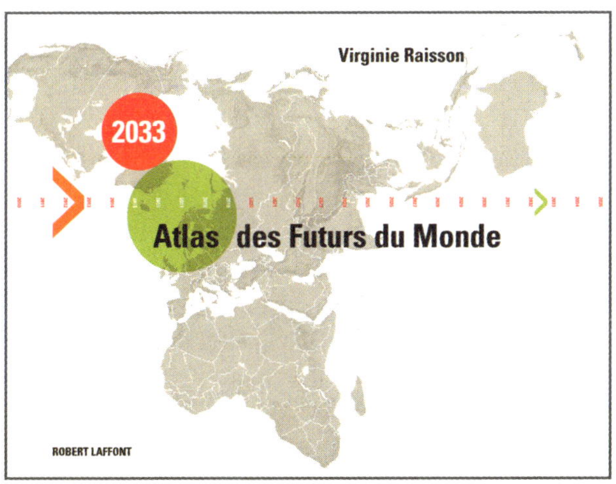

À redécouvrir sur www.lesfutursdumonde.com

2033, Atlas des Futurs du Monde
de Virginie Raisson

« Enfin des cartes qui lisent les futurs. »
The Daily Telegram

« À mettre entre toutes les mains. »
Le Gardien

« Phénoménal ! »
Dorothy's Book Club

↗ REVENU DE BASE : L'ITALIE ADOPTE LE SYSTÈME EUROPÉEN.

Rome, Italie, UE.

C'est aujourd'hui, 27 septembre 2038, que l'Italie décrète à son tour la loi instaurant le revenu de base conformément à la directive européenne adoptée à Strasbourg en 2036. Lancé par la Finlande en 2016 puis par les Pays-Bas en 2018, le mécanisme avait d'abord suscité de nombreuses interrogations dans le reste du continent. Confrontés à ce qu'on baptisa alors la « crise des migrants » et à la montée des mouvements populistes et nationalistes, de nombreux États membres renoncèrent à lancer le débat. Finalement, il aura fallu près de 20 ans pour que la transition s'opère, à la faveur du risque d'effondrement des régimes de retraite dans la plupart des pays européens, mais aussi de l'extension partielle des monnaies locales complémentaires dans les régimes sociaux de plusieurs régions européennes. Profitant en effet de la nécessité d'une réforme sociale en profondeur pour permettre la mise en place du nouveau régime social, plusieurs États comme la France et la Grèce y ont vu l'occasion de reformuler la question des solidarités qui, depuis des années, restait bloquée sur celle de l'allongement du temps de travail. Enfin, dix ans après l'implantation du système au Danemark, en Suède et en Allemagne, les progrès de qualité de vie enregistrés dans ces pays ont fini par convertir l'ensemble des décideurs européens à suivre les recommandations de Bruxelles.

LE MONDE D'HIER

(SUITE)

GOOGLE DANS LES PAS DE GENGIS KHAN

Un peu comme si le monde entier avait voulu célébrer les 20 ans de Google : le printemps 2018 vient de lui offrir trois des plus belles victoires de son histoire… À moins qu'il s'agisse du sort même de l'humanité ?

C'est à Bruxelles qu'en janvier dernier, la firme de Mountain View a remporté son premier match, par chaos de l'adversaire. Car si le Parlement européen songeait encore à lancer de nouvelles poursuites contre Google en décembre 2017, pour « abus de position dominante et manquement à la neutralité d'Internet », les États européens, eux, y ont renoncé au motif, murmure-t-on, de ne pas exposer 98 % des internautes européens à l'éventualité de défaillances malvenues du moteur de recherche. C'est donc ainsi qu'en cumulant des activités de moteur de recherche (Google Search), de système de navigation (Google Maps), de système d'exploitation (Android), de fournisseur d'accès (Loon, Google fiber), d'opérateur téléphonique (MVNO), de producteur d'appareils mobiles (Nexus, ARA), d'hébergeur de contenus (YouTube, Google Book), de régie publicitaire (Adwords), de diffuseur (Android TV) et de réseau social (Google+), Google dispose finalement des moyens nécessaires et suffisants pour cibler, transporter, émettre et transmettre tout contenu de son choix à ses utilisateurs.

C'est en Corée que Google gagne sa deuxième bataille, grâce au lancement, deux mois plus tard, d'une nouvelle version des Google Glass. Boudées par les Américains et les Européens à leur sortie en 2013 et retirées de la vente fin 2014, ces lunettes à réalité augmentée rencontrent finalement l'Histoire et leur marché sur les terres de Samsung où pas moins de 3,7 millions de paires se sont écoulées en 5 jours. Un succès que vient encore amplifier la révélation de l'accord conclu par Séoul et l'entreprise américaine pour produire un modèle ajusté aux besoins spécifiques de la police et de l'armée coréennes. Déjà adoptées sans réserve par une opinion publique asiatique peu sensible aux enjeux de la vie privée, les lunettes devraient bientôt y gagner quelques parts de marché supplémentaires puisque les utilisateurs de la péninsule pourront profiter du système de reconnaissance faciale le plus performant du secteur dès septembre prochain.

Cependant, c'est en Chine que la victoire est sans doute la meilleure pour les business geeks californiens. À la faveur d'un contrat signé avec le constructeur automobile BYD Auto pour produire et distribuer la Google Car dans l'Empire du Milieu, les dirigeants de la firme américaine réalisent la triple performance de conquérir le premier marché automobile mondial, de s'allier au troisième plus grand producteur de batterie au lithium de la planète et enfin, d'être adoubés par Pékin pour pénétrer le marché de l'Internet chinois.

Finalement, 20 ans à peine auront donc suffi à Google pour construire un écosystème impérial dont l'emprise s'étend désormais aux champs de l'économie, de la technologie, de la science et du droit. Et tandis que ses ballons fournisseurs d'accès se multiplient déjà au-dessus du désert de Gobi et de l'Amazonie, il semble que rien ni personne ne puisse plus opposer de limite à la toute-puissance de Google : ni l'éthique, ni la morale, ni le droit, ni la politique, ni la géographie terrestre, ni la mort biologique, ni même la censure chinoise ! Convaincue par la perfectibilité de tout et de tous, inspirée par l'imperfection du droit positif et portée par la dépendance universelle à ses services, l'entreprise déjà cent fois milliardaire s'avance à présent comme le créateur d'une nouvelle ère, dont il constitue la marque, le prescripteur, le législateur et, surtout, le premier bénéficiaire.

De cette nouvelle ère, Google est à la fois le créateur, le prescripteur, le législateur et le premier bénéficiaire.

LES BRÈVES DE LA SEMAINE

↗ UNE MORUE QUI TOMBE À POINT

Pour la première fois depuis un siècle, les bancs de morue de Terre-Neuve ont atteint une population record, permettant à l'espèce de ne plus être menacée d'extinction. Pourtant, en dépit du moratoire imposé sur la pêche à la morue par le gouvernement canadien dès 1992, on doutait de revoir un jour de tels bancs frétiller dans les eaux d'une région dont le poisson a fait la célébrité.

Mais on peut donc aujourd'hui mesurer les effets d'une politique de conservation sur le long terme, laissant alors espérer que l'accord international visant l'interdiction totale de pêche des 30 espèces les plus menacées, en négociation depuis 2035, pourrait enfin être conclu la semaine prochaine à Oslo.

INDE : FIN DE L'ÉTAT D'URGENCE

Le Premier ministre indien Anoush Shankar a décidé hier de mettre un terme à l'état d'urgence en vigueur depuis l'année dernière, après avoir finalement accepté de négocier avec les représentants de la coalition Inde unie, Inde variée, un mouvement politique issu des nouvelles classes moyennes rurales du pays. Portés par les innovations frugales et le système décentralisé de la troisième révolution industrielle, inspirés par les nouvelles pratiques démocratiques et connectées qui se développent en Afrique, ceux qui faisaient jadis figure de population déshéritée réclament aujourd'hui leur part dans la gouvernance du pays.

KARL LAGERFELD PRÉSENTE SA COLLECTION 100 % ENERGY

Paris, France.

Les nouveaux vêtements solaires font leur défilé cette semaine à la Fashion Week de Paris. Ne manquez plus jamais d'énergie avec le tissu photovoltaïque qui capte non seulement l'énergie dont il vous protège, mais également celle que vous produisez. Les premiers modèles sont disponibles depuis quelques années, mais la mode s'empare peu à peu de ce marché en pleine expansion sans faire de compromis sur le style.

La légende Karl Lagerfeld qui fêtait récemment ses 105 ans ne s'y est pas trompée en proposant une collection 100 % Energy ! On adore.

LE CACAO S'EXPOSE À LAUSANNE

Genève, Suisse.

Dans le cadre de sa programmation annuelle, le musée polytechnique de Lausanne revient cet automne sur l'une des plus belles conquêtes de l'homme : le chocolat. Organisée sous le patronage de plusieurs chocolateries traditionnelles helvétiques, l'exposition qui passe en revue l'histoire du commerce et de l'exploitation de la fève explore aussi les causes de sa disparition récente en Asie et en Amérique du Sud. Pour le visiteur, une occasion aussi de découvrir différents produits asiatiques fabriqués à partir de cacao artificiel dont experts et gourmands indiquent déjà qu'ils ont une saveur et un fondant dignes des plus grandes marques de chocolat suisses.

Variations pour trio choco,
Mont-Brillant, 2026

Elyx, premier Secrétaire général virtuel des Nations unies (New York, États-Unis)

NATIONS UNIES : LA RENTRÉE

C'est aujourd'hui que s'ouvrira la 93e session ordinaire de l'Assemblée générale des Nations unies au cours de laquelle interviendront différentes personnalités telles qu'Elyx, le Secrétaire général virtuel des Nations unies, la secrétaire adjointe-junior, Violet-Rose Mandalay, la présidente des États-Unis, Leslie Cordero Mendoza, la présidente chinoise An Yat-sen et la présidente française, Lila Touati.

Préoccupé par la situation dans le Pacifique sud où quelque 4 000 réfugiés résidents des plates-formes d'accueil flottantes au large des îles Kiribati ont été emportés par un nouveau typhon, le nouveau Secrétaire général, attendu le lendemain sur Mars, devrait exposer à cette occasion son nouveau plan d'accueil des migrants climatiques.

Je nous souhaite d'abord une fuite périlleuse et ensuite un immense chantier.

D'abord fuir la peste de cette tristesse gluante, que par tombereaux entiers, tous les jours, on déverse sur nous, cette vase venimeuse, faite de haine de soi, de haine de l'autre, de méfiance de tout le monde, de ressentiments passifs et contagieux, d'amertumes stériles, de hargnes persécutoires.

Fuir l'incrédulité ricanante, enflée de sa propre importance, fuir les triomphants prophètes de l'échec inévitable, fuir les pleureurs et vestales d'un passé avorté à jamais et barrant tout futur.

Une fois réussie cette difficile évasion, ouvrons un chantier, un chantier colossal, pharaonique, himalayesque, inouï, surhumain parce que justement totalement humain. Le chantier des chantiers.

Celui de l'avenir.

Entrons sur ce chantier. Pas besoin de violence. De cris, de rage. Pas besoin d'hostilité. Juste besoin de confiance. De regards. D'écoute. De constance.

Ouvrons les laboratoires, ou rejoignons ceux, innombrables déjà, où, à tant de questions et de problèmes, des femmes et des hommes trouvent des réponses, imaginent et proposent des solutions qui ne demandent qu'à être expérimentées.

Ajoutons partout, à celles qui existent déjà, des petites zones libres.
Oui, de petits exemples courageux qui incitent au courage créatif.

Expérimentons nous-mêmes, expérimentons, humblement, joyeusement et sans arrogance. Que l'échec soit notre professeur, pas notre censeur. Cent fois sur le métier remettons notre ouvrage. Scrutons nos éprouvettes minuscules ou nos alambics énormes afin de progresser concrètement dans notre recherche d'une meilleure société humaine. Car c'est du minuscule au cosmique que ce travail nous entraînera et entraîne déjà ceux qui s'y confrontent. Comme les poètes qui savent qu'il faut tantôt écrire une ode à la tomate ou à la soupe de congre, tantôt écrire *Les Châtiments*. Sauver une herbe médicinale en Amazonie, garantir aux femmes la liberté, l'égalité, la vie souvent.

Et surtout, surtout, disons à nos enfants qu'ils arrivent sur terre quasiment au début d'une histoire et non pas à sa fin désenchantée. Ils en sont encore aux tout premiers chapitres d'une longue et fabuleuse épopée dont ils seront non pas les rouages muets, mais au contraire les inévitables auteurs.

Il faut qu'ils sachent que, ô merveille, ils ont une œuvre, faite de mille œuvres, à accomplir, ensemble, avec leurs enfants et les enfants de leurs enfants.

Disons-le haut et fort car beaucoup d'entre eux ont entendu le contraire, et cela les désespère.

Quel plus riche héritage pouvons-nous léguer à nos enfants que la joie de savoir que la genèse n'est pas encore terminée et qu'elle leur appartient.

Ariane Mnouchkine

PS : Les deux poètes cités sont évidemment Pablo Neruda et Victor Hugo.

« Les vœux d'Ariane Mnouchkine », Médiapart, 31 décembre 2013. Reproduit avec l'aimable autorisation de l'auteur. Ariane Mnouchkine est metteur en scène et fondatrice de la troupe Le Théâtre du Soleil.

Voici le moment, si important pour moi, de dire merci. Car la course ne fut pas solitaire. Bien au contraire.

Souvent, je me demande si elle aurait pu se faire sans Tarik El Aktaa à mes côtés. J'en doute. Pas avec le même allant en tout cas, ni la même confiance. Ni surtout avec le même plaisir. Car le capitaine de chaque jour et au long cours, c'est lui. J'étais à la barre. Il était à la manœuvre. Qu'il soit ici infiniment remercié.

Pour naviguer en toutes mers , un équipage solide, réactif et précis est essentiel. Notre expédition vers le futur eut la chance d'embarquer le meilleur. Sur le pont, par tous temps aux cartes, à la voile et au journal de bord, Guillaume Gandelin, marin solide et exemplaire, qui tutoie déjà les horizons lointains. Aux postes de timonières-hauturières, Delphine Leclercq et Mathilde Abel auxquelles rien ne résiste. Tantôt gabiers, calfats ou même coqs, Antoine Scuvée et Alexia Fouesnant, furent des matelots bon pied, bon oeil et bonne humeur. Tous comme nos deux pilotins, Milan Nublat et Kei Tanikawa, indispensables seconds dans la joyeuse épopée. Je n'oublie pas Taqwa Ware enfin, notre précieux quartier-maître.

Sans la voile, sans coque et sans portulans, point d'aventure non plus. Grâce à eux, celle de 2038 fut lumineuse, trépidante, créative. Merci pour leur talent et leur patience à Christian Garon, Angélique Bidault, Raphaël Orain, Julie Checconi, Guillaume Sciaux, Véronique Desanlis, Giovanni Marchi et Timothy Fox. Merci également à Fabien Streit, Sébastien Brothier, Gregory Trowbridge, Alexandre Brachet, Frédéric Lernoud, Mariana Bouhsira, Federica Fragapane et Dorothée Cunéo qui ont enrichi notre périple.

Pendant la traversée, trois incroyables femmes sont montées à bord et nous ont permis de garder confiance et même d'aller plus loin : Fany Leclerc du Sablon, Bettina Laville et Karin Jestin. Je les remercie et je les embrasse.

Une autre a très gentiment prêté ses mots pour conclure ce livre. Un grand merci à Ariane Mnouchkine.

Enfin, pour que les marins voyagent, d'autres doivent veiller au port. Sans Jean-Christophe Victor, il me serait impossible de lever l'ancre pour prendre la mer. Car en plus d'être à la radio, il tient le phare et me suit sur les cartes ! Ce livre est aussi pour lui.

Vivement reprendre la mer ensemble pour aller voir plus loin.

Virginie Raisson, septembre 2016

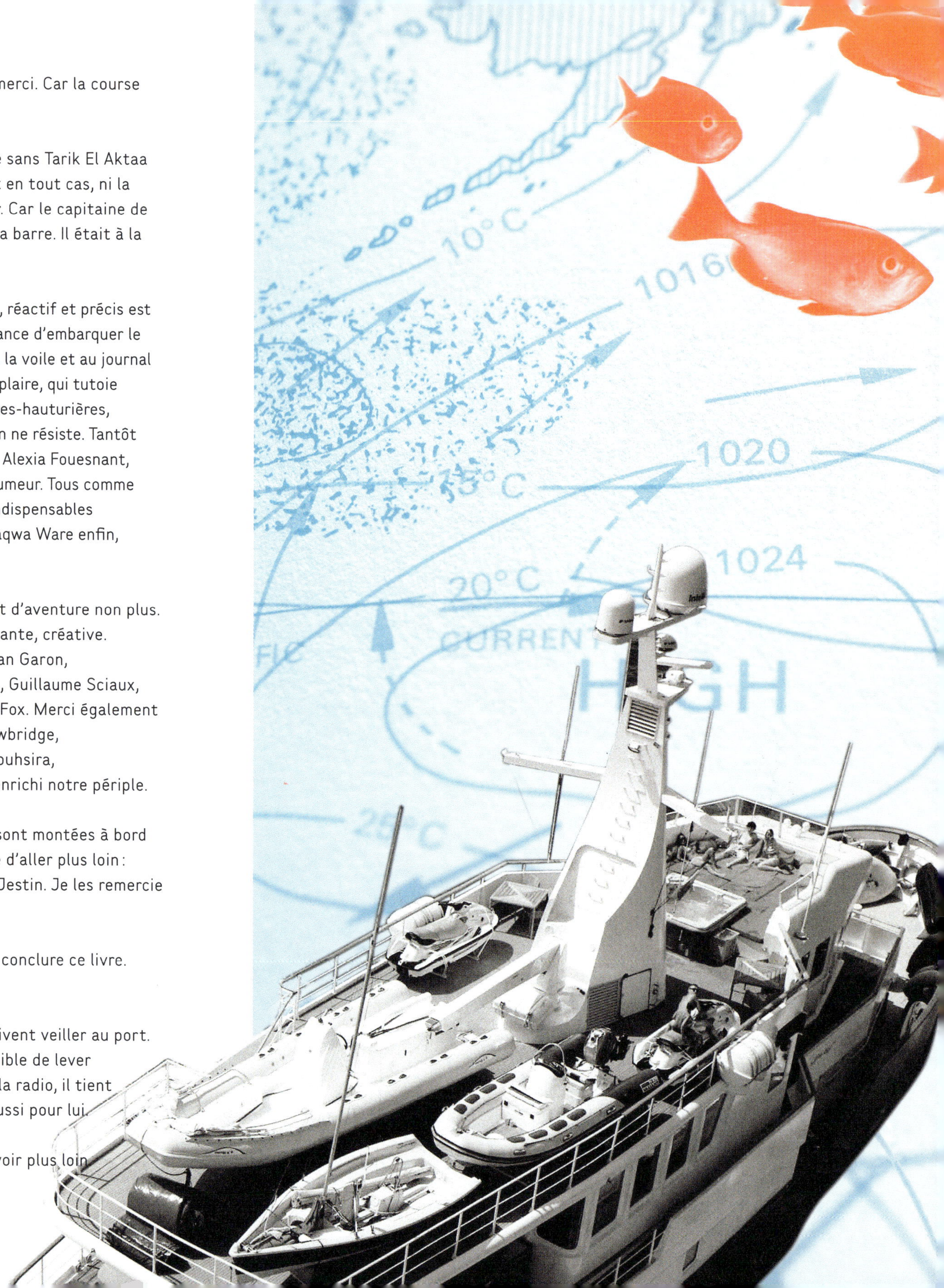

Pour leur don, leur temps, leur confiance, leur générosité, je remercie aussi du fond du coeur Bertrand Abauzit, Jean-David Abel, Yacine Aït Kaci, Marc Alardeau, Fabrice Althaus, Jérémy Annen, Yann-Arthus Bertrand, Frédéric Auclair, Jean-Pierre Audy, Jean Ayoub, Bruno Badiche, Lucien Balandras, Jérôme Banchet, Annabelle Baudin, Laurent Beccaria, Aïcha Ben Taïeb, Dimitri Bigot, Sacha Bijou, Thierry Boiron, Jacques Bouchet, Carole Bouquet, Delphine Bouteiller, Rony Brauman, Maïté Brocas, Maryse Broustail, Konstantin Büchler, Julien Bueb, Emmanuel Bultez, Marc Castagnet, Lynn Chauveau, Frank Chmitelin, Marianne Chuzel, Christophe Clement, Jérôme Corneille, Sonia Couprie, Marie Curtil, Janina Danielewicz, Perrine et Thomas Daumont, Valérie David, Pascal Deren, Cyril Dion, Emmanuel Dollfus, Panpi Etcheverry, Yves Ezanno, Hervé Flejo, Jacques Fouquet, Françoise et Laurent Gandelin, Olivier Genelot, François Jauffret, Alain Gérard, Élisabeth Gilet, Hilaire Giron, Bruno Giussani, Gilles Godard, Michel Godard, Jean-Yves Gouret, Jean-Pierre Goux, Odette Guillon, Nicolas Hue, Jean-Pierre Hulot, Jonathan Kervégant, Peter Knowfield, Yves Laburthe, Pierre Lacotte, Bernard Lacour, Land Clarity, Enzo Lanoë Laumonnier, Laurence Le Falher, Catherine et Françoise Leclerc du Sablon, Alice Le Clézio, Erwan Lecoeur, Jean-Marc Lemiere, Sylvie Lemmet, Noël Lepaire, Fabienne Lupo-Magnaudet, Stéphane Marc, Yves Mathieu, Élie Maxit, Thierry Melot, Boris Minet, Odile Monseu, Kinou Morisot, François Mouriaux, Nadir, Maurice Nègre, Stéphane Niveau, Anne-Sophie Novel, Dorothy Noyon, Patrick Odiard, Laurent Oger, Marc-Olivier Paux, Thomas Payen, Glenn Payot, Sébastien Pillet, Patrick Plein, Virginie Perron, Guillaume Quéneau, Pierre-Alexis Quenot, Christian Raisson, Claude et David Raisson, Gilles Rannou, Annette Ravaud, Gabriele Rossi, Jonathan Strochlic, Guillaume Terrien, Fiona Terry, Michel Theil, Christophe Thiboult, Lilian Thuram, Antoine Tresgots, Frédéric Urlep, Guillaume Vanholme, Stéphane Victor, Alain Videau, Jo Vincent, Jeremy Webber, David Weinling.

Merci aussi pour leur contribution à Arte, Fondation Good Planet, Fondation Nicolas Hulot, Futuribles, IFAG Lyon, Ifage, Institut des Futurs souhaitables, MadmoiZelle.com, Fondation Lilian Thuram.

Enfin, parce que sans leur soutien financier, nous n'aurions pas pu mener les recherches nécessaires à l'écriture de cet ouvrage ni l'illustrer, l'équipe du Lépac s'associe à moi pour remercier chaleureusement nos partenaires : Banque Lombard Odier & Cie SA, Debiopharm, Eiffage, Fondation de la Haute Horlogerie, OFI Asset Management, Macif, Matmut, Suez Environnement.

CONTRIBUTIONS

↗ Direction de projet et coordination éditoriale
Tarik El Aktaa (Lépac)

↗ Recherches (Lépac)
Mathilde Abel et Guillaume Gandelin
Ainsi que Delphine Leclercq, Milan Nublat, Kei Tanikawa, Antoine Scuvée.
Ont également contribué Alexia Fouesnant, Alice Le Clézio, Julien Bueb.

↗ Graphisme

Direction artistique
Virginie Raisson et Christian Garon

Création graphique
Christian Garon ; Virginie Raisson ; Sébastien Brothier, Angélique Bidault et Raphaël Bidault (Upian)

Graphistes (Upian)
Julie Checconi, Vinzenz Aubry, Jérôme Gonçalvès, Karolina Mikos, Hugo Ruyant

Couverture
Christian Garon

Maquette
Véronique Desanlis

↗ Cartographie
Guillaume Sciaux (Pacha cartographie)

↗ Responsable éditoriale (Robert Laffont)
Dorothée Cunéo

↗ Contributions exceptionnelles
Jean-Pierre Goux et Yacine Aït Kaci (*The New World Times*)

↗ Mention spéciale
L'auteur remercie les animaux ayant accepté de figurer dans cet ouvrage
et atteste qu'aucun d'eux n'a été maltraité pendant sa préparation.

Pour en savoir davantage sur l'équipe, les recherches, les sources
et l'actualité de *2038, les futurs du monde*, rendez-vous sur www.lesfutursdumonde.com

GLOSSAIRE

↗ Accord de Paris (2015)
Premier accord international sur le climat adopté par consensus par les 195 pays présents le 12 décembre 2015 à la 21e conférence de Paris sur le climat (COP21, conférence sur les changements climatiques organisée par les Nations unies). Il vise à contenir le réchauffement climatique sous le seuil des 2 °C, voire de limiter la hausse des températures à 1,5 °C et sera revu tous les 5 ans. L'accord entrera en vigueur en 2020 s'il est ratifié, accepté ou approuvé par au moins 55 pays représentant au minimum 55 % des émissions mondiales de gaz à effet de serre. Cependant, après un délai de 3 ans à partir de l'entrée en vigueur de l'accord, un pays pourra s'en retirer sur simple notification.

↗ Âge médian
Âge qui divise une population donnée en deux groupes numériquement égaux : la moitié est plus jeune et l'autre plus vieille.

↗ AIE (Agence internationale de l'énergie)
Organisation internationale fondée à l'OCDE en 1974 à la suite du premier choc pétrolier. Elle est composée de 29 pays importateurs de pétrole et vise à coordonner les mesures à prendre en cas de difficultés d'approvisionnement sur les marchés pétroliers pour soutenir l'intérêt de ses pays membres et constitue un contrepoids à l'Organisation des pays exportateurs de pétrole (OPEP). Aujourd'hui, l'un des enjeux de l'AIE est de favoriser la convergence des différentes politiques énergétiques et des pratiques environnementales de ses pays membres.

↗ Artificialisation des terres
Les espaces qui subissent une artificialisation ne sont plus disponibles pour des usages tels que l'agriculture ou comme habitats naturels et perdent leur capacité auto-entretenue à abriter une certaine biodiversité et des cycles naturels (carbone, eau...). L'extension de l'artificialisation correspond à une consommation d'espaces naturels et ruraux par des zones urbanisées, industrielles et commerciales, des réseaux de transport, des mines, carrières, décharges et chantiers, ainsi que des espaces verts artificialisés (espaces verts urbains, équipements sportifs et de loisirs).

↗ Automation industrielle
Recours aux sciences électroniques pour la création de machines fonctionnant sans intervention humaine et pour l'exécution totale ou partielle de tâches techniques afin d'améliorer la productivité et la qualité des opérations.

↗ Baby-boomers
Personnes nées pendant la période qui a suivi la Seconde Guerre mondiale (en général entre 1946 et 1964).

↗ BAD (Banque africaine de développement)
Institution financière internationale œuvrant sur le continent africain en fournissant des prêts et crédits à des projets de développement économique, social et environnemental, dans l'esprit des Objectifs de développement durable (ODD) fixés par les Nations unies en 2015.

↗ Barrières tarifaires
Il s'agit des droits de douane que les produits étrangers devront supporter à leur entrée sur le territoire national. Les droits de douane ne sont pas les mêmes pour tous les produits, il y a donc un « tarif » des droits de douane, d'où l'expression « tarifaire ».

↗ Benthique (voir Pélagique)

↗ Big Data
Ensemble des données générées tous les jours par les utilisateurs : environ 2,5 trillions d'octets constitués par des messages envoyés, des publications Internet, des signaux GPS. Le Big Data serait une solution qui permettrait à tout le monde d'accéder en temps réel à des bases de données géantes. La gestion d'énormes volumes de données, la plupart du temps en temps réel, est une lourde problématique technique, d'où les « 3 V » du Big Data : volume (considérable des données), variété (d'informations, car celles-ci proviennent de milliers de sources), vélocité (de création, collecte et partage de ces données).

↗ Biomasse
Masse vivante, considérée du point de vue de l'énergie que l'on peut en obtenir par combustion ou fermentation (gaz de broussaille, gaz de fumier, feu de bois).

↗ Biosphère
Désigne le système planétaire qui inclut l'ensemble des organismes vivants et des milieux où ils vivent.

↗ Biotechnologie
Technique utilisant des êtres vivants (animaux, végétaux, micro-organismes) pour la fabrication industrielle de composés biologiques ou chimiques (médicaments, matières premières industrielles) ou l'amélioration de la production agricole (OGM., organismes génétiquement modifiés).

↗ Bitcoin
Monnaie virtuelle cryptée (ou cryptomonnaie) permettant de réaliser électroniquement des transactions financières. Opérationnelle dès 2009, elle est convertible avec des monnaies classiques par le biais de plateformes de change, tandis que son fonctionnement repose sur la technologie de la *blockchain*.

↗ *Blockchain*
La chaîne de blocs est une base de données publique opérant tel un grand registre numérique, sur lequel sont consignés des transactions et contrats électroniques. Sa gestion et son contrôle ne sont pas centralisés : c'est l'ensemble des utilisateurs qui assurent sa sécurité et sa pérennité. Au travers de ce système ouvert, la *blockchain* court-circuite les intermédiaires traditionnels en mettant en relation directe les individus.

↗ Bond (ou saut) technologique
Innovation technique majeure qui révolutionne la conception d'un produit. Par exemple, le passage des câbles à la fibre optique pour les réseaux informatiques.

↗ Bulle de filtres
En fonction des données collectées sur les pratiques de l'internaute, des algorithmes sélectionnent les contenus qui lui seront proposés, créant ainsi une version différente du web selon l'utilisateur.

↗ Capacité électrique installée
Indique à la fois la puissance maximale des générateurs d'une centrale électrique et la capacité de production maximale du parc de centrales électriques d'un pays donné.

↗ Centre de données
Aussi appelé « ferme de serveurs » ou *data center*, c'est un espace physique (hangar, immeuble) où sont entreposés des serveurs informatiques stockant des données du réseau informatique. Ces lieux sont souvent sécurisés en raison de leur importance vitale dans le fonctionnement d'Internet. Les plus grands parcs contiennent ainsi des milliers de serveurs, abritant des informations allant du contenu des pages Facebook aux données bancaires, boursières ou gouvernementales.

↗ Chimiquier
Navire transportant des produits chimiques, dans des citernes, et disposant pour cette raison de systèmes avancés de gestion de la cargaison.

↗ Cinquième et sixième libertés de l'air
Le transport aérien est régi par 9 libertés de l'air, lesquelles donnent toute la palette de ce qui est possible sur le plan technique et commercial pour les compagnies aériennes.
La cinquième est le droit d'embarquer ou débarquer dans un État tiers des passagers à destination ou en provenance de tout autre État contractant. La sixième est le droit pour un transporteur d'un État d'assurer un service entre deux autres États en passant par l'État où il est enregistré.

↗ Classement du PISA
Classement des systèmes éducatifs des pays du monde entier. Programme lancé en 2000 par l'OCDE pour évaluer les compétences des jeunes de 15 ans en lecture, mathématiques et sciences sur la base de tests écrits avec soit des questions ouvertes, soit des questions à choix multiple.

↗ Code source ouvert (voir Logiciel libre)

↗ Coefficient (ou indice) de Gini
Indicateur synthétique créé par le statisticien italien Corrado Gini (1884-1965) qui mesure la dispersion entre les revenus et donc les inégalités dans une société donnée. Le coefficient varie de 0 à 1, 0 étant l'égalité la plus parfaite, 1 l'inégalité totale (l'un détient tout et les autres n'ont rien) ; entre 0 et 1, l'inégalité est d'autant plus forte que le coefficient est élevé.

↗ Communs
Qu'ils soient naturels (comme la forêt et l'eau), culturels ou informationnels, les (biens) communs se distinguent des biens publics et des biens privés par le fait qu'ils sont gérés par une communauté qui les gouverne selon des règles codifiées, dans une perspective d'usage (et non d'appropriation) assorti d'une obligation de restitution.

↗ Compétitivité
Aptitude d'une entreprise, d'un secteur ou de l'ensemble des entreprises d'une économie à faire face à la concurrence extérieure et donc à occuper une position forte sur un marché.

↗ Contrat social
Convention implicite entre les hommes ou entre les individus et l'État qui constitue le fondement de la société.

↗ Couches intermédiaires
Désigne les classes moyennes que l'on peut définir à partir des professions intermédiaires exercées par ses individus : artisans, commerçants, techniciens, professeurs des écoles, représentants de commerce...

↗ Covoiturage
Utilisation d'une même voiture particulière par plusieurs personnes effectuant le même trajet afin d'alléger le trafic routier et de partager les frais de transport.

↗ Crise des *subprimes*
Cette crise financière a commencé en juillet 2007 aux États-Unis sur le marché du crédit immobilier après la forte augmentation du nombre de saisies d'hypothèques, en majorité de type *subprime*, qui amena à la faillite de nombreux prêteurs hypothécaires, banques et fonds spéculatifs. Le *subprime* est un crédit à risque, détenu par un emprunteur qui n'offre pas les garanties suffisantes pour bénéficier d'un taux d'intérêt au prix du marché. Les établissements financiers prêteurs consentent ainsi des crédits à des taux variables qui font peser un risque de solvabilité sur les emprunteurs. Le logement de l'emprunteur est le sous-jacent du crédit.

↗ *Crowdsourcing* (voir Production participative)

↗ Cryptomonnaie
Monnaie virtuelle, c'est-à-dire une forme de paiement électronique et sans manifestation physique, qui opère selon les principes de la cryptographie. Les transactions sont ainsi sécurisées et invisibles pour les tiers. La plus célèbre et utilisée des cryptomonnaies est le bitcoin, mais plus de 700 sont en service actuellement.

↗ Cultivar
Contraction de « variété cultivée », plante créée sous culture et sélectionnée pour ses caractéristiques uniques. On trouve par exemple dans ce groupe les plantes ornementales de jardins, telles que les roses, azalées, jonquilles, camélias, mais aussi le cacaoyer.

↗ Data center (voir Centre de données)

↗ Décile
Valeur qui partage une distribution en dix parts égales (revenu, salaires). Un quintile est son équivalent pour un partage en cinq parts égales.

↗ Démence
Affaiblissement psychique profond qui se manifeste par une diminution des fonctions intellectuelles avec troubles de la mémoire, de l'attention et du jugement, appauvrissement des fonctions symboliques et perte des critères de référence logiques, éthiques et sociaux.

↗ Démocratie libérale
La démocratie libérale est une idéologie politique et une forme de gouvernement dans laquelle la démocratie représentative fonctionne selon les principes du libéralisme, à savoir la protection des droits des minorités et, en particulier, l'individu. Elle est caractérisée par des élections justes, libres et concurrentielles entre plusieurs partis politiques distincts, une séparation des pouvoirs dans différentes branches du gouvernement, la primauté du droit dans la vie quotidienne dans le cadre d'une société ouverte, et la protection égale des droits de l'homme, des droits et libertés civils, et des libertés politiques pour tous les hommes. En pratique, les démocraties libérales sont souvent basées sur une constitution, formellement écrite ou non codifiée, afin de définir les pouvoirs du gouvernement et de consacrer le contrat social.

↗ Discrétisation
Méthode statistique qui permet de découper en classes une série de variables qualitatives ou quantitatives.

↗ Disruption
Méthode consistant à remettre en question les conventions pratiquées sur un marché économique donné.

↗ Domotique
Ensemble des techniques visant à intégrer à l'habitat tous les automatismes en matière de sécurité, de gestion de l'énergie, de communication.

↗ *Do tank*
Inspiré par le *think tank*, il fonctionne sur le même principe avec un collège d'expert mais opte pour le concret plutôt que la théorie et organise de nombreuses actions.

↗ Dumping social
Désigne la concurrence entre travailleurs exacerbée par la mondialisation. Il se manifeste par la pratique de certains États qui consiste à adopter des législations en matière de droit du travail et de salaires plus défavorables aux salariés que dans d'autres États dans la perspective d'attirer les entreprises sur leur sol.

↗ Durabilité écologique
Fonctionnement d'une société humaine aujourd'hui qui ne remet pas en cause le caractère vivable d'un environnement dans le futur.

↗ *E-banking*
Contradiction de « *electronic banking* », l'*e-banking* correspond à l'accès aux services bancaires depuis une interface interactive, par exemple un navigateur Web.

↗ Éco-mobilité

Aussi appelée mobilité durable, l'éco-mobilité est une politique de gestion qui favorise les déplacements peu polluants et respectueux de l'environnement. Elle concerne tant l'urbanisme, la sensibilisation, l'organisation des réseaux, l'éducation. Les transports en commun utilisant des carburants, voitures électriques, covoiturage, etc., sont pris en compte dans l'éco-mobilité. Elle encourage fortement les modes doux et l'équité des individus.

↗ Économie circulaire

La circularité d'une économie se mesure à sa capacité à fonctionner en boucle et donc à se passer de la notion de déchet. L'objectif d'une économie circulaire est de produire des biens et des services tout en limitant la consommation et le gaspillage des ressources naturelles et des énergies non renouvelables.

↗ Économie collaborative

Activité humaine visant à produire de la valeur en commun, qui repose sur une articulation du travail plus horizontale, sur la mutualisation des biens, des espaces et des outils, sur l'organisation des citoyens en réseau ou en communautés et, le plus souvent, par le biais de plateformes Internet.

↗ Économie d'échelle

Diminution du coût de chaque unité produite lorsque la quantité produite (l'échelle de production) augmente, l'économie d'échelle est la conséquence de la présence de coûts fixes, que l'entreprise subit quelle que soit sa production et qu'elle peut donc répartir sur un plus grand nombre d'unités lorsque cette production s'accroît. Mais elle n'est sensible que si ces coûts fixes sont importants.

↗ Économie de (la) fonctionnalité

Inscrite dans une perspective de développement durable, l'économie de (la) fonctionnalité désigne la vente de l'usage d'un bien, plutôt que celle du bien lui-même. De ce fait, le producteur du bien a tout intérêt à le faire durer et éviter d'en programmer l'obsolescence. L'économie de la fonctionnalité se distingue de l'économie des services (location de matériel) par sa recherche normative de gains sociaux et environnementaux.

↗ Économie d'usage

Économie qui consiste à remplacer la vente du bien par celle de la vente de l'usage du bien, ce qui permet de décupler la valeur ajoutée de l'objet et la consommation d'énergie et matières premières.

↗ ESS (Économie sociale et solidaire)

Désigne un ensemble d'entreprises organisées sous forme de coopératives, mutuelles, associations, ou fondations qui adoptent des modes de gestion démocratiques et participatifs. Leur fonctionnement interne et les activités sont fondés sur un principe de solidarité, d'utilité sociale, de coopération, d'ancrage local adapté aux nécessités de chaque territoire et de ses habitants. Leurs activités ne visent pas l'enrichissement personnel, mais le partage et la solidarité pour une économie respectueuse de l'homme et de son environnement. Généralement, leurs ressources financières sont en partie publiques.

↗ Effet rebond

Principe économique découvert au XIXe par William Stanley Jevons qui s'applique particulièrement au domaine de l'énergie. Il désigne le fait que lorsqu'on l'on souhaite diminuer l'utilisation d'une ressource, on constate finalement l'augmentation de sa consommation et la réduction, voire l'annulation des économies d'énergie. Ce phénomène s'explique en grande partie par la modification du comportement du consommateur, par exemple les ampoules de basse consommation sont moins souvent éteintes que celles de la génération précédente.

↗ Effort de pêche

Indicateur mesurant, sur une période ou pour une zone donnée, à la fois le tonnage des prélèvements effectués et les moyens mis en œuvre : effectif de la flotte, taille des navires, temps passé en mer, distances parcourues, etc.

↗ Élasticité

En économie, sensibilité d'un facteur par rapport à une évolution d'un autre facteur (prix, demande, offre, revenu). Elle est faible si le facteur ne varie pas ou peu, forte s'il varie beaucoup.

↗ Épizootie

Épidémie qui frappe les animaux. Certaines épizooties sont classées parmi les maladies légalement réputées contagieuses et donnent lieu à une déclaration obligatoire.

↗ Équité intergénérationnelle

Expression popularisée par le sommet de la Terre de Rio en 1992 qui soutient le droit des générations futures à ne pas souffrir des conséquences négatives environnementales, sociales et économiques des générations actuelles.

↗ Espérance de vie

Indicateur mesurant l'âge moyen de décès au sein d'une population à un moment donné.

↗ Eutrophisation

Processus par lequel des nutriments s'accumulent dans un milieu terrestre ou aquatique.

↗ *Fablab*

De l'anglais « laboratoire de fabrication », il s'agit d'un espace de travail partagé, ouvert à tous, créateurs, entrepreneurs, afin de partager des idées et de concevoir des produits et objets en tous genre, grâce à la présence sur place de machines et d'outils divers. Le hackerspace est un *fablab* spécialisé dans les techniques informatiques et le monde du numérique.

↗ FAO (Food and Agriculture Organization)

L'Organisation des Nations unies pour l'alimentation et l'agriculture siège à Rome depuis 1951. Elle regroupe 190 membres. Son objectif affiché est d'« aider à construire un monde libéré de la faim ».

↗ Fongicide

Produit phytosanitaire, ayant pour objectif d'éliminer les champignons.

↗ Forêt primaire

Forêt vierge où les espèces vivantes et les processus biologiques ne sont pas entravés par l'activité humaine.

↗ Fracturation hydraulique

Fissuration massive d'une roche au moyen d'une injection d'un liquide sous haute pression afin de récupérer du pétrole ou du gaz dans des substrats trop denses. C'est la technique d'extraction du gaz de schiste.

↗ Fracture numérique

Désigne la disparité d'accès aux technologies informatiques et en particulier Internet, fortement marquée entre les pays pauvres et les pays riches.

↗ Fenêtre démographique (d'opportunité)

Période au cours de laquelle les pays peuvent maximiser les avantages socioéconomiques de l'évolution favorable de la pyramide des âges de leur population. Constitue une phase particulière de la transition vers un régime démographique moderne caractérisé par un contrôle intense et efficace des naissances et une mortalité tardive.

↗ Flux tendu

Technique de production visant à réduire au minimum les stocks et à produire strictement en fonction de la demande.

GAFA
Acronyme de Google, Amazon, Facebook, Apple. Soit quatre des plus grandes entreprises américaines de l'industrie du numérique, toutes originaires de la Silicon Valley californienne, et qui dominent aujourd'hui le secteur par leur force de frappe sans équivalent. Le sigle est ainsi utilisé comme symbole de la puissance américaine dans cette nouvelle économie connectée.

Gains de productivité
Amélioration de l'efficacité productive des facteurs de production (capital ou travail). On dit que des gains sont réalisés lorsque l'augmentation de la productivité fait que la valeur ajoutée de l'entreprise augmente plus vite (ou diminue moins vite) que le coût des facteurs de production.

Gaz à effet de serre
Composants gazeux de l'atmosphère qui absorbent une partie des rayons solaires en les redistribuant dans l'atmosphère, phénomène appelé « effet de serre ». Les principaux gaz à effet de serre sont la vapeur d'eau, le dioxyde de carbone (CO_2), le méthane (CH_4), l'oxyde nitreux (ou protoxyde d'azote de formule N_2O) et l'ozone (O_3). L'activité humaine augmente leur concentration et participe ainsi au réchauffement climatique : depuis le début de l'ère industrielle, les teneurs atmosphériques en CO_2 et en méthane ont augmenté respectivement de 30 % et 145 %.

Geek
Individu passionné par des univers imaginaires et mondes virtuels, science-fiction, mêlant informatique, bande dessinée, jeux vidéo, jeux de rôles ou encore cinéma. Apparu dans les années 1980 avec l'essor des nouvelles technologies, il s'est graduellement émancipé de son sens péjoratif. Allant plus loin dans la connaissance informatique, le hacker est une personne qui dispose de compétences de programmation et de code afin de pouvoir « percer » et « bidouiller » les systèmes informatiques, dans un cadre amateur ou professionnel, légal ou pirate. Aujourd'hui c'est aussi quelqu'un de créatif qui met au profit de l'innovation la programmation informatique collaborative (Hackaton).

Glocal
Néologisme qui désigne la mise en relation du local et du global, notamment dans le cadre de la mondialisation. Notion particulièrement utilisée en marketing pour désigner la mise en œuvre de techniques de marketing international (global) et d'une adaptation des produits et d'une communication propre à chaque pays (local).

Granulat
Aussi appelé « agrégat », le granulat est un fragment de roche d'une taille inférieure à 125 mm qui entre dans la composition des différents matériaux destinés à la fabrication d'ouvrages de travaux publics, de génie civil et de bâtiment. En fonction de sa taille, le granulat peut être classé parmi les sables, les gravillons, les graviers, les graves ou les fillers.

Graphène
Matériau cristallin dont l'empilement constitue le graphite, une espèce minérale issue du carbone. Grâce à sa résistance mécanique et chimique, le graphène pourrait jouer un rôle déterminant dans l'allongement de la durée de vie des batteries et le raccourcissement de leur temps de recharge, et donc, à terme, dans le remplacement des moteurs à combustion par des moteurs électriques.

Hacker (voir Geek)

Hackerspace
Littéralement « espace pour hacker ». Sorte de laboratoire ouvert et communautaire, pour des passionnés d'électronique et d'informatique qui collaborent pour créer de nouvelles technologies, objets connectés ou repenser Internet.

Halieutique
Les ressources halieutiques réunissent l'ensemble des espèces animales et végétales issues des milieux aquatiques marins ou dulçaquicoles qui sont exploitées par l'homme. Cela inclut aussi bien la pêche que l'aquaculture.

Hétéronome
Caractère de ce ou celui qui reçoit de l'extérieur les règles qui régissent son comportement.

Hub
Plate-forme aéroportuaire de correspondance permettant aux compagnies aériennes de concentrer leurs avions en un point unique.

Identitarisme
Revendication d'une identité nationale, régionale, voire religieuse.

Indice de Theil
Élaboré en 1967, il repose sur le principe d'entropie et correspond à la variation d'entropie entre la situation parfaitement égalitaire et la situation réelle. Il mesure l'écart entre le poids d'un individu (ou d'un groupe) dans la population et le poids de son revenu dans le revenu total.

Indice synthétique de fécondité
Correspond, à un âge donné (ou pour une tranche d'âge), au nombre d'enfants nés vivants de femmes de cet âge au cours de l'année rapporté à la population moyenne de l'année des femmes de même âge.

Internet des objets
Fait référence à la connectivité possible des appareils du quotidien au réseau Internet. Dans cette acceptation, une brosse à dents, un grille-pain, un réfrigérateur ou encore un lit peuvent être connectés au réseau internet afin d'optimiser leur utilisation et de la calibrer à chaque individu. L'Internet des objets est indissociable de la collecte et de l'usage des données et par conséquent de la question de la vie privée.

Jeune pousse
Terme issu de l'anglais *start-up* se référant aux entreprises lancées dans des marchés orientés vers les nouvelles technologies et au fort potentiel de croissance. Les jeunes pousses ont souvent des besoins en trésorerie importants, et doivent faire appel à des investisseurs divers (capital-risque) afin de pallier ces difficultés. Les licornes sont des jeunes pousses dont la valorisation est supérieure à 1 milliard de dollars (BlaBlaCar par exemple).

Juste à temps (voir Flux tendu)

Laboratoire d'idées
Centre de recherche public ou privé plus connu sous l'anglicisme *think tank* qui dispose d'une expertise dans un domaine particulier (politique étrangère, économie, environnement, droits de l'homme) et cherchant par ses analyses et publications à orienter le débat public. Parmi les plus influents on trouve le Council on Foreign Relations, la Brookings Institution, Human Rights Watch, la Chatham House, Bruegel, Transparency International, Amnesty International, l'Institut français des relations internationales, la Fondation Getulio Vargas ou encore le Stockholm International Peace Research Institute.

Lanceur d'alerte
Selon le Conseil de l'Europe, il s'agit d'individu souhaitant révéler « des informations sur des activités qui constituent une menace ou un préjudice pour l'intérêt général », afin qu'il soit « mis fin à [ces] activités ou que des mesures palliatives [soient] prises ». Bien que récente, cette notion concerne un phénomène ancien. Le lanceur d'alerte fait ainsi « fuiter » des informations au grand public, au sujet d'agissements répréhensibles, de nature politique, financière ou autre. Parmi les « affaires » dévoilées par des lanceurs d'alertes, on retiendra ainsi Wikileaks, Swissleaks, Luxleaks, mais également en France le Mediator, ou plus loin dans le temps, le scandale du Watergate.

↗ Libéralisation des échanges
Ensemble de mesures qui visent à favoriser le commerce international des pays et accroître la concurrence telles que l'abaissement des tarifs douaniers (voire leur suppression dans les zones de libre-échange) ou la réduction des subventions aux producteurs nationaux. Le plus grand bénéficiaire de la libéralisation des échanges est le consommateur pour lequel les produits présentent une plus grande diversité pour un moindre coût.

↗ Licorne
Terme inventé en 2003 par l'analyste américaine Aileen Lee, pour désigner les start-ups spécialisées dans les nouvelles technologies dont la croissance est fulgurante et les liquidités importantes. Elles ont comme particularité de ne pas être cotées en Bourse et d'être valorisées à plus de 1 milliard de dollars.

↗ Locavore
Personne ne consommant que de la nourriture produite dans un rayon maximal de 200 kilomètres de son domicile.

↗ Logiciel libre
Fondé au milieu des années 1980 par l'Américain Richard Stallman, le mouvement du logiciel libre œuvre pour un internet ouvert et décentralisé, où la participation de chaque utilisateur est encouragée. Un logiciel libre répond à trois critères principaux : liberté d'exécution, liberté de modification et liberté de redistribution. Pour se faire, les programmes disposent d'un code source ouvert, c'est-à-dire que les ordres de fonctionnement sont accessibles à tous. Un logiciel libre s'oppose en cela directement aux logiciels dits « propriétaires » des grandes firmes numériques, au code source caché, hors de portée de l'utilisateur.

↗ *Low tech*
« Basse technologie », terme créé en opposition à « high tech » pour désigner des produits de consommation conçus simplement, pour être durables, modifiables, réparables et recyclables. Le vélo est un exemple de *low tech*, toujours innovant tout en restant sobre.

↗ Maladie chronique
Maladie de longue durée, évolutive, souvent associée à une invalidité et à la menace de complications graves. Les maladies dégénératives en font partie.

↗ Maladies dégénérative et neurodégénérative
Maladies qui provoquent la détérioration de cellules nerveuses (des neurones plus particulièrement pour les maladies neurodégénératives) et conduisent à une mort cellulaire. Des maladies telles que la maladie d'Alzheimer, de Parkinson ou de Huntington en font partie.

↗ Maladie non transmissible (MNT)
Maladie par définition non infectieuse et non communicable entre personnes. Parmi elles se trouvent les cancers, les maladies cardiovasculaires ou les maladies respiratoires chroniques.

↗ Marché à terme
Marché financier sur lequel les intervenants peuvent fixer aujourd'hui un prix pour une transaction qui aura lieu plus tard, ils sont alors couverts.

↗ Métadonnée
Donnée servant à caractériser une autre donnée, physique ou numérique. C'est par exemple la date qui accompagne une photo.

↗ Millenium
Génération née entre 1980 et 2000, aussi connue sous le nom de génération Y ou « digitale », devenant adultes durant ce nouveau millénaire et auxquels l'on prête des comportements que n'ont pas leurs aînés de la génération X ou du baby-boom, en premier lieu leur supposée aisance dans notre monde virtuel et les technologies numériques.

↗ Mix énergétique
Aussi appelé « bouquet énergétique », le mix énergétique décompose la consommation énergétique d'un État, d'un secteur d'activité, d'une entreprise, voire d'un individu, par source d'énergie primaire (charbon, pétrole, gaz naturel, biomasse, nucléaire, hydraulique, géothermie, éolien…). En fonction de la part de chaque source, on dira du mix qu'il est plus ou moins carboné, renouvelable, polluant. Dans la fig. 053 (p. 141), le porte-conteneurs présente le bouquet énergétique le plus polluant, car riche en fioul lourd et mazout, tandis que le chimiquier est beaucoup plus « vertueux », car il utilise du gaz naturel et du méthanol, des carburants pauvres en soufre et carbone.

↗ Mobilité douce
Aussi appelée mobilité active, la mobilité douce fait écho à toute forme de déplacement sans apport d'énergie autre qu'humaine. Il s'agit donc du seul effort physique de la personne qui se déplace. Principalement la marche et le vélo, mais d'autres équipements comme le patin à roulettes, les rollers, la trottinette, le fauteuil roulant, etc.

↗ Monnaie complémentaire
Ensemble des moyens de paiement mis en circulation en complément de la monnaie nationale, des dispositifs d'échange locaux de biens, de services et de savoirs, organisés autour d'une monnaie spécifique permettant à la fois d'évaluer et de régler des échanges. Elles sont émises et gérées par des citoyens au sein d'associations. L'utilisation de ces monnaies est pensée simplement. Les consommateurs retirent des devises émises dans des comptoirs d'échanges agréés et les utilisent chez les commerçants et partenaires. Elles peuvent circuler de main en main ou bien sous forme d'écritures de comptes, être émises par des acteurs publics ou privés, se convertir en monnaie nationale ou circuler à l'intérieur d'un circuit fermé.

↗ Monoculture
Culture agricole d'une espèce unique de plante, caractéristique de l'agriculture intensive (maïs, blé).

↗ Montage de Ponzi
Le montage ou pyramide de Ponzi a été créé par Charles Ponzi dans les années 1920. Il s'agit d'une construction financière frauduleuse qui promet un retour sur investissement rapide et très rentable. En réalité, ce sont les fonds des nouveaux investisseurs qui rémunèrent les anciens. Le système finit par éclater quand le nombre de nouveaux arrivants s'amenuise, ne permettant plus de rembourser les clients.

↗ Morbidité
Nombre d'individus atteints par une maladie dans une population et pendant une période déterminée.

↗ Morbifique
Terme médical qui désigne un élément causant la maladie.

↗ Moyennisation
Terme sociologique pour désigner le fait qu'une proportion très majoritaire de personnes estiment faire partie des groupes sociaux « moyens » ou aspirent à s'y intégrer.

↗ M-pesa
Système de paiement et de transactions électronique développé au Kenya et fonctionnant avec un simple téléphone cellulaire grâce à des envois de SMS.

↗ Multipartisme
Système d'organisation des forces politiques caractérisé par la présence de plus de deux partis dans la vie politique et parlementaire.

↗ Nanotechnologie
Domaine de la science dont la vocation est l'étude et la fabrication de structures (appelées « nano-objets ») dont les dimensions sont comprises entre 1 et 1 000 nanomètres (nm) qui sont l'ordre de grandeur de la distance entre deux atomes.

↗ NTIC
Sigle pour « nouvelles technologies de l'information et de la Communication », soit l'ensemble des techniques récentes permettant de traiter, de modifier et d'échanger de l'information, comme Internet, la téléphonie mobile ou encore le e-commerce.

↗ Objectifs de développement durable des Nations unies
Ensemble d'objectifs mondiaux (17) adoptés par l'ONU en 2015 pour mettre fin à la pauvreté, protéger l'environnement et garantir la prospérité pour tous.

↗ OCDE
Organisation ide coopération et de développements économiques, dont les 34 pays membres sont des pays développés qui ont en commun un système de gouvernement démocratique et une économie de marché. Elle joue essentiellement un rôle d'organe consultatif.

↗ Oligopsone
En économie, un oligopsone est un marché sur lequel des offreurs multiples répondent à la demande de très peu d'agents. On peut considérer le marché aéronautique européen comme un oligopsone.

↗ OMC (Organisation mondiale du commerce)
L'OMC est une organisation internationale qui édicte des règles régissant le commerce des marchandises, des services, des biens agricoles et industriels et de la propriété intellectuelle entre les pays. Son but est d'aider, par la réduction des obstacles au libre-échange, les producteurs de marchandises et de services, les exportateurs et les importateurs à mener à bien leurs activités. L'OMC est avant tout un cadre de négociation, un lieu où les gouvernements membres essaient de résoudre les désaccords commerciaux existant entre eux. L'OMC est dotée d'un « pouvoir judiciaire », l'Organe de règlement des différends (ORD), auprès duquel les pays qui s'estiment lésés peuvent porter plainte.

↗ OMS (Organisation mondiale de la santé)
Autorité directrice et coordinatrice dans le domaine de la santé et des travaux ayant un caractère international au sein du système des Nations unies. Elle est chargée de diriger l'action sanitaire mondiale, de définir les programmes de recherche en santé, de fixer des normes et des critères et de fournir un soutien technique au pays afin d'amener tous les individus au niveau de santé le plus élevé possible. Elle définit la santé comme un « état de complet bien-être physique, mental et social qui ne consiste pas seulement en une absence de maladie ou d'infirmité » dans sa constitution.

↗ Open source (voir Logiciel libre)

↗ Oxfam International
Confédération internationale de 18 organisations indépendantes qui agissent toutes contre la pauvreté dans le monde.

↗ Pair-à-pair
Plus connu sous son acronyme anglais P2P, pour *peer-to-peer*, c'est un système de communication décentralisé au sein duquel toute personne du réseau agit comme serveur et client, ne nécessitant pas de serveur central. Ce modèle de partage « horizontal », d'utilisateur à utilisateur, est ainsi particulièrement utilisé pour la consultation et le téléchargement de fichiers multimédias (films, musique, livres), à l'instar des plates-formes, Torrent, ce qui ne va pas sans poser des problèmes de piratage et de respect des droits d'auteurs.

↗ Pandémie
Épidémie présente sur une large zone géographique.

↗ Parité de pouvoir d'achat
Il s'agit d'un taux de conversion monétaire qui permet d'exprimer dans une unité commune les pouvoirs d'achat des différentes monnaies. Ce taux exprime le rapport entre la quantité d'unités monétaires nécessaire dans des pays différents pour se procurer le même « panier » de biens et de services. Ce taux de conversion peut être différent du « taux de change » ; en effet, le taux de change d'une monnaie par rapport à une autre reflète leurs valeurs réciproques sur les marchés financiers internationaux et non leurs valeurs intrinsèques pour un consommateur.

↗ Particules fines
Particules de diamètre inférieur à 2,5 micromètres d'origine naturelle (éruptions volcaniques, érosion naturelle, feux de végétation) ou non (chauffage au bois) auxquelles humidité et polluants (plomb, dioxyde de soufre) se lient. Elles se trouvent en suspension dans l'atmosphère et le demeurent plusieurs jours ; elles peuvent donc pénétrer dans les poumons.

↗ Passager-kilomètre
Unité de mesure du volume de passager pour un moyen de transport donné ; une unité correspond au transport d'un passager sur une distance d'un kilomètre.

↗ Pauvreté absolue
L'approche absolue de la pauvreté définit le seuil de pauvreté monétaire a une valeur fixée une fois pour toutes, définie à partir du coût d'un panier de biens et de services considérés comme indispensables (pour se nourrir, rester en bonne santé...). Le seuil est défini indépendamment des évolutions annuelles du niveau de vie dans la population. Cette approche est couramment utilisée pour caractériser la pauvreté dans les pays en développement.

↗ Pauvreté relative
La pauvreté relative définit le seuil de pauvreté monétaire comme une proportion fixe du niveau de vie médian des habitants d'un pays (6 % pour les pays de l'UE). Ce seuil de pauvreté évolue donc chaque année selon l'évolution des revenus et leur répartition dans la population. La pauvreté est relative selon le pays et l'époque dans lesquels on vit.

↗ Pélagique
Les ressources pélagiques réunissent l'ensemble des espèces de poissons qui vivent dans les eaux proches de la surface ou entre la surface et le fond. C'est notamment le cas du hareng, de la sardine, de l'anchois, du maquereau et du thon. Elles s'opposent aux espèces benthiques qui peuplent les fonds des mers et des océans, des lacs et des cours d'eau, et parmi lesquelles on trouve l'anguille, le brochet, la perche et la tanche.

↗ Ploutocratie
Système politique dans lequel le pouvoir est exercé par les plus riches.

↗ PNUD
(Programme des Nations unies pour le développement)
Créé en 1960, le réseau mondial de développement des Nations unies, présent dans 166 pays, a notamment pour mission de promouvoir la démocratie, prévenir les crises et aider les pays émergents à la gestion durable des ressources.

↗ Prévalence
Rapport entre le nombre de cas d'un trouble morbide et l'effectif total d'une population à un moment donné.

Principe de subsidiarité
Principe politique de délégation verticale des pouvoirs, notamment dans les fédérations. Il est à l'œuvre dans l'Union européenne où il consiste à ne réserver à l'échelon supérieur (l'UE) que ce que l'échelon inférieur (les États membres de l'UE) ne pourrait effectuer que de manière moins efficace.

Privatisation
En économie, la privatisation consiste à transférer au secteur privé une activité ou une entreprise publique.

Production participative
Ou *crowdsourcing* en anglais, désigne le fait de créer un projet ou un produit grâce à la contribution d'un nombre important de personnes et plus particulièrement les internautes. Wikipédia, l'encyclopédie en ligne en est un parfait exemple.

Productivité
Elle est définie comme le rapport, en volume, entre une production et les ressources mises en œuvre pour l'obtenir.

Produit intérieur brut (PIB)
Conceptualisé en 1934 par l'économiste américain Simon Kuznets, le produit intérieur brut est un indicateur macroéconomique qui agrège l'ensemble des richesses créées à l'échelle d'un pays, que ce soit par les entreprises (et les administrations) de ce pays ou par les entreprises étrangères. Bien que régulièrement critiqué, il sert aujourd'hui encore à mesurer la puissance économique des États.

Protectionnisme
Politique consistant à protéger l'économie d'un pays contre la concurrence étrangère, le protectionnisme s'appuie sur trois types d'instruments : les tarifs douaniers (droits de douane), les restrictions quantitatives (quotas) et les protections non tarifaires (par exemple, l'édiction de règles environnementales conçues de manière à empêcher certains produits étrangers d'accéder au marché national).

Quintile (voir Décile)

Ratio de dépendance
Rapport entre l'effectif de la population d'âges généralement inactifs (enfants et personnes âgées) et l'effectif de la population en âge de travailler. Il s'exprime en nombre de personnes âgées de moins de 18 ans et de 65 ans ou plus pour 100 personnes âgées de 18 à 64 ans. Les bornes d'âge retenues peuvent varier. On peut aussi calculer séparément le rapport de dépendance des jeunes et celui des personnes âgées.

Réintermédiation
Réintroduction d'intermédiaires au sein des processus économiques, notamment dans le commerce électronique, afin par exemple de sous-traiter des parts de la chaîne dedistribution.

Résilience
Désigne avant tout la résistance au choc d'un matériau. Par extension, le terme désigne aussi la résistance psychique d'un individu, autrement dit, sa capacité à faire face à un traumatisme et à le dépasser.

Revenu de base inconditionnel
Aussi appelé revenu garanti, il s'agit d'une politique publique où chaque citoyen touche, de la naissance à la mort, sans prérequis ou contreparties, une indemnité régulière non exclusive d'autres revenus salariés. Son montant, ses modalités de mise en œuvre et son déploiement à l'échelle de pays entiers font l'objet d'un débat entre économistes et politiques depuis que l'idée fut avancée dans les années 1960.

Revenu moyen
Moyenne de l'ensemble des salaires d'une population considérée.

Révolution industrielle
Ensemble des phénomènes qui ont accompagné, à partir du XVIIIe siècle, la transformation du monde moderne grâce au développement du capitalisme, des techniques de production et des moyens de communication. Cette période, dite aussi « décollage » ou « take off », est caractérisée par le caractère progressif de l'industrialisation, par l'enracinement du phénomène dans des structures agraires et par l'existence d'une phase précédant l'industrialisation proprement dite, la proto-industrialisation.

Roche-mère
Roche non poreuse riche en matière organique et par extension en hydrocarbures (gaz, pétrole). Certaines entreprises ont décidé d'exploiter ces roches en les fissurant afin d'y extraire les hydrocarbures (technique de la fracturation hydraulique). Il s'agit souvent dans ce cadre d'une roche de type au schiste argileux, d'où l'appellation « gaz de schiste » et « pétrole de schiste ».

Saut technologique (voir Bond technologique)

Sénescence
Vieillissement, terme utilisé notamment en biologie, à propos des cellules, mais également pour tout organisme vivant.

Services écosystémiques
Ce sont les bénéfices que les hommes tirent des écosystèmes considérés comme des biens communs.

Seuil de pauvreté
Revenu en dessous duquel un ménage est considéré comme pauvre, il correspond pour l'INSEE à 60 % du revenu médian. En France, il est d'environ 970 euros par mois.

Slow travel
Manière de voyager alternative qui consiste à prendre le temps de la découverte (savourer les lieux, s'imprégner d'autres coutumes), à choisir des modes de transport les moins polluants possible, à consommer local.

Sobriété énergétique
Démarche volontaire et organisée de réduction des consommations d'énergie par des changements de modes de vie, de pratiques, de valeurs, de comportements et de modes d'organisation collective.

Solde démographique naturel
Différence entre le nombre de naissances et le nombre de décès dans un pays au cours d'une période donnée.

Start-up (voir Jeune pousse)

Subprimes
Apparu aux États-Unis, le *subprime* est un crédit à risque, détenu par un emprunteur qui n'offre pas les garanties suffisantes pour bénéficier d'un taux d'intérêt au prix du marché. Les établissements financiers prêteurs consentent ainsi des crédits à des taux variables qui font peser un risque de solvabilité sur les emprunteurs. Le crédit immobilier est ainsi gagé sur le logement de l'emprunteur

Taux de croissance démographique
Augmentation de l'effectif d'une population donnée au cours d'une période. Il correspond à la somme du solde démographique naturel (la différence entre le nombre de naissances et de décès) et du solde migratoire (la différence entre le nombre de personnes qui immigrent et le nombre de personnes qui émigrent).

Taux de dépendance
Rapport entre la population inactive (les enfants et les personnes âgées) et la population active (les personnes en âge de travailler).

Taux de mortalité
Nombre de décès pour 1 000 habitants.

Taux de natalité
Nombre de naissances pour mille habitants.

Taux d'équipement
Sur un marché donné, le taux d'équipement correspond au nombre de ménages ou d'individus équipés du bien considéré divisé par le nombre total de ménages ou d'individus.

Tertiarisation
Processus de transformation économique entraînant un passage des secteurs agricoles et industriels vers celui des services (secteur tertiaire), qui devient ainsi majoritaire dans l'emploi et la richesse nationale. Dans le schéma classique, la tertiarisation est l'aboutissement du développement économique, donnant naissance à des sociétés post-industrielles telles que l'on observe aujourd'hui dans les pays occidentaux.

Think tank (voir Laboratoire d'idées)

Thorium
Élément chimique radioactif présent dans la nature, le plus communément sous forme de monazite, un minerai de phosphate. Plus abondant que l'uranium, il n'est cependant pas fissible, mais fertile, nécessitant donc un apport en neutron pour se transformer en uranium 233, lui-même extrêmement fissible et utilisable comme combustible nucléaire. La recherche pour rendre opérationnels des réacteurs au thorium existe depuis plus de 40 ans, bien qu'aucun ne soit en service à l'heure actuelle. Malgré les coûts en recherche et développement élevés, des réacteurs au thorium offrent des avantages par rapport à l'uranium : moins de déchets, eux-mêmes moins riches en éléments instables et plus de sûreté dans la conduite du processus de fission.

Transhumanisme
Courant scientifique visant à transformer l'espèce humaine grâce aux progrès de la science et de la technologie. Dans son stade ultime, le transhumanisme est une fusion de l'homme et de la machine, créant de fait une nouvelle espèce, hybride, aux potentialités encore inconnues : espérance de vie, intelligence, etc.

Transition démographique
Désigne, au sein d'une population, le passage d'un régime traditionnel où la fécondité et la mortalité sont élevées à un régime où la fécondité et la mortalité sont toutes deux faibles.

Transition épidémiologique
Période de baisse de la mortalité qui accompagne la transition démographique. Elle se traduit par une amélioration de l'hygiène, de l'alimentation et de l'organisation des services de santé ainsi que par une transformation des causes de décès ; les maladies infectieuses disparaissant progressivement au profit des maladies chroniques et dégénératives et des accidents.

Transitionnistes
Néologisme qui désigne un groupe d'individus dont l'objectif est d'inciter à la prise de conscience des transitions à venir et d'aider à les réaliser : soutien à l'économie circulaire, recyclage, aide à la transition énergétique par l'exploration de nouvelles énergies…

Trente glorieuses
Cette expression forgée par l'économiste français Jean Fourastié désigne la période de croissance forte et régulière observée en Europe entre l'après-Seconde Guerre mondiale et les années 1973-1975.

TTIP
Le partenariat transatlantique de commerce et d'investissement (PTCI ou TTIP en anglais) est un accord commercial en cours de négociation entre l'Union européenne et les États-Unis prévoyant la création d'une zone de libre-échange transatlantique souvent appelée grand marché transatlantique.

Ubérisation
Mot-valise tiré de la firme américaine de véhicule à la demande Uber, et désignant un processus de transformation économique et de changement des rapports de force au profit de firmes technologiques et de fait, au détriment d'acteurs traditionnels (taxis dans le cas d'Uber, hôteliers pour AirBnb, libraires pour Amazon, etc.). L'uberisation entraîne dans son sillage une recomposition du monde du travail, et avec elles les craintes d'une précarisation plus grande : recours à l'intérim, travailleurs indépendants, faible protection sociale, etc.

Vraquier
Navire polyvalent capable d'emporter du vrac, qui sont des cargaisons solides (charbon, céréales) et liquides (hydrocarbures, gaz), chargées directement dans la cale, sans emballage.

Web profond
Il s'agit de la part du Web qui n'est pas visible, autrement dit celle qui n'est pas indexée par les moteurs de recherche, et dont les contenus ne sont accessibles qu'à ceux qui en connaissent les adresses URL. Ce Web profond correspond à la face cachée d'Internet, 500 fois plus importante en termes de contenu que le web visible, aussi appelé « Web surfacique ».

Web surfacique (voir Web profond)

Zone économique exclusive (ZEE)
Espace maritime sur lequel un État côtier exerce des droits souverains en matière économique et juridique. Conformément à la convention des Nations unies sur le droit de la mer de 1982 (convention de Montego Bay), la zone économique exclusive s'étend jusqu'à 200 milles marins (370,4 km) au-delà de la mer territoriale.

BIBLIOGRAPHIE

PARTIE 01
D'UN MILLIARD À L'AUTRE

ALLARD, Laurence, « Les *digital natives* existent-ils ? », *INA Global*, juillet 2015

BARNETT, K., MERCER, S.W., NORBURY, M., WATT, G., WYKE, S., GUTHRIE, B., "Epidemiology of Multimorbidity and implications for health care, research, and medical education: a cross-sectional study", *The Lancet* n° 9836, 2012

BLANCHET, Didier, KESSLER, Denis, « Prévoir les effets économiques du vieillissement », *Économie et Statistique* n° 233, 1990

BIRABEN, Jean-Noël, « L'évolution du nombre des hommes », *Population & Sociétés* n° 394, 2003

DÉSAUNAY, Cécile, « Travail indépendant, "freelancisation", "jobbing" : mythes, réalités et incertitudes », *Futuribles*, janvier 2016

FAURE, Guillemette, « Génération Y... Les empêcheurs de travailler en rond », *M le Magazine du Monde*, 11 avril 2013

FRY, Richard, "Millennials Overtake Baby Boomers as America's Largest Generation", *Pew Research Center*, avril 2016

GARIN, Noé et *al.*, "Multimorbidity Patterns in a National Representative Sample of the Spanish Adult Population", *PLoS One*, 2015

GUÉRIN, Serge, « Le bel avenir de la *Silver* économie », *Alternatives économiques*, avril 2015

–, *Silver génération. 10 idées reçues à combattre sur les seniors*, Michalon, 2015

LERIDON, Henri, « Afrique subsaharienne : une transition démographique explosive », *Futuribles* n° 407, 2015

MARENGONI, Alessandra, ANGLEMAN, Sara, MELIS, René, MANGIALASCHE, Francesca, KARP, Anita, GARMEN, Annika, et *al.*, "Aging with Multimorbidity: a Systematic Review of the Literature", *Ageing Res Rev.*, 2011

MARTIN, J.E., SHEAFF, Michael, "The pathology of Ageing: Concepts and Mechanisms", *Journal of Pathology* n° 211, 2007

PATTEN, Ellen et FRY, Richard,"How Millennials Today Compare with their Grandparents 50 years ago", *Pew Research Center*, mars 2015

PEYRELEVADE, Jean, « Économie : le poids du vieillissement », *Le Débat* n° 9, 1996/4

PRIVEY, Pascale, « Vers la fin de l'écriture manuscrite ? », *Futuribles*, mai 2016

RENGOT, Numa, « La *Silver* économie : un nouveau modèle en plein essor », *Géoéconomie* n° 76, 2015/4

SOLIGNAC, Matthieu, « L'économie politique du vieillissement », *Regards croisés sur l'économie* n° 7, 2010/1

STOKES, Bruce, "Who are Europe's Millennials?", *Pew Research Center*, février 2015

THE ECONOMIST, "The Young Continent", décembre 2015

–, "Generation uphill, Special report The Young", janvier 2016

TRIBALAT, Michèle, « Controverse sur les migrations », *Futuribles* n° 386, 2012

UIJEN, Annemarie A. VAN DE LISDONK, Eloy H., "Multimorbidity in primary care: prevalence and trend over the last 20 years", *Eur J Gen Pract* 24, 2008

VANHUYSSE, Pieter, "Intergenerational Justice in Aging Societies: A Cross-National Comparison of 29 OECD Countries", Social Science Research Network, 20 avril 2013

VÉRON, Jacques, « Repères démographiques 1945-2015 », *Population & Société* n° 526.

WANG, HH, WANG, JJ, WONG, SY, WONG, MC, LI, FJ, WANG, PX, et *al.*, "Epidemiology of multimorbidity in China and implications for the healthcare system: cross-sectional survey among 162,464 community household residents in southern China", *BMC Geriatr* 15, 2014

ECDL Foundation, "The fallacy of the 'digital natives: why young people need to develop their digital skills", 2014

FUTURIBLES, « Rapport Vigie 2016, futurs possibles à l'horizon 2030-2050 », 2016

–, « La *Silver* économie, une opportunité de croissance pour la France », décembre 2013

OCDE, "Age-Dependency Ratios", *Society at a Glance 2006*, OECD Social Indicators, 2007

–, "Health Reform, meeting the challenge of ageing and multiple morbidities", OCDE 50th Anniversary Conference, 22 juin 2011

OMS, « Rapport mondial sur le vieillissement et la santé », 2016

ONU, Rapport "World Population Prospects: the 2015 Revision", 2015 Population Reference Bureau

–, "2015 World Population Data Sheet", 2015

PARTIE 02
LE GRAND BASCULEMENT

ACKER, J., "Does Digital Divide or Provide? The Impact of Cell Phones on Grain Markets in Niger", *Bread Working Paper* n° 177, mai 2008

ATKINSON, Anthony *"Capabilities, Exclusion, and the Supply of Goods"*, in BASU, K., PATANAIK, P-K, et SUZUMURA, K., *Choice, Welfare and Development: A Festschrift in Honour of Amartya K. Sen*, Oxford University Press, 1995

BARTON, Dominic, CHEN, Yougang, JIN, Amy, "Mapping China's Middle Class", *McKinsey Quarterly*, juin 2013

BEEGLE, Kathleen, CHRISTIAENSEN, Luc, DABALEN, Andrew, et GAD-DIS, Isis, *Poverty in a Rising Africa,* The World Bank, 2016

BELOUEZZANE, Sarah, «La téléphonie mobile en plein boom sur le continent africain», *Le Monde*, 17 juillet 2014

BEZNER Kerr Rachel, "How low-tech Farming Innovations can make African farmers Climate-Resilient", *The Conversation*, 21 septembre 2015

BIRDSALL, Nancy, "Middle class heroes", *Foreign Affairs*, mars/avril 2016

BORNMAN, Elirea, "The Mobile Phone in Africa: has it become a Highway to the Information Society or not?", in "International Conference on Communication, Media, Technology and Design", 09-11 mai 2012, Istanbul, Turquie.

BOURGUIGNON, François, MORRISON, Christian, "Inequality among world citizens: 1890-1992", *American Economic Review* n° 4, 2002

BOURGUIGNON, François, «Les inégalités au niveau mondial: essai de panorama et de trajectoires possibles», Extrait du compte-rendu de la conférence «Inégalités & Mondialisation», in *Rendez-vous de la mondialisation*, dossier n° 30, Commissariat général à la stratégie et à la prospective, 12 juin 2013

BURROWS, Mathew, *Global Trends 2030: Alternative Worlds*, US National Intelligence Council, 2012

CALVET, Catherine, «Felwine Sarr: "L'Afrique n'a personne à rattraper"», *Libération*, 24 mars 2016

CASTELLS, Manuel, *End of Millennium*, Blackwell Publishers, 1998

CHANCEL Lucas, THIRY Géraldine, et DEMAILLY Damien, «Les nouveaux indicateurs de prospérité: pourquoi faire? Enseignements de six expériences nationales», *Studies* n° 4, 2014/09

CHAPPONIÈRE, Jean-Raphaël, «Les enjeux du ralentissement de l'économie chinoise», *Futuribles International*, juillet 2016

CINGANO, Federico, "Trends in Income Inequality and its Impact on Economic Growth", *OCDE Working Papers* n° 163, 2014

CLERC, Denis, *Dictionnaire des questions économiques et sociales*, Les éditions de l'Atelier, coll. «Point d'Appui», 1997

COURT, David et NARASIMHAN, Laxman, "Capturing the World's Emerging Middle Class", *McKinsey Quaterly*, juillet 2010

CRIBB, Jonathan, HOOD, Andy, et *al.*, "Living Standards, Poverty and Inequality in the UK: 2013", n° R81, *Institute for Fiscal Studies*, 2013

DARBON, Dominique, TOULABOR, Comi (dir.), *L'Invention des classes moyennes africaines. Enjeux politiques d'une catégorie incertaine*, Karthala, 2014

DAVID, S., "Cross-country patterns of change in relative wages", *NBER Macroeconomics Annual*, vol. 7, 1992

DONNER, Jonathan, "The Use of Mobile Phones by Microentrepreneurs in Kigali, Rwanda: Changes to Social and Business Networks", *The Massachusetts Institute of Technology Information Technologies and International Development*, vol. 3, n° 2, 2006

DUCOS, Géraldine et BARREAU, Blandine, «Quels indicateurs pour mesurer la qualité de la croissance?», *La Note d'analyse*, France Stratégie, septembre, 2014

DOURGNON, Julien, «La protection sociale français tend-elle vers un revenu de base?», *L'Économie politique* n° 67, juillet 2015

DUVAL, Romain, DE LA VILLENEUVE, Christine, "Long-run Growth Scenarios for the World Economy", *Journal of Policy Modeling* n° 32, 2010

ESCUSA, Élodie, "A Class by Consumption: the Groceries Shopping of the Lower Middle Class in Johannesburg, South Africa", *Note de l'Ifri*, avril 2013

FAVENNEC Jean-Pierre (dir.), «Énergie en Afrique en 2050», Eurogroup Consulting, septembre 2015

FITOUSSI, Jean-Paul, ROSANVALLON, Pierre, *Le Nouvel Âge des inégalités*, Seuil, 1996

FITOUSSI, Jean-Paul, SEN, Amartya, STIGLITZ, Joseph E., «Rapport de la Commission sur la mesure des performances économiques et du progrès social», INSEE, 2009

FRIEDMAN, Milton, *Capitalism and Freedom*, University of Chicago Press, 1962

FUKUYAMA, Francis, "Is There a Proper Sequence in Democratic Transitions?", *Current History*, vol. 110, n° 7392011

GAO, Georges, "In China, 1980 marked a Generational Turning Point", *Pew Research Center*, novembre 2015

GADO, Alzouma, «Téléphone mobile, Internet et développement: l'Afrique dans la société de l'information?», *Tic&société*, vol. 2, n° 2, 2008

GOLDIN, Claudia et MARGO, Robert, "The great compression: the wage structure in the United States at mid-century", *The Quarterly Journal of Economics* n° 107

GRAHAM, Mark, "Time Machines and Virtual Portals: The Spatialities of the Digital Divide", *Progress in Development Studies*, 2011

HAMIDU, Jamilla, «Ghana: la stabilité politique: une affaire de classe moyenne ou un partage du pouvoir par une élite de *professionals*?», in *L'Invention des classes moyennes africaines. Enjeux politiques d'une catégorie incertaine*, Karthala, 2014

HAUGHTON, Jonathan et Khandker Shahidur R., «Handbook on Poverty and Inequality», *The World Bank*, 2009

HASKI, Pierre, «Bientôt 100 % de téléphones mobiles en Afrique», *Rue 89*, 4 juin 2015

HEERALALL, Nirmal, BEN ABDELKRIM, Raoudha, "The world's Fastest-Growing Middle Class", *UHY International*, juillet 2012

IMMERVOLL, Herwig et RICHARDSON Linda, "Redistribution Policy in Europe and the United States. Is the Great Recession a Game Changer for Working-age Families?", *Documents de travail de l'OCDE: questions sociales, emploi et migrations* n° 150, 2013

JACOBS, Sherell, «How big really is Africa's middle class?», *African Business*, 8 septembre 2015

JACQUEMOT, Pierre, «Les classes moyennes en Afrique», *Afrique contemporaine* n° 244, 2012/4

JEANNEAU, Laurent, « L'enjeu fiscal est d'abord un enjeu démocratique », *Alternatives Économiques* n° 336, juin 2014

KANTÉ, Soulêye, « Le secteur informel en Afrique subsaharienne francophone », *Document de travail de l'économie informelle, secteur de l'emploi*, BIT, 2002

KELLY, Tim, "Mobile Communications in Africa, African Technology Development" *Forum-ATDF Journal*, vol. 1, n° 2, décembre 2004

KHAN, Razia, "The Truth About Africa's rising Middle Class", *Beyond Borders*, 16 novembre 2016.

KHARAS, Homi, "The Emerging Middle Class in Developing Countries", *OCDE Working paper* n° 25, 2010

KOCHHAR, Rakesh, "A Global Middle Class Is More Promise than Reality: From 2001 to 2011, Nearly 700 Million Step Out of Poverty, but Most Only Barely", *Pew Research Center*, juillet 2015

KUZNETS, Simon, "Economic Growth and Economic Inequality", *AER* n° 45, 1955

LACHKAR, Michel, « La Finlande prête à expérimenter la fin du travail», http://geopolis.francetvinfo.fr/la-finlande-prete-a-experimenter-la-fin-du-travail-71493

LAURENT, Éloi, «Écologie et inégalités», *Revue de l'OFCE* n° 109, avril 2009

LE MONDE, «Afrique: des entrepreneurs "low tech" à l'assaut des télécoms», 25 octobre 2012

MADDISON, Angus, *Contours of the World Economy 1-2030 AD*, Oxford University Press, 2007

MAYRARGUE, Cédric, «Trajectoires et enjeux contemporains du pentecôtisme en Afrique de l'Ouest», *Critique internationale* n° 22, 2004/1

MEYER, Jean-Michel, «Le réveil des lions africains», *Jeune Afrique*, 21 septembre 2010

MISRAHI, Tiffany, "The future of Chinese travel", *World Economic Forum*, 9 septembre 2015

MOATTI, Sandra, «Bonne ou mauvaise utopie», *L'Économie politique* n° 67, juillet 2015

MORRISON, Christian, MURTIN, Fabrice, «L'inégalité de revenu moyen entre pays (1700-2030)», *FERDI*, 2011

MURTIN, Fabrice, WACZIARG, Romain, "The Democratic Transition", *Journal of Economic Growth*, vol. 19, n° 2, 2014

NALLET, Clélie, « Identifier les classes moyennes africaines : diversité, spécificités et pratiques de consommation sous contrainte », *Note de l'Ifri*, décembre 2015

NORBROOK, Nicholas, "Free to Roam", in *The Africa Report* n° 12, août-septembre 2008

OKPAKU, Joseph, "Leapfrogging into the information economy: Harnessing information and communications technologies in Botswana, Mauritania and Tanzania" in FOX, Louise M., LIEBENTHAL, Robert (dir.), *Attacking Africa's poverty: Experience from the Ground*, The World Bank, 2006

OSMAN, Tarek, "The Arab middle classes moral dilemma", *Foreign Affairs*, 21 août 2014

OTT, Dana, "Power to the People: The Role of Electronic Media in Promoting Democracy in Africa", *First Monday*, vol. 3, n° 4, avril 1998

PIKETTY, Thomas, *Le Capital au XXIe siècle*, Seuil, 2013

—, *L'Économie des inégalités*, La Découverte, coll. « Repères économie », 6e éd., 2008

PIKETTY, Thomas, SAEZ Emmanuel, "Income Inequality in the United States, 1913-1998", *The Quarterly Journal of Economics* n° 118, 2003

REUTERS, « Nestlé réduit ses effectifs en Afrique équatoriale », 17 juin 2015

SARR, Felwine, *Afrotopia*, Éditions Philippe Rey, 2016

SEVERINO, Jean-Michel, BOUYE, Mathilde, « Fixer les nouveaux objectifs du millénaire : les Nations unies montrent le cap pour 2030 », www.lemonde.fr/economie/article/2013/06/20/fixer-les-nouveaux-objectifs-du-millenaire-les-nations-unies-montrent-le-cap-pour-2030_3433315_3234.html

SEYMOUR, Martin Lipset, "Some Social Requisites of Democracy: Economic Development and Political Legitimacy", *The American Political Science Review*, vol. 53, n° 1, mars 1959

SHORROCKS, Anthony, DAVIES, Jim, LLUBERAS, Rodrigo, "Global Wealth Databook 2015", *Crédit Suisse Research Institute*, 2015

SRIDHARAN, Eswaran, "Class Voting in the 2014 Lok Sabha Elections", *Economic and Political Weekly* n° 39, 2014

TALL, Serigne Mansour, "Senegalese Émigrés: New Information and Communication Technologies", *Review of African Political Economy*, vol. 31, n° 99, 2004

THE ECONOMIST, "The New Class War, Special Report: Chinese Society", juillet 2016

—, "Africa's Middle Class, few and far Between", 24 octobre 2016

THE GUARDIAN, "What Steps need to be Taken to end Extreme Poverty and Reach Economic Security?", 9 mars 2012.

VAN NOORDEN, Richard, "China by the numbers", *Nature*, 22 juin 2016

VAN PARIJS, Philippe, *Real Freedom for all. What (if anything) can Justify capitalism?*, Clarendon Press,1995

VEBLEN, Thorstein, *The Theory of the Leisure Class*, Oxford University Press, 2007

VOICE OF AMERICA NEWS, "Low-tech Solutions Found for Africa's Everyday Problems", 9 juillet 2015

WILDAU, Gabriel, "China Migration: at the Turning Point", *Financial Times*, 4 avril 2015

WILSON, Dominic et DRAGUSANU, Raluca, "The Expanding Middle: The Exploding World Middle Class and Falling Global Inequality", *Global Economics Paper* n° 170, Goldman Sachs, 7 juillet 2008

WOLFF, Edward, "Changing Inequality of Wealth", *AER* n°82-2, 1992

BANQUE AFRICAINE DE DÉVELOPPEMENT, Rapport "The making of the Middle Class in Africa", octobre 2012

BANQUE MONDIALE, "Equity and Development", *Rapport sur le développement dans le monde*, Oxford University Press, 2006

CULTUREMONDES, Émission de France Culture, « De Mexico à Dacca : les nouveaux "relais de croissance" », 29 avril 2015

DELOITTE, "Deloitte on Africa. The Rise and Rise of the African Middle Class", 2012

ERNST & YOUNG, « Hitting the sweet spot: The growth of the middle class in emerging markets », 2013

EY, "Africa Attractiveness Survey" 2014

FMI, Rapport « Perspectives de l'économie mondiale : mondialisation et inégalité », octobre 2007

FMI, « Taxing Times », *Fiscal monitor*, octobre 2013

FORBES, http://lesplusriches.org/2014/03/classement-des-milliardaires-forbes-2014

FUTURIBLES, « Rapport Vigie 2016, futurs possibles à l'horizon 2030-2050 », 2016

IEA, « World Energy Outlook 2014 Factsheet, Sub-Saharan Africa – key projections to 2040 », 2014

KORNBLUTH, Jacob, *Inequality for all*, documentaire, 2013

OCDE, Rapport « Croissance et inégalités : distribution du revenu et pauvreté dans les pays de l'OCDE », 2008

—, Rapport « Perspectives du développement mondial 2012 : la cohésion sociale dans un monde en mutation », chap. 4 « Inégalités », 2012

—, Rapport « Toujours plus d'inégalité : Pourquoi les écarts de revenus se creusent », 2012

—, "In It Together: Why Less Inequality Benefits All", OCDE, 2015

ONU, Rapport "The Inequality Predicament: Report on the World Social Situation", Département des affaires économique et sociales des Nations unies, 2005

ONU, Rapport « Objectifs du millénaire pour le développement », 2015

OIT (ORGANISATION INTERNATIONALE DU TRAVAIL), *World of Work Report 2008: Income Inequalities in the Age of Globalization*, BIT, 2008

OXFAM, Rapport « Insatiable richesse : toujours plus pour ceux qui ont déjà tout », janvier 2015

PNUD (PROGRAMMES DE NATIONS UNIES POUR LE DÉVELOPPEMENT), *Human Development Report 1990*, Oxford University Press, 1990

—, Rapport mondial sur le développement humain « La coopération internationale à la croisée des chemins : l'aide, le commerce et la sécurité dans un monde marqué par les inégalités », 2005

Rapport "India and China to Produce 40 % of Global Graduate by 2020", *ICEF Monitor*, juillet 2012

PwC, "The World in 2050: will the Shift in Global Economic Power Continue", 2015

ROXBURGH, Charles, DÖRR, Norbert, et *al.*, "Lions on the move: The progress and potential of African economies", *McKinsey Global Institute*, juin 2010

UCT UNILEVER, "Black Diamond: On the Move", Institute of Strategic Marketing, Cape Town, 2007

UNICEF, "Africa: Child Demographics in Africa", *Generation 2030 Africa*, 2014

WOMEN 2000 AND BEYOND, "Gender Equity and Empowerment of Women through ICT", United Nations Division for the Advancement of Women, septembre 2005

PARTIE 03
NOUVELLES RARETÉS

ARMAGNAC (d') Bertrand, « Le trafic de sable menace les écosystèmes cambodgiens », *Le Monde*, www.lemonde.fr/planete/article/2010/05/12/le-trafic-de-sable-menace-les-ecosystemes-cambodgiens_1350331_3244.html#0lloUElcy0M104M0.99

BILLÉ Raphaël et *al.*, *Biodiversité, vers une sixième extinction de masse*, La ville brûle, 2014

COE, Sophie et Michael D., COE, *Généalogie du chocolat*, Éditions Abbeville, 2000

DELESTRAC Denis, "Let's talk about Sand", TEDX Barcelona http://coastalcare.org/2013/12/lets-talk-about-sand-denis-delestrac-at-tedxbarcelona/

ENGLAND, Vaudine, "Hong Kong plan to create 25 Islands threatens Wildlife, say Protesters", *The Guardian,* 27 mai 2012, www.theguardian.com/world/2012/may/27/hong-kong-islands-threat-wildlife

NOEL Murphy, "Singapore Ground Games", www.noel-murphy.com/rotch/category/land-reclamation/page/3/

–, "Hong Kong 3.0", www.noel-murphy.com/rotch/2015/03/18/hong-kong-version-3-0/

ROLF Willmann, KIERAN Kelleher, "The Sunken Billions: the Economic Justification for Fisheries Reform", The World Bank, 2009

SANTERO N. et *al.*, "Methods, Impacts and Opportunities in the Concrete Pavement Life Cycle", MIT, 2014

VON MAYER, Brantz, "Dredge Brokers,"Singapore Expansion:How Dredging Transformed an Island Nation Into an Industrial Capital", www.dredgebrokers.com/HTML/Dredging/Singapore-Expansion.html

BANQUE MONDIALE, Rapport "Fish to 2030 Prospects for Fisheries and Aquaculture", 2014

CARTE INTERACTIVE DE "LAND RECLAMATION" HONG KONG, www.oldhkphoto.com/coast/Map.html

CENTRE DE PROSPECTIVE ET DE VEILLE SCIENTIFIQUE, *Techniques, territoires et société* n° 36, 2002

« COCOA BAROMETER 2015 », rapport réalisé en mars 2015 par un ensemble d'ONG et de syndicats européens : Hivos, Solidaridad, Mondiaal FNV et le Réseau Voice

COMMISSION EUROPÉENNE, « Facts and figures on the common fisheries policy », *Basic Statistical Data,* 2014

COUR DES COMPTES EUROPÉENNE, *Rapport spécial,* n° 12, 2011

EDE, "Environment Data Explorer, Total road network", 2013, http://ede.grid.unep.ch.

FAO, Rapport « The state of world fisheries and aquaculture 2016 », 2016

FAO, "The value of African fisheries", Circulaire n° 1093, 2014

"GLOBAL FISHING WATCH", http://globalfishingwatch.org. Site de tracking en ligne, dans le but de cartographier les flottes de pêche opérant légalement et illégalement dans les eaux nationales et internationales

GLOBAL WITNESS, "Hot chocolate: how Cocoa Fuelled the Conflict in Côte d'Ivoire", juin 2007

GREENPEACE, « Monster boats, the Scourge of the Oceans », 2014

ICOLD, International Commission On Large Dams, 2014

INTERNATIONAL LABOUR OFFICE, "Growth with Equity in Singapore: Challenges and Prospects", www.ilo.org/wcmsp5/groups/public/---ed_protect/---protrav/---travail/documents/publication/wcms_244819.pdf

TIME OUT, "Reclaiming Hong Kong", juillet 2014, www.timeout.com.hk/big-smog/features/68418/reclaiming-hong-kong.html

"SEA AROUND US PROJECT", http://www.seaaroundus.org. Grande série de collecte de données sur les mers et océans, avec le support du Pew Charitable Trust

UN COMTRADE DATABASE, "Import of Natural Sand except sand for Mineral Extraction as Reported", 2014, http://comtrade.un.org

UNEP-GEAS, "Sand, rarer than one thinks", mars 2014, http://www.unep.org/pdf/UNEP_GEAS_March_2014.pdf

UNDESA (United Nations Department of Economic and Social affairs), 10 juillet 2014

USGS, "Cement, Statistics and Information", U.S. Geological Survey, 2013

USGS, *The 2011 Minerals Yearbook*, U.S. Geological Survey, 2011

PARTIE 04
FUTUR INDICATIF

CROZET, Yves, « Maglev, hyperloop. Vers un "retour sur terre" de la très grande vitesse ? », *Transports*, 2015

DOULLÉ, Bernard, « Les relations client bouleversées par le numérique : Big Data, marketing et e-reputation » in « Rapport Vigie », *Futuribles*, 2016

DULAC, John, "Global transport outlook to 2050", International EnergyAgency, 2012

DUMONS, Olivier, « Internet, la pollution cachée », *Le Monde*, 17 juin 2014, www.huffingtonpost.fr/olivier-dumon/comment-gerer-big-data_b_6066246.html

FREMONT, Armand, FREMONT-VANACORE, Anne, *Géographie des espaces maritimes,* La Documentation française, 2015

MAZZUCCHI, Nicolas, « Croissance des flux de données » in « Rapport Vigie », *Futuribles*, 2016

FLYVBJERG, Bent, SKAMRIS HOLM, Mette K., BUHL Søren L., "How Common and how Large are cost Overruns in Transport Infrastructure Projects", *Transport review,* vol.3, n° 1, 2003

KHARINA, Anastasia et RUTHERFORD, Daniel, "Fuel Efficiency Trends for new Commercial Jet aircraft: 1960 to 2014", ICCT, 2009

LA DOCUMENTATION FRANÇAISE, "Le transport aérien : une mondialisation réussie", *Questions Internationales* n° 78, mars-avril 2016

LE MARIN, *« L'atlas 2016 des enjeux maritime »*, 2016

MUSK, Elon, « Hyperloop Alpha », 2013, www.spacex.com/sites/spacex/.../hyperloop_alpha-20130812.pdf

PERRET, Francis-Luc, "Swissmetro, une utopie qui pourrait devenir réalité", Rostigraben, 2016, http://rostigraben.ch/le-projet-du-siecle-swissmetro-une-utopie-qui-pourrait-devenir-realite/

QUESTIONS INTERNATIONALES, « Les grands ports mondiaux », n° 70, novembre-décembre 2014

SALTER, Robert M., *Trans-planetary subway systems - a burgeoning capability*, The Rand Corporation, 1978

VIDALENC, Éric, « Hyperloop ou une certaine fascination pour la vitesse », *Alternatives économiques*, http://alternatives-economiques.fr/blogs/vidalenc/2016/05/26/hyperloop-ou-une-certaine-fascination-pour-la-vitesse-22/

ZOELLNER, Tom, "China High-Speed rail Diplomacy", *Foreign Affairs*, 2016

AIRBUS, "Mapping Demand: global Market Forecast", 2016

ARUP, "Future of Rail 2050", 2015

ASIALYST, « TGV en Asie : l'ère du grand jeu », 2016

ATAG, *Aviation : benefits beyond borders*, 2016

CARTO, « Les mers & les océans », n°28, mars-avril 2015

CENTRE D'ANALYSE STRATÉGIQUE, « Fret et changement climatique. Comment le fret mondial peut réduire son empreinte écologique ? », *Note de synthèse développement durable*, n° 195, 2010

CISCO, "Cisco visual Networking Index: Global Mobile Data Traffic Forecast Update 2014-2019", *White Paper*, février 2015

CNRS. https://lejournal.cnrs.fr/articles/le-big-data-un-enjeu-economique-et-scientifique

COMMISSARIAT GÉNÉRAL À LA STRATÉGIE ET À LA PROSPECTIVE, "Les compagnies aériennes sont-elles mortelles ? », 2013

DGAC, "Rapport sur la sécurité aérienne 2013", 2013

EUROCONTROL, "European Air Traffic in 2035", *Challenges of Growth*, 2013

GREENPEACE, "Click Clean", www.greenpeace.org/usa/global-warming/click-clean/

HSBC, Rapport "Trade Winds: shaping the future of international business", 2015

IATA, "Vision 2050 report", 2011

–, "Airline Profitability Strengthens Further", juin 2015

–, "Air Passengers Forecast, global report", 2015

–, "Annual review 2016", 2016

–, "IATA vision 2050", 2011

IDC, "The Digital Universe of Opportunities: Rich Data and the Increasing Value of the Internet of Things", avril 2014

INTEL, www.intel.com/content/www/us/en/communications/internet-minute-infographic.html

INTERNET Live Stats, www.internetlivestats.com

ITF, *ITF Transport Outlook 2015*, OCDE, 2015

LLOYD'S REGISTER, "Global Marine Trends 2030", 2013

–, "Global Marine Fuel Trends 2030", 2014

OACI, Rapport « Le monde du transport aérien en 2014 », 2014

OCDE, « Perspective des transports 2015 », 2015

OCDE/ITF, "Port Investment and Container Shipping Market's, *ITF Round Tables*, n°157, OCDE, 2015, http://dx.doi.org/ 10.1787/ 9789282107850-g

OMC, « Rapport sur le commerce mondial 2013, Facteurs déterminant l'avenir du commerce mondial », 2013

OXFORD ECONOMICS, "The Economic Impact of Air Travel Restrictions Due to Volcanic Ash", A report prepared for Airbus, 2010

–, Quantifying the Economic impact of aviation in Dubai, novembre 2014

UIT, Rapport « Mesurer la société de l'information 2014 », 2014

UN, "Review of maritime transport", 2014, http://unctad.org/en/PublicationsLibrary/rmt2014_en.pdf

UNWTO, "Tourism Towards 2030", 2011

PARTIE 05
FAIRE MIEUX AVEC MOINS

ALIX, Christophe, « Rifkin : "Le modèle collaboratif va marginaliser le capitalisme" », *Libération*, 19 octobre 2014

AGLIETTA, Michel, « Mettre la monnaie au service de l'investissement écologique », *Les Dossiers d'Alternatives économiques*, n° 6, mai 2016

AGLIETTA, Michel, PEPITA, Ould Ahmed, PONSOT, Jean-François, *La Monnaie entre dettes et souveraineté*, Odile Jacob, 2016

ANDERSON, Chris, *Makers: The New Industrial Revolution*, Crown Business, 2014

ARNSPERGER, Christian, CLERC, Denis, DOURGNON, Julien, GOLLAIN, Françoise, Harribey, Jean-Marie, VERCELLONE, Carlo, « Faut-il défendre le revenu de base ? », *L'Économie politique* n° 67, juillet 2015

BARBROOK, Richard, *L'Économie du don high tech*, Hors collection, 2000

BARDHI Fleura et ECKHARDT Giana M., "Access-based Consumption: The case of Car Sharing", *Journal of Consumer Research*, vol. 39, n° 4, 2012

BARON, Joshua, O'MAHONY, Angela, MANHEIM, David, DION-SCHWARZ, Cynthia, *National Security Implications of Virtual Currency: Examining the Potential for Non-state Actor Deployment*, The Rand Corporation, 2015

BASQUIAT, Marc (de), Koening, Gaspard, *Liber, un revenu de liberté pour tous*, L'onde/Génération libre, 2014

BAUWENS, Michel, *The political Economy of Peer production*, CTheory, 2005, www.ctheory.net/articles.aspx?id=499

BAUWENS, Michel, et al., *A Synthetic Overview of the Collaborative Economy, Amsterdam*, Orange Labs/P2P Foundation, 2012

BELK, Russell, "Sharing versus pseudo-sharing in Web 2.0", *The Anthropologist*, 2013.

BENTZ, Mickael, « Expérimentation : 6 000 Kenyans vont recevoir un revenu de base... sur mobile ! », *Mouvement Français pour le Revenu de base*, 24 mai 2016

BLANC, Jérôme, « Un mouvement à géométrie variable », *Les Dossiers d'Alternatives économiques* n° 6, mai 2016

BLANC, Jérôme, FARE, Marie, « Les monnaies sociales en tant que dispositifs innovants : une évaluation », *Innovations* n° 38, 2012/2

BOREL, Simon, et al., « L'économie collaborative, entre utopie et big business » *Esprit*, n° 7, 2015

BOTSMAN, Rachel et ROGERS, Roo, *What's mine is yours: How Collaborative Consumption Is Changing The Way We Live*, Harper Collins, 2011

BOTSMAN, Rachel, *The Sharing Economy Lacks of Definition*, Fast Compagny, 2013

BOUVARD, Michel, CARCENAC, Thierry, CHIRON, Jacques et al., « L'économie collaborative : propositions pour une fiscalité simple, juste et efficace », Rapport d'information, n° 690 de Commission des finances du Sénat, 2015

CAILLÉ, Alain, « C'est devenu un outil pour reconstruire du lien » *Le Monde*, 5 janvier 2013, www.lemonde.fr/vous/article/2013/01/05/c-est-devenu-un-outil-pour-reconstruire-du-lien_1812888_3238.html

CHANIAL, Philippe, *La Société vue du don : manuel de sociologie anti-utilitariste appliquée*, La Découverte, 2008

CHESBROUGH, Henry, et ROSENBLOOM, Richard S., "The Role of the Business Model in Capturing Value from Innovation: Evidence from Xerox Corporation's Technology, Spin-off companies", *Industrial and Corporate Change*, vol. 11, n°3, 2002

CHEVANDIER, Thomas, HÉRICOURT Jérôme, « Le revenu de base, de l'utopie à la réalité ? », Fondation Jean Jaurès, 22 mai 2016, https://jean-jaures.org/nos-productions/le-revenu-de-base-de-l-utopie-a-la-realite

COLLINS, Josh Ryan, SCHUSTER LUDWIG, Greenham, Tony et al., "Energising Money, An introduction to Energy Currencies and Accounting", *NEF*, février 2013

DEMAILLY, Damien et NOVEL, Anne-Sophie, « L'économie du partage : enjeux et opportunités pour la transition écologique », *Studies* n°3, 2014

DÉSAUNAY, Cécile, « Les monnaies locales complémentaires, nouvelle ressource des territoires », *Futuribles*, 8 juin 2015 –, « Les monnaies virtuelles au-delà du Bitcoin : quelles perspectives ? » *Futuribles*, 22 septembre 2014

EUDES Yves, « Dark Wallet, les anarchistes de l'argent », *Le Monde*, 2015

EXTANCE, Andy, "The Future of Cryptocurrencies: Bitcoin and Beyond", *Nature*, 30 septembre 2015

FARE, Marie, « Monnaies sociales comme outil du développement soutenable », *Note de l'Institut Veblen*, février 2012

FAYNER, Elsa, « Bernard Stiegler : "Nous entrons dans l'ère du travail contributif" », *Rue89*, 2 février 2013, http://rue89.nouvelobs.com/2013/02/02/bernard-stiegler-nous-entrons-dans-lere-du-travail-contributif-238900

FRIEDMAN, Milton, FRIEDMAN, Rose D., "Alleviation of Poverty", chap. 12 in *Capitalism and Freedom*, University of Chicago Press, 2002

GABLIO, Gérald, LAURIOL, Jacques, TERTRE (du), Christian, *L'Économie de la fonctionnalité" : une voie vers un développement durable" ?*, Octarès, 2011

GAUTHEY, Marc-Arthur, « "Plateformes" : du partage de la valeur au partage du pouvoir" », *OuiShare Magazine*, 17 septembre 2015

GEELS, Frank W et SCHOTT, Johan, "Typology of Sociotechnical Transition Pathways", *Research policy*, vol.36, n° 3, 2007

GEORGES, Benoît, « Des pistes pour réguler l'économie du partage », *Les Echos*, 9 décembre 2014

GERON, Tomio, « Airbnb and the Unstoppable Rise of Share Economy », 2013, www.forbes.com/sites/tomiogeron/2013/01/23/airbnb-and-the-unstoppable-rise-of-the-share-economy

KALINOWSKI, Wojtek, « Les innovations monétaires dans la transition sociale-écologique », *Institut Veblen pour les réformes économiques*, 2012

–, « Un panorama des monnaies sociales et complémentaires en Europe », *Institut Veblen pour les réformes économiques*, 2013

–, « L'impact socio-économique des monnaies locales et complémentaires », *Institut Veblen pour les réformes économiques*, 2014

LUNN, Bernard, "The Local Currency use case for Bitcoin", BANKNXT, 1er juillet 2015

MAGNEN, Jean-Philippe, FOUREL, Christophe, « D'autres monnaies pour une nouvelle prospérité », Mission d'étude sur les monnaies locales complémentaires et les systèmes d'échange locaux, avril 2015

MAKKONEN, Juho, "Why the Collaborative Economy is not like Social Media", *OuiShare Magazine*, 8 septembre 2015

MANIER, Bénédicte, *Un million de révolutions tranquilles*, Les Liens qui libèrent, 2012

MASSE, David, BOREL, Simon, DEMAILLY, Damien, « Comprendre l'économie collaborative et ses promesses à travers ses fondements théoriques », *Working papers*, n° 05, 2015

MASSET, Delphine, LUYCKX, Éric, « L'économie collaborative, une alternative au modèle de la compétition », Etopia, mars 2014

MOATTI, Sandra, « Le boom des monnaies parallèles », *Alternatives économiques* n° 249, juillet 2006

MURPHY, Edward, MURPHY, Maureen M., SEITZINGER, Michael V., Bitcoin: "Questions, Answers, and Analysis of Legal Issues", *Congressional Research service* 2015

MURRAY, Charles, "In our Hands: a plan to Replace the Welfare State", *AEI Press*, 2006

NAKAMOTO, Satoshi, "Bitcoin: A Peer-to-Peer Electronic Cash System", 2008, https://bitcoin.org/bitcoin.pdf

NOVEL, Anne-Sophie, *La vie share: mode d'emploi. Consommation, partage et modes de vie collaboratif*, Alternatives, 2013

OUSSELIN, Edward, « L'Homme aux quarante écus : Voltaire économiste », *The French Review*, vol. 72, n° 3, 1999

OWYANG, Jeremiah, "The Collaborative Economy Raises Over $800m In One Month",. http://www.web-strategist.com/blog/2014/04/29/the-collaborative-economy-raises-over-800m-in-one-month/

PEARCE, David W., et R. Kerry, TURNER, *Economics of natural Resources and the Environment*, John Hopkins University Press, 1990

PONSOT, Jean-François, « Aux sources de la crise », *Les Dossiers d'Alternatives économiques* n° 6, mai 2016

REICH, Robert, "The Share-the-Scraps Economy", 2 février 2015, http://robertreich.org/post/109894095095

RICHÉ, Pascal, « Suisse : "L'initiative sur le revenu de base à 2 250 euros était trop ambitieuse" », *Nouvel Observateur*, 6 juin 2016

RIFKIN, Jeremy, *L'Âge de l'accès. La nouvelle culture du capitalisme*, La Découverte, 2005

—, *La troisième révolution industrielle comment le pouvoir latéral va transformer l'énergie, l'économie et le monde*, Les Liens qui libèrent, 2012

—, *La nouvelle société du coût marginal zéro. L'internet des objets, l'émergence des communaux collaboratifs et l'éclipse du capitalisme*, Les Liens qui libèrent, 2014

ROSNAY (de), Joël, *Surfer la vie: vers la société fluide*, Les Liens qui libèrent, 2012

SAINT-ÉTIENNE, Christian, *L'Iconomie pour sortir de la crise*, Odile Jacob, 2013

SCHUMPETER, Joseph, *Capitalisme, socialisme et démocratie*, Payot, 1990

SEMPELS, Christophe et HOFFMANN, Jonas, *Les business models du futur: créer de la valeur dans un monde aux ressources limitées*, Pearson, 2013

SERRES, Michel, *Petite poucette*, Éditions Le Pommier, 2012

SERVET, Jean-Michel, « La finance et la monnaie comme un « commun » », *Institut Veblen pour les réformes économiques*, 2015

STANDING, Guy, "Cash transfers: a Review of the Issues in India", Unicef India, 2012

TANNER, Michael, "The Pros and Cons of a Guaranteed National Income", *Policy Analysis*, Cato Institute, 12 mai 2015

TAPSCOTT, Don, et WILLIAMS, A.D., *Wikinomics: Wikipedia, Linux, Youtube... comment l'intelligence collaborative bouleverse l'économie*, Pearson/Village mondial, 2007

TASCA Paolo, "A Market Analysis of the Bitcoin Economy", ECUREX Research, Crypto 2015

TONNELIER, Audrey, MAURISSE, Marie, « Le "revenu universel", entre utopie et pragmatisme », *Le Monde*, dimanche 5 et lundi 6 juin 2016

THÉRET, Bruno, « La monnaie a été réduite à un actif financier », *Les Dossiers d'Alternatives économiques* n° 6, mai 2016

ALASKA PERMANENT FUND CORPORATION, http://www.apfc.org/home/Content/home/index.cfm

BANQUE CENTRALE EUROPÉENNE, *Virtual Currencies System*, 2015

CROWD COMPANIES, "The Collaborative Economy – B$Companies", The Cheat Sheet, 2015

HISTOIRE DE LA BANQUE WIR, http://www.wir.ch/fr/la-banque-wir/histoire/

LA LISTE DES MONNAIES LOCALES ÉTATSUNIENNES, http://www.centerforneweconomics.org/content/local-currencies-planning-and-retired#Indiana

LAPOSTE/TNS SOFRES, « Les Français, la confiance et la consommation collaborative », novembre 2013

NOVEL, Anne-Sophie, Grand témoin pour le rendez-vous régional de la responsabilité sociétale organisée par l'ARPE Midi Pyrénées, novembre 2013

MOUVEMENT FRANÇAIS POUR LE REVENU DE BASE, « Finlande : le rapport préliminaire sur l'expérimentation de revenu de base est publié », 13 avril 2016

MOUVEMENT FRANÇAIS POUR LE REVENU DE BASE, « Comment l'Iran a instauré un revenu de base sans le vouloir », 10 décembre 2013

PIXEL, Émission de France Culture, « Pourquoi le revenu de base n'existe toujours pas ? », 3 juin 2016

PwC, "The Sharing Economy - sizing the Revenue Opportunity", 2014, www.pwc.co.uk/issues/megatrends/collisions/sharingeconomy/the-sharing-economy-sizing-the-revenue-opportunity.html

—, "Five key Sharing Economy Sectors could generate £9 billion of UB Revenues by 2015", 15 août 2014, http://pwc.blogs.com/press_room/2014/08/five-key-sharing-economy-sectors-could-generate-9-billion-of-uk-revenues-by-2025.html

—, *The Sharing Economy, Consumer Intelligence Series*, 2015

"VIRTUAL CURRENCIES AND BEYOND: INITIAL CONSIDERATIONS", *IMF Staff Discussion Note*, janvier 2016

SOURCES DES GRAPHIQUES

FIG. 001

Nations unies, "World Population Prospects : The 2015 Revision", Division de la Population, New York, 2015. Larousse, *Grand Atlas de la Terre*, 2007, Paris.

FIG. 002

Nations unies, "World Population Prospects: The 2015 Revision", Division de la Population, New York, 2015.

FIG. 003

Nations unies, "World Population Prospects: The 2015 Revision", Division de la Population, New York, 2015. Nations unies, *Annuaire statistique*, 58e édition, New York, 2013.

FIG. 004

Organisation des Nations unies pour l'alimentation et l'agriculture, Base de données, 2016, http://faostat3.fao.org/browse/Q/QC/E. United States Department of Agriculture Agricultural Research Service, USDA Food Composition Databases, 2016, https://ndb.nal.usda.gov/ndb/search/list?qlookup=01175.

J. Falquet, J.-P. Hurni, *Spiruline: aspects autritionnels*, Antenna Technologies, 2006, http://www.antenna.ch/documents/AspNutr2006.pdf

University of Massachusetts, "Dairy Cow Stocking Rates", https://ag.umass.edu/fact-sheets/dairy-cow-stocking-rates.

National Agricultural Statistics Service (NASS), Agricultural Statistics Board, "Milk Production", United States Department of Agriculture (USDA), 2016,
http://usda.mannlib.cornell.edu/usda/current/MilkProd/MilkProd-07-21-2016.pdf.

FAO, "Agriculture and Consumer Protection", Technology of production of edible flours and protein products from soybeans, 1992, http://www.fao.org/docrep/t0532e/t0532e09.htm.

United States Department of Agriculture, "World Agricultural Production", 2016, http://apps.fas.usda.gov/psdonline/circulars/production.pdf.

Antenna.ch; http://www.antenna.ch/recherche/nutrition/spiruline-production.

Soya.be, "How to make soy milk?", 2013, http://www.soya.be/how-to-make-soy-milk.php.

North American Meat Institute, *The United States Meat Industry at a Glance*, 2013, https://www.meatinstitute.org/index.php?ht=d/sp/i/47465/pid/47465.

FIG. 005

World Wildlife Foundation, "Meat eats land", Berlin, 2011.

FIG. 006

Organisation des Nations unies pour l'alimentation et l'agriculture, FAO, "Mapping Supply and Demand for Animal food-source to 2030", Rome, 2011.

FIG. 007

Nations unies, "World Population Prospects: The 2015 Revision", Division de la Population, New York, 2015. Organisation des Nations unies pour l'alimentation et l'agriculture, Base de données AQUASTAT.

Nations unies, *Annuaire statistique*, 58e édition, New York, 2013.

FIG. 008

"Global Population Estimates by Age, 1950-2050", Nations unies, Department of Economic and Social Affairs, "World Population Prospects: The 2015 Revision", Division de la Population, New York, 2015.

FIG. 009

Nations unies, Department of Economic and Social Affairs.

"World Population Prospects: The 2015 Revision", Division de la Population, New York, 2015.

FIG. 010

Pew Resarch Center, "Attitudes about Aging: A Global Perspective in a Rapidly Graying World, Japanese Are Worried, Americans Aren't", 30 janvier 2014.

OCDE, « Quel avenir pour les dépenses de santé ? », 2013.

OCDE, Département des Affaires Économiques, *Note de politique économique*, n° 19, juin 2013.

FIG. 011

Nations unies, Department of Economic and Social Affairs, "World Population Prospects: The 2015 Revision", Division de la Population, New York, 2015.

FIG. 012

Pew Resarch Center, "Attitudes about Aging: A Global Perspective in a Rapidly Graying World, Japanese Are Worried, Americans Aren't", 30 janvier 2014.

FIG. 013
Pew Resarch Center, "Attitudes about Aging: A Global Perspective in a Rapidly Graying World, Japanese Are Worried, Americans Aren't", 30 janvier 2014.

FIG. 014
Nations unies, Department of Economic and Social Affairs, "World Population Prospects: The 2015 Revision", Division de la Population, New York, 2015.

FIG.015
Nations unies, Department of Economic and Social Affairs, "World Population Prospects: The 2015 Revision", Division de la Population, New York, 2015.

FIG. 016
Nations unies, Department of Economic and Social Affairs, "World Population Prospects: The 2015 Revision", Division de la Population, New York, 2015.

FIG. 017
Nations unies, Department of Economic and Social Affairs, "World Population Prospects: The 2015 Revision", Division de la Population, New York, 2015.

FIG. 018
Nations unies, « Rapport objectifs du Millénaire pour le développement », 2015.

FIG. 019
Homi Kharas, "The Emergin Middle Class in Developping countries", OCDE Working Papers n° 25, 2010..

FIG. 020
UNWTO "World Tourism Organization", 2015, http://stats.areppim.com/stats/stats_ita.htm

FIG. 021
James Davies, Rodrigo Lluberas et Anthony Shorrocks, *Global Wealth Databook* 2015.
Crédit Suisse, "Global Wealth Report 2015", Research Institute, octobre 2015.

FIG. 022
OCDE, "Environnemental Outlook to 2050", 2012.
Base de données de la Banque mondiale.
Base de données des Nations unies, Division de la population.

FIG. 023
OCDE, d'après Bourguignon et Morrisson (2002) pour 1820-1992. Calculs des auteurs d'après Maddison (2007, 2010), DAES (2008) et Banque mondiale, "PovcalNet", pour 2000-30.
Oxfam, basée sur le Crédit Suisse, "Global Wealth Report 2015".

FIG. 024
Michael I. Norton et Dan Ariely, "Building a Better America, One Wealth Quintile at a Time", *Perspectives on Psychological Science*, 2011.

FIG. 025
OCDE, "GDP long-term forecast", 2015, https://data.oecd.org/gdp/gdp-long-term-forecast.htm

FIG. 026
The Economist, "The New Class War, Special Report Chinese Society", 9 juillet 2016.

FIG. 027
PWC, Mobile Forward, "iPhone's New Growth Engine Illustrated: China's Middle Class", 28 avril 2015.
Dominic Barton, Yougang Chen, Amy Jin, "Mapping China's middle class", *McKinsey Quarterly*, juin 2013.

FIG. 028
FMI Data Mapper
Banque Mondiale, base de données.
PwC, "The World in 2050, Will the Shift in Global Economic Power Continue?", Summary Report, 2015.

FIG. 029
Berkeley Earth, "Air Pollution Overview, Real-time Map of Air Pollution", http://berkeleyearth.org/air-pollution-overview/

FIG.030
The World Bank, "Forecast from Oxford Economics Database".

FIG. 031
Deloitte, "Deloitte on Africa, The Rise and Rise of the African Middle Class", 2012.
African Development Bank, Market Brief, "The Middle of the Pyramid: Dynamics of the Middle Class in Africa", 20 avril 2011.

FIG. 032
TrendType, "What Are the Future Trends in Africa?", 16 octobre 2015, http://trendtype.com/wp-content/uploads/2015/01/Future_Africa_Trend_Map_Title_Watermark.jpg

FIG. 033
United State Geological Survey, "Mineral Commodities Summary", 2015.

FIG. 034
Environmental Defense Fund, "Oceans", 2015.

FIG. 035
Christopher D. Golden, Edward H. Allison, William W. L. Cheung, Madan M. Dey, Benjamin S. Halpern, Douglas J. McCauley, Matthew Smith, Bapu Vaitla, Dirk Zeller et Samuel S. Myers, "Nutrition: Fall in fish catch threatens human health", *Nature*, 15 juin 2016.

FIG. 036
The Barometer Consortium, "The 2015 Cocoa Barometer", 2015.
ICCO, "Données statistiques et autres revues de marchés", 2016.

FIG. 037
The International Cocoa Organization, "Annual Report, 2012-2013", Londres, 2014.

FIG. 038
The Barometer Consortium, "The 2015 Cocoa Barometer", 2015.

FIG. 039
United Nation Environment Program, "Sand, rarer than on think", 2014.
United States Geological Survey, "Cement, statistics and information", 2013.
United States Geological Survey, *The 2013 mineral yearbook*, 2015.

FIG. 040
United Nation Environment Program, "Sand, rarer than on think", 2014.
United States Geological Survey, "Cement, statistics and information", 2013.
United States Geological Survey, *The 2013 mineral yearbook*, 2015.

FIG. 041
Denis Delestrac, *Le sable, enquête sur une disparition*, 2011.
Arte, *Le sable va-t-il vraiment disparaître ?*, 2016.

FIG. 042
Global Footprint Network, "Earth Overshoot Day".

FIG. 043
EMC, "Digital Universe", 2014.
EMC & IDC, avril 2014.

FIG. 044
Ericsson, "The Carbon and Electricity Footprint of the ICT Sector - Yesterday, Today and Tomorrow", Ericsson Research, 2013.

FIG. 045
« Les Échos, Google et Facebook : deux géants sur le marché de la publicité », investir.fr, 24 mars 2016.
Données issues de eMarketer https://www.emarketer.com et NetMarketShare, https://www.netmarketshare.com.

FIG. 046
« Les Échos, Google et Facebook : deux géants sur le marché de la publicité », investir.fr, 24 mars 2016.
Données issues de eMarketer, https://www.emarketer.com et NetMarketShare, https://www.netmarketshare.com.

FIG. 047
OCDE, "International Transport Forum", 2015.

FIG. 048
Mckinsey & Company Institute Analysis, "Bridging global infrastructure gaps", juin 2016.

FIG. 049
Martin Grandjean, martingrandjean.ch, 2016, "Openflights, Airport", Airline and Route Data, données issues de Openflights.org.
http://www.martingrandjean.ch/connected-world-air-traffic-network/

FIG. 050
OCDE, "International Transport Forum", 2015.

FIG. 051
Les Échos, avec Élisabeth Vallet, chaire Raoul-Dandurand, Université du Québec.
UNITAR, "UNOSAT Global Report on Maritime Piracy: A Geospatial Analysis 1995-2013", 2014.
NYA, "Kidnap & Piracy Map 2016", http://nyainternational.com

FIG. 052
Maersk, "The world's largest ship", 27 mai 2014, http://www.maersk.com/en/hardware/triple-e/the-hard-facts/the-worlds-largest-ship

FIG. 053
Lloyds Register, "Global Marine Fuel Trends 2030".

FIG. 054
UNCTAD, *Review of Maritime Transport 2015*, figure 1.2 et OCDE, "WP6 Workshop on Supply and Demand", 2015.

FIG. 055
IATA, "The Shape of Air Travel Markets Over the Next 20 Years", 2014.

FIG. 056
Airbus "Globat Market Forecast, Mapping Demand", 2016.

FIG. 057
ICAO, "Environmental Report 2013", Montréal, 2013.

FIG. 058
Hyperloop One's LA to SF Infographic.

FIG. 059
UIC Synopsis statistics, 2015, http://www.uic.org

FIG. 060
US HSR, US HIGH SPEED RAIL ASSOCIATION, 21st Century Transportation for America, Energy Security, http://www.ushsr.com/benefits/sustainability.html. Sources des données www.uic.org.

FIG. 061
PwC, "The Sharing Economy, Consumer Intelligence Series", 2015.

FIG. 062
Julius Bär, "Digital Disruption: Sharing Economy", septembre 2015, https://www.juliusbaer.com/ch/fr/mur-des-nouvelles/page-de-detail-news/item/digital-disruption-sharing-economy-1/.

FIG. 063
BOBSON Steve, *Hôtels insolites*, Éditions Jonglez, 2013.
KOTTAS Dimitris, *Hôtels insolites*, Éditions Links Books, 2015, http://projets-architecte-urbanisme.fr/

CRÉDITS PHOTOGRAPHIQUES

P. 059 (FIG. 019)
Byvalet/Shutterstock.com

P. 072 (FIG. 025)
Kikujungboy/Shutterstock.com

P. 075 (FIG. 026)
Logoboom/Shutterstock.com
Pradit.Ph/Shutterstock.com
Junrong/Shutterstock.com
Norman Chan/Shutterstock.com
GuoZhongHua/Shutterstock.com
TonyV3112/Shutterstock.com
Testing/Shutterstock.com

P. 076 (FIG. 027)
TonyV3112/Shutterstock.com
Hetman Bohdan/Shutterstock.com
1000 Words/Shutterstock.com

P. 080 (FIG. 029)
Windmoon/Shutterstock.com

P. 099 (FIG. 035)
Jose Lledo/Shutterstock.com

PP. 110-111 (FIG. 041)
Ppart/Shutterstock.com
Rook76/Shutterstock.com
Yangchao/Shutterstock.com
Zvonimir Atletic/Shutterstock.com

P. 117
Frédéric Legrand-Comeo/Shutterstock.com

P. 122 (FIG. 045)
Polifoto/Shutterstock.com

P. 127
Joseph Sohm/Shutterstock.com

P. 130 (FIG. 048)
Mirco Vacca/Shutterstock.com

P. 138 (FIG. 052)
Kiev Victor/Shutterstock.com
VanderWolf Images/Shutterstock.com

P. 145
Ajayptp/Shutterstock.com

P. 152 (FIG. 058)
Hyperloop One

P. 155 (FIG. 059)
Mahathir Mohd Yasin/Shutterstock.com

P. 157 (FIG. 060)
Asianet-Pakistan/Shutterstock.com
Sohel Parvez Haque/Shutterstock.com
Daniel Prudek/Shutterstock.com
Karasev Victor/Shutterstock.com
Sean Pavone/Shutterstock.com
Costas Anton Dumitrescu/Shutterstock.com

P. 160
Oscity/Shutterstock.com

P. 185
betto rodrigues/Shutterstock.com

P. 187
Hyperloop One

P. 191
Tooykrub/Shutterstock.com
Elyx by YAK/Yacine Aït Kaci

4E DE COUVERTURE
Paolo Bona/Shutterstock.com

INDEX

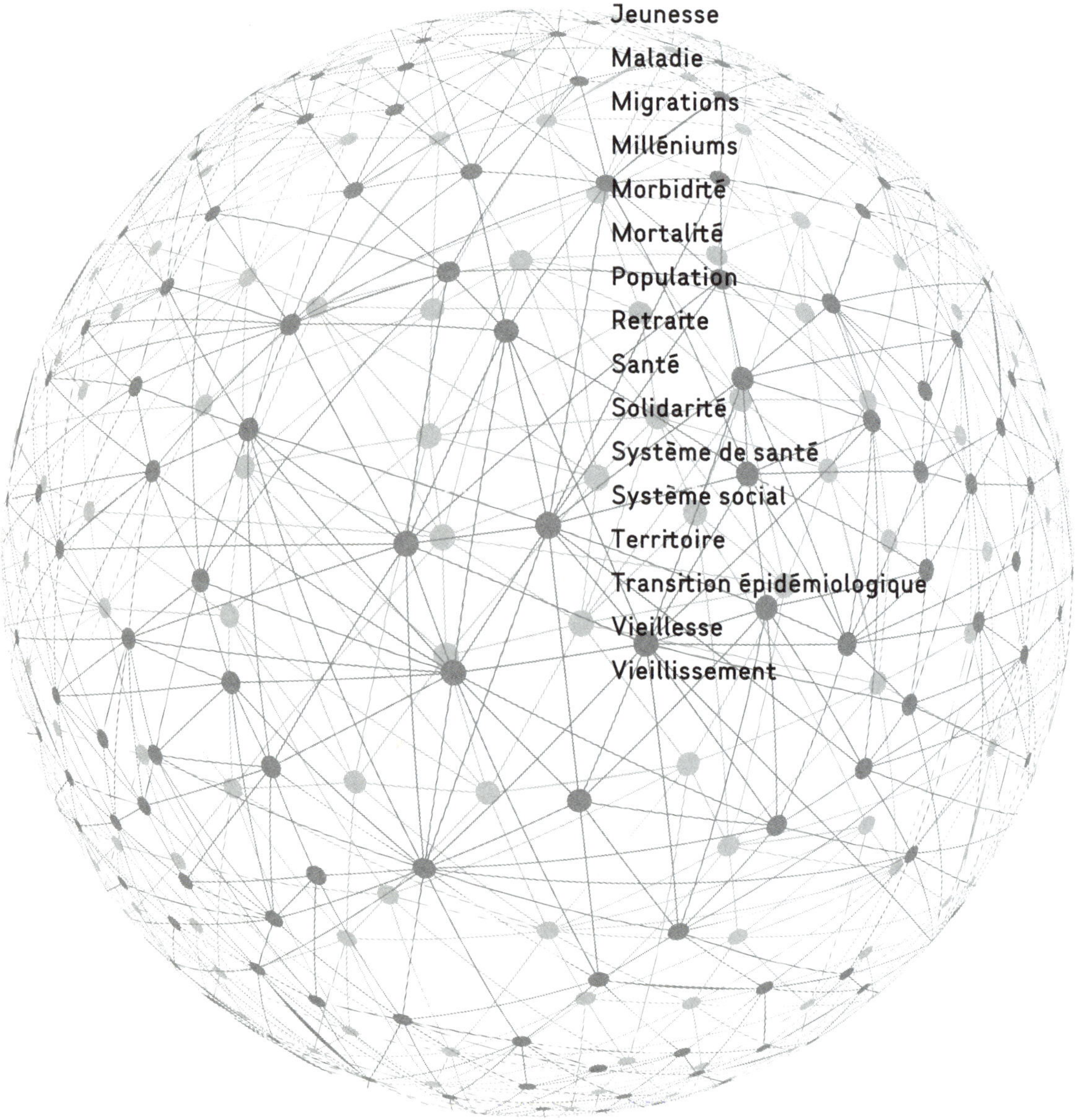

PARTIE 01
D'UN MILLIARD À L'AUTRE

PARTIE 02
LE GRAND BASCULEMENT

PARTIE 03
NOUVELLES RARETÉS

Béton
Biodiversité
Environnement
Cacao
Chocolat
Consommation
Croissance
Demande
Durabilité
Environnement
Espèces
Épuisement
Modèle économique
Matières premières
Minéraux
Océans
Pêche
Plage
Poissons
Production
Rareté(s)
Ressources naturelles
Sable

PARTIE 04
FUTUR INDICATIF

Aéroport
Aviation
Commerce
Connectivité
Conteneur
Distances
Efficacité
Énergie
Ferroviaire
Flux
Fret
Frontières
Hyperloop
Infrastructures
Internet
Investissement
Marchandises
Maritime
Mobilité
Mondialisation
Murs
NTIC
Numérique
Piraterie
Pollution
Réseaux
Sécurité
Surveillance
Transport
Train
Vitesse

PARTIE 05 et 06
FAIRE MIEUX AVEC MOINS
EN ATTENDANT DEMAIN

Capitalisme
Changement
Collaboratif
Énergie
Blockchain
Économie solidaire
Environnement
Innovation
Internet
Libéralisme
Monnaie
Nouvelle économie
NTIC
Numérique
Partage
Précarité
Production
Rareté
Réseaux
Résistance au changement
Ressources naturelles
Revenu de base universel
Rupture
Système
Transition
Transition énergétique
Travail
Ubérisation
Urbanisation
Ville

TABLE DES MATIÈRES

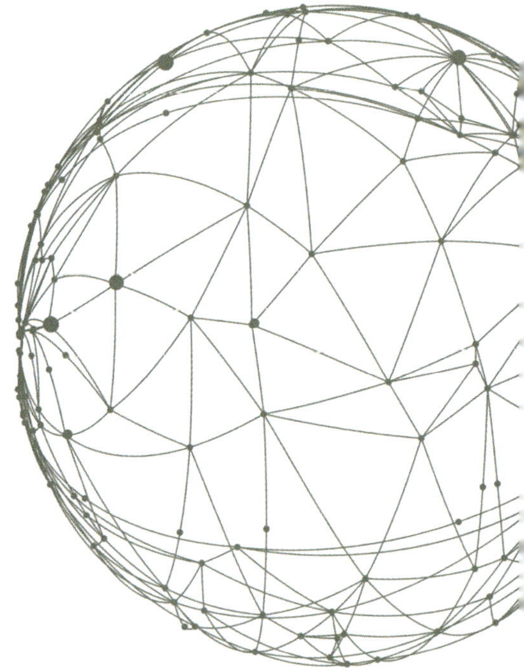

PARTIE 01
D'UN MILLIARD À L'AUTRE

PARTIE 02
LE GRAND BASCULEMENT

PARTIE 03
NOUVELLES RARETÉS

PARTIE 04
FUTUR INDICATIF

PARTIE 05
FAIRE MIEUX AVEC MOINS

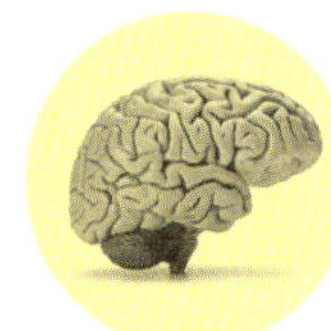

PARTIE 06
EN ATTENDANT DEMAIN

Achevé d'imprimer octobre 2016